孙健　赵涛◎主编

私营企业

做大做强必备的管理制度与规范

图书在版编目（CIP）数据

私营企业做大做强必备的管理制度与规范/孙健，赵涛主编.—上海：立信会计出版社，2014.6
　　ISBN 978-7-5429-4180-0
　　Ⅰ.①私… Ⅱ.①孙… ②赵… Ⅲ.①私营企业—企业管理制度　Ⅳ.①F276.5
　　中国版本图书馆CIP数据核字（2014）第055966号

策划编辑　蔡伟莉
责任编辑　何颖颖
封面设计　刘丽娟

私营企业做大做强必备的管理制度与规范

出版发行	立信会计出版社			
地　　址	上海市中山西路2230号	邮政编码	200235	
电　　话	（021）64411389	传　真	（021）64411325	
网　　址	www.lixinaph.com	电子邮箱	lxaph@sh163.net	
网上书店	www.shlx.net	电　话	（021）64411071	
经　　销	各地新华书店			
印　　刷	固安县保利达印务有限公司			
开　　本	787毫米×1092毫米	1/16		
印　　张	37	插　页	1	
字　　数	500千字			
版　　次	2014年6月第1版			
印　　次	2019年7月第11次			
书　　号	ISBN 978-7-5429-4180-0/F			
定　　价	68.00元			

如有印订差错，请与本社联系调换

前　言

　　私营企业从无到有，从小到大，由大到强，这是每一位企业主、老板或经理人共同的愿望，创业者靠着无比的勇气和耐心、敏锐的头脑和旺盛的斗志带领企业走过创业的艰辛之路，但所有人都会面对着一个共同的难题：如何在企业具备一定规模后，引导企业走入规范化的管理模式。

　　长久以来，众多私营企业在走过创业阶段后，组织规模增大、公司人员增加等现象带来了一系列诸如管理混乱、工作无序的问题。然而，这些问题必须解决，在私营公司做大做强的道路上，没有机会回头。正如正泰老总南存辉所说："开公司跟爬山很像，开始做的时候认为很简单，结果当你越爬越高的时候，就是公司越做越大的时候，碰到困难的时候，越爬越觉得上不着天，下不着地，不能回头。所以当你上了这个舞台，就没有停下来的时候了，要不断地去攀登、去跨越，把公司做大做强。"

　　毫无疑问，每个私营企业都希望走过创业的艰辛之路后，看到风雨后的彩虹，每个企业都希望自己的经营管理能够平稳顺利。但因为企业是由各类人员组成的组织，而人的复杂多样性的价值取向和行为特质，要求企业必须营造出有利于企业理念和价值观形成的制度和文化环境，并约束、规范、整合人的行为，使其"制度化"、"规范化"，使其达成目的的一致性，有助于企业共同利益的实现。

　　同时，企业作为一种特殊的组织，不仅有着它相应的管理模式，而且相应的管理模式必须与相应的管理制度相配。按照一定的制度来管人和办事，遵循一定的流程，执行一定的标准，不仅能够提高工作效率，而且能减少和降低因人为的因素而造成失误。

　　如果企业没有合理的执行体系和标准化的工作制度，没有把日常管理中的每个细节通过制度的方式落实到实处，就会形成表面化的管理，从而影响到组织效率进而削弱企业的竞争力。

　　我们编写《私营企业做大做强必备的管理制度与规范》的初衷也在于此。本书站在私营企业管理者的角度，充分考虑私营企业管理的方方面面，聚焦私营企业管理最为关键的环节，借鉴国际通用的管理制度和文案，详细论述企业管理中普遍涉及的工作标准化、流程化、工具化等问题，并提供了具体工作所需的相关理论知识、执行方法和流程、实用工具表格，使之具有可操作性，在实践的层面上提高企业效率。

　　当然每个企业都有其自身的特点，所以对于我们提供的制度范本、流程、实用表格，读者可以根据所在企业的具体情况适当修改或者重新设计，使之更适用于自己的企业。一个企业随着技术的创新，产品的更新，制度也需要创新，它并不是一成不变的，因此读者要在实践过程中不断改进已经形成的制度，以期达到高效管理、高效工作的目的。

目 录

第一章 私营企业治理结构与组织管理 1
一、私营企业的主要组织形式 2
二、股东会管理规则 4
三、合伙协议 5
四、有限公司章程范本 8
五、股份有限公司章程 12
六、组织设计工作程序 20
七、组织结构设计方法 20
八、行政部职责范围描述书 21
九、人事部职责范围描述书 22
十、企划发展部职责范围描述书 23
十一、财务部职责范围描述书 23
十二、营销部职责范围描述书 24
十三、生产管理部职责范围描述书 25
十四、部门工作分类表 25
十五、业务说明书 26
十六、部门决策权一览表 26
十七、财务决策权一览表 27
十八、人事决策权一览表 27

第二章 私营企业岗位设计与岗位职责 29
一、岗位设计工作流程 30
二、岗位说明书编制规范 31
三、确定人员编制工作流程 32
四、总经理(总裁)岗位职责描述书 33
五、总经理助理岗位职责描述书 33
六、财务总监岗位职责描述书 33
七、行政部部长岗位职责描述书 34
八、内务岗位职责描述书 34
九、前台岗位职责描述书 35
十、财务部部长岗位职责描述书 35

十一、主管会计岗位职责描述书 ……………………………… 36
十二、出纳员岗位职责描述书 ………………………………… 37
十三、人事部部长岗位职责描述书 …………………………… 37
十四、营销部部长岗位职责描述书 …………………………… 38
十五、营销主管岗位职责描述书 ……………………………… 39
十六、地区销售经理岗位职责描述书 ………………………… 39
十七、销售业务员岗位职责描述书 …………………………… 40
十八、办公室主任岗位职责描述书 …………………………… 40

第三章　私营企业战略与发展规划 …………………………… 43
一、企业战略目标制定细则 …………………………………… 44
二、战略规划细则 ……………………………………………… 45
三、战略企划管理纲要 ………………………………………… 47
四、战略企划操作流程 ………………………………………… 49
五、企业经营总体战略分析表 ………………………………… 51
六、战略规划定位表 …………………………………………… 53
七、长期战略目标体系规划表 ………………………………… 54
八、中期战略规划表 …………………………………………… 56
九、投资战略分析表 …………………………………………… 56
十、市场战略选择表 …………………………………………… 57
十一、年度经营目标规划表 …………………………………… 57
十二、产品产销目标 …………………………………………… 58
十三、原物料采购预算 ………………………………………… 58
十四、半年度产销计划 ………………………………………… 59
十五、半年度费用预算 ………………………………………… 60
十六、年度报告 ………………………………………………… 60

第四章　私营企业员工招聘与录用管理制度与规范 ………… 65
一、招聘与录用工作流程 ……………………………………… 66
二、新员工入职流程 …………………………………………… 66
三、公司招聘制度 ……………………………………………… 67
四、员工面试管理制度 ………………………………………… 69
五、面试工作规范 ……………………………………………… 71
六、招聘甄选工作细则 ………………………………………… 74
七、员工聘用制度 ……………………………………………… 75
八、劳动合同模板 ……………………………………………… 76
九、招聘计划书 ………………………………………………… 80
十、招聘广告及展板 …………………………………………… 82

十一、招聘人员登记表	83
十二、面试记录表	84
十三、聘任书	85
十四、试用通知书	85
十五、试用合同书	86

第五章　私营企业员工培训与开发管理制度与规范　89

一、培训管理工作任务	90
二、培训管理工作流程	90
三、公司培训制度	91
四、公司培训管理细则	95
五、新进员工培训制度	96
六、员工培训计划表	97
七、个人训练/教学记录表	98
八、新员工培训成果检测表	99
九、员工培训招告书	101
十、训练成效调查表	101

第六章　私营企业人事绩效考核管理制度与规范　103

一、企业人事绩效考核工作内容	104
二、企业人事绩效考核工作任务	104
三、绩效考核的工作流程	106
四、公司绩效考核制度	106
五、管理人员绩效考核制度	108
六、员工自我评价表	113
七、普通员工绩效考核表	114
八、管理人员绩效考核表	115
九、技术人员能力考核表	117
十、销售部门员工考核表	118
十一、综合能力考核表	119
十二、绩效考核面谈表	122

第七章　私营企业人事变动与调整管理制度与规范　123

一、人员调配管理工作内容	124
二、员工流动管理工作任务	124
三、员工流动工作流程	125
四、人员调配管理工作流程	126
五、解聘与辞职工作流程	127

六、员工内部调配制度模板 ……………………………………………… 127
七、员工晋升实施细则 …………………………………………………… 128
八、员工调动实施细则 …………………………………………………… 129
九、员工降职实施细则 …………………………………………………… 130
十、解除劳动关系管理制度模板 ………………………………………… 130
十一、员工解雇、辞退管理制度 ………………………………………… 132
十二、企业辞职辞退管理制度模板 ……………………………………… 132
十三、人事变动申请单 …………………………………………………… 134
十四、员工任免通知书 …………………………………………………… 135
十五、离职申请单 ………………………………………………………… 136
十六、离职人员应办手续清单 …………………………………………… 137

第八章 私营企业薪资与福利管理制度与规范 ………………………… 139
一、薪酬管理工作内容 …………………………………………………… 140
二、薪酬设计的基本原理 ………………………………………………… 140
三、薪酬设计的步骤 ……………………………………………………… 141
四、企业福利管理工作内容 ……………………………………………… 143
五、企业福利保健管理工作流程 ………………………………………… 144
六、公司薪酬管理制度模板 ……………………………………………… 144
七、企业员工福利制度范本 ……………………………………………… 146
八、企业员工保险管理制度 ……………………………………………… 149
九、员工工资表 …………………………………………………………… 152
十、工资登记表 …………………………………………………………… 153
十一、工资汇总统计表 …………………………………………………… 154
十二、新员工定薪表 ……………………………………………………… 155
十三、工资定额调整表 …………………………………………………… 156
十四、月份福利工作计划表 ……………………………………………… 157
十五、员工福利金申请表 ………………………………………………… 158

第九章 私营企业劳动关系管理制度与规范 …………………………… 159
一、劳动关系管理工作内容 ……………………………………………… 160
二、劳动关系管理工作流程 ……………………………………………… 160
三、劳动用工制度模板 …………………………………………………… 161
四、兼职员工工作协议书 ………………………………………………… 162
五、私营企业劳动协议 …………………………………………………… 162
六、解除劳动合同申请表 ………………………………………………… 165
七、解除劳动合同审批表 ………………………………………………… 166
八、劳动合同顺延登记表 ………………………………………………… 166

九、劳动合同终止/顺延审批表 ·· 167
十、劳动争议情况调查表 ·· 167

第十章　私营企业行政办公室事务管理制度与规范 ·· 169
一、办公室事务管理基本原则 ·· 170
二、办公室物品管理工作内容 ·· 170
三、办公室布置规范 ·· 171
四、办公室用品管理制度模板 ·· 172
五、办公室用品发放规定 ·· 173
六、办公室文具管理制度模板 ·· 173
七、文具用品一览表 ·· 174
八、办公用品需求计划表 ·· 175
九、办公用品请购单 ·· 176
十、办公用品登记卡 ·· 177
十一、办公用品领用卡 ··· 178

第十一章　私营企业会议管理制度与规范 ·· 179
一、会议管理应该把握的原则 ·· 180
二、企业会议管理制度模板 ··· 180
三、开会准备事务细则 ··· 182
四、会中事务细则 ··· 183
五、会后事务细则 ··· 184
六、会议管理细则 ··· 184
七、会场纪律规定 ··· 185
八、会议程序范例表 ·· 185
九、会议通知 ··· 186
十、会议备忘录 ·· 187
十一、会议纪要表 ··· 187
十二、会议成效分析表 ··· 188

第十二章　私营企业文书印信管理制度与规范 ·· 189
一、企业公文的主要类别 ·· 190
二、企业公文的一般格式 ·· 191
三、印章的种类 ·· 191
四、企业公文管理制度模板 ··· 192
五、公文管理细则 ··· 195
六、企业印章管理制度模板 ··· 196
七、企业公印管理制度模板 ··· 197

八、企业印章使用细则 …… 199
九、企业公文实用表格——请示 …… 200
十、企业公文实用表格——报告 …… 201
十一、企业公文实用表格——决议 …… 201
十二、企业公文实用表格——决定 …… 202
十三、企业公文实用表格——批复 …… 202
十四、企业公文实用表格——通知 …… 203
十五、企业公文实用表格——通报 …… 203
十六、企业公文实用表格——公函 …… 204

第十三章 私营企业档案管理制度与规范 …… 205
一、档案管理工作的基本内容 …… 206
二、档案管理应遵循的工作原则 …… 207
三、人事档案利用制度模板 …… 207
四、文书档案归档制度模板 …… 208
五、档案借阅管理制度模板 …… 211
六、档案保密制度模板 …… 211
七、档案复制制度模板 …… 212
八、员工档案标准版 …… 212
九、档案查询申请表 …… 213
十、档案转出记录表 …… 214
十一、档案清单 …… 215
十二、档案索引表 …… 216

第十四章 私营企业考勤管理制度与规范 …… 217
一、考勤的目的 …… 218
二、考勤的工作流程 …… 218
三、企业考勤管理规定 …… 219
四、员工考勤及休假制度模板 …… 220
五、员工出勤制度 …… 224
六、员工考勤细则 …… 225
七、员工请假制度 …… 226
八、员工签到卡 …… 227
九、员工考勤记录单 …… 228
十、月度考勤统计表 …… 228
十一、员工请假单 …… 229
十二、加班记录表 …… 229

第十五章 私营企业差旅管理制度与规范 ... 231
一、员工出差办理程序 ... 232
二、员工出差审核权核定 ... 232
三、员工出差管理办法模板 ... 232
四、员工出差管理规定模板 ... 234
五、员工出差实施细则 ... 235
六、差旅费支给制度 ... 236
七、出差申请单 ... 238
八、出差派遣表 ... 239
九、出差登记表 ... 239
十、出差资料交接清单 ... 240
十一、差旅费清单 ... 241
十二、出差费用计算表 ... 241

第十六章 私营企业车辆管理制度与规范 ... 243
一、车辆的购置工作要点 ... 244
二、车辆的使用工作要点 ... 245
三、车辆的调度工作要点 ... 247
四、企业车辆管理制度模板 ... 248
五、企业用车管理规定 ... 250
六、私车公用管理细则 ... 251
七、车辆登记表 ... 251
八、车辆保养(维修)单 ... 252
九、车辆费用支出月报表 ... 252

第十七章 私营企业安全管理制度与规范 ... 253
一、企业治安管理工作内容 ... 254
二、安全生产管理工作原则 ... 254
三、企业安全保卫管理纲要 ... 255
四、企业消防管理制度模板 ... 257
五、安全生产管理制度模板 ... 259
六、企业守卫日报表 ... 261
七、突发事故报告表 ... 262
八、安全管理实施计划表 ... 263
九、工作安全检查报告书 ... 264

第十八章 私营企业公共关系管理制度与规范 ... 265
一、企业公关操作流程 ... 266

二、接待来访工作流程 ... 267
三、企业对外接待办法 ... 267
四、企业参观管理规定 ... 270
五、企业来宾管理接待制度 ... 271
六、对外接待费用管理制度 ... 272
七、招待用餐管理规定 ... 273
八、介绍信 ... 274
九、请柬 ... 274
十、贵宾接待日程表 ... 275

第十九章 私营企业筹资与投资管理制度与规范 ... 277
一、筹资管理的工作内容 ... 278
二、筹资的主要方式 ... 278
三、筹资的主要渠道 ... 279
四、企业投资项目界定 ... 280
五、企业投资管理体制及权限 ... 280
六、企业筹资管理制度模板 ... 282
七、企业资本金筹集制度模板 ... 286
八、企业投资管理制度模板 ... 287
九、企业投资计划书模板 ... 293
十、企业筹资成本分析表 ... 295
十一、银行短期借款明细表 ... 295
十二、投资专业分析表 ... 296
十三、投资经济分析表 ... 297
十四、股东一览表 ... 298
十五、股东印鉴表 ... 299

第二十章 私营企业货币资金管理制度与规范 ... 301
一、货币资金管理的工作对象 ... 302
二、资金主管主要工作内容 ... 302
三、资金管理制度模板 ... 303
四、流动资金管理制度模板 ... 305
五、固定资金管理制度模板 ... 305
六、支票管理制度模板 ... 306
七、提取现金的工作细则 ... 307
八、出纳直接收款工作细则 ... 308
九、现金收支日报表 ... 309
十、现金收支预算表 ... 310

十一、现金存款日记表 311
十二、资金调度日报表 312
十三、银行借款登记卡 313
十四、资金调度表 314
十五、资金差异报告表 315

第二十一章 私营企业固定资产管理制度与规范 317
一、固定资产管理工作内容 318
二、固定资产的计价方式 318
三、固定资产管理制度模板 319
四、固定资产核算管理制度模板 322
五、不动产管理规定 323
六、固定资产增减表 325
七、固定资产盘存表 326
八、固定资产增加表 327
九、固定资产转移表 327

第二十二章 私营企业成本控制管理制度与规范 329
一、企业内部控制的内容 330
二、成本管理的基本工作内容 330
三、费用开支管理办法 331
四、费用开支管理标准 332
五、财务报销制度模板 334
六、生产成本管理制度模板 335
七、成本核算细则 338
八、销售费用表 343
九、管理费用表 345
十、财务费用表 346
十一、财务状况控制表 347
十二、产品生产成本表 348
十三、生产成本核算表 349
十四、制造成本及利润计划表 350
十五、直接人工及制造费用比较表 351

第二十三章 私营企业税务筹划管理制度与规范 353
一、企业税务筹划基本方法 354
二、企业节税能力影响因素 355
三、企业经营形态节税 357

四、企业经营方式节税 ………………………………………………… 359
五、销项税额的避税与反避税 ………………………………………… 362
六、营业税的避税与反避税 …………………………………………… 363
七、工资方面的避税与反避税 ………………………………………… 364
八、固定资产方面的避税与反避税 …………………………………… 365
九、营业税申报表 ……………………………………………………… 365
十、原材料冲退税分析表 ……………………………………………… 366
十一、应交增值税明细表 ……………………………………………… 367

第二十四章 私营企业生产计划管理制度与规范 …………………… 369
一、生产计划制定目的 ………………………………………………… 370
二、生产计划的分类 …………………………………………………… 370
三、生产计划标准模板 ………………………………………………… 371
四、生产计划管理制度 ………………………………………………… 372
五、生产分配制度 ……………………………………………………… 373
六、工业产值与产量年度计划表 ……………………………………… 374
七、生产计划安排表 …………………………………………………… 374
八、产销状况预测表 …………………………………………………… 375
九、产销计划表 ………………………………………………………… 376
十、产销计划拟定表 …………………………………………………… 376
十一、每日生产计划表 ………………………………………………… 377
十二、每周生产计划表 ………………………………………………… 378
十三、月度生产计划表 ………………………………………………… 379
十四、季度生产计划表 ………………………………………………… 380
十五、年度生产计划表 ………………………………………………… 380

第二十五章 私营企业生产作业管理制度与规范 …………………… 381
一、生产作业控制管理工作内容 ……………………………………… 382
二、生产作业控制管理工作方式 ……………………………………… 382
三、生产作业管理制度模板 …………………………………………… 383
四、生产现场作业管理细则 …………………………………………… 385
五、生产作业管理制度 ………………………………………………… 386
六、生产作业控制管理制度 …………………………………………… 388
七、生产作业工作单 …………………………………………………… 389
八、生产作业日报表 …………………………………………………… 390
九、班组生产日报表 …………………………………………………… 391
十、个人作业日报表 …………………………………………………… 392

第二十六章 私营企业技术与工艺管理制度与规范 393
一、技术与工艺管理工作内容 394
二、技术与工艺管理工作任务 394
三、生产技术管理制度模板 395
四、工艺管理规程 398
五、工艺规程管理制度 399
六、技术设计管理制度 400
七、图纸管理表 401
八、产品设计登记表 402
九、车间样品制作登记表 403
十、年度生产工艺管理计划表 403
十一、产品生产技术管理计划表 404

第二十七章 私营企业设备管理制度与规范 405
一、设备管理工作内容 406
二、设备管理工作任务 406
三、生产设备管理制度模板 407
四、生产设备供应管理制度模板 410
五、生产设备使用、检修保养规定 411
六、生产设备使用管理制度 412
七、生产设备维护管理制度 413
八、设备日常管理表 413
九、设备登记表 413
十、设备评分表 414
十一、设备登记明细表 415
十二、设备编号标准表 415

第二十八章 私营企业物资管理制度与规范 417
一、物资管理工作内容 418
二、物资管理工作程序 418
三、物资需求计划管理制度 419
四、物资需求计划编制管理规定 420
五、物料需求计划设计规范 422
六、物料领用办法 423
七、发料管理办法 424
八、物资需求分析表 425
九、产品材料用量分析表 426

十、物资供应计划表 …… 427
十一、物资存量计划表 …… 428
十二、物资用量计划表 …… 429

第二十九章　私营企业采购管理制度与规范 …… 431
一、采购管理工作原则 …… 432
二、物资采购管理工作内容 …… 433
三、标准采购作业管理制度 …… 434
四、采购作业实施制度 …… 439
五、采购物资检验管理制度 …… 442
六、采购物资验收管理制度 …… 443
七、一般物资采购合同 …… 445
八、物资采购计划表 …… 446
九、物资定期采购计划表 …… 447
十、请购单 …… 448
十一、物资采购申请表 …… 449
十二、物资订购单 …… 450

第三十章　私营企业质量管理制度与规范 …… 451
一、生产质量管理工作内容 …… 452
二、生产质量管理工作任务 …… 453
三、生产质量管理工作程序 …… 454
四、质量管理制度模板 …… 456
五、质量管理细则 …… 461
六、日常质量检查制度 …… 463
七、质量管理培训制度 …… 464
八、不合格产品的审查办法 …… 464
九、质量管理工作计划表 …… 465
十、质量管理培训年度计划表 …… 466
十一、产品质量管理表 …… 467
十二、产品质量管理标准表 …… 468
十三、产品质量管理日报表 …… 468
十四、产品质量检验表 …… 469
十五、内部质量审核计划表 …… 470

第三十一章　私营企业库存管理制度与规范 …… 471
一、仓库管理的基本要求 …… 472
二、仓库管理制度 …… 473

三、仓库存货管理制度 ……………………………………………………… 475
四、库存量管理工作制度 …………………………………………………… 476
五、采购物资提货单 ………………………………………………………… 477
六、库存物资日报表 ………………………………………………………… 478
七、物资收支情况登记表 …………………………………………………… 479
八、物资库存计划表 ………………………………………………………… 480
九、物资用量计划表 ………………………………………………………… 481

第三十二章 私营企业市场管理制度与规范 …………………………… 483
一、市场调查的内容 ………………………………………………………… 484
二、市场分析与预测工作内容 ……………………………………………… 484
三、市场定位与细分工作内容 ……………………………………………… 484
四、市场调查管理制度模板 ………………………………………………… 485
五、市场调查报告编制细则 ………………………………………………… 487
六、市场环境分析报告模板 ………………………………………………… 489
七、市场预测报告模板 ……………………………………………………… 490
八、市场分析报告编写细则 ………………………………………………… 491
九、市场调查报告表 ………………………………………………………… 492
十、市场调查计划表 ………………………………………………………… 493
十一、市场总需求量调查估计表 …………………………………………… 494
十二、产品市场性分析表 …………………………………………………… 495
十三、企业信息来源分析表 ………………………………………………… 496
十四、市场细分依据表 ……………………………………………………… 497
十五、市场细分作业表 ……………………………………………………… 497

第三十三章 私营企业价格管理制度与规范 …………………………… 499
一、定价管理工作内容 ……………………………………………………… 500
二、产品定价管理制度模板 ………………………………………………… 500
三、定价管理办法 …………………………………………………………… 501
四、产品价格管理制度 ……………………………………………………… 502
五、成本估价单 ……………………………………………………………… 505
六、产品售价分析表 ………………………………………………………… 506
七、产品价格分析表 ………………………………………………………… 507
八、产品售价表 ……………………………………………………………… 508
九、产品售价调整表 ………………………………………………………… 509
十、产品报价单 ……………………………………………………………… 509

第三十四章　私营企业订货、发货与退货管理制度与规范 …… 511
一、订货管理工作内容 …… 512
二、订单管理制度模板 …… 512
三、退货管理制度模板 …… 513
四、限制退货实施细则 …… 513
五、订货合同模板 …… 514
六、交货检验配送管理办法 …… 514
七、销售订单统计表 …… 515
八、销售发货日报表 …… 516
九、销售发货通知单 …… 516
十、销售发货明细表 …… 517
十一、销售交货单 …… 518
十二、发货月报汇总表 …… 519

第三十五章　私营企业账款回收管理制度与规范 …… 521
一、账款回收管理工作内容 …… 522
二、账款回收管理制度 …… 522
三、账款回收实施细则 …… 523
四、业务员收款实施细则 …… 525
五、倒账处理办法 …… 526
六、应收账款的评估与改善细则 …… 526
七、销售收款计划表 …… 529
八、销售收款状况分析表 …… 529
九、销售收款状况报告表 …… 530
十、呆账统计表 …… 530
十一、呆账追踪补偿表 …… 531

第三十六章　私营企业客户管理制度与规范 …… 533
一、客户关系管理工作内容 …… 534
二、客户关系管理工作原则 …… 534
三、客户资料管理制度模板 …… 535
四、客户开发管理制度模板 …… 537
五、客户服务管理制度模板 …… 538
六、客户开发选择实施细则 …… 539
七、客户档案管理实施细则 …… 540
八、标准客户开发步骤表 …… 542
九、开发对象判定表 …… 542

十、强化客户关系计划表 ·· 543
十一、重要客户对策一览表 ·· 543
十二、固定客户交易对策表 ·· 544

第三十七章 私营企业促销管理制度与规范 ························· 545
一、人员促销管理流程 ··· 546
二、广告促销管理流程 ··· 546
三、公司促销管理制度模板 ·· 547
四、产品宣传管理细则 ··· 548
五、广告宣传管理制度模板 ·· 551
六、公关促销管理制度模板 ·· 553
七、市场促销申请单 ·· 555
八、营销活动促销计划表 ··· 555
九、市场促销活动成效汇总表 ··· 556
十、广告预算书 ·· 557

第三十八章 私营企业销售团队管理制度与规范 ·················· 559
一、销售团队管理工作内容 ·· 560
二、销售人员聘用制度 ··· 560
三、销售人员奖惩办法 ··· 561
四、销售人员管理制度 ··· 563
五、销售人员作业记录表 ··· 565
六、销售人员销售统计表 ··· 566
七、销售人员业绩报告表 ··· 566
八、销售人员工作记录表 ··· 567
九、销售人员业绩考核报告表 ··· 567
十、销售部门业绩考核表 ··· 568

第一章 私营企业治理结构与组织管理

一、私营企业的主要组织形式

私营公司的经营可以选择多种企业形式,没有一概的定论。按我国现行法律、法规、私营公司可以选择如下企业形式。

1. 个人独资企业

由单个自然人出资创办的企业,我国新颁布的《个人独资企业法》为个人独资创办企业提供了法律依据和法律保护。如图1-1所示:

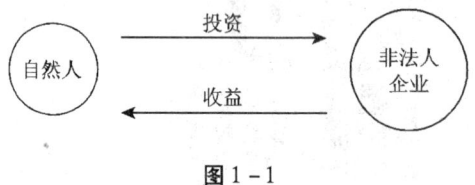

图1-1

2. 合伙企业

由两个或两个以上的自然人共同投资兴办的企业,由我国《合伙企业法》作为其基本的法律依据。如图1-2所示:

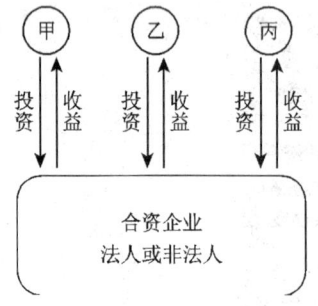

图1-2

3. 有限责任公司

由两个或两个以上但不多于50人的投资人(包括自然人)共同投资兴办,以其投资承担公司有限债务并占有一部分股价的公司形式。有限责任公司一定是法人企业。如图1-3所示:

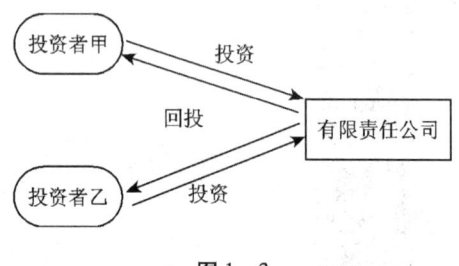

图1-3

4. 股份有限公司

公司的资本分为等额股份,股东就其出资额承担有限责任。公司为法人企业,在出资额等方面都更为严格。我国《公司法》没有明确规定私营公司可以成为上市公司,但私营公司可以采用股份制的方式进行运行。有些资金雄厚的私营公司可以通过"买壳上市"的方式借用上市公司达到筹资、升级、改组的目的。这也是目前私营公司老板都很关注的焦点之一。如图 1-4、图 1-5 所示:

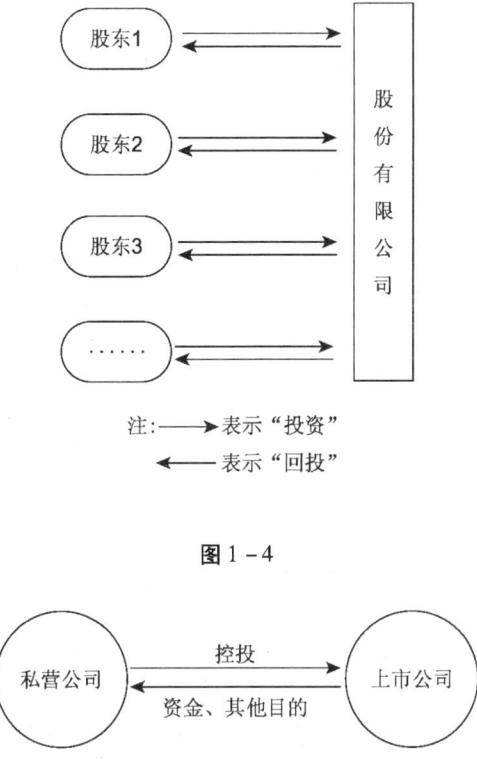

图 1-4

图 1-5

无论私营公司选择什么样的公司形式,有一点原则是必须遵守的,即"适合自己的才是最好的!"

在公司资金有限的情况下,投资者一般倾向于选择个人独资或合伙企业,个人独资企业可以个人说了算,合伙企业可以大家共同承担风险,共同获取收益,企业的形式也较为灵活。老板与员工之间职责划分也没有大公司那般明确,运作起来轻松自如,正应了中国一句俗话"船小好调头"。一般资金的周转速度也较快。

随着公司规模的扩大,获得的资金投入多时,投资者倾向于有限责任公司或股份有限公司,这时公司只为自己承担的债务负有限责任,并且以更高的信用度从银行那里贷到款,同时也向社会公众展现了自己的资金实力。

二、股东会管理规则

股东会为企业最高权力机构,由全体股东组成,股东会一般为非常设机构,以常务会议和临时会议形式出现,通常仅对企业重大决策问题行使决策权,一股一票。当股东规模较小时,宜设股东(全体)会,有利于培育民主参与精神,当规模较大时,宜设股东代表大会,以提高决策效率。但在现实经济中,股东会地位和作用呈下降趋势,许多权力转向董事会。

股东类型可分为法人股东、自然人股东和其他股东三种。法人股东包括企业法人、社会团体法人、事业单位法人,事业单位法人中的自收自支事业单位法人按国家有关规定应先完善自身企业法人登记(即自身先行转变为企业法人)才能成为有限责任公司的股东。自然人指具有中国国籍的中国公民。外国公民及港、澳、台自然人(含取得外国或地区永久居住权的中国籍人士,但不包括留学生)出资,仍按办理外商投资企业注册登记。其他股东包括个人独资企业、合伙企业、居民委员会、村民委员会、员工持股会等。

(一)个体独资企业

由一个自然人出资经营,归个人所有和控制,业主对企业债务承担无限责任的企业形态。

个体独资企业的股东只有出资者一人,即自然人股东。所得利润归个人所有,不需与人分摊;自然人股东可避免企业、个人所得税双重征税;经营自主,容易对企业财务经营状况保密。但同时因为个人独资企业是无限连带责任,自然人股东难以在风险较大的行业经营;且因业主资金、精力有限等问题,导致企业难以大规模成长,寿命有限。

(二)合伙企业

全部由自然人做股东,且股东中有人负无限责任所投资组建的企业。股东既是所有者又是经营管理者,只有争得全体股东同意,个别股东才能转让其股份。企业的信用主要基于股东个人的信用,每当企业因负债过多或亏损破产时,如企业财产不足清偿,无限责任股东须负连带责任,以自己的其他财产抵偿。

自然人股东分为:

普通合伙人。对企业债务负无限责任,且从事企业经营业务,在企业中起骨干作用。股东中至少须有一名普通合伙人。

有限合伙人。以投资额为限,对企业债务负有限责任,一般在管理中不起多大作用。

合伙企业适用于中小企业,多见于广告、会计师、律师、咨询、投资银行业。股东人数不多便于股东间协调和发挥专长,但是股东的投资风险大,企业破产可能引起倾家荡产。

(三)股份合作制

股份合作制是指两个以上劳动者或投资者按照章程或协议,以资金、实物、技术、土地使用权等作为股份,自愿组织起来依法从事生产经营活动,实行民主管理,按劳分配和按股分配相结合,并留有公共积累的一种新型的企业制度。股份合作制是股份制与合作制的有机结合,它同时兼容股份制按股分红与合作制按劳分配的特点,是资金联合与劳动联合相结合的一种经济组织形式。股份合作制企业资金全部或绝大部分由员工共同出资入股组成,员工利益共享,风险均担,并以企业财产独立承担民事责任。

股份合作制是全员入股,企业员工全体入股形成企业运行所需的全部或大部分资本,当然国家外部法人也可入股,所以股份合作制存在自然人股东和法人股东。员工股东大会是企业的最高权力机构。员工具有重大决策的表决权,采取"一人一票",而不是股份制的"一股一票"。

(四)有限责任公司

有限责任公司是人们创办企业最常应用的方式。由 2~50 个股东共同出资,每个股东以其认缴出资额对公司负责,公司以其全部资产对其债务负责的企业法人。

这种企业组织形式一般用于中小企业或股东较少的情况。其中主要是合资企业、民营、私营企业组建公司,较适合家族控制的公司体制。

有限责任公司具有独立法人地位,法人实体与其股份持有者相分离,股东承担有限责任,不必担心因生意方面债务或问题而危及私人财产;股东常常出任董事、经理,直接参与经营管理;在公司和股东两个层面纳税,即公司缴纳法人所得税,股东从公司取得的收入另计入个人总收入中纳税。

(五)国有独资公司

这是一种特殊的有限公司形态,它只有一个股东,一般有国家授权投资的机构组建。

这类企业组织按法律规定主要在涉及国家安全、国防尖端技术、能源、交通、通讯、金融等基础性、国家垄断性行业,以及盈利性较差或其他限制私人投资或私人无力投资的行业。国家承担有限责任,规避风险。

(六)股份有限公司

股份有限公司是由一定数量(如 5 人)以上的股东发起,注册资本由等额股份组成,并通过发行股票筹集资本,公司以及全部资产对公司债务承担有限责任的一种公司形式。

股份有限公司注册资本须 1 000 万元以上,国内分为发起和募集(上市公司)两种设立方式。这种企业组织形式股权高度分散,股东众多,已被少数控股股东垄断操作而损害多数小股东利益,股东流动性大,缺乏对公司的责任。

三、合 伙 协 议

(一)总则

合伙企业名称_____(字号)_____(简称企业)

股东合作章程主要包括《合伙协议》、《联营合同书》、《公司章程》,具体操作细节可参考以下范例。

企业住所:_____

合伙宗旨:_____

合伙企业经营范围:_____

(二)合伙人、出资及出资方式:

1.合伙人的姓名及住所:＿＿＿＿＿＿＿＿＿＿＿＿＿＿＿＿

(1)＿＿＿＿＿＿＿＿＿＿＿＿＿＿＿＿＿＿＿＿＿＿＿

(2)＿＿＿＿＿＿＿＿＿＿＿＿＿＿＿＿＿＿＿＿＿＿＿

(3)＿＿＿＿＿＿＿＿＿＿＿＿＿＿＿＿＿＿＿＿＿＿＿

(4)＿＿＿＿＿＿＿＿＿＿＿＿＿＿＿＿＿＿＿＿＿＿＿

(5)＿＿＿＿＿＿＿＿＿＿＿＿＿＿＿＿＿＿＿＿＿＿＿

2.合伙人的出资额及出资方式。

合伙企业出资总额＿＿＿＿＿＿万元人民币。

(1)出资额＿＿＿＿＿＿出资方式为＿＿＿＿＿＿＿＿

(2)出资额＿＿＿＿＿＿出资方式为＿＿＿＿＿＿＿＿

(3)出资额＿＿＿＿＿＿出资方式为＿＿＿＿＿＿＿＿

(4)出资额＿＿＿＿＿＿出资方式为＿＿＿＿＿＿＿＿

(5)出资额＿＿＿＿＿＿出资方式为＿＿＿＿＿＿＿＿

本合伙人承认用货币、实物、土地使用权、劳务、工业产权、专有技术出资的有效性。

(三)合伙人权利和义务

1.本合伙企业为普通合伙/有限合伙企业,由合伙人共同出资、共同经营,对合伙债务承担无限连带责任,对其出资额承担有限责任。

2.合伙人在合伙正常经营范围内的一切行为,由全体合伙人承担民事责任。如某人超越权限的行为所产生的民事责任则由该合伙人个人承担。

3.本合伙推举企业负责人,合伙负责人依照合伙章程或合伙人授权进行经营活动,对全体合伙人负责。

4.在执行合伙业务过程中,因合伙人的过错致使他人遭受人身伤害或者财产损失的,由全体合伙人承担连带责任。

5.合伙人不能成为其他合伙企业的合伙人。

6.合伙存续期间,各合伙人积累的财产和权益为合伙财产,为共有并为合伙经营使用。

7.合伙财产在普通合伙清算前不得分割。

8.各合伙人对合伙事务按一人一票方式行使表决权。

9.合伙事务决定权由简单多数法则决定,但以下事项须全体同意:

(1)修改合伙协议;

(2)申请贷款;

(3)接纳新合伙人;

(4)处分合伙财产;

(5)解散合伙。

(四)利益分配

1.利润分配按照分享＿＿＿＿＿、分享＿＿＿＿＿、分享＿＿＿＿＿、的比例分配。

2.合伙人按其分享利润比例承担民事责任。

3.合伙人不得自营或者为他人经营与合伙相同性质的业务,不得从事与合伙利益有冲突的活动。

4.合伙人对合伙债务承担无限连带责任;偿还合伙责任超出自己应负数额的,有权向其他合伙人追偿。

5. 合伙人为合伙经费垫支的费用,以合伙财产偿还,执行合伙业务,不得要求支付报酬。

(五)入伙和退伙

1. 经全体合伙人一致同意,可以吸纳他人加入合伙,并处于同等地位,对入伙前合伙债务承担连带责任。

2. 合伙人可以退伙,应于两个月前通知其他合伙人。

3. 发生下列情形之一,合伙人即退伙:

(1)合伙人死亡;

(2)合伙人解散;

(3)合伙人在合伙中权益全部被法院判令执行;

(4)合伙人丧失民事行为能力;

(5)合伙人被除名。

4. 合伙人死亡,经全体合伙人同意,可以由其继承人继承其权利和义务,继承之日取得合伙人资格。

5. 退伙人的财产结算,以退伙时合伙财产状况为准,对尚未了结的合伙业务,了结时分配损益;对合伙债务,仍负连带责任。

6. 退伙而引起的损失,应由退伙人赔偿。

7. 退伙可用现金或其他协商方式支付,可以一次或分期退还。

(六)解散和清算

1. 因下列原因之一,可以解散:

(1)经营期满,合伙人不再要求延期;

(2)合伙人一致同意解散;

(3)合伙只剩一名合伙人;

(4)因违法被吊销营业执照;

(5)其他各方认可的原因。

2. 合伙解散时应进行清算。

(1)清偿后的剩余部分,按_____比例分配给合伙人;

(2)清偿后的债务,按_____比例由合伙人个人财产清偿。

(七)经营期限

1. 本合伙企业经营期限为_____年,自合伙协议被批准之日起算。

2. 合伙变更字号、经营场所、范围、修改合伙协议,延长经营期限,入伙和退伙等均应到原登记机关办理变更登记,并自批准之日起算。

(八)附则

1. 本合伙协议由全体合伙人一致制定,生效后对全体合伙人具有约束力。

2. 经全部合伙人协商一致,就未尽事宜和以上条款修订、补充合伙协议。

3. 本章程经全体合伙人签字后生效。

四、有限公司章程范本

□ 总则

第一条 为规范公司的行为,保障公司股东的合法权益,根据《中华人民共和国公司法》和有关法律、法规规定,结合公司的实际情况,特制定本章程。

第二条 公司名称: 　　　　公司住所:

第三条 公司由××××××、××××××、××××××共同投资组建。

第四条 公司依法在＿＿＿＿＿＿工商行政管理局登记注册,取得企业法人资格。公司经营期限为＿＿＿＿＿＿年(以登记机关核定为准)。

第五条 公司为有限责任公司,实行独立核算,自主经营,自负盈亏。股东以其出资额为限对公司承担责任,公司以其全部资产对公司的债务承担责任。

第六条 公司应遵守国家法律、法规及本章程规定,维护国家利益和社会公共利益,接受政府有关部门监督。

第七条 公司的宗旨:××××××。

第八条 经营范围:××××××(以登记机关核定为准)。

□ 注册资本及出资方式

第九条 公司注册资本为人民币＿＿＿＿＿＿万元。

第十条 公司各股东的出资方式和出资额为:

(一)××××××以＿＿＿＿＿＿出资,为人民币＿＿＿＿＿＿元,占＿＿＿＿＿＿%。

(二)××××××以＿＿＿＿＿＿出资,为人民币＿＿＿＿＿＿元,占＿＿＿＿＿＿%。

(三)××××××以＿＿＿＿＿＿出资,为人民币＿＿＿＿＿＿元,占＿＿＿＿＿＿%。

第十一条 股东应当足额缴纳各自所认缴的出资,股东全部缴纳出资后,必须经法定的验资机构验资并出具证明。以非货币方式出资的,应由法定的评估机构对其进行评估,并由股东会确认其出资额价值,并依据《公司注册资本登记管理暂行规定》在公司注册后＿＿＿＿＿＿个月内办理产权过户手续,同时报公司登记机关备案。

□ 股东和股东会

第十二条 股东是公司的出资人,股东享有以下权利:

(一)根据其出资份额享有表决权;

(二)有选举和被选举董事、监事权;

(三)有查阅股东会记录和财务会计报告权;

(四)依照法律、法规和公司章程规定分取红利;

(五)依法转让出资,优先购买公司其他股东转让的出资;

(六)优先认购公司新增的注册资本;

(七)公司终止后,依法分得公司的剩余财产。

第十三条 股东负有下列义务:

(一)缴纳所认缴的出资;

(二)依其所认缴的出资额承担公司债务;

(三)公司办理工商登记后,不得抽回出资;

(四)遵守公司章程、规定。

第十四条 公司股东会由全体股东组成,是公司的权力机构。

第十五条 股东会行使下列职权:

(一)决定公司的经营方针和投资计划;

(二)选举和更换董事,决定有关董事的报酬事项;

(三)选举和更换由股东代表出任的监事,决定有关监事的报酬事项;

(四)审议批准董事会的报告;

(五)审议批准监事会或者监事的报告;

(六)审议批准公司的年度财务预、决算方案;

(七)审议批准公司的利润分配方案和弥补亏损方案;

(八)对公司增加或者减少注册资本作出决议;

(九)对发行公司债券作出决议;

(十)对股东向股东以外的人转让出资作出决议;

(十一)对公司合并、分立、变更公司形式、解散和清算等事项作出决议;

(十二)修改公司章程。

第十六条 股东会会议一年召开一次。当公司出现重大问题时,代表1/4以上表决权的股东,1/3以上的董事或者监事,可提议召开临时会议。

第十七条 股东会会议由董事会召集,董事长主持。董事长因特殊原因不能履行职务时,由董事长指定的副董事长或者其他董事主持。

第十八条 股东会会议由股东按照出资比例行使表决权。一般决议必须经代表过半数表决权的股东通过。对公司增加或减少注册资本,分立、合并、解散或变更公司形式以及修改章程的决议,必须经代表2/3以上表决权的股东通过。

第十九条 召开股东会会议,应当于会议召开15日以前通知全体股东。股东会对所议事项的决定作出会议记录,出席会议的股东在会议记录上签名。

□ 董事会

第二十条 本公司设董事会,是公司经营机构。董事会由股东会选举产生,其成员为_____人(2~13人,单数)。

第二十一条 董事会设董事长一人,副董事长_____人,董事长和副董事长由董事会全体董事选举产生。董事长为公司的法定代表人。

第二十二条 董事会行使下列职权:

(一)负责召集股东会,并向股东会报告工作;

(二)执行股东会的决议;

(三)决定公司的经营计划和投资方案;

(四)制定公司的年度财务预、决算方案;

(五)制定公司的利润分配方案和弥补亏损方案;

(六)制定公司增加或者减少注册资本的方案;

（七）拟定公司合并、分立、变更公司形式、解散的方案；

（八）决定公司内部管理机构的设置；

（九）聘任或者解聘公司经理，根据经理的提名，聘任或者解聘公司副经理、财务负责人，决定其报酬事项；

（十）制定公司的基本管理制度。

第二十三条　董事任期_____年（每届最长不超过3年）。董事任期届满，可连选连任。董事在任期届满前，股东会不得无故解除其职务。

第二十四条　董事会会议每半年召开一次，全体董事参加。召开董事会会议，应当于会议召开10日以前通知全体董事。董事因故不能参加，可由董事或股东出具委托书委托他人参加。1/3以上的董事可以提议召开临时董事会会议。

第二十五条　董事会会议由董事长召集和主持，董事长因特殊原因不能履行职务时，由董事长指定副董事长或者其他董事召集主持。

第二十六条　董事会议定事项须经过半数董事同意方可作出，但对本章程第二十二条第（三）、（八）、（九）项作出决定，须有2/3以上董事同意。

第二十七条　董事会对所议事项作成会议记录，出席会议的董事或代理人应在会议记录上签名。

第二十八条　公司设经理，对董事会负责，行使下列职权：

（一）主持公司的生产经营管理工作，组织实施董事会决议；

（二）组织实施公司年度经营计划和投资方案；

（三）拟订公司内部管理机构设置方案；

（四）拟订公司的基本管理制度；

（五）制定公司的具体规章；

（六）提请聘任或者解聘公司副经理、财务负责人；

（七）聘任或者解聘除应由董事会聘任或者解聘以外的负责管理人员；

（八）公司章程和董事会授予的其他职权。经理列席董事会会议。

□　监事会

第二十九条　公司设监事会，是公司内部监督机构，由股东代表和适当比例的公司员工代表组成。

第三十条　监事会由监事3名组成（不得少于3人，单数），其中员工代表_____名。监事任期为3年。监事会中股东代表由股东会选举产生，员工代表由公司员工民主选举产生。监事任期届满，连选可以连任。

第三十一条　监事会设召集人1人，由全部监事2/3以上选举和罢免。

第三十二条　监事会行使下列职权：

（一）检查公司财务；

（二）对执行董事、经理执行公司职务时违反法律、法规或者公司章程的行为进行监督；

（三）当董事和经理的行为损害公司的利益时，要求董事和经理予以纠正；

（四）提议召开临时股东会。监事列席董事会会议。

第三十三条　监事会所作出的议定事项须经2/3以上监事同意。

□　股东转让出资的条件

第三十四条　股东之间可以相互转让其全部出资或者部分出资，不需要股东会表决同意,但应告知。

第三十五条　股东向股东以外的人转让出资的条件:

(一)必须要有半数以上(出资额)的股东同意;

(二)不同意转让的股东应当购买该转让的出资,若不购买转让的出资,视为同意转让;

(三)在同等条件下,其他股东有优先购买权。

□　财务会计制度

第三十六条　公司应当依照法律、行政法规和国务院财政主管部门的规定建立本公司的财务、会计制度。

第三十七条　公司应当在每一会计年度终了时制作财务会计报告,依法经审查验证,并在制成后15日内,报送公司全体股东。

第三十八条　公司分配当年税后利润时,应当提取利润的10%列入公司法定公积金,并提取利润的5%至10%列入公司法定公益金。当公司法定公积金累计为公司注册资本的50%以上的,可不再提取。但法定公积金转为资本时,所留存的该项公积金不得少于注册资本的25%。

第三十九条　公司法定公积金不足以弥补上一年度公司亏损的,在依照前条规定提取法定公积金和法定公益金之前,先用当年利润弥补亏损。

第四十条　公司弥补亏损和提取法定公积金、法定公益金后所余利润,按照股东出资比例分配。

□　公司的解散和清算办法

第四十一条　公司有下列情形之一的,应予解散:

(一)营业期限届满;

(二)股东会决议解散;

(三)因公司合并和分立需要解散的;

(四)违反国家法律、行政法规,被依法责令关闭的;

(五)其他法定事由需要解散的。

第四十二条　公司依照前条第(一)、(二)项规定解散的,应在15日内成立清算组,清算组人选由股东确定;依照前条第(四)、(五)项规定解散的,由有关主管机关组织有关人员成立清算组,进行清算。

第四十三条　清算组应按国家法律、行政法规清算,对公司财产、债权、债务进行全面清算,编制资产负债表和财产清单,制定清算方案,报股东会或者有关主管机关确认。

第四十四条　清算结束后,清算组应当制作清算报告并出具清算期内收支报表和各种财务账册、经注册会计师或执业审计师验证,报股东会或者有关主管部门确认后,向原工商登记机关申请注销登记,经核准后,公告公司终止。

□　附则

第四十五条　本章程经股东签名、盖章,在公司注册后生效。

第四十六条　本章程修改时,应提交章程修正案或章程修订本,经股东签名,在公司注册后生效。

第四十七条　本章程由全体股东于_____签订。

×××××××（盖章）　　　代表签字
×××××××（盖章）　　　代表签字
×××××××（盖章）　　　代表签字

年　月　日

五、股份有限公司章程

□　总则

第一条　本章程依照《中华人民共和国公司法》和有关法律、法规及地方政府的有关规定,为保障公司股东和债权人的合法权益而制定。本章程是_____股份有限公司的最高行为准则。

第二条　公司业经_____人民政府批准成立,是在工商行政管理部门登记注册的股份有限公司,具有独立法人资格;其行为受国家法律约束,其经济活动及合法权益受国家有关法律、法规保护;公司接受政府有关部门的管理和社会公众的监督,任何机关、团体和个人不得侵犯或非法干涉。

第三条　公司名称:_____股份有限公司(以下简称)
公司英文名称:

第四条　公司法定地址:_____

第五条　公司注册资本为人民币_____元。

第六条　公司是采取募集方式设立的股份有限公司。

□　宗旨、经营范围及方式

第七条　公司的宗旨:(略)

第八条　公司的经营范围:主营:(略)兼营:(略)

第九条　公司的经营方式:(略)

第十条　公司的经营方针:(略)

□　股份

第十一条　公司股票采取股权证形式。公司股权证是本公司董事长签发的有价证券。

第十二条　公司的股本分为等额股份,注册股本为_____股,即_____元人民币。

第十三条　公司的股本构成:发起人股:_____股,计_____万元,占股本总数的_____。其中:社会法人股_____万股,占股本总数的_____。内部员工股_____万股,占股本总数的_____。

第十四条　公司股票按权益分为普通股和优先股。公司已发行的股票均为普通股。

第十五条　公司股票为记名股票。每股面值＿＿＿＿＿＿＿元。法人股每一手为＿＿＿＿＿＿股；内部员工股每一手为＿＿＿＿＿＿＿股。

第十六条　公司股票可以用人民币或外币购买。用外币购买时,按收款当日外汇价折算人民币计算,其股息统一用人民币派发。

第十七条　公司股票可用国外的机器设备、厂房或工业产权、专有技术等有形或无形资产作价认购,但必须符合下列条件:

（一）为公司必需的；

（二）必须是先进的、并具有中国或外国著名机构或行业公证机构出具的技术评价资料（包括专利证书或商标注册证书）、有效状况及其有效期限；

（三）作价低于当时国际市场价格,并应有价格评定所依据的资料；

（四）经董事会批准认可的。以工业产权、专有技术等无形资产（不含土地使用权）作价所折股份,其金额不得超过公司注册资本的＿＿＿％。

第十八条　公司的董事和经理在任职的3年内未经董事会同意,不得转让本人所持有的公司股份。3年后在任职期内转让的股份不得超过其持有公司股份额的50%,并需经过董事会同意。

第十九条　公司发行的股票须由公司加盖股票专用章和董事会董事长签字方为有效。

第二十条　公司股票的发行、过户、转让及派息等事宜,由公司委托专门机构办理。

第二十一条　公司股东所持有的股票如有遗失或毁损,持股股东应以书面形式告知公司并在公司指定的报刊上登载3天,从登报之日起30天内无人提出异议,经公司指定的代理评判机构核实无误,可补发新股票并重新办理登记手续,原股票同时作废。

第二十二条　公司的股票可以买卖、赠与、继承和抵押。但自公司清算之日起不得办理。股票持有人的变更应在45天内到公司或公司代理机构办理过户登记手续。

第二十三条　根据公司发展,经董事会并股东大会决议,可进行增资扩股,其发行按下述方式进行:

（一）向社会公开发行新股；

（二）向原有股东配售新股；

（三）派发红利股份；

（四）公积金转为股本。

第二十四条　公司只承认已登记的股东（留有印鉴及签字式样）为股票的所有者,拒绝其他一切争议。

□　股东、股东大会

第二十五条　公司的股份持有人为公司的股东。

第二十六条　法人作为公司股东时,应由法定代表人或法定代表人授权的代理人代表其行使权利,并出具法人代表的授权委托书。

第二十七条　公司股东享有以下权利:

（一）出席或委托代理人出席股东大会并按其所持股份行使相应的表决权；

（二）依照国家有关法律法规及公司章程规定获取股利或转让股份；

（三）查阅公司章程、股东会议记录及会计报告,监督公司的经营,提出建议或质询；

（四）优先认购公司新增发的股票；

（五）按其股份取得股利；

（六）公司清算时，按股份取得剩余财产；

（七）选举和被选举为董事会成员、监事会成员。

第二十八条　公司股东履行下列义务：

（一）遵守公司章程；

（二）执行股东大会决议，维护公司利益；

（三）依其所认购股份和入股方式认缴其出资额；依其持有股份对公司的亏损和债务承担责任；

（四）向公司提交本人印鉴和签字式样及身份证明、地址，如变动应及时向公司办理变动手续；

（五）在公司办理工商登记手续后，不得退股。

第二十九条　公司股份的认购人逾期不能交纳股金，视为自动放弃所认股份，同此对公司造成的损失，认购人应负赔偿责任。

第三十条　股东大会是公司的最高权力机构，对下列事项做出决议，行使职权：

（一）审议、批准董事会和监事会的工作报告；

（二）批准公司的利润分配及亏损弥补；

（三）批准公司年度预、决算报告，资产负债表，利润表及其他会计报表；

（四）决定公司增减股本，决定扩大股份认购范围，以及批准公司股票交易方式等方案；

（五）对公司发行债券、拍卖资产的决定；

（六）选举或罢免董事会成员和监事会成员，并决定其报酬和支付方法；

（七）修订公司章程；

（八）对公司其他重大事项作出决议。股东大会决议内容不得违反我国法律、法规及本公司章程。

第三十一条　股东大会分股东年会和股东临时会议。股东年会每年举行一次，两次股东年会期间最长不得超过15个月。

第三十二条　有下列情形之一，董事会应召开股东临时大会：

（一）董事缺额1/3时；

（二）公司累计未弥补亏损达到实收股本总额的1/3时；

（三）占股份总额10%以上股东提议时；

（四）董事会或监事会认为必要时。

第三十三条　股东大会应由董事会召集，并于开会日的30日以前通告股东，通告应载明召集事由。股东临时会不得决定通告未载明事项。

第三十四条　股东大会由公司股东名册已登记、拥有或代表普通股_____股以上的股东组成。

第三十五条　股东出席股东会，应持有本公司当届股东会的出席证。出席证应载有股东姓名、拥有股数、大会时间、公司印鉴、签发人和签发日期。

第三十六条　股东可书面委托自己的代表（以第三十条为限）出席股东大会并代行权力，受委托的股东代表出席股东大会，持股东的出席证书、委托书和本人身份证。

第三十七条　股东大会决议分普通决议和特别决议两种：

（一）普通决议应由持公司普通股份总数1/2以上的股东出席，并由出席股东1/2以上的表决权通过。

（二）特别决议应由代表股份总额的2/3以上的股东出席，并以出席股东2/3以上表决权通过。

上款特别决议,是指本章程第三十条第(二)、(四)、(五)、(八)所列事项做出决议。

第三十八条　出席股东大会的股东代表的股份达不到第三十七条所规定数额时,会议应延期15日举行,并向未出席的股东再次通知;延期后召开的股东会,出席股东所代表的股份仍达不到规定的数额,应视为已达到法定数额,决议即为有效。

第三十九条　股东大会进行表决时,每一普通股拥有一票表决权。

第四十条　股东大会会议记录、决议由董事长签名,10年内不得销毁。

二　董事会

第四十一条　公司董事会是股东大会的常设权力机构,向股东大会负责。在股东大会闭会期间,负责公司的重大决策。

第四十二条　公司董事会由＿＿＿＿＿＿＿＿名董事组成,其中董事长一名、董事＿＿＿＿＿＿名。

第四十三条　董事会由股东大会选举产生。每届董事任期3年,可以连任。董事在任期内经股东大会决议可罢免。从法人股东选出的董事,因法人内部的原因需要易人时,可以改派,但须由法人提交有效文件并经公司董事会确认。

第四十四条　董事会候选人由上届董事会提名;由达到公司普通股份总额＿＿＿＿＿＿以上的股东联合提名的人士,亦可作为候选人提交会议选举。

第四十五条　由股东大会授权,董事会可在适当时候,增加若干名工作董事,并于下届股东大会追认。工作董事由公司管理机构高层管理人员担任,其职责、权利及待遇与其他董事同等。

第四十六条　董事会行使下列职权:
(一)决定召开股东大会并向股东大会报告工作;
(二)执行股东大会决议;
(三)审定公司发展规划和经营方针,批准公司的机构设置;
(四)审议公司年度财务预、决算,利润分配方案及弥补亏损方案;
(五)制定公司培养股本、扩大股份认购范围,以及公司股票交易方式的方案;
(六)制定公司债务政策及改造公司债券方案;
(七)决定公司重要财产的抵押、出租、发包和转让;
(八)制定公司分立、合并、终止的方案;
(九)任免公司高级管理人员,并决定其报酬和支付方法;
(十)制定公司章程修改方案;
(十一)审批公司的行政、财务、人事、劳资、福利等各项重要管理制度和规定;
(十二)聘请公司的名誉董事及顾问;
(十三)其他应由董事会决定的重大事项。

董事会做出前款决议事项,除第(五)、(六)、(七)、(八)、(十)的决议时须由出席董事会的2/3以上董事表决同意外,其余可由半数以上的董事表决同意,董事长在争议双方票数相等时有两票表决权。

第四十七条　董事会议至少每半年召开一次,会议至少有1/2的董事出席方为有效。董事因故不能出席会议时,可书面委托他人出席会议并表决。董事长认为有必要或半数以上董事提议时,可召集董事会临时会议。

第四十八条　董事会会议实行一人一票的表决制和少数服从多数的组织原则。决议以出席董事过半数通过为有效。当赞成和反对的票数相等时,董事长有权多投一票。在表决与某董事利益有关的事项时,该董事无权投票。但在计算董事的出席人数时,该董事应被计入在内。

第四十九条　董事长由全部董事的1/2以上选举和罢免。

第五十条　董事长为公司法定代表人。董事长行使下列职权:

(一)召集和主持股东大会;

(二)领导董事会工作,召集主持董事会会议;

(三)签署公司股票、债券、重要合同及其他重要文件;

(四)提名总经理人选,供董事会会议讨论和表决;

(五)在发生战争、特大自然灾害等紧急情况下,对公司行使特别裁决权和处置权,但这种裁决和处置必须符合法律规定和符合公司利益,并在事后向董事会和股东大会报告。

第五十一条　董事长因故不能履行其职责时,可指定其他董事行使职权。

第五十二条　董事对公司负有诚信和勤勉的义务,不得从事与本公司有竞争或损害本公司利益的活动。

监事会

第五十三条　公司设立监事会,对董事会及其成员和经理等公司管理人员行使监督职能。监事会对公司股东大会负责并报告工作。

第五十四条　监事会成员为_____人,其中_____人由公司员工推举和罢免,另外_____人由股东大会选举和罢免。监事任期3年,可连选连任。监事不得兼任董事、总经理及其他高级管理职务。

第五十五条　监事会设监事会主席1人,由监事会2/3以上监事同意当选和罢免。监事会成员的2/3以下(含2/3),但不低于1/2,由股东大会选举和罢免。

第五十六条　监事会行使下列职权:

(一)监事会主席或监事代表列席董事会议;

(二)监督董事、经理等管理人员有无违反法律、法规、公司章程及股东大会决议的行为;

(三)监督检查公司业务及财务状况,有权查阅账簿及其他会议资料,并有权要求有关董事和经理报告公司的业务情况;

(四)核对董事会拟提交股东代表大会的工作报告、营业报告和利润分配方案等财务资料,发现疑问可以公司名义委托注册会计师帮助复审;

(五)建议召开临时股东大会;

(六)代表公司与董事交涉或对董事起诉。

第五十七条　监事会决议应由2/3以上(含2/3)监事表决同意。

第五十八条　监事会行使职权时,聘请法律专家、注册会计师、执业审计师等专业人员的费用,由公司承担。

公司经营管理机构

第五十九条　公司实行董事会领导下的总经理负责制,设总经理1名,副总经理____名。总经理由董事长提名,董事会聘任,其他高级管理人员(副总经理、财务主管、审计主管、律师)由总经理提名,董事会聘任,对总经理负责。

第六十条　总经理的主要职责：
（一）执行股东大会和董事会决议，并向董事会报告工作；
（二）拟定公司发展计划，年度生产经营计划，年度财务预、决算方案以及利润分配和弥补亏损方案；
（三）任免和调配公司管理人员（不含高级管理人员）和工作人员；
（四）决定对员工的奖惩、升降级、加减薪、聘任、招聘、解聘及辞退；
（五）全面负责公司经营管理，代表公司处理日常经营管理业务和公司对外业务；
（六）由董事会或董事长授权处理的其他事宜。有权拒绝非经董事会授权的任何董事对公司经营管理工作的干预。

第六十一条　董事、经理的报酬总额必须在年度报告中予以说明并公告。

第六十二条　董事、经理以及本公司高级职员因违反法律、公司章程、徇私舞弊或失职造成本公司重大经济损失时，根据不同情况，经股东大会或董事会决议可给予下列处罚：
（一）限制权力；
（二）免除现任职务；
（三）负责经济赔偿。触犯刑律的，提交有关部门追究法律责任。

□　财务、审计和利润分配

第六十三条　公司的财务会计制度遵照《中华人民共和国企业会计制度》及国家其他法律、法规条例的有关规定。

第六十四条　公司会计年度采用公历年制，自公历每年1月1日起至12月31日止为一个会计年度。

第六十五条　公司以人民币为记账本位币。公司一切凭证、账簿、报表用中文书写。

第六十六条　公司财务报表按有关规定报送各有关部门。
公司编制的年度资产负债表、利润表、财务状况变动表和其他有关附表，在股东大会召开20日前置于公司住所，供股东查阅。年度会计报告须经注册会计师验证，并出具书面证明，由财务委员会向股东大会报告。

第六十七条　公司依法向税务机关申报并交纳税款，税后利润按下列顺序分配：
1. 弥补亏损；
2. 提取法定盈余公积金；
3. 提取公益金；
4. 支付优先股股利；
5. 提取任意盈余公积金；
6. 支付普通股股利。

第六十八条　公司税后利润分配的比例为：
1. 法定盈余公积金提取比例为10%；
2. 公益金提取比例为5%～10%；
3. 任意盈余公积金提取比例为（略）；
4. 用于支付股利的比例为（略）。

以上具体分配比例由董事会根据公司状况和发展需要拟定，经股东大会通过后执行。

第六十九条　公司股利每年支付一次或两次，按股份分配，在公司决算后进行。分配股利时,采用书面通告或在指定报刊公告。

第七十条　公司分配股利采用下列形式:

1. 现金;
2. 股票。

第七十一条　公司实行内部审计制度,设立内部审计机构或配备内部审计人员,依公司章程规定在监事会或董事会领导下,对公司的财务收支和经济活动进行内部审计监督。

劳动人事和工资福利

第七十二条　公司员工的雇用、解雇、辞职、工资、福利、劳动保险、劳动保护及劳动纪律等事宜按照《股份制试点企业人事管理暂行办法》及《股份制试点企业劳动工资管理暂行规定》执行,并依照上述有关规定制定公司规章细则。如国家法律、法规有新的变化,应依据其变化相应修改。

第七十三条　公司招聘员工,由公司自行考核,择优录用。

第七十四条　公司根据国家有关法律、法规及政策,分别制定企业用工、员工福利、工资奖励、劳动保护和劳动保险等制度。

第七十五条　公司与员工发生劳动争议,按照国家有关劳动争议处理的规定办理。

章程的修改

第七十六条　公司章程根据需要可进行修改,修改后的章程不得与法律、法规相抵触。

第七十七条　修改章程的程序如下:

(一)由董事会提出修改章程的建议;
(二)按规定将上述修改条款通知股东,召开股东大会进行表决;
(三)依股东大会通过的修改章程的决议,拟定公司章程的修改方案。

第七十八条　公司变更章程,涉及变更名称、住所、经营范围、注册资本、法定代表人等登记注册事项,以及要求公告的其他事项,应予公告。

终止与清算

第七十九条　公司有下列情形之一时,可申请终止并进行清算:

(一)因不可抗力因素致使公司严重受损,无法继续经营;
(二)违反国家法律、法规,危害社会公共利益被依法撤销;
(三)公司设立的宗旨业已实现,或根本无法实现;
(四)公司宣告破产;
(五)股东会决定解散。

第八十条　公司宣告破产终止时,参照《中华人民共和国企业破产法(试行)》的有关规定执行。

第八十一条　公司不接受任何破产股东因债权而提出接管公司的财产及其他权益的要求。但破产股东在公司的股份和权益,可根据有关法规和本章程,由破产股东与债权人办理转让手续。

第八十二条　公司依第七十九条第(一)、(二)、(三)项终止的,董事会应将终止事宜通知各股东,召开股东大会,确定清算组人选,发布终止公告。公司应在终止公告发布之后 15 日内成立清算组。

第八十三条 清算组成立后,应于 10 日内通知债权人,并于两个月内至少公告三次,债权人应自通知书送达之日起 30 日内,未接通知书的自公告之日起 90 日内向清算组申报其债权。债权人逾期申报债权不列入清算之列,但债权人为公司明知而未通知者不在此限。

第八十四条 清算组行使下列职权:
(一)制定清算方案,清理公司财产,并编制资产负债表和财产清单;
(二)处理公司未了结业务;
(三)收取公司债权;
(四)偿还公司债务,解散公司从业人员;
(五)处理公司剩余财产;
(六)代表公司进行诉讼活动。

第八十五条 清算组在发现公司财产不足以清偿债务时,应立即停止清算,并向人民法院申请宣告破产。公司经人民法院裁定宣告破产后,由人民法院按破产程序对公司进行处理,清算组应将清算事务向其移交。

第八十六条 公司决定清算后,任何人未经清算组批准,不得处理公司财产。

第八十七条 公司财产优先拨付清算费用后,清算组应按下列顺序进行清偿:
(一)自清算之日起前 3 年所欠公司员工工资和社会保险费用;
(二)所欠税款和依法律规定应交纳的税款附加、基金等;
(三)银行贷款、公司债券及其他债务。

第八十八条 清算组未依前款顺序清偿,不得将公司财产分配给股东。违反前款所作的财产分配顺序,债权人有权要求退还,并可请求赔偿所受的损失。

第八十九条 公司清算后,清算组应将剩余财产分配给各股东。

第九十条 清算结束后,清算组应提交清算报告并出具清算期内收支报表和各种财务账册,经注册会计师验证,报政府授权部门批准后,向工商行政管理机关和税务机关办理注销登记,并公告公司终止。

□ 附则

第九十一条 公司股东大会通过的有关章程的补充和修订之决议,以及董事会根据本章程制定的实施细则和有关规定制度,视为本章程的组成部分。

第九十二条 本章程的解释权属于公司董事会。

第九十三条 本章程条款如有与法律和现行国家政策不符之处,以法律和有关政策为准,并应按法律和政策之规定及时修改本章程。

第九十四条 本章程经创立会议特别决议通过,并经_____人民政府有关部门批准,自公司注册登记之日起生效。

六、组织设计工作程序

（一）组织设计的原则
根据企业的目标和特点，确定企业组织设计的原则、方针和主要参数。
（二）职能分析和设计
确定管理职能及其结构，层层分解到各项管理业务和工作中，进行管理业务的总体设计。
（三）结构框架的设计
设计各个管理层次和部门、岗位及其责任、权利。具体表现为企业的组织系统图。
（四）联系方式的设计
进行控制、信息交流、综合、协调等方式和制度的设计。
（五）管理规范的设计
主要是设计管理工作流程、管理工作标准和管理工作方法，作为管理人员的行为规范。
（六）人员配备和培训
根据结构设计，定质定量地配备各级各类管理人员。
（七）运作制度的设计
设计管理部门和人员绩效考核制度，设计精神鼓励和工资奖励制度。
（八）反馈和修正
将运行过程中的信息反馈回去，定期或不定期地对上述设计进行必要的修正。

七、组织结构设计方法

（一）组织结构设计的内容
1. 明确各部门承担的工作内容、职责和权限。
2. 确定各机构岗位数。
（二）设计要点
1. 部门间职能既不重叠又无空白。
2. 界定部门责权边界须上级的协调或裁决。
3. 制定相应的管理规章。
4. 按岗位工作量确定岗位人员数量。

(三)部门职责范围描述书

一个完整的部门职责范围描述书包括：

1. 部门名称。
2. 直接上级。
3. 下属部门或岗位。
4. 核心职能。
5. 主要职责。
6. 次要职责。
7. 横向协作。

八、行政部职责范围描述书

1. 负责贯彻公司领导指示。做好上下联络沟通工作，及时向领导反映情况/反馈信息；搞好各部门间相互配合、综合协调工作；实施对各项工作和计划的督办和检查；
2. 严格执行公司规章制度，认真履行其工作职责；
3. 负责行政后勤、保卫工作管理制度拟订、检查、监督、控制和执行；
4. 负责组织编制年、季、月度行政后勤、保卫工作计划。本着合理节约的原则，编制年、季、月度后勤用款计划，搞好行政后勤决算工作，并组织计划的实施和检查；
5. 负责员工生活费用管理和核算工作。建立健全员工生活费用成本核算制度，制定合理的生活费用标准，对盈亏超标准进行考核；
6. 负责做好公司经营用水、用电管理工作。认真抓好水、电的计量基础管理工作，定期检查和维修计量器具，抓好电器设备和线路的保养维修工作，加强用水、用电费用核算，及时交纳水、电费；
7. 负责员工就餐的卫生管理工作。定期询问公司员工对就餐质与量的要求，以确保员工就餐的安全；
8. 负责公司内部治安管理工作。维护内部治安秩序，搞好治安综合治理，预防犯罪、刑事案件和灾害事故的发生，保护公司财产的安全，确保生产、工作的顺利进行；
9. 负责建立和完善安全责任制。建立以防火、防盗、防灾害事故为主要内容的安全保卫责任制，做到组织落实、制度落实和责任落实；
10. 严格门卫登记制度。一切进出公司的物资，门卫严格检查、验证，物证相符方能进出，凡无证或证物不符门卫有权扣留，由保卫科查处；
11. 建立和完善后勤岗位责任制，加大考核力度，提高服务质量；
12. 加强部门人员的培训教育工作。协同人事、企管等职能部门，做好管理员、炊事员、保卫人员、维修工等日常安全教育和职业道德教育工作，定期开展岗位优质服务评比活动；
13. 按时完成公司领导交办的其他工作任务。

九、人事部职责范围描述书

1. 制定公司统一的劳动人事管理政策，根据公司发展战略制定公司人力资源需求计划和编制定员定编方案，提出机构调整和岗位增减的提案；
2. 严格执行公司规章制度，认真履行其工作职责；
3. 负责组织对人力资源发展、劳动用工、劳动力利用程度指标计划的拟订、检查、修订及执行；
4. 负责制定公司人事管理制度。设计人事管理工作程序，研究、分析并提出改进工作意见和建议；
5. 负责对本部门工作目标的拟订、执行及控制；
6. 负责人事考核、考查工作。建立人事档案资料库，规范人才培养、考查选拔工作程序，组织定期或不定期的人事考证、考核、考查的选拔工作；
7. 编制年、季、月度劳动力平衡计划和工资计划。抓好劳动力的合理流动和安排；
8. 制定劳动人事统计工作制度。建立健全人事劳资统计核算标准，定期编制劳资人事等有关的统计报表，定期编写上报年、季、月度劳资、人事综合或专题统计报告；
9. 负责做好公司员工劳动纪律管理工作。定期或不定期抽查公司劳动纪律执行情况，及时考核，负责办理考勤、奖惩、差假、调动等管理工作；
10. 严格遵守劳动法及地方政府劳动用工政策和公司劳动管理制度，负责招聘、录用、辞退工作，组织签订劳动合同，依法对员工实施管理；
11. 负责核定各岗位工资标准。做好劳动工资统计工作，负责对日常工资、加班工资的报批和审核工作；
12. 负责对员工劳动保护用品定额和计划管理工作；
13. 配合有关部门做好安全教育工作。参与员工伤亡事故的调查处理，提出处理意见；
14. 负责编制培训大纲，抓好员工培训工作。在抓员工基础普及教育的同时，逐步推行岗前培训与技能、业务的专业知识培训，专业技术知识与综合管理知识相结合的交替教育培训模式及体系；
15. 认真做好公司领导交办的其他工作任务。

十、企划发展部职责范围描述书

1. 负责组织制定公司长远发展战略、经营规划和年度的综合性、各种专业性的计划执行的过程中进行协调和调整,向公司领导汇报各业各部门计划实施进展和指标完成情况。严格审核、汇总和统一上报各项业务报表并留存归档;
2. 负责公司经营管理大纲、目标的制定,主持推行全公司的目标责任制,与下属单位进行目标责任书的洽谈、签订,并以此进行考核、奖惩;
3. 负责公司经营各类投资项目的立项、可行性论证、评估和预审,包括项目谈判、审核材料,做好项目决策前后的一切相关工作;
4. 为公司重大决策提供咨询意见和策划方案,充当公司的决策参谋角色;
5. 负责对下属的全资子公司、控股子公司、参股子公司及其他关联企业的经营管理、业务指导,及时掌握公司经营动态;
6. 对公司经营管理重大问题进行调研,提出咨询意见;
7. 负责收集、整理、归档与公司发展目标相关的信息资料,结合公司情况加以分析预测,提出与公司业务有关的地区、行业、产品发展前景对策报告;
8. 及时了解、掌握和不断追踪国家和地区的相关法律、法规和政策动态,向公司领导提出应对建议;
9. 负责制定公司新产品服务开发计划,定期检查、监督研发进展和协调解决存在问题;
10. 受总经理委托,管理公司专家顾问委员会;
11. 完成总经理交办的其他任务。

十一、财务部职责范围描述书

1. 严格遵守国家财务工作规定和公司规章制度,认真履行其工作职责;
2. 组织编制公司年、季度成本、利润、资金、费用等有关的财务指标计划。定期检查、监督、考核计划的执行情况,结合经营实际,及时调整和控制计划的实施;
3. 负责制定公司财务、会计核算管理制度。建立健全公司财务管理、会计核算、稽核审计等有关制度,督促各项制度的实施和执行;
4. 负责按规定进行成本核算。定期编制年、季、月度种类财务会计报表,搞好年度会计决算工作;

5. 负责编写财务分析及经济活动分析报告。会同信息部、经营部等有关部门，组织经济行动分析会，总结经验，找出经营活动中产生的问题，提出改进意见和建议。同时，提出经济报警和风险控制措施，预测公司经营发展方向；

6. 有权参加各类经营会议，参与公司生产经营决策；

7. 负责固定资产及专项基金的管理。会同经营、技术、行政、后勤等管理部门，办理固定资产的购建、转移、报废等财务审核手续，正确计提折旧，定期组织盘点，做到账卡物相符；

8. 负责流动资金的管理。会同营销、仓库等部门，定期组织清查盘点，做到账卡物相符。同时，区别不同部门和经营部门，层层分解资金占用额，合理地有计划地调度占用资金；

9. 负责对公司低值易耗品盘点核对。会同办公室、信息、行政、后勤、技术等有关部门做好盘点清查工作，并提出日常采购、领用、保管等工作建议和要求，杜绝浪费；

10. 负责公司产品成本的核算工作。制定规范的成本核算方法，正确分摊成本费用。制定适合公司特点和管理要求的核算方法，逐步推行公司内部二级或三级经济核算方式，指导各核算单位正确进行成本费用及内部经济核算工作，力争做到成本核算标准化、费用控制合理化；

11. 负责公司资金缴、拨，按时上交税款。办理现金收支和银行结算业务。及时登记现金和银行存款日记账，保管库存现金，保管好有关印章、空白收据、空白支票；

12. 负责公司财务审计和会计稽核工作。加强会计监督和审计监督，加强会计档案的管理工作，根据有关规定，对公司财务收支进行严格监督和检查；

13. 负责进销物资货款把关。对进销物资预付款要严格审核，采购货款支付除按计划执行外，还需经分管副总经理或总经理、董事长审核签字同意，方可支付；

14. 认真完成领导交办的其他工作任务。

十二、营销部职责范围描述书

1. 根据公司长远战略规划，提出相应的营销发展目标、规划和年度营销工作计划，并制定细化的季度、月度营销计划；

2. 负责完成公司下达的年度销售指标及诸如销售额、合同履约率、销售计划完成率、销售成本和回款速度等考核指标；

3. 积极开拓市场，运用各种有效促销方式，确保细分市场的占有率，及时做好应收款项回笼的工作；

4. 负责建立营销网络和售后服务体系，遴选、培训、指导、评价、调整、淘汰、奖励与惩罚经销商和推销员队伍；

5. 负责商品广告的费用预算、策划、委托设计、制作和发布，评估广告效果，并及时作出调整；

6. 会同信息部开发互联网上营销和上网广告方案及其实施；

7. 负责市场调研与市场预测工作,及时掌握市场行情动态并作出相应调整,对重大市场变动和政策变动情况及时上报公司领导;

8. 负责各类销售原始资料的归类、整理、收集、存档的管理工作,及时编制销售统计报表和分析报告;

9. 负责公司客户资料的建立、保存和分类管理,以及包装装潢、商标设计、使用管理;

10. 完成总经理交办的其他任务。

十三、生产管理部职责范围描述书

1. 生产计划的设立与修订;
2. 订单的审核、登记及分段;
3. 订单交货期核定及异常反应;
4. 生产负荷统计及产销平衡调度;
5. 生产工厂人员的调度及团体公休的审核;
6. 生产进度安排及控制(含样品制作进度);
7. 用料管理及异常的追踪、改善;
8. 交货期异常反应及处理;
9. 产销、交货期、质量等有关事项协调。

十四、部门工作分类表

表1-1 部门工作分类表

部门名称

职务名称	负责工作				具备条件
	日常工作	定期工作	临时或代理工作	其他工作	

十五、业务说明书

表1-2　业务说明书

1. 职称　　　　2. 部门　　　　3. 撰写日期　　　年　　　月
4. 姓名_____　5. 隶属部门_____　6. 同职称数为_____人(含本人)
7. 管辖部门_____　8. 审核人_____　9. 撰写人_____

次　序	工　作　概　述（请分门别类扼要叙述工作内容）

说明：

1. 此工作说明书一式三份，一份由工作者保存，一份由主管收执，一份送人事室，作为考核、升迁、调职、训练及工作检讨的重要参考资料。

2. 本表审核人为撰写人的直属主管。

十六、部门决策权一览表

表1-3　部门决策权一览表

决策类别	状况1	决定者	状况2	决定者	状况3	决定者
	任何增资	董事会	增资	负责人	产品开发	各部门
贷款	20万元以上	董事长	20万元以下	总经理		
新产品开发	大量生产	董事长	试产	总经理	试制研究	研究部门
新客户开发	任何客户开发	业务经理				
订单接洽	大额低价订单	总经理	大额或低价定单	业务经理	合同规定售价	业务员
生产进度	总进度	产销会议	小幅度订单调整	厂　长	部门进度调整	生管室

十七、财务决策权一览表

表1-4 财务决策权一览表

财务事项	董事长	总经理	副总经理	厂长、经理	副经理	科长
设备购置	10万元以上	10万元以下	5万元以下	1万元以下		
工具、仪器		2万元以上	2万元以下	1万元以下		1000元以下
原物料购置				请购单核准		授权采购物料购置
文具用品						定额采购
报表印刷				核准		

十八、人事决策权一览表

表1-5 人事决策权一览表

类别	人事事项说明	填报	审核	裁决	报备	备注

第二章 私营企业岗位设计与岗位职责

一、岗位设计工作流程

岗位设计工作流程如图 2-1 所示：

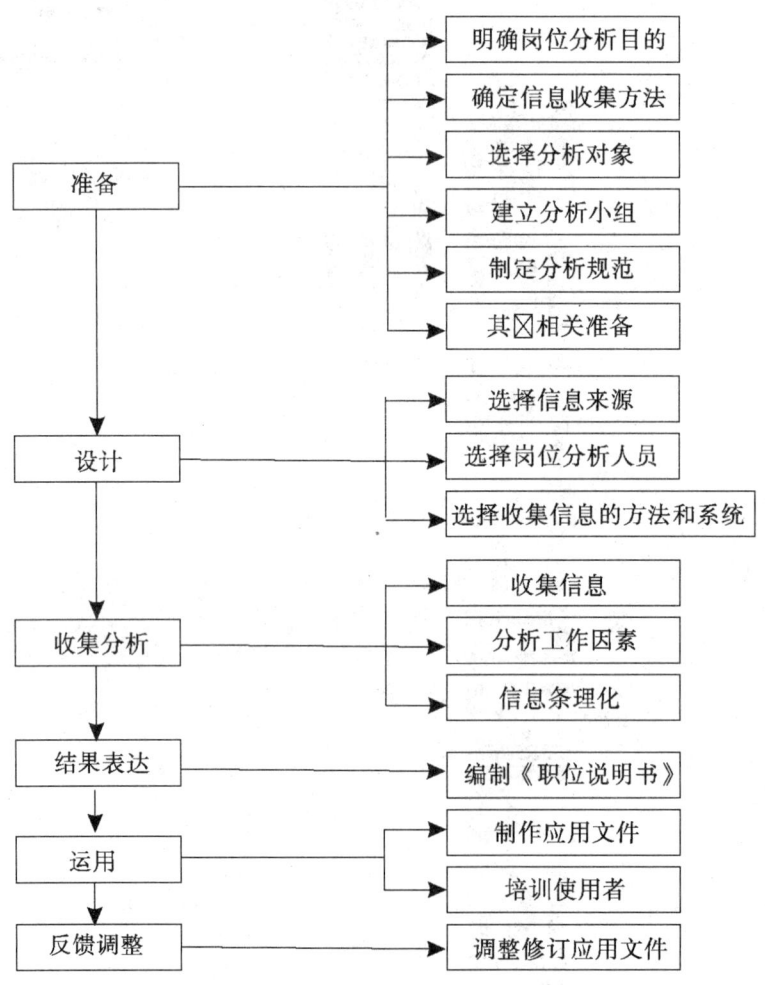

图 2-1　岗位设计工作流程

二、岗位说明书编制规范

（一）岗位说明书编制的注意事项

1. 岗位说明书的内容可依据岗位分析的目的加以调整，内容可简可繁。
2. 岗位说明书可以用表格形式表示，也可以采用叙述型。
3. 岗位说明书中，如有需个人填写的部分，应运用规范用语，字迹要清晰。
4. 使用浅显易懂的文字，用语要明确，不要模棱两可。
5. 岗位说明书应运用统一的格式书写。
6. 岗位说明书的编写最好由组织高层主管、典型任职者、人力资源部门代表、岗位分析人员共同组成工作小组或委员会，协同工作，共同完成。

（二）岗位说明书的编写步骤

岗位说明书的编写是一项工程较大的基础管理工作，初次编写岗位说明书的企业，必须成立一个由公司主要领导担任组长的项目小组，进行统一的规划与协调。起草过程一般包含下列程序：

岗位任职人接受岗位分析——项目小组进行起草——岗位任职人初审——岗位任职人上级复审——项目小组进行会审（如是中层以上岗位）——公司签发执行。

（三）岗位说明书范例

表2-1　某公司人力资源部经理岗位描述

岗位名称：公司人力资源部经理 所属部门：人力资源部 直接上级岗位：公司行政副总经理 岗位代码：XL—HR—008 工作地点：公司总部 工作目的：负责本公司人力资源管理工作 工作要求：工作细致、服务意识强
工作责任 编写、执行公司人力资源规划。 招聘。制定招聘程序，组织社会招聘和学校招聘，安排面试、综合素质测试。 培训。组织员工岗前培训、协助办理培训进修手续。 绩效考评。制定考评政策、考评文件管理、考评沟通、不合格员工辞退。 激励与报酬。制定薪酬/晋升政策、组织加薪/晋升评审。 福利。制定福利政策、办理社会保险福利。 人力资源管理关系。办理员工各种人力资源管理关系转移，办理职称评定手续。 与员工进行积极沟通，了解员工工作、生活情况。

(续表)

工作条件与环境 80%以上的时间在室内工作,不受气候影响;工作场地温度与湿度适中,无噪音,无有害气体,无生命及其他伤害危险。
衡量标准 工作报告的完整性; 公司其他员工对人力资源部工作的反馈意见。
工作难点 如何更好地为员工服务。
工作禁忌 服务意识差、行动缓慢。
职业发展道路 公司行政副总经理任职资格 工作经验:3年以上管理类工作经验; 专业背景要求:曾从事人力资源管理工作2年以上; 学历要求:本科以上; 年龄要求:35岁以上; 个人素质:积极热情、善于与人交往、待人公平、公正。

三、确定人员编制工作流程

确定人员编制的过程实际上就是部门的工作划分和岗位配备,基本原则是确保每个定编人员均能分配到足够的工作量,以岗定人,不要以人定岗。

人员编制程序如图2-2所示:

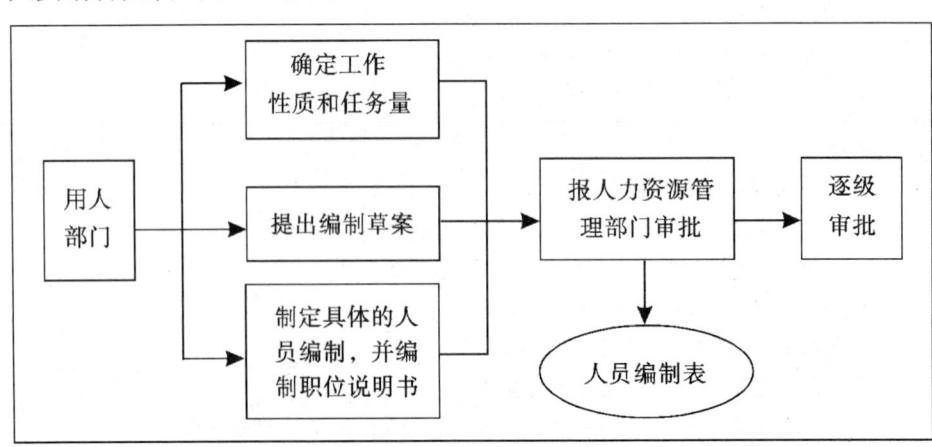

图2-2 人员编制程序图

四、总经理(总裁)岗位职责描述书

1. 主持公司的经营管理工作,组织实施董事会决议。
2. 组织制定公司年度经营计划,经董事长办公会议批准后负责组织实施。
3. 拟订公司内部管理机构设置方案。
4. 拟订公司基本管理制度和制定公司的具体规章制度。
5. 主持公司经营班子日常各项经营管理工作。
6. 全面执行和检查落实董事长办公会议所作出的有关经营班子的各项工作决定。
7. 负责召集主持总经理办公会议,检查、督促和协调各部门的工作进展。
8. 提请聘任或者解聘公司各部门经理。
9. 签署日常行政、业务文件。
10. 负责处理公司重大突发事件。
11. 负责对各部门经理工作布置、指导、检查监督、评价和考核管理工作。
12. 行使公司章程和董事会授予的其他职权。

五、总经理助理岗位职责描述书

1. 总经理助理为总经理助手,辅助总经理工作。
2. 主要在总经理授权下完成交办的日常或专项任务。
3. 对临时授权任务具有相应的权利和责任,而在该任务完成后相应的权利和责任自动消失。
4. 参加公司办公会议,发表意见和行使表决权。

六、财务总监岗位职责描述书

1. 在董事会和总经理领导下,总管公司会计、报表、预算工作。

2. 负责制定公司利润计划、资本投资、财务规划、销售前景、开支预算或成本标准。
3. 制定和管理税收政策方案及程序。
4. 建立健全公司内部核算的组织、指导和数据管理体系,以及核算和财务管理的规章制度。
5. 组织公司有关部门开展经济活动分析,组织编制公司财务计划、成本计划,努力降低成本、增收节支、提高效益。
6. 监督公司遵守国家财经法令、纪律,以及董事会决议。

七、行政部部长岗位职责描述书

1. 负责发挥行政部(总经办)的参谋、协调和综合管理职能,直接处理尚未分清职能的公司事务。
2. 负责行政会议和例会的组织工作,参加或列席会议并作会议记录,视情况整理出会议纪要或办理下文事宜。对会议讨论的重大问题,组织调研并提出报告。
3. 根据总经理指示,编排工作活动日程表,做好重大活动的组织和接待工作。
4. 负责抓好公司重要文稿的起草工作,包括月、季、半年、年度工作计划和总结报告。根据工作计划和目标责任指标,定期组织检查落实情况,及时向公司领导和其他部门反馈信息。
5. 及时处理重要来往文电信函的审阅、分送,督促检查领导批示、审核和修改以公司名义签发的有关文件,抓好文书归档和用印管理工作。
6. 协助各部门制定部门、岗位职责和各类规章的实施细则,配合公司协调各部门和下属企业的工作关系。
7. 严格控制行政办公经费的支出,加强办公财产和车辆的管理。
8. 负责指导、管理、监督行政部其他人员的业务工作,改善工作质量和服务态度,做好下属人员的绩效考核和奖励惩罚工作。
9. 完成总经理临时交办的工作。

八、内务岗位职责描述书

1. 负责公司办公设备的管理,计算机、传真机、长途电话、复印机的具体使用和登记,名片印制等工作。
2. 负责低值易耗办公用品的发放、使用登记和离职时的缴回。

3. 负责各类办公用品、固定资产的保养、维修,仓库保管,每月清点,年终盘存统计,做到入库有验收、出库有手续,保证账实相符。

4. 按标准定额,做好添购办公用品、器具的计划编制和申购手续工作,做到既不脱档又不长期积存。

5. 负责考勤登记和就餐人数统计。

6. 负责来宾具体接待、日程和参观内容的安排,以及食宿地点、车辆安排和车船机票代购等事宜。

7. 协助安排公司每天的派车用车计划,确保公司公务用车需要。

8. 负责公司办公场所清洁卫生和室内外绿化、盆景状况的检查监督,保证舒适良好的工作氛围。

9. 完成行政部长临时交办的其他任务。

九、前台岗位职责描述书

1. 负责对进入公司办公场所的所有不定期客人的招呼、接待、登记、导引,对无关人员、上门推销和无理取闹者,应挡在外或协助保安人员处理。

2. 负责公司邮件的收取、分发工作。

3. 负责公司电话总机的接线工作。对来往电话驳接准确及时、声音清晰、态度和蔼,恰当使用礼貌用语;对未能联络上的记录在案并及时转告;对紧急电话设法接通,未通者速报行政部领导处理。

4. 定期维护、保养电话机,并保持前台环境清洁、安静。

5. 协助打字员、文秘兼做部分计算机打字、复印等行政工作。

6. 完成行政部部长临时交办的其他任务。

十、财务部部长岗位职责描述书

1. 在分管副总经理领导下,负责主持本部的全面工作,组织并督促部门人员全面完成本部职责范围内的各项工作任务。

2. 贯彻落实本部岗位责任制和工作标准,密切与生产、营销、计划等部门的工作联系,加强与有关部门的协作配合工作。

3. 负责组织《会计法》及地方政府有关财务工作法律、法规的贯彻落实。

4. 负责组织公司财务管理制度、会计成本核算规程、成本管理会计监督及其有关的财务专项管理制度的拟订、修改、补充和实施。

5. 组织领导编制公司财务计划、审查财务计划。拟订资金筹措和使用方案,全面平衡资金,开辟财源,加速资金周转,提高资金使用效率。

6. 组织领导本部门按上级规定和要求编制财务决算工作。

7. 负责组织公司的成本管理工作。进行成本预测、控制、核算、分析和考核,降低消耗、节约费用,提高赢利水平,确保公司利润指标的完成。

8. 负责建立和完善公司财务稽核、审计内部控制制度,监督其执行情况。

9. 审查公司经营计划及各项经济合同,并认真监督其执行,参与公司技术、经营以及产品开发、基本建设、技术改造和其他项目的经济效益的审议。

10. 参与审查产品价格、工资、奖金及其涉及财务收支的各种方案。

11. 组织考核、分析公司经营成果,提出可行的建议和措施。

12. 负责财会人员的业务培训。规划会计机构、会计专业职务的设置和会计人员的配备,组织会计人员培训和考核,坚持会计人员依法行使职权。

13. 负责向公司总经理、主管副总汇报财务状况和经营成果。定期或不定期汇报各项财务收支和盈亏情况,以便领导及时进行决策。

14. 有权向主管领导提议下属人选,并对其工作考核评价。

15. 完成公司领导交办的其他工作任务。

十一、主管会计岗位职责描述书

1. 根据国家财务会计法规和行业会计规定,结合公司特点,负责拟订公司会计核算的有关工作细则和具体规定,报经领导批准后组织实施。

2. 参与拟订财务计划,审核、分析、监督预算和财务计划的执行情况。

3. 在部长领导下,准确、及时地做好账务和结算工作,正确进行会计核算,填制和审核会计凭证,登记明细账和总账,对款项和有价证券的收付,财物的收发、增减和使用,资产基金增减和经费收支进行核算。

4. 正确计算收入、费用、成本,正确计算和处理财务成果,具体负责编制公司月度、年度会计报表、年度会计决算及附注说明和利润分配核算工作。

5. 负责公司固定资产的财务管理,按月正确计提固定资产折旧,定期或不定期地组织清产核资工作。

6. 负责公司税金的计算、申报和解缴工作,协助有关部门开展财务审计和年检。

7. 负责会计监督。根据规定的成本、费用开支范围和标准,审核原始凭证的合法性、合理性和真实性,审核费用发生的审批手续是否符合公司规定。

8. 负责社会集团购买力的审查和报批工作。

9. 及时做好会计凭证、账册、报表等财会资料的收集、汇编、归档等会计档案管理工作。

10. 主动进行财会资讯分析和评价,向领导提供及时、可靠的财务信息和有关工作建议。

11. 协助部长做好部门内务工作,完成财务部部长临时交办的其他任务。

十二、出纳员岗位职责描述书

1. 在部长领导下,按照国家财会法规、公司财会制度的有关规定,认真办理提取和保管现金,完成收付手续和银行结算业务。
2. 根据审核无误的手续,办理银行存款、取款和转账结算业务;登记银行存款日记账;及时根据银行存款对账单,在月末作出相应调整,做到银行对账单相符。
3. 登记现金和银行日记账,做到月结日清,保证账证相符、账款相符、账账相符,发现差错及时查清更正。
4. 认真审查临时借支的用途、金额和批准手续,严格执行市(县)内采购领用支票的手续,控制使用限额和报销期限。
5. 正确编制现金、银行的记账凭证,及时传递给财务登账。
6. 配合对应收款的清算工作。
7. 严格审核报销单据、发票等原始凭证,按照费用报销的有关规定,办理现金收付业务,做到合法准确、手续完备、单证齐全。
8. 核算人事部提供的薪金发放名册,按时发放公司员工的工资、奖金。
9. 负责及时、准确解缴各种社会统筹保险、公积金等基金的工作。
10. 负责妥善保管现金、有价证券、有关印章、空白支票和收据,做好有关单据、账册、报表等会计资料的整理、归档工作。
11. 负责掌管公司财务保险柜。
12. 完成财务部长临时交办的其他工作。

十三、人事部部长岗位职责描述书

1. 协助总经理决定公司劳动人事政策,负责、研究贯彻执行公司劳动人事诸方面的方针、政策、指令、决议。
2. 就公司重大人事任免事项提供参考意见,负责拟订机构设置或重组方案、定编定员方案的上报。
3. 负责拟订每年的工资、奖金、福利等人力资源费用预算和报酬分配方案,上报公司批准后按计划执行。

4. 负责审核员工录用、晋升、调配、下岗、辞退、退休、培训、考绩、惩罚意见，并提交总经理决定。

5. 负责审核户口调动、职称评定、出国审查、住房分配等重大事项的方案，并提交总经理决定。

6. 负责编订和修改公司各项劳动、人事、劳保、安全、保险的标准、定额和工作计划，并及时监督、检查其执行情况。

7. 负责指导、管理、监督人事部下属人员的业务工作，改善工作质量和服务态度，做好下属人员的绩效考核和奖励惩罚事项。

8. 与党组织部门合并办公时，负责党员组织管理。协助党委（党总支）做好组织工作。

9. 完成总经理临时交办的其他工作。

十四、营销部部长岗位职责描述书

1. 在分管副总经理领导下，负责主持本部的全面工作，组织并督促部门人员全面完成本部职责范围内的各项工作任务。

2. 贯彻落实本部岗位责任制和工作标准，密切与生产、人事、计划、财务、质量等部门的工作联系，加强与有关部门的协作配合工作。

3. 组织制定产品销售、入库、出库、库存保管制度。明确销售工作标准，建立健全销售管理网络，认真做好协调、指导、调度、检查、考核工作。

4. 负责组织编制年、季、月度销售计划，适时合理地签订供货合同，确保销售计划指标完成，节约销售费用，及时回笼资金，加速公司资金周转。

5. 加强仓库管理基础工作。认真办理产品出入库手续，定期进行清仓盘点工作，做好在库产品的安全消防工作。

6. 负责编制销售统计报表。做好销售统计核算基础管理工作，建立和规范各种原始记录、统计台账、报表的核算程序，汇总填报年、季、月度销售统计报表，及时写出销售统计分析报告，为公司领导决策服务。

7. 负责驻外分公司、营销网点销售调度及运输工作。及时汇总编制产品需求量计划，合理平衡产品供货，做好对外销售点联络工作，组织产品的运输、调配，完善发运过程的交接手续。

8. 负责抓好市场调查、分析和预测工作。做好市场信息的搜集、整理和反馈，掌握市场动态，积极适时、合理有效地开辟新的经销网点，努力拓展业务渠道，不断扩大公司产品的市场占有率。

9. 负责做好优质服务、售后服务工作。加强对营业人员的教育，走访用户，及时处理用户投诉，提高企业信誉。

10. 负责抓好营销人员的考核、考评与管理教育工作。关心营销人员的生活及思想动态，做好耐心细致的思想教育工作，杜绝经济犯罪事件发生。

11. 有权向主管领导提议下属科长、经理人选,对其工作考核评价。
12. 按时完成公司领导交办的其他工作任务。

十五、营销主管岗位职责描述书

1. 在部长指导下,编制各种销售计划、目标责任和考核指标,并协助落实。
2. 重点负责相关的市场调研与分析预测工作,负责与委托的调研机构保持正常联络,提出市场研究报告供领导参考。
3. 重点负责公司产品或服务的广告业务,负责与委托的广告公司,发布媒体保持正常联络,提交广告方案供领导选择,并评估广告效果,提出改进建议。
4. 不断追踪国内外先进的营销理念和营销技巧,收集和剖析案例并与公司比较,对公司营销战略和策略进行调整,提出有价值的建议,在获得肯定后,负责编制实施方案。
5. 负责对推销员的业务培训,绩效考核和督促,在市场态势突变时对推销人员和地区进行重新分配。
6. 负责对公司商标和品牌的管理,主持或会同其他部门处理假冒商品问题。
7. 负责对超标的重大工程项目评估和夺标的具体方案策划,争取最大中标可能。
8. 完成营销部部长临时交办的其他任务。

十六、地区销售经理岗位职责描述书

1. 根据部长制定的营销方针,全面、具体地负责管理指定地区的营销工作。
2. 掌握所辖地区的市场动态和发展趋势,并根据市场变化规律,提出具体的区域营销计划方案,以及个体营销工作流程和细则。
3. 扩大所辖地区的销售网络,熟悉该地区的市场特点、营销特点,与该地区的主要经销商、客户建立长期稳定的合作关系。
4. 重点负责所辖地区的市场调研与分析预测工作,以及公司产品或服务的广告业务;负责与相关的调研机构、广告公司、发布媒体保持正常联络;评估市场调研、广告效果,提出改进建议或研究报告供领导参考。
5. 负责对地区销售机构的行政管理和下属推销员的业务培训、绩效考核和督促,并根据市场变化对推销人员和营销资源进行动态优化分配。
6. 负责主持或会同其他部门对所辖地区处理假冒商品问题。
7. 负责协调公司整体营销方针与所辖地区营销特点的矛盾冲突,灵活运用公司营销和价格政策。

8. 完成营销部部长临时交办的其他任务。

十七、销售业务员岗位职责描述书

1. 认真贯彻执行公司销售管理规定和实施细则，努力提高自身推销业务水平。
2. 积极完成规定或承诺的销售量指标，为客户提供主动、热情、满意、周到的服务。
3. 负责与客户签订销售合同，督促合同正常如期履行，并催讨所欠应收销售款项。
4. 对客户在销售和使用过程中出现的问题、须办理的手续，帮助或联系有关部门或单位妥善解决。
5. 收集一线营销信息和用户意见，对公司营销策略、广告、售后服务、产品改进、新产品开发等提出参考意见。
6. 填写有关销售表格，提交销售分析和总结报告。
7. 做到以公司利益为重，不索取回扣，馈赠钱物上交公司，遵守国家法律，杜绝经济犯罪。
8. 完成营销部部长临时交办的其他任务。

十八、办公室主任岗位职责描述书

1. 在总经理的领导下，负责主持本室的全面工作，组织并督促全室人员全面完成本室职责范围内的各项工作任务。
2. 贯彻落实本室岗位责任制和工作标准，密切各部门工作关系，加强协作配合，做好衔接协调工作。
3. 组织汇总公司年度综合性资料、草拟公司年度总结、工作计划和其他综合性文稿，及时撰写总经理的发言稿和其他以公司名义发言的文稿审核工作，严格按行文程序办理，保证文稿质量。
4. 组织收集和了解各部门的工作动态，协助总经理及公司领导协调各部门之间有关的业务工作，掌握公司主要活动情况，为公司领导决策提供意见和建议，负责编写公司年度大事记。
5. 负责召集公司办公会议，检查督促办公会议和公司领导布置的主要工作任务的贯彻落实情况。
6. 负责监督公司印章的使用。

7. 参与公司发展规划、年度经营计划的编制和公司重大决策事项的讨论。

8. 负责组织公司通用管理标准及规章制度的拟订、修改和编写工作,协助参与专用管理标准及管理制度的拟订讲座和修改工作。

9. 负责组织公司投资项目的洽谈、调研、立项、报批、工程投标、开工、竣工、预决算等有关基建项目管理工作,及时组织编制项目计划和项目进度统计报表,认真做好项目的监督管理工作。

10. 负责组织物资的供应计划,组织物品的供应、采购工作,做好物品进、出、存统计核算工作。

11. 负责组织全公司员工大会工作,开展年度总结评比和表彰工作。

12. 负责做好公司来宾的接待安排,统一负责对上级主管部门的联系、有关的法律咨询等工作。

13. 有权向直属领导提议下属人选,并对其工作考核评价。

14. 完成公司领导交办的其他工作任务。

第三章 私营企业战略与发展规划

一、企业战略目标制定细则

企业战略体系包括以下四大内容：

战略指导思想、战略方针目标、战略措施、战略规划。其中战略目标的制定是企业战略管理的基础，制定战略目标可根据以下制度实施。

（一）总目标

一般用几十字的篇幅高度概括企业拟达到的目标。例如：

——到 2000 年，建成具有雄厚实力、市场竞争力，以建筑为特色，产业结构纵向一体化经营，有较大社会知名度和良好公共关系的全国性公司（××建筑公司）。

——在 21 世纪初形成以房地产、商贸服务、投资金融等第三产业为支柱的产业新格局，建成世界第一流的、现代化、国际化的大型跨国公司（浦东××开发区开发公司）。

——到 2010 年，建成以钢铁业为主、多元产业共同发展的大型跨国经营集团，实现销售额 150 亿美元，跻身世界 500 强之列（宝钢集团）。

企业要根据现实与可能的结合，在预测宏观、中观环境变化和本企业现有基础以及优势、劣势基础上，参照其他企业目标，提出自己的发展目标。

（二）目标体系

将总目标细化为一系列定性或定量的指标，并组成公司目标体系。

1. 定性目标，例如：

——企业贡献目标：产量、产值、销售额、销售利润或收益、劳动生产率、产品质量、成本与损耗。

——技术开发与进步目标：技术改造、新技术、工艺设备、性能改善、发展新产品、信息技术。

——建设目标：扩大企业规模、生产能力、扩大市场份额、固定资产投资。

——经营管理目标：扩大资金来源、组织变革、销售网络、创立名牌、公共关系、改进服务、管理方法、手段。

——员工福利与社会责任目标：员工培训、工资与福利、消除污染、增加就业机会。

由此可见，企业目标具有多样性。

追求最大利润并不是企业唯一目标，企业内外不同利益集团向企业提出各自的要求，最终企业高层要在这些目标间平衡。

2. 定量目标。

供选择的指标如：

——企业运行的总资产规模达＿＿＿＿万元，资产负债比率×％。

——产值（营业额）达×万元，利润×万元。

——企业年经济增长速度达×％（按产值、收入、产量等指标）。

——科技进步贡献率达到×％。

——净资产收益率达到×％，投资收益率达到×％。

——劳动生产率达到人均×万元。
——生产经营指标_____。
——进出口额达到_____万美元。
——主营业务收入_____万元,占全公司业务的_____%,市场占有率 %。
——产品共_____大类,规格_____。
——企业技术装备达到_____年代国际水平。
——企业有著名品牌或商标____件、专利____项。
——涉及行业有____、____、____、____,支柱产业为____。
——增长值为_____。
——集团成员企业总数达____家,其中控股子公司____家,关联公司____家,协作层企业____家。
——企业员工总数达____人。其中大专以上学历占____人,硕士、博士____人,员工平均收入达到年____元。
——在全国____个省市设有分支机构;国际上____个国家和地区设立机构。
——企业经济实力在省市(全国或全球)排名____位。
——到____年,企业拥有____家股票上市公司;到____年,成为国家或世界知名公司或跨国公司。

目标体系尽可能细化,争取涵盖企业各项工作,制定这些目标可采用自上而下、自下而上或上下结合的过程,须经过科学论证、测算。一经确定,一般不要频繁修改,应作为企业未来相当时期的奋斗目标。

(三)战略措施

战略措施是实现战略方针、目标而采取的长期性经营政策和策略,例如:

1. 新产品开发;
2. 市场选择;
3. 经营资源分配;
4. 设备投资;
5. 生产制造体系调整;
6. 组织重整;
7. 人力资源安排。

二、战略规划细则

(一)战略规划主体内容
1. 产品发展方向、生产发展规模、技术工艺发展水平。
2. 主要技术经济指标、科研计划、外协配套计划。
3. 原辅材料采购计划、营销体系、员工培训计划、生活福利计划。

(二)战略阶段划分

一般企业可根据企业生命周期理论划分为 4 个或 5 个大发展阶段,在每个阶段再划分为几个子阶段。

企业要制定每个阶段的阶段目标或措施体系,阶段目标应该细化。

要考虑阶段之间的平稳转换,以及阶段目标、措施的可衔接性,并突出每个阶段的重点目标、措施。

(三)生命周期规划

1. 投入前

战略重点:设计、生产、销售之间协调。

竞争策略:开发适销对路的产品。

开发:可靠性试验。

生产:生产工艺设计,生产技术准备。

营销:试销,编制营销计划。

2. 投入期

战略重点:讲求质量与信誉,积极投资。

竞争策略:取得顾客对产品初步信任,按新产品原则定价。

开发:改进产品性能。

生产:生产技术、方法改进,产品、生产标准化。

营销:由性能确定商标品牌,开始与经销商联系,加强广告营销力度,扩大市场面。

3. 成长期

战略重点:扩大生产能力。

竞争策略:实行质量保证制度,大力宣传产品,适当调整价格。

开发:产品差别化(改进性能、式样),开发新产品。

生产:革新生产工艺流程,扩大生产批量,内部严格质量管理。

营销:优选有利的营销渠道,注重售后服务,注意交货期和回款速度。

4. 成熟期

战略重点:确保销售能力和市场占有率。

竞争策略:参考竞争对手价格调价以廉价竞争,延长产品寿命。

开发:开发市场细分化产品,增加品种规格;扩大产品用途,更新款式,降低成本。

生产:多品种小批量生产,改进产品质量。

营销:宣传产品的美誉度,充分利用各种销售渠道。

5. 衰退期

战略重点:确保财务状况良好。

竞争策略:滞销产品停产整顿,削价。

生产:减产、整顿下马,扩大外协,新产品迅速替代。

营销:停止推销活动,集中销售渠道准备撤退。

三、战略企划管理纲要

第一条　根据公司章程和公司经营管理发展战略规划,特制定本纲要。

第二条　指导思想和原则

(一)制定本纲要的指导思想。

通过建立规范的现代企业制度体系,塑造良好的企业运行体制和运作机制,在按照市场经济规律、供求关系和价值规律经营时,真正成为市场竞争的主体。

(二)制定本纲要的原则。

1. 塑造企业成为依法自主经营、自负盈亏、自我发展、自我约束的法人实体。
2. 达到增强企业活力、强化内容管理、提高经济效益、确保法人资产保值增值目标。

(三)公司对部门或下属企业的管理思想

经营灵活放开、管理紧密完善、监督严格规范、协调指挥高效。

第三条　自我管理要点

(一)公司对部门、下属企业实行以下自主管理:

1. 经营业务活动自主

(1)在授权范围对外洽谈业务,开拓市场,签订产品、货物、商品销售采购合同;

(2)使用公司下拨资金、核定的费用;

(3)使用、调配核定的财产、物资。

2. 劳动用工自主

(1)根据需要申请增补员工;

(2)会同人事部门聘用新员工,调配、解聘员工。

3. 奖励自主

(1)有权决定或推荐对员工的奖励、惩罚;

(2)决定、推荐员工工资升降、奖金内部分配。

4. 岗位机构设置自主

根据精简、高效原则调整企业内部机构或部门岗位。

(二)依照公司规章制度和流程,以上自主管理尚需上级部门审核批准。

第四条　统一管理要点

公司对部门、下属企业实行以下统一管理:

1. 统管目标计划

下属部门与公司订立目标责任书,制定切实可行的经营目标和实施计划。公司对其实施状况进行检查、反馈、纠正。

2. 统管发展战略和规划

公司制定统一的发展战略、规划、产业产品政策、区域发展政策。下属单位在其框架上制定分规划,不得超越范围。

3. 统管资金

公司统一管理资金融通、调拨、筹措,严禁擅自对外筹措资金;对下属单位的银行账户统一管理,必要时设立内部结算中心或内部银行。

4. 统一财务会计制度

公司设立统一的财务会计制度,供下属单位共同遵守。

5. 统管资产

公司固定资产存量盘整、新增固定资产、企业的部分或整体产权、股权转让、企业兼并收购,均统一由公司管理。

6. 统管投资

下属单位没有投资决策权,统一由公司管理。下属企业可提出开发、改建、扩建项目的建议和论证,但须根据申报程序由公司专门会议讨论通过。

7. 统管经营收益

公司通过统收统支、承包制、租赁制、年薪制等取得企业、部门收益,并有权统一考虑收益分配及投资方向。

8. 统管中高级干部

公司统管中高级人员任免、调配,下属企业之经理、副经理、财务主管亦考虑在内。

第五条 监督管理要点

公司对部门、下属企业实行以下监督:

(一)行政监督。对下属部门违反公司规章制度,玩忽职守,营私舞弊,贪污受贿,收受回扣、佣金等行为进行严肃监督、查处,并予以经济处罚、行政处分乃至追究法律责任。

(二)审计监督。对下属部门违反公司财经纪律、造成公司损失情况进行查处。

(三)管理监督。通过例会、考核、值班制度监督下属单位工作。

(四)民主监督。通过工会等形式,积极收集和采纳员工建议。

第六条 协调服务要点

公司对部门、下属企业实行如下协调服务:

(一)组织指挥。公司为指挥、控制中心,协调下属单位的步伐和利益。

(二)信息服务。公司作为信息中心,为下属单位提供及时、准确的国内外市场商情和经济技术信息服务。

(三)培训教育服务。公司统一制定员工培训教育规划、添置培训器材和提供培训机会,为下属单位输送合格人才。

(四)法律服务。公司聘请法律顾问,统一负责全公司和下属单位的法律事务和咨询。

(五)后勤保障服务。减少下属单位小而全的后勤服务机构和职能,提供公司级后勤保障服务。

(六)技术开发服务。公司统管技术、专利、产品开发项目和技术贸易服务,为下属单位提供新技术、新产品、新工艺。

第七条 附则

本纲要由企划部负责解释、补充,经公司常务会议讨论通过颁行。

四、战略企划操作流程

第一条 战略企划的基本要求

(一)设计与应变相统一。具体包括以下几个方面:

1. 从公司长远利益出发,合理规划战略企划的每项工作。

2. 适时调整战略企划方案。

3. 操作流程符合公司要求与需要。

(二)职责明确。

(三)操作规范。

(四)控制与自主相统一。

第二条 战略企划的基本原则

(一)前瞻性原则。

善于创造和把握战略机会,分析机会存在的依据、特征,确定把握机会的方针和行为规范,寻找新的经营机会和经营领域。

(二)创新性原则。

有效配置公司现有资源,不断完善战略企划方案。

(三)应变性原则。

战略企划要突出人的主观能动性和自觉适应性,根据市场环境和公司现有状况,灵活地调整战略企划活动。

(四)指导性原则。

跟踪公司有限且有价值的目标,组合相关的战略企划资源,确定相应的解决方案,充分发挥员工的创造性和能动性。

第三条 战略企划操作流程

(一)界定战略企划案主题。战略企划部在界定战略企划案主题时应遵循以下条例:

1. 准备精当:

(1)确定战略企划对象。

(2)调查并研究战略企划对象。

2. 找出并确立战略企划重点:

(1)明确战略企划主题。

(2)选择战略企划主题。

3. 确定战略企划目标:

(1)勾勒战略企划的轮廓。

(2)确定战略企划的目标。

(3)量化战略企划目标。

(二)战略分析。包括环境分析以及资源和战略能力分析:

1. 立足对现有资料的充分获取。

2. 注重利用团体智慧。

3. 注重个人创意的开发。

(三)寻求战略企划案切入点：

1. 从消费者的抱怨切入。

2. 从消费者的希望切入。

3. 从市场畅销产品切入。

4. 从市场发展趋势切入。

5. 从与购买者的谈话切入。

(四)战略企划案创意的产生：

1. 全面把握战略问题。

2. 战略外围情报资料的收集。

3. 战略问题的调查。

4. 排出战略问题的顺序。

5. 设定战略企划的截止日期。

6. 设定战略的解决目标。

7. 战略企划创意印象的描摹。

8. 企划观念和思路的调整。

9. 进一步类比战略企划的创意印象。

10. 完善性的思考产生创意。

(五)撰写战略企划案：

1. 简明具体地表现战略企划的内容。

2. 准确预测战略企划的效果与结果。

3. 战略企划创意主题明确。

4. 按预定的截止时间终止战略企划创意活动。

5. 长期战略企划需设定中期与近期目标。

(六)战略企划案的选择。战略企划案的选择要充分考虑本公司的企划意图和采用的客观标准与方法。

(七)战略企划案的确立：

1. 做好准备工作。

2. 选择适当的提案时机。

3. 努力沟通各方,确立战略企划案。

(八)战略企划案的修正。进行战略企划实施结果分析,并做好以下工作：

1. 正确把握预测值与结果的差异。

2. 分析差异原因。

3. 找出战略企划案实施过程中的相关问题,发现反省点和改进点。

4. 针对战略企划案的不足进行改进。

5. 总结战略企划案及实施的经验与教训。

(九)战略企划案的适用性评估。

五、企业经营总体战略分析表

表3-1 企业经营总体战略分析表

主要内容	具体描述
(1)行业经济指标 　·销售总额 　·平均利润率 　·增长率	
(2)行业价值链 　·行业价值链结构 　·总增加值 　·主要增值环节增加值	
(3)行业集中度 　·企业总数 　·第一位企业所占份额 　·前十位企业所占份额 　·企业群分布特征 　·行业纵向整合度	
(4)行业主管部门 　·主管部门角色 　·主要行业政策/规范/标准	
(5)行业投资机会 　·所处生命周期阶段 　·进入、撤出障碍 　·主要机会、威胁	
(6)竞争层面、竞争因素和竞争强度	
(7)行业的关键成功因素	
(8)推荐的切入层面	
(9)切入层价值结构 　·总营业额 　·关键增值关节增加值 　·原材料价格走势 　·产品价格走势	
(10)切入层经营结构 　·供应商 　·生产组织方式 　·关键技术 　·关键质量指标 　·人力/劳动力资源状况 　·营销渠道结构 　·客户群 　·客户主要购买/消费特征	

(续表)

主要内容	具体描述
(11)目标企业 · 目标企业名单 · 目标企业概况	
(12)行业领袖 · 行业领袖名单 · 主要行业领袖简介	
(13)行业五种力量分析 · 新进入者威胁 · 供应商讲价能力 · 客户讲价能力 · 替代品威胁 · 业内竞争强度	
(14)竞争者分析 · 未来目标 · 当前战略 · 预期的可能变动 · 能力	
(15)行业的长期盈利性及其比较研究 · 环境趋势对行业未来盈利性的影响预测 · 行业的未来成长曲线模拟 · 行业的未来利润曲线模拟 · 行业未来利润曲线的跨行业比较/投资的机会成本分析	
(16)行业现有的发展模式研究 · 行业现有发展模式总结 · 各种模式的历史、现状及演变分析	
(17)行业的可整合型判断 · 行业的整合效益预测 · 可行的行业整合思路 · 行业整合的商业模型	
(18)业务进入战略建议 · 进入模式 · 切入点及长期战略规划 · 阶段性战略目标和战略重点	

六、战略规划定位表

表3-2 战略规划定位表

项　　目	具 体 内 容
(1)目标业务空间分析 　·宏观分析 　·中观分析 　·国际趋势参照 　·目标业务空间分析	
(2)目标市场结构分析 　·目标市场结构现状 　·目标市场结构影响因素分析 　·消费者调查测试结果 　·目标市场结构发展趋势	
(3)竞争群体分析 　·产业竞争格局分析 　·产业成功关键因素分析 　·产业成功关键因素可能变化分析	
(4)竞争者分析 　·未来目标 　·当前战略 　·预期的可能变动 　·能力	
(5)业务技术发展趋势分析 　·业务技术发展历史演变 　·业务技术发展的国际比照 　·业务技术发展影响因素 　·业务技术发展趋势判断	
(6)行业的长期盈利性及其比较研究 　·环境趋势对行业未来盈利性的影响预测 　·行业的未来成长曲线模拟 　·行业的未来利润曲线模拟 　·行业未来利润曲线的跨行业比较/投资的机会成本分析	
(7)业务规划 　·产业定位 　·战略目标 　·战略重点 　·竞争位次 　·市场份额 　·业务总量 　·业务结构	

(续表)

项 目	具体内容
(8)业务品牌规划 　·业务品牌架构 　·业务品牌定位 　·业务品牌理念 　·业务品牌核心信息	
(9)业务收益规划 　·业务收入规划 　·业务利润规划 　·业务投资规划	

七、长期战略目标体系规划表

表 3-3　长期战略目标体系规划表

战　略　目　标		第一个5年度	第二个5年度	第三个5年度
企业贡献目标	产量/产值			
	利润			
	劳动生产率			
	产品质量			
	成本与损耗			
技术开发与进步目标	技术改造			
	新技术			
	工艺设备			
	性能改善			
	发展新产品			
	信息技术的发展			
建设目标	扩大企业规模			
	生产能力			
	扩大市场份额			
	固定资本投资			

续表

战略目标		第一个5年度	第二个5年度	第三个5年度
经营管理目标	扩大资金来源			
	组织变革			
	销售网络			
	创立名牌			
	公共关系			
	服务改进			
	管理方法、手段			
员工福利与社会责任目标	员工培训			
	工资与福利			
	清除污染			
	增加就业机会			
定量战略目标	本年度	第一个5年度	第二个5年度	第三个5年度
企业运行的总资产规模				
资产负债比率				
产值/利润				
年经济增长速度				
科技进步贡献率				
净资产收益率				
投资收益率				
人均劳动生产率				
生产经营指标				
进出口额				
主营业务收入比率				
产品种类、品种、规格				
技术装备水平				
无形资产				
设计行业支柱产业				
增长值				
集团成员企业总数、控股子公司、关联公司、协作层企业				
员工总数、平均收入				
分支机构				
经济实力				
集团中的上市公司				

八、中期战略规划表

表3-4　中期战略规划表

主要内容	本年度	下一年度	下两年度	下三年度
产品发展方向				
生产发展规模				
技术工艺发展水平				
主要技术经济指标				
科研计划				
外协配套计划				
原、辅材料采购计划				
营销计划				
员工招聘计划				
生活福利计划				
环保计划				
其他事项				

九、投资战略分析表

表3-5　投资战略分析表

项	目	说　明	备　注
投资	土地及建筑物		
	生产设备		
	其他设备		
	工具模具		
	市场开发费		
周转金	物料		
	工具		
	费用		

十、市场战略选择表

表 3-6　市场战略选择表

市场战略	战略措施	选择原因
领导战略	保持市场占有率	
	扩大市场占有率	
挑战战略	明确战略目标和竞争对手	
	选定挑战战略	
追随战略	紧紧跟随	
	有距离跟随	
	有选择跟随	
补缺战略	最终用户	
	垂直层次	
	顾客规模	
	市场缝隙	
	特殊顾客	
	特种服务	

十一、年度经营目标规划表

表 3-7　年度经营目标规划表

月　份	生产目标	存货金额	销售目标	利润目标	备　注
一　月					
二　月					
三　月					
四　月					
五　月					
六　月					
七　月					
八　月					
九　月					
十　月					
十一月					
十二月					
合　计					

十二、产品产销目标

表 3-8 产品产销目标

产品名称：

月 份	目标产量	目标销量	存量	估计单价	估计毛利	估计利润	利润率	备注
一 月								
二 月								
三 月								
四 月								
五 月								
六 月								
七 月								
八 月								
九 月								
十 月								
十一月								
十二月								
合 计								
平 均								

十三、原物料采购预算

表 3-9 原物料采购预算

采购项目	一月	二月	三月	四月	五月	六月	累计
合 计							

采购项目	七月	八月	九月	十月	十一月	十二月	累计
合 计							

十四、半年度产销计划

表 3-10　半年度产销计划

一月				二月				三月			
产品名称	数量	金额	利润	产品名称	数量	金额	利润	产品名称	数量	金额	利润
合计				合计				合计			
四月				五月				六月			
产品名称	数量	金额	利润	产品名称	数量	金额	利润	产品名称	数量	金额	利润
合计				合计				合计			

十五、半年度费用预算

表3-11 半年度费用预算

月份	产销金额	预计利润	利润率	原料成本	人工成本	制造费用	比率	销售费用	比率
一月									
二月									
三月									
四月									
五月									
六月									
合计									

十六、年度报告

表3-12 年度报告(分别见表1-7)

1. 生产销售

月 份	生产日期	实际生产	销售金额	存货金额	利润目标	实际利润	利润率
一月							
二月							
三月							
四月							
五月							
六月							
七月							
八月							
九月							
十月							
十一月							
十二月							
合 计							

2. 产品生产销售比较

产量		生产额		销售额		单价		利润	
目 标	实际	目标	实际	估计	实际	估计	实际	估计	实际
一 月									
二 月									
三 月									
四 月									
五 月									
六 月									
七 月									
八 月									
九 月									
十 月									
十一月									
十二月									
合 计									

3. 投资及改善方案

项 目	估计投资	实际支出	进行状况	成果

4. 新产品开发及改良状况

名称	规格	新设计	改良	已支付费用	完成状况				成果
					未开始	进行中	已试制	已生产	

5. 设备购置整修

设备名称及类别	数量	购置金额	整修金额	合计	预算	差异

6. 人事状况

单位	人 员 数				工　资				备注
	直接	间接	合计	预算	直接	间接	合计	预算	

7. 成本费用分析

成本项目	预算	实际	差异	费用项目	预计	实际	差异

第四章

私营企业员工招聘与录用管理制度与规范

一、招聘与录用工作流程

组织人员招聘与录用是一个复杂、完整而又连续的程序化操作过程。这个系统运行的每一个组成部分都是为了保证人员招聘与录用工作的质量,为组织选拔出合格优秀的人才,它直接关系到企业人力资源的形成,是人力资源管理中培训、绩效评估、薪酬、激励、劳动关系、人员流动等工作环境的前提。在整个企业人力资源管理工作中起奠基作用。

工作的总流程及具体工作程序见图4-1。

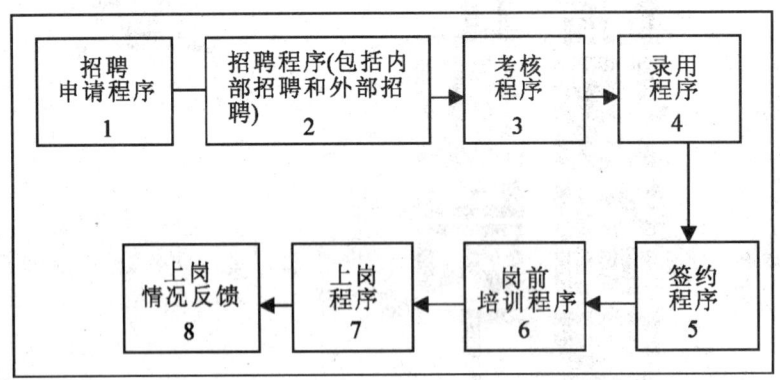

图4-1 招聘录用工作总流程图

二、新员工入职流程

新员工入职流程如图4-2所示:

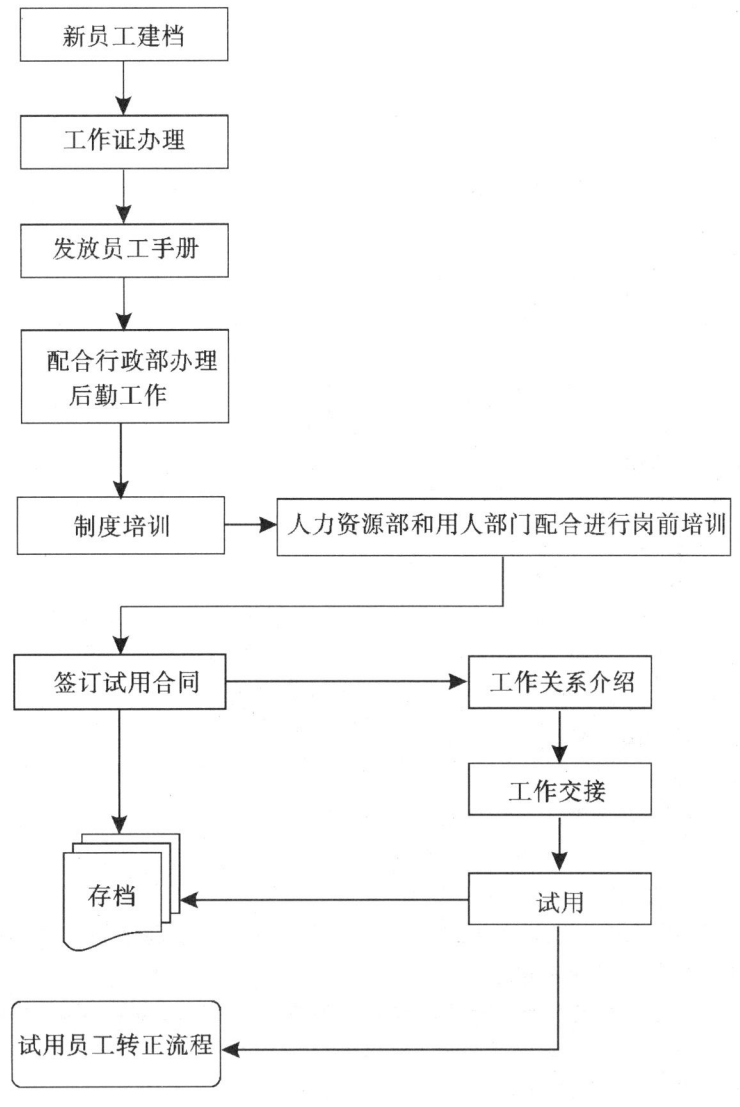

图4-2 新员工入职流程

三、公司招聘制度

□ 总则

第一条 为规范本公司招聘制度,为企业招贤纳士建设理论基础,特制定本制度。

第二条　本公司所有招聘工作按照本制度办理。

□　招聘申请

第三条　本公司各部门、各分公司如需要补充人员时,首先根据业务发展、工作需要和人员使用状况,提出员工招聘要求,填写招聘申请书,报送人力资源部。

第四条　人力资源部依据各部门招聘申请汇总情况,制定招聘计划,报公司总裁批准。

第五条　人力资源部在编制招聘计划时,须优先从企业内部选择调配人才。

□　招聘方式

第六条　本公司在招聘过程中将会采取以下招聘方式:

1. 通过新闻媒介(报纸、电视、电台)发布招聘信息;
2. 通过定期或不定期举办的人才市场设摊招聘;
3. 从各类人才库系统中检索;
4. 大中专、职业学校毕业生推荐;
5. 在职员工介绍;
6. 管理顾问企业介绍;
7. 知名人士介绍;
8. 通过人才中介企业(猎头公司)寻找;
9. 与教育培训机构联合培养;
10. 离职员工复职。

第七条　在招聘实施之前,人力资源部应明确招聘职位、岗位职责和学历、经历、技能、年龄等要求。

第八条　员工的挑选:

企业成立招聘组负责对人员的筛选,至少由3人组成,分别来自人事、用人部门、企业领导或聘请外部人力资源专家。

1. 初选。人事部对所有应聘材料通览后,挑选初步合格者,寄发面试通知书。
2. 面试。招聘组对面试者进行考查,填写面试记录表;有必要时,可对面试者进行笔试、面试、专业技能测定、个案研究,以及外语能力的测试。
3. 录用。招聘组对所有复试者作出评价,提出录用或不录用意见,经企业领导批准后,发送录用通知书。对不录用者,最好发函通知,并致谢。

第九条　在招聘过程中,招聘者必须明确应聘者的以下因素:

1. 较高的待遇与福利;
2. 便捷的工作地点;
3. 优雅的工作环境;
4. 企业声望;
5. 行业的发展性和前景;
6. 良好的人际关系和雇佣关系;
7. 开明的领导;
8. 具挑战性,或其喜爱的工作;
9. 快捷的晋升机会;
10. 面试已给应聘者良好的形象;

11. 国内或国外培训、进修机会；
12. 企业正规,制度规章完备。

第十条　面试注意事项：
1. 安排好适当时间；
2. 安排安静、雅洁、舒适的场所；
3. 主持者事先熟悉招聘要求；
4. 与应聘者的对话应明确主题；
5. 要分配充分的面试时间；
6. 营造坦诚、轻松、融洽的气氛；
7. 随时记录面试重要事项；
8. 注意控制时间及场面；
9. 列出重点要发问的问题；
10. 核实应聘者填写事项的真实性。

第十一条　面试提问的要点：
1. 请其简述家庭背景；
2. 陈述过去的经历；
3. 应征本职位的动机；
4. 在校喜欢的科目；
5. 请剖析自己的优缺点；
6. 陈述自己喜欢向别人谈及的往事；
7. 请分析所投入行业之现状与未来展望；
8. 请设想如果有机会,将重新选择什么行业；
9. 请其自述加盟企业将作出什么贡献；
10. 请其界定成功与失败之含义；
11. 询问其喜欢哪类领导；
12. 询问业余爱好。

四、员工面试管理制度

□　初步选聘

第一条　制作求职表,以获取应聘人员的背景信息,对不符合要求者加以淘汰。
第二条　在应聘人员填写求职表时,进行初步筛选。

□　面试

第三条　面试小组成员有下列人员组成：
1. 用人部门专员；

2. 人力资源部专门人员；

3. 独立评选人。

第四条 面试方式有以下三种：

1. 测验面试；

2. 组合式面试；

3. 阶段式面试。

第五条 面试需考察的内容包括下列几条：

1. 仪表风范、个人修养；

2. 人生观、价值观、职业观；

3. 求职动机与工作期望；

4. 工作经验与工作态度；

5. 相关的专业知识；

6. 语言表达能力；

7. 逻辑思维能力；

8. 社交能力；

9. 自我控制能力；

10. 协调指挥能力；

11. 责任心、时间观念与纪律观念；

12. 综合分析判断和决策能力。

第六条 面试中的必须坚持以下原则：

1. 面试环境应保持安静、舒适、封闭；

2. 考官的位置应避免背光；

3. 被试的位置避免放在房子中央；

4. 考官要尽量使应聘人员感到亲切、自然、轻松；

5. 考官要了解自己所要获知的答案及问题要点；

6. 考官要了解自己要告诉对方的问题；

7. 考官要尊重对方的人格；

8. 考官将面试结果随时记录于"面谈记录表"；

9. 面试过程中人员不能随意走动；

10. 面试过程不要被打断。如初次面谈不够周详，无法做有效参考，可发出"复试通知单"，再次安排面谈。

□ 就业测试

第七条 就业测试包括以下内容：

1. 专业测验；

2. 定向测试；

3. 领导能力测试适合管理能级；

4. 智力测试。

□ 背景调查

第八条 经面试合格初步选定的人员，视情况进行有效的背景调查。

第九条 进行应聘资料的处理及背景调查时，应尊重应聘人员个人隐私权，注意保密工作。

□ 结果的评定与反馈

第十条　全部面试结束后,由面试小组成员根据面谈记录表对各应聘者的情况进行讨论,得出最后的结论。

第十一条　对经评定未录取人员,先发出谢函通知,并将其资料归入储备人才档案。

第十二条　对经评定录取人员,由人力资源部主管及用人主管商定用人日期后发给"报到通知单",并安排职前培训的准备工作。

五、面试工作规范

(一)准备面试阶段

凡事预则立,不预则废。有效的面试始于精心的准备。你的第一项任务是回顾从招聘表、简历、电话考查等来源得到的关于应聘者的信息。然后根据这些背景信息整理出一个面试指导。面试准备步骤表会指导你完成这项工作。它包括面试中两个部分的准备:对主要背景进行了解部分以及行为类问题部分。它同时让你对进行每个部分的时间作出大概的估计,这将帮助你在实际面试中有效地分配和管理时间。

面试开始的初始印象往往决定了整个面试的基调。为了得到一个正面的印象,我们需要安排好一个专业的面试,并可以增强应聘者的自尊。这些安排包括消除潜在的干扰,比如电话、传呼以及突然闯入的其他人。一个不受干扰的应聘给应聘者的信息是:这个谈话很重要,面试官认为你也很重要。

尽可能地把面试安排在专用的面试地点。假如你的办公室或工作场所不满足私人谈话的条件,可以租用会议室。假如实在找不到私人谈话的地点,你应使应聘者的背部朝向其他人,以使应聘者的谈话更开放。

(二)面试开场白

1. 一个有效的面试开场白应做到:
   ·让应聘者知道你想从面试中了解到什么、你打算如何去做。
   ·让应聘者知道他将从面试中得到什么。
   ·用积极的、友好的态度。
   ·帮助应聘者消除紧张心理。
2. 欢迎应聘者,告诉他你的名字和职位,为接下来的面试打下积极的基调:
   ·明确表示你欢迎应聘者来应聘本单位的某项职位。
   ·赞扬应聘者的经验和成就,表示你一直想进一步了解他。
   ·感谢应聘者按时来面试。
3. 解释面试的目的,告诉应聘者:
   ·面试是双方深入了解的机会。
   ·有助于你进一步了解应聘者的背景和经验。

·有助于应聘者了解应聘的职位和组织。

4. 描述面试计划,告诉应聘者你将:

·回顾应聘者的工作和经验,然后问他在过去的工作/经验中做过的事情的实例,以及他是如何做到这一点的。

·提供有关信息,并回答应聘者提出的有关职位和组织的问题。

·提供为了更好地作出决策,双方都应需要的信息。

·在面试过程中做记录。你可以向应聘者解释记录只是为了帮助你以后能记住面试的细节。

5. 简要描述工作说明。

把话题转到主要背景了解部分,告诉应聘者你将开始回顾了解他的背景情况,要告诉他在了解他的背景概貌后,你将主要会问他更详细的信息。这将使应聘者大致明白你想要的信息的详细程度。

(三)主要背景了解

你在面试之前对应聘者的背景了解得越多,那么在面试中你将花费越少的时间去了解其主要背景。精心的准备意味着在面试中你只需要花费几分钟来澄清和扩展你已经收集到的信息。除了节省时间以外,你对应聘者背景的了解越多,应聘者就越能感受到尊重。你要告诉应聘者,他的背景对于你很重要,你还想了解得多一点。这使得面试有了良好的开端,为整个面试定下了积极的基调。

以下是一些帮助你准备背景回顾了解的技巧。

(1)申请材料回顾。

把所有有关的申请材料放在一起,包括:简历、申请表以及电话交谈的结果,看看哪些工作和经验与目标工作相关。

(2)工作/经验。

进一步了解有关这些工作和经验的信息。注意那些你不太清楚以及你想进一步了解的地方(注意:此时你只是在寻找背景信息)。把你的问题写在主要背景了解表的适当地方。另外,记下你为了了解应聘者的工作/经验,还需要什么样的补充问题。

(3)断层。

如果应聘者的工作或教育历史中存在断层,应该在背景回顾中和应聘者讨论存在的断层。只有通过交谈,你才能够清楚为什么会存在断层,以及这些断层是否对应聘者有负面影响。

(4)如何做好背景回顾了解。

做好背景了解的关键在于要使应聘者能够集中于只提供概貌性的信息。这是因为你要迅速地做完这个部分,至多能用5~8分钟。假如有应聘者开始提供详细的信息,你应该提醒他现在你正在询问一般性的信息,不必说得那么详细。

做完背景回顾了解后,再把话题引向行为类问题部分。告诉应聘者现在讨论需要转向,以及他该怎么样回答。比如,很好,现在我想问你一些工作中的具体情况。当你向我描述这些情况时,希望你能详细告诉我你的行动和结果,怎么样?

以这样的方式导向行为类问题会使应聘者明白他该说些什么和怎么去说。

(5)做好背景回顾了解的技巧。

·在背景回顾方面不要浪费时间。现在不要问其他的问题,但如果它们出现,可以先在相应的素质部分做个符号,等到该问这项素质时再提醒应聘者继续讲。

·集中精力于应聘者的教育和工作史中近期的、显著的以及与目标工作类似的方面。

・不要问应聘者年代久远的问题。

・当应聘者谈到他以前工作中令他满意和不满意的地方时,注意那些有助于评估其工作合适度、组织合适度以及地点合适度的信息。

・不要把断层和工作变换想当然地视为不太好的,要找出原因才能判断。

・只用必要的主要背景回顾结果。假如某位应聘者在同一职位上待了10年,那么他更早期的信息的使用价值很小。

(四)行为类问题

行为类问题部分是面试指导乃至整个目标甄选法的核心。在这部分,你将收集到详细的行为类信息,并用它们来评估应聘者在目标素质上的表现。

・记录空间。当你记录回答时,你能方便地看到你是否缺了某个部分,以便用追问技巧来补全。

・在面试结束后,使用分数框来给应聘者的某项素质打分。

・面试过程中记录下可观察素质的情况,例如像交流能力和影响力这样的可观察素质。

1. 有负面影响的问题。

一些事先设计好的行为类问题会问到应聘者的负面或敏感信息。尽管询问应聘者诸如一次错误的决策和一次失败的销售不是一件令人愉快的事情,但有重要的理由说明为什么要追究负面的问题。

(1)可以全面、真实地了解应聘者的行为。为了全面地了解应聘者的行为和公平、准确地评估他,你既需要了解他的成功,也要了解他的失败。

(2)可以了解到应聘者的一些严重缺点。假如一个应聘者因为不当和无效的行为反复失败,你应该在面试过程中就发现它们,而不是直到录用以后才发现。

(3)发现应聘者在哪些方面需要发展。知道应聘者在哪些方面需要改进,你就知道假如录用了这个人,需要花费多大的努力来对他进行培训。

2. 重组问题。

你可以自由地根据应聘者的经验和面试流程来改变行为类问题的先后次序。重组问题时要注意:你应该保持问题性质的平衡,即中性问题、正面问题和负面问题的平衡。

(1)不要一次问太多的负面和敏感问题。

(2)应该在负面问题之间给应聘者足够的时间描述他的成功的地方。

如果不注意保持问题性质的平衡,可能会使应聘者的自尊心受到伤害,会使他在面试中变得小心谨慎。

(五)结束面试

当你要考查某个人的素质都有了足够的反馈时,就该结束面试了。面试结束指导书能够使你做到:

1. 回顾你的记录,确定你是否需要附加信息或澄清什么信息。如果你真的需要更多的信息,现在就有机会问附加问题。

2. 提供关于职位、组织和地点的信息,回答应聘者的问题。

3. 告诉应聘者招聘以后的步骤,感谢应聘者,结束面试。

六、招聘甄选工作细则

由人事部门会同用人部门组织、实施人员选聘的考试与面试工作。应根据具体职位要求对应聘人员进行各种形式的知识、技能、能力考试和心理测试,从人员基本素质、心理特点、能力特长上对应聘人员加以考核。

考核合格者进入面试阶段,这是人员选聘工作中最重要的环节,因为面试评价所提供的关于应聘人的信息最正式、直观和准确。

(一)招聘考核的方式

在招聘工作中,要在较短的时间内尽可能地了解应聘者,就要通过多种形式的考试和测验(内容根据不同的岗位的要求进行设计),主要包括以下一些方式:

1. 专业技术知识和技能考试,这要通过专门的知识考试和实际操作来完成。

2. 一般知识、能力测验,这可以通过面试考官的提问来了解。

3. 特殊能力测验及心理测验,这可以通过专业的心理测试问卷或测试软件来完成。

(二)面试的主要内容

虽然从理论上讲,面试可以测评应试者几乎任何一种素质,但是在测评甄选实践中,我们并不是以面试去测评一个人的所有素质,而是有选择地用面试去测评它最能测评的内容。面试的主要内容包括:

1. 一般根据查阅应试者的个人简历或求职登记表的结果,作些相关的提问,查询应试者有关背景及过去工作的情况,以补充、证实其所具有的实践经验。通过工作经历与实践经验的了解,还可以考察应试者的责任感、主动性、思维能力、口头表达能力及遇事的理智状况等。

2. 了解应试者掌握专业知识的深度和广度,对应聘者的一般能力和工作能力进行评价。

3. 了解应聘者的个性、行为特征和兴趣爱好,从个性与工作的适宜性方面对应聘者进行评价。

4. 了解应试者对过去学习、工作的态度,并了解应试者的求职动机及对其他各方面的需求,判断本单位所能提供的职位或工作条件等,能否满足其工作要求和期望。

5. 面试时主考官还会向应试者介绍本单位及拟聘职位的情况,为应聘者提供准确、全面的参考信息。

6. 讨论有关工薪、福利等应聘者关心的问题,以及回答应试者可能要问到的其他一些问题等。

(三)考核的注意事项

1. 考核程序要尽量简便,不要过于繁冗。

2. 要严格选拔考试人员,特别是面试考官,因为这是决定面试成败的关键。

3. 提前制定考核计划和程序及设计面试问话提纲,为考核做好准备工作。

4. 选择合适的面试场所。

七、员工聘用制度

第一条 为加强本公司员工队伍建设,提高员工的基本素质,特制定本规定。

第二条 本公司系统所有员工分为二类:正式员工和短期聘用员工。

正式员工是本公司系统员工队伍的主体,享受公司制度中所规定的各种福利待遇,短期聘用员工指具有明确聘用期的临时工、离退休人员以及少数特聘人员,其享受待遇由聘用合同书中规定。短期聘用员工聘期满后,若愿意继续受聘,经公司同意后可与本公司续签聘用合同,正式员工和短期聘用员工均应与本公司签订合同。

第三条 本公司系统各级管理人员不许将自己亲属介绍、安排到本人所分管的企业里工作,属特殊情况的,需由董事长批准,且介绍人必须立下担保书。

第四条 本公司各部门和各下属企业必须制定人员编制,编制的制定和修改权限见人事责权划分表,各部门各企业用人应控制在编制范围内。

第五条 本公司需增聘员工时,提倡公开从社会上求职人员中择优录用,也可由内部员工引荐,内部引荐人员获准聘用后,引荐人必须立下担保书。

第六条 从事管理和业务工作的正式员工一般必须满足下述条件:

(一)大专以上学历;

(二)二年以上相关工作经历;

(三)年龄一般在35岁以下,特殊情况不超过45岁;

(四)外贸人员还必须至少精通一门外语;

(五)无不良行为记录。

特殊情况人员,经董事长批准后可适当放宽有关条件,应届毕业生及复员转业军人需经董事长批准后方可考虑聘用。

第七条 所有应聘人员除董事长特批可免予试用或缩短试用期外,一般都必须经过三至六个月的试用期后才可考虑聘为正式员工。

第八条 试用人员必须呈交下述材料:

(一)由公司统一发给并填写招聘表格。

(二)学历、职称证明。

(三)个人简历。

(四)近期相片2张。

(五)身份证复印件。

(六)体检表。

(七)结婚证、计划生育证或未婚证明。

(八)面试或笔试记录。

(九)员工引荐担保书(由公司视需要而定)。

第九条 试用人员一般不宜担任经济要害部门的工作,也不宜安排具有重要经济责任的工作。

第十条　试用人员在试用期内待遇规定如下：

（一）基本工资待遇：

高中以下毕业：一等

中专毕业：二等

大专毕业：三等

本科毕业：四等

硕士研究生毕业（含获初级技术职称者）：五等

博士研究生毕业（含获中级技术职称者）：六等

（二）试用人员享受一半浮动工资和劳保用品待遇。

第十一条　试用人员经试用考核合格后，可转为正式员工，并根据其工作能力和岗位重新确定职位等，享受正式员工的各种待遇；员工转正后，试用期计入工龄，试用不合格者，可延长其试用期或决定不予聘用，对于不予聘用者，不发任何补偿费，试用人员不得提出任何异议。

第十二条　正式员工可根据其工作业绩、表现以及年限，由公司给予办理户口调动。

第十三条　总公司和各下属企业的各类人员的正式聘用合同和短期聘用合同以及担保书等全部材料汇总保存于总公司人事监察部和劳资部，由上述两个单位负责监督聘用合同和担保书的执行。

第十四条　本规定适用于总公司、下属全资公司以及由公司控股、管理的合资公司。

八、劳动合同模板

本协议由下列双方于＿＿＿＿年＿＿＿＿月＿＿＿＿日签订：

甲方：××有限公司（以下亦称为"企业"）

注册地址：

法定代表人：

联系电话：

乙方：　　　　　　　　（以下亦称为"员工"）

身份证号码：

家庭住址：

邮政编码：

电话：

手机：

甲乙双方根据《中华人民共和国劳动法》《中华人民共和国劳动合同法》及相关法律、法规的规定，在平等自愿协商一致的基础上签署本合同，建立劳动关系。

第一条　合同期限

1.1　本合同为固定期限劳动合同。

合同期从＿＿＿＿年＿＿＿＿月＿＿＿＿日到＿＿＿＿年＿＿＿＿月＿＿＿＿日

止,试用期_____天,从_____年_____月_____日到_____年_____月_____日止。

1.2 如企业与员工签有培训合同,此劳动合同期限将根据培训合同中的有关条款自动延长。

第二条 工作岗位

2.1 企业根据经营和生产的需要聘用员工从事_____工作,具体工作内容与工作要求详见附件1《岗位职责与任职要求》。

2.2 企业有权根据经营生产的需要,按员工专业特长、工作表现及身体状况,调整员工的工作岗位,并按照具体工作岗位支付相应的工资,员工应当服从企业的工作安排。

2.3 员工必须按其岗位职责按时、按质、按量地完成工作。

第三条 薪金报酬

3.1 员工的月工资为_____元人民币。

3.2 根据企业的经营需要,安排员工加班的,按照北京市的有关规定执行。

3.3 员工应根据税务机关的规定缴付个人所得税,企业将从员工的月工资里作出相应的扣除并以员工的名义向有关税务机关纳税。

3.4 企业依法为员工购买各项社会保险。员工应根据法律、法规的规定缴付有关社会保险中应当由其个人缴纳的部分,企业将从员工的月工资里作出相应的扣除并以员工的名义向社会保障机关缴纳。

3.5 除上述第3.3、3.4条外,企业有权根据国家法律、法规的规定对员工的工资作出其他款项的扣除。

3.6 如果企业在经营过程中遇到困难或出现亏损,企业有权在协商的基础上按新的工资制度对员工的报酬进行调整。

第四条 工作时间

4.1 根据工作岗位的性质,员工将按以下方式确定工作时间:

标准工作时间:员工每天工作8小时,每周工作5天,每周总工作时间不超过40小时;具体工作时间由企业统一安排。

4.2 在本合同期内,如员工的工作岗位发生变更,则按新工作岗位确定员工的工作时间。

4.3 员工享有国家规定的法定休假日、婚假、丧假和计划生育等有薪假期。

4.4 根据企业的经营需要,如果企业安排员工加班工作,企业应按照上述第三条第3.2款的规定支付加班工资。

第五条 劳动保险和福利

5.1 合同双方按照国家和北京市有关社会保险的规定参加养老、工伤、失业、医疗、生育等社会保险,缴纳社会保险金,享受有关的待遇。

第六条 工作环境和劳动保护

6.1 企业提供给员工一个符合国家规定的安全和卫生的工作环境,保证员工在安全健康的环境下工作。

第七条 奖惩制度

7.1 企业依法制定各项规章制度,员工应严格遵守执行。

7.2 对于违反规章制度的员工,企业将按规定予以处罚;对于表现杰出的员工,将予以奖励。

7.3 员工必须维护企业机密、遵守企业有关生产技术、市场及非专利技术的保密规定。保密义务的具体内容见第十条员工保密。

第八条　劳动合同的变更、解除和终止

8.1　企业因签订本合同时所依据的客观情况发生变化，或者员工因个人原因，要求变更本合同有关条款的，必须提前七天书面通知对方，经双方协商一致之后，可以变更本合同的相关内容。

8.2　如发生订立本合同时所依据的法律、法规已经修改或失效的情况，符合条件的一方可以单方面变更本合同。

8.3　经合同双方协商一致，可以解除本合同。

8.4　员工被依法追究刑事责任或劳动教养的，本合同自行解除。

8.5　凡有下列情况之一的，企业可以不提前通知员工即可解除合同，辞退该员工：

8.5.1　试用期内被证明不符合录用条件的；

8.5.2　严重违反劳动纪律或者企业规章制度的；

8.5.3　严重失职、营私舞弊或泄露企业商业秘密，对企业利益造成重大损失的。

8.5.4　劳动者同时与其他用人单位建立劳动关系，对完成本单位的工作任务造成严重影响，或者经用人单位提出，拒不改正的；

8.5.5　以欺诈、胁迫的手段或者乘人之危，使对方在违背其真实意思的情况下订立劳动合同的；

8.5.6　被依法追究刑事责任的。

8.6　有下列情形之一的，企业可以解除本合同但应提前三十日书面通知员工或者额外支付劳动者一个月工资后，解除劳动合同：

8.6.1　员工因病或非因工负伤，医疗期满后，不能从事原工作且未能就变更劳动合同与用人单位协商一致的；

8.6.2　员工不能胜任工作，经过培训或者调整工作岗位后，仍不能胜任工作的；

8.6.3　劳动合同订立时所依据的客观情形发生变化，致使原劳动合同无法履行，经双方协商不能就变更劳动合同达成协议的；

8.6.4　企业生产经营状况发生严重困难，确需裁员的；

8.6.5　企业转产、技术革新、经营方式调整，经变更劳动合同后，仍需裁减人员的。

8.7　有下列情况之一的，企业不得终止或解除合同，辞退员工：

8.7.1　员工患病或非因工负伤，在规定的医疗期内的；

8.7.2　员工因工负伤或患职业病在治疗疗养期间的；

8.7.3　女性员工在孕期、产期和哺乳期内的，但本合同第八条8.1和8.2款中规定的情形除外；

8.7.4　法律、法规规定的其他情形。

8.8　通常情况下若员工解除本合同，须提前三十日书面通知企业，但符合下列情况之一的除外：

8.8.1　在试用期内的；

8.8.2　企业不能按合同约定支付劳动报酬或提供劳动条件的；

8.8.3　企业以暴力、威胁或者非法限制人身自由的手段强迫劳动的。

8.9　除本合同另有规定外，任何一方解除或终止本合同，没有提前三十天通知对方或通知时间不足的，应当按相差的天数，以解除或终止合同前一个月员工的日平均工资为标准，支付赔偿金给对方。

8.10　员工在合同期内受过企业出资的培训，解除本合同时，除按本合同的规定外，还须遵守企业规章制度所规定的条款。

8.11　企业和员工间的聘用关系于本劳动合同期满时即终止。解除或终止合同时，员工必须全部归还所属企业的财产和文件资料。

8.12　本合同解除或终止后，劳动者应当按照双方约定，遵循诚实信用的原则办理工作交接。用人单位须支付经济补偿的，应当在办结工作交接手续时向劳动者支付。

第九条　经济补偿金

9.1　解除劳动合同时，企业按照国家法律、本市的有关规定向员工支付经济补偿金。

第十条　员工保密义务

10.1　双方确认，乙方在企业任职期间，因履行职务或者主要是利用企业的物质技术条件、业务信息等产生的发明创造、作品、计算机软件、技术秘密或其他商业秘密信息，有关的知识产权均属于企业享有。企业可以在其业务范围内充分自由地利用这些发明创造、作品、计算机软件、技术秘密或其他商业秘密信息，进行生产、经营或者向第三方转让。乙方应当依企业的要求，提供一切必要的信息和采取一切必要的行动，包括申请、注册、登记等，协助企业取得和行使有关的知识产权。

10.2　乙方在甲方任职期间，必须遵守甲方规定的任何成文或者不成文的保密规章、制度，履行与其工作岗位相应的保密职责。乙方应承担保密义务的范围如下：

10.2.1　可能成为甲方商业秘密的技术信息的范围包括：技术方案、设计要求、服务内容、工程设计、电路设计、制造方法、配方、工艺流程、技术指标、计算机软件、数据库、运行环境、作业平台、试验结果、图纸、样品、样机、模型、模具、操作手册、技术文档、涉及商业秘密的业务函电等。

10.2.2　可能成为甲方商业秘密的经营信息的范围包括：客户名单、营销计划、采购资料、定价政策、不公开的财务资料、进货渠道、产销策略、招投标中的标底及标书内容、项目组人员构成、费用预算、利润情况等。

10.2.3　甲方依照法律规定（如在缔约过程中知悉的对方当事人的秘密）和有关协议的约定（如技术合同等）对外承担保密义务的事项亦属于保密范围。

10.2.4　甲方的保密规章、制度没有规定或者规定不明确之处，乙方亦应本着谨慎、诚实的态度，采取任何必要、合理的措施，维护其于任职期间知悉或者持有的任何属于甲方或者虽属于第三方但甲方承诺有保密义务的技术信息、经营信息或其他商业秘密信息，以保持其机密性。

10.3　除了履行职务的需要之外，乙方承诺，未经甲方同意，不得泄露、告知、公布、发布、出版、传授、转让或者其他任何方式使任何第三方（包括按照保密制度的规定不得知悉该项秘密的甲方其他员工）知悉属于甲方或者虽属于第三方但甲方承诺有保密义务的技术秘密或其他商业秘密信息，也不得在履行职务之外使用这些秘密信息。

10.4　乙方因职务上的需要所持有或保管的一切记录着甲方秘密信息的文件、资料、图表、笔记、报告、信件、传真、磁带、磁盘、仪器以及其他任何形式的载体，均归甲方所有，而无论这些秘密信息有无商业上的价值。

10.5　乙方离职后承担保密义务的期限为无限期保密，直到甲方宣布解密或者秘密信息实际上已经公开。

10.6　如果乙方不履行本协议所规定的保密义务，应当承担违约责任，赔偿甲方因此受到的一切损失。

第十一条　违约责任

11.1 乙方违反本合同第十条约定的,应当向对方支付本人12个月的工资作为违约金。

11.2 如上述第11.1款所约定的违约金不足以赔偿对方损失的,违约方应当赔偿对方因其违约行为所实际造成的损失。

11.3 员工凡接受过企业出资培训的,如果违约应根据培训协议予以赔偿。

第十二条 劳动争议

12.1 本协议双方发生劳动争议时,应通过友好协商解决,协商不成的,可以向当地劳动争议仲裁委员会申请仲裁。

第十三条 其他

13.1 企业的规章制度和其他明文规定是本劳动合同的组成部分。

13.2 本合同一式二份,一份由企业保存,一份由员工保存。双方签署后生效。两份合同具有同等法律效力。

甲方:(盖章) 乙方:(签字)

授权代表(签名):

九、招聘计划书

表4-1 招聘计划表

年 月 日

需要补充人员类别		所需资格条件	招聘方式	人数	招聘日期
部门担任工作					
管理人员					
技术人员					
一般员工					
其他人员					
合计					

表4-2　人事部年度招聘计划报批表

部门有关情况	录用部门	录用职位概况				考试方法和其他		
		职位名称	人数	专业	资格条件	考试方法	招考范围	招考对象
公司核定的编制数								
本年度缺编人数								
本年度计划减员数								
本年度拟增用人数								
备注								

年　月　日

十、招聘广告及展板

招聘广告及展板如表4-3所示：

表4-3　招聘广告及展板

一、招聘广告

1. 标题：公司标志及名称
2. 公司简介
3. 招聘职位名称、人数及要求。要求主要包括：学历、户口、性别、年龄、能力要求、工作经验要求、外语水平、其他要求等
4. 公司联系地址及方式

公司地址：

联系人：

联系电话：

传真：

E-mail 地址：

　　　　　有意者请把个人简历及证件复印件寄往_____。

二、招聘会展板

公司标志

公司名称：

公司简介：

所需职位：

性别：

年龄：

人数：

学历要求：

能力要求：

工作经历：

外语水平：

户口要求：

公司地址：

联系电话：

传真：

E-mail 地址：

十一、招聘人员登记表

招聘人员登记表如表4-4所示：

表4-4 招聘人员登记表

年　　月　　日

姓　　名		性别		出生年月		照片
学历		婚否		民族		
专业			毕业学校			
健康状况			户籍所在地			
政治面貌			身份证号码			
参加工作时间			有无住房		要求待遇	
联系电话			电子邮件		手机	
联系地址						
现工作所在地						
离职原因						

简历	起止时间	学习/工作单位	专业/职位

家庭情况	姓名	关系	年龄	文化程度	现工作单位

特别提示	1. 本人承诺保证所填写资料真实。 2. 保证遵守公司招聘有关规程和国家有关法律。 3. 请填写好招聘登记表，带齐照片、学历、职称证书的有效证件及相关复印件。

十二、面试记录表

面试记录表如表4-5所示。

表4-5 面试记录表

姓名		应征项目			
用表提要	请主持面谈人员，就适当之格内打"√"，无法判断时，请免打"√"。				
评分项目	配分				
	5	4	3	2	1
仪容礼貌精神态度整洁衣着					
体格、健康	极佳	佳	普通	稍差	极差
领悟、反应	特强	优秀	平平	稍慢	极劣
对其工作各方面及有关事项之了解	充分了解	很了解	尚了解	部分了解	极少了解
所具经历与本公司的配合程度	极配合	配合	尚配合	未尽配合	未能配合
前来本公司服务的意志	极坚定	坚定	普通	犹疑	极低
外文能力	区分	极佳	好	平平	略通	不懂
	英文					
	日文					
总评	□拟予试用　　　　　　　　　　　　　　　　　面谈人： □列入考虑 □不予考虑　　　　　　　　　　　日期：　月　日				

十三、聘 任 书

聘字第_____号

兹敦聘_____先生(女士)为本公司_____部××××

自_____年_____月_____日起

至_____年_____月_____日止

此聘

××股份有限公司

总经理

_____年_____月_____日发

十四、试用通知书

试用通知书如表4-6所示。

表4-6 试用通知书

年　月　日

兹聘请　　　先生(女士)为本公司　　　　竭诚欢迎加入本公司工作行列,有关事项请按如下要求办理。	
报到日期	报到地点
待遇	起薪月支　　元,试用　　个月,期满视工作业绩另行加薪。
请携带资料	1.学历证件复印件 2.离职证明 3.体检表 4.身份证
备注	本试用通知单有效期　　日,逾期未来报到,即视为主动放弃录用机会。如有特殊情况,请及时与本公司联系。 公司详细地址: 联系电话: 联系人:

十五、试用合同书

试用合同书如表4-7所示：

表4-7 试用合同书

甲方：　　　　乙方：　　　　　（身份证号：）

根据国家和本地劳动管理规定和本公司员工聘用办法，按照甲方关于公司新进各类人员均需试用的精神，双方在平等、自愿的基础上，经协商一致同意签订本试用合同。

一、试用合同期限：

自　年　月　日至　年　月　日止，有效期为　　个月。

二、试用岗位根据甲方的工作安排，聘请乙方在　　　　工作岗位。

三、试用岗位根据双方事先之约定，甲方聘用乙方的月薪为　　　元，该项报酬包括所有补贴在内。

四、甲方的基本权利和义务：

1. 甲方的权利。

有权要求乙方遵守国家法律和公司各项规章制度；

有权对乙方违法乱纪和违反公司规定的行为进行处罚；

对试用员工不能胜任工作或不符合录用条件，有权提前解除本合同。

2. 甲方的义务。

为乙方创造良好的工作环境和条件；

按本合同支付给乙方薪金；

对试用期乙方因工伤亡，由甲方负担赔偿。

五、乙方的基本权利和义务：

1. 乙方的权利。

享有国家法律、法规赋予的一切公民权利；

享有当地政府规定的就业保障的权利；

享有公司规章制度规定可以享有的福利待遇的权利；

对试用状况不满意，请求辞职的权利。

2. 乙方的义务。

遵守国家法律、法规、当地政府规定的公民义务；

遵守公司各项规章制度、员工手册、行为规范的义务；

维护公司的声誉、利益的义务。

六、甲方的其他权利和义务：

试用期满，经发现乙方不符合录用条件，甲方有权不再签订正式劳动合同；

对员工有突出表现，甲方可提前结束试用，与乙方签订正式劳动合同；

试用期乙方的医疗费用由甲方承担90%，乙方承担10%；

试用期甲方一般不为乙方办理各项保险手续，如乙方被正式录用，可补办有关险种，从试用期起算；

试用期，乙方请长病假10天、事假超过7天者，试用合同自行解除。

(续表)

七、乙方的其他权利和义务：
试用期满，有权决定是否签订正式劳动合同；乙方有突出表现，可以要求甲方奖励；
具有参与公司民主管理、提出合理化建议的权利；
反对和投诉对乙方试用身份不公平的歧视。

八、一般情况下，试用期间乙方岗位不得变更。若需变更，须事先征求乙方的同意。

九、本合同如有未尽事宜，双方本着友好协商原则处理。

十、本合同一式两份，甲、乙双方各执一份，具同等效力，经甲、乙双方签章生效。

甲方签约人：　　　　乙方签约人：

签约日期：　　年　　月　　日

第五章 私营企业员工培训与开发管理制度与规范

一、培训管理工作任务

(一)培训的概念

培训就是向新员工或现有员工传授其完成本职工作所必需的相关知识、技能、价值观念、行为规范的过程,是由企业安排的对本企业员工所进行的有计划、有步骤的培养和训练。它是人力资源管理工作的内在组成部分,是一种对人的投资。

(二)培训的目的

1. 培训能够使员工对企业文化和企业目标有深刻的理解,培养员工对企业的认同感。

2. 培训能使员工了解岗位的要求,通过提高员工的分析和解决问题的能力和专业技术水平,使员工能够减少工作中的失误和事故,注重职业安全与卫生,从而使企业和个人都受益。

3. 当培训的结果使得下属员工完成任务的能力有所提高时,管理者就可以从更正错误、补救失误等琐碎的工作中解脱出来,更好地考虑全局决策问题。

4. 当企业在实施企业管理变革时,培训是极其有效地促进观念转变的方法,培养员工掌握所需技能以参与变革的实施。

5. 培训具有激励作用。当员工接受一项培训时,会有一种被重视和认可的感觉。经过培训,他们会主动掌握并应用所学的新技能。

二、培训管理工作流程

培训管理总流程如图 5-1 所示。

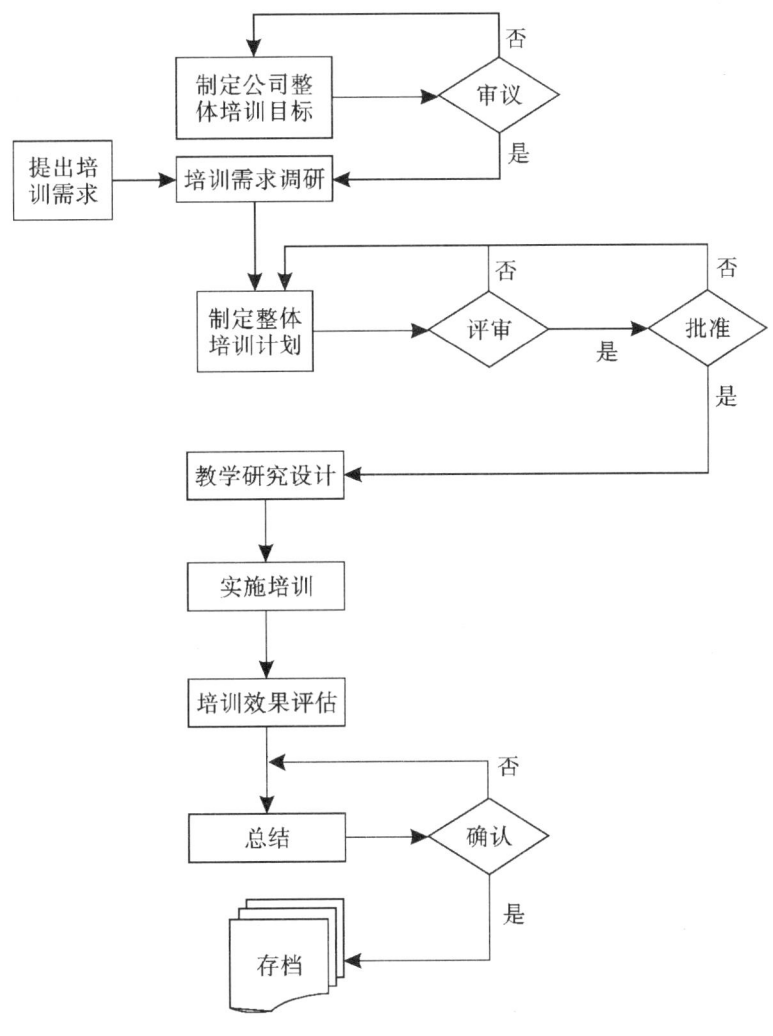

图 5-1 培训管理总流程

三、公司培训制度

(一)目的

本规定的基本目的,是为了培养充分了解本企业的社会使命,能与企业休戚相关,同命运共呼吸的,具有强烈责任心和良好创造力的企业生产、经营和管理人才。

不断实施对员工的培训教育,是为了不断提高企业的经济效益和社会效益,促进企业的技术革新和技术进步,以新知识和新技术武装全体员工。

加深全体员工间的相互了解和相互合作关系,在企业内部创造良好的人际关系。

(二)基本原则

员工培训教育的基本原则是:

(1)教育培训是一项艰苦的长期工作,必须长期不懈地有计划进行下去。

(2)教育培训以日常生产、经营和管理工作为对象,以传授基本的业务知识、专业技术和有关规章制度为内容,以企业内部的培训教育为主体(见附则1),以企业外部的培训进修为补充。

(3)教育培训分三部分内容组织实施。

①分等级类别进行的培训教育(见附则2)。

②按专业职能进行的培训教育(见附则3)。

③按不同的课题进行的培训教育(见附则4)。

(4)对员工的培训教育要与贯彻企业的经营方针、政策和企业人事制度结合起来。

(5)企业员工应积极参加企业组织教育培训活动,同时自觉地进行自我提高和自我学习(附则5),使自己的能力与素质不断地提高(附则6)。

(三)教育培训体系

具体的教育培训体系由其他规定另行决定。

(四)教育培训机构及责任者

(1)教育培训方针政策由厂长(或经理)决定。

(2)教育培训部部长(或科长)具体负责整个企业培训计划的制定,并组织实施教育培训工作。

(3)各部门领导负责协助或执行对本部门员工的教育培训,并对本部门培训计划的制定、组织和执行过程进行监督和检查,向培训部(或科)提出有关报告。

(4)教育培训部长(或科长)有权根据实际情况,对各部门负责者就培训工作提出咨询和要求;有权设置专门培训机构。

(五)附则

本规定自_____年_____月_____日起开始实行。

附则1　不脱产培训教育

首先要创造不脱产培训教育的气氛环境,确保不脱产培训教育的顺利进行。

不脱产培训教育的宗旨,是依据本企业的教育培训体系,使之成为企业教育培训的重要组成部分。在日常生产过程中,由企业的管理监督者对其下属进行专门的、个别的和具体的知识传授,技术培训和规章制度教育。

为了提高教育培训的效果,企业的管理监督者要掌握职业培训教育的规律和技巧,选定正确的目标,制定相关的自我禀告制度,保证各部门的不脱产教育培训顺利地实施。为此应制定详细的教育培训手册和指导纲要。

附则2　分等级教育培训

1. 管理监督者的培训教育

这类培训教育分提升前和提升后实施两种。其目的旨在提高被提升者的能力与素质,缩小其实际能力与新职要求之间的差距。

在企业生产经营管理活动中,管理监督者具有重要的作用,具体概括为:

①贯彻企业最高领导者的经营方针和经营战略。

②根据企业的生产经营目标,制定实施有关计划,保证目标付诸实践。

③发现和提出生产经营过程中的问题,分析问题产生的原因,直至最终解决问题。

④做好上传下达工作,保证企业内信息的正常交流。

⑤建立企业内部合理的组织,保证其组织合理地运转,充满活力。
⑥对下属创造性活动加以保护和指导。
⑦创造各种条件,提高全体员工的生产经营积极性。
⑧有效地组织、安排和指导生产经营活动。
⑨发现和培养生产经营人才。
⑩在企业内部,形成良好的风气和习惯。

为使管理监督者更好地完成上述任务,必须对其进行教育培训。
对不同等级的员工进行教育培训的内容如下:
⑪对各事业部长的教育培训。
战略决策理论、经营管理理论、组织理论、经营环境分析、人事考测评等。
⑫对各科长的教育培训。
解决生产经营问题的方法、会议的组织方法、经营管理信息传达方法、解决纠纷和利益冲突的方法、目标管理理论、指导不脱产教育培训的方法、市场营销理论、管理系统理论、国际经济理论、企业经营环境分析、人事考测评等。
⑬对主管者(如车间主任、工段长)的教育培训。
财务会计、公共关系与人际关系、提高领导能力与业务能力的方法、企业劳动法规、质量管理、企业经营环境分析、自我开发、财务分析、人事考核与测评等。

2. 一般员工的教育培训
使员工具有与时代发展相适应的知识、技能和素质,不断地缩小企业发展与员工自身能力之间的差距。
①就职前教育。
目的在于为就业后的知识能力提高打下基础,为进一步提高自己的能力与素质创造条件。为此,必须具备最低限的基本知识。这主要依赖于自我开发和基础教育。
②新员工教育。
为适应从学习生活到企业生产活动的顺利过渡,或为了适应新的工作环境和工作要求,而使员工具备最基本的知识、技术、技能和素质,而进行的教育培训。
③处事待人训练。
主要以女员工为训练对象,适应其职业特点,对其进行必要的礼貌规范、公关活动的训练。
④中期教育培训。
以骨干员工为培训对象。一般在其任职三年以后,对其以往任职经历和工作现状进行分析。在此基础上,对未来的工作加以计划和改善,并在实际工作中加以自我开发。
⑤后期教育培训。
一般在员工任职六年以后进行,目的是为了使他们更好地发挥作用,并为以后的发展指明方向。

附则3 分专业教育培训
根据员工的具体专业要求,培养具有较高能力和素质的专业人才。
1. 依据专业要求标准进行教育培训
这类教育培训着眼于培养各专业员工最基本的生产经营知识和技术。他与不脱产教育培训有着密切的关系。一般情况下,由于正常的定期调动,员工在面临从未接触的专业领域,需要接受新的专业教育,以适应新的工作。其具体内容另行决定。
2. 专业知识、技能和技术的培训

指通过参加研讨班、进修班或其他形式,学习本企业难以获取的知识和新技术。研修结束后,学员还承担着向本企业传播介绍的任务。

3. 正式资格的取得

对员工依靠自身努力,取得国家或地方正式资格(如会计师、经济师等)的行为予以奖励。

附则4 专题教育培训

为特定的目的或特殊的需要而进行的教育培训。

1. 特点技术培训

根据企业生产的实际需要(如工艺要求、质量要求等),而进行的区别于一般技术的培训。

2. 国外工作培训

随着对外开放和对外经济联系的加强,企业派出到国外工作的员工将不断增加。这需要有关员工掌握不同于国内的特殊知识与技能,如外语、对外贸易实务、有关国家的社会经济情况及民族习惯等。

3. 形势教育

对国内外政治和经济形势的发展变化,国内外技术发展的动态,企业外部环境的变化,以及上述因素对企业生产经营的影响的把握,也应该纳入员工教育培训体系。

4. 对中老年员工的教育培训

在一般企业中,中老年员工所占的比重有提高趋势,相应地出现处于这一年龄段的员工的知识老化现象,需要进行知识更新。另一方面,在长期的工作实践中,中老年员工积累了丰富的经验,掌握了特殊的知识和技能,在新老更替过程中,他们还肩负着重要的"传帮带"任务。除外,通过教育培训,还有益于激发中老年员工的工作热情。

中老年员工退休后,大多还有重新就职的愿望和能力。他们参加各种教育培训,有利于发挥余热,继续为社会作贡献。

附则5 自我开发

企业内部教育培训的最重要目标是培养更多的能够进行自我开发、自我教育和自我提高的员工。从个人角度看,这有利于充实人生,提高生活情趣和生活的价值;从企业角度看,有利于发挥其主动性,增强企业活力,提高企业的竞争力和经济效益。

员工的自我开发,是主动地提高其个人素质的行为,也是投入最少、产出最大的教育培训。自我开放活动具有乘数效应,能够影响和带动其他员工,有利于企业全体员工素质的提高。所以,自我开发表面上看是个人行为,实际上与企业发展有着密切的关系。为此,企业可通过组织研究会、读书会等活动,推动员工的自我开发。

附则6 其他

(1)集体培训一般应在一个月前指定教材,并让学员提交与教材内容相关的论文。

(2)对管理监督的教育培训一般应分级别进行。

(3)今后的教育培训应适当加入有关组织结构、组织行为、组织关系等内容。

(4)当员工参加企业指定的函授等属自我开发范畴的教育培训,学习结束后,原则上由企业补助1/3的学习费用。

(5)本规定在企业内外部形势发生变化时,应作适当修改。

附则7 实施终身教育要点

企业实行教育培训制度是以分等级和分专业教育培训为主体的,在此基础上,加上以自我教育和自我实现为目的的自我开支,构成了企业整体的能力开发制度。这也是终身教育的主要内容。

自我开发于个人,于企业都是非常有益的。所以,企业对员工的自我开放予以提倡和必要的奖励。主要原因是,企业内部教育便于组织实施,且不需要员工支出有关费用,而自我开发以个人为单位,且会影响个人利益。

(1)企业满50岁的员工,为进行自我开发而参加指定教育培训时,企业部分或全部报销学费,以资鼓励。

(2)指定教育培训,是指员工业余参加国家承认的各类函授或面授资格考试,如经济师、会计师、律师等。

(3)奖励对象必须符合以下条件:

①满50岁以上的正式员工。

②参加企业指定的教育培训并结业者。但不包括企业内部进行的有组织教育培训。

③自己支付各种学杂费参加教育培训者。

④奖励金额以每人每期××元为限。

⑤奖金领受者必须出具交纳学杂费的收据和能以证明参加教育培训并完成学业的有关证明。

⑥奖金发放以每人参加两期教育培训为限。

四、公司培训管理细则

总　则

(一)本办法依据本公司人事管理规划第三条的有关规定制定。

(二)教育实施的宗旨与目的如下:

1. 为加强人事管理,重视教育训练而提高员工的素质,施予适切的教育训练,以培训丰富的知识与技术,同时养成高尚的品德,处理业务能达成科学化,成为自强不息的优秀员工。

2. 使员工深切体认本公司对社会所负的使命,并激发其求知欲、创造心,使其能充实自己,不断努力,奠定公司基础。

(三)本公司员工的教育训练分为不定期训练与定期训练两种。

(四)本公司所属员工必须接受本办法所定的制度。

不定期训练

(五)本公司员工教育训练由各部科主管对所属员工经常实施。

(六)各单位主管应拟定教育计划,并按计划切实推行。

(七)各单位主管经常督导所属员工以增进其处理业务能力,充实其处理业务时应具备的知识,必要时得指定所属限期阅读与业务有关的专门书籍。

(八)各单位主管应经常利用集会,以专题研讨报告或个别教育等方式实施机会教育。

定期训练

（九）本公司员工教育训练定期训练每年两次分为上半期（三月、四月）及下半期（十一月、十二月）举行，视其实际情况，事务、技术人员分别办理。

（十）各部由主管拟定教育计划，会同总务科安排日程并邀请各单位干部或聘请专家协助讲习，以期达成效果。

（十一）本定期教育训练依其性质、内容分为初级班（普通员工）及高级班（主管以上干部）但视其实际情况可合并举办。

（十二）高级干部教育训练分为专修班及研修班，由董事长视必要时随时设训，其教育的课程进度另定。

（十三）普通事务班其教育内容包括一般实务（公务概况、公司各种规章、各部门职责、事务处理程序等），精神教育以及新员工的基本教育。

（十四）普通技术班其教育内容除应包括一般实务外，还应重视技术管理，专修计算机的各种知识。

（十五）高级事务班以其教育内容为具有业务企划，使得经营管理企业，善领导、统御部属，贯彻执行业务等有关主管必修的知识与技能。

（十六）高级技术班教育内容为通晓法规，了解设计，严格督导，切实配合工作进度，控制资材，节省用料，提高技术水准等，并视实际需要制订研修课题。

（十七）各级教育训练的课程进度另定。

（十八）各单位主管实施教育训练的成果列为平时考绩考核记录，以作年终考绩的资料，成绩特优的员工，可呈请选派赴国外实习或考察。

（十九）凡受训人员接获调训通告时，除因重大疾病或重大事故经该单位主管出具证明申请免予受训外，应即于指定时间内向主管单位报到。

（二十）教育训练除另有规定外一律在总公司内实施。

（二十一）凡受训期间中，除提供饮食补贴外不给其他津贴。

（二十二）本办法经董事会核准后实施。

五、新进员工培训制度

（一）凡新员工教育训练，除人事管理规则及员工教育实施办法另有规定外，悉依本纲要实施。

（二）本纲要所谓新员工系指临时职员、试用人员、临时雇佣人员及其他认为应接受训练的员工而言。

（三）本培训的宗旨与目的如下：

（1）为新员工明了企业机构组织系统，进而了解本公司组织概况、各部科分管事务、经营方针及人事管理规章，使之能恪遵章则，完成本职工作。

（2）使新员工深切体会本公司远大的抱负，激发其求知欲、创造心，不断充实自己，努力向上，借以奠定公司基础。

（四）本培训的实施得斟酌新进员工每批报到人数的多寡另行排订训练时间，经核准后即可依照本纲要实施。

（五）新进员工经培训后，视其能力给予调派适当单位服务，但依实际需要得先行调派各单位服务者容后始补训。

（六）凡经指定接受培训的人员，除有特殊情况事先经人事主管单位签报核准得予请假或免训者外，一律不得故意回避或不到，否则将从严论处。

（七）培训者以部经理为主体，科主管协助。

（八）培训课程的内容除以公司组织、各种管理章则、各部科掌管的事务及营业方针等一般摹本实务教育外，精神教育同时配合实施。

（九）培训课程的编排及时间，得依实际需要另行制订。

（十）本纲要经董事长核准后施行，修改时亦同。

六、员工培训计划表

员工培训计划表如表5-1所示：

表5-1　员工培训计划表

培训编号：　　　　　　　　　　　培训部门：

培训名称				培训时间	自		至	
培训课程时数及负责人								
课程	培训时间	负责人	起讫时间	课程	培训时间	负责人	起讫时间	
参加人员： 　名　名单如下：								
单位	职务	姓名	单位	职务	姓名	单位	职务	姓名
费用预算：				每人分摊费用：				

七、个人训练/教学记录表

个人训练/教学记录表如表5-2所示：

表5-2 个人训练/教学记录表

个人训练记录				
	训练课程	时间(年、月)	共计(小时)	地点
入厂前				
入厂后				
个人教学记录				
	训练课程	时间(年、月)	共计(小时)	地点
入厂后				

八、新员工培训成果检测表

新员工培训成果检测表如表5-3所示:

表5-3 新员工培训成果检测表

○企业的经营理念	第1次评价	第2次评价
□1.了解公司的经营理念		
□2.随口能背出经营理念		
□3.会逐渐喜欢经营理念		
□4.以经营理念为荣		
□5.以经营理念为主题,写出感想		
○企业的存在意义		
□1.了解企业的社会存在意义		
□2.了解本公司的社会使命		
□3.了解何谓利益		
□4.了解创造利益的重要性		
□5.了解什么是工资与福利		
○公司的组织、特征		
□1.以简单的图解表示出公司的组织		
□2.了解各部门的主要业务		
□3.了解公司的产品		
□4.能说出公司产品的特征		
□5.能说出公司的资本额、市场比例等数字		
○热爱公司的精神		
□1.了解公司的历史概况		
□2.了解公司创业者的信念		
□3.了解公司的传统		
□4.喜欢公司的代表颜色或标志		
□5.由内心产生热爱公司的热忱		
○业界的理解		
□1.能说出公司所属的业界		
□2.了解业界的现状		
□3.了解公司在业界的地位		
□4.能提出如何提高公司在业界的地位		
□5.强烈地关心业界的整体动向		
○上下班时的仪表		
□1.服装整体而言有干净整洁、稳重的感觉		

(续表)

□2.（女性）不浓妆艳抹，（男性）香水不擦太浓		
□3.服饰配件或手表等搭配不会不对称或过于华丽		
□4.头发不脏乱、不随便染发		
□5.鞋子不肮脏		
○上班、下班的规则		
□1.比上班时间更早到公司		
□2.早晨的问候很清脆、有精神		
□3.不会在下班时间之前就收拾准备回家		
□4.整理收拾桌上或周围东西后才下班		
□5.下班时的招呼也都确实做到		
○公司的组织、特征		
□1.以简单的图解表示出公司的组织		
□2.了解各部门的主要业务		
□3.了解公司的产品		
□4.能说出公司产品的特征		
□5.能说出公司的资本额、市场比例等数字		
○问候、措词		
□1.与上司或同事打招呼应清脆、愉快		
□2.措词不会像学生时代那样草率		
□3.确实地回答是、不是		
□4.了解敬称的用法		
□5.上班中不闲聊		
○致力于工作的态度		
□1.充满干劲		
□2.表现出对新工作的关心与兴趣		
□3.早一天学会工作进展方法的态度		
□4.不会毫无理由随便离开座位		
□5.有时间观念		
○电话会客的方式		
□1.接电话时不会胆怯		
□2.接电话时，一定准备纸、笔		
□3.了解会议或洽商的重要性		
□4.了解会议或洽商时应有的态度		
□5.了解工作上完成期限或交货期的重要性		

九、员工培训招告书

员工培训招告书如表5-4所示：

表5-4　员工培训报告书

<table>
<tr><td colspan="2">培训名称及编号</td><td></td><td>参加人员姓名</td><td></td></tr>
<tr><td colspan="2">培训时间</td><td></td><td>培训地点</td><td></td></tr>
<tr><td colspan="2">培训方式</td><td></td><td>使用资料</td><td></td></tr>
<tr><td colspan="2">导师姓名及简介</td><td></td><td>主办单位</td><td></td></tr>
<tr><td rowspan="4">培训后的检讨</td><td rowspan="2">培训人员意见</td><td colspan="3">受训心得（值得应用于本公司的建议）</td></tr>
<tr><td colspan="3">对下次派员参加本训练课程的建议事项</td></tr>
<tr><td rowspan="2">主办单位意见</td><td colspan="3"></td></tr>
<tr><td colspan="3"></td></tr>
</table>

十、训练成效调查表

训练成效调查表如表5-5所示：

表5-5　训练成效调查表

（一）本部已举办过如下在职训练：					
1.		2.			
3.		4.			
5.		6.			
7.		8.			

（二）请各单位主管就所属学员参加训练以后，已经注意到的有些什么改变，于调查表所示各项目之适当栏打"√"，并请于　　月　　日前交教育训练部。

绩效标准	很好	略好	无改变	略坏	很坏	不知道
1.生产的数量（工作量的提高）						
2.生产的质量（工作的质量）						
3.工作安全						

(续表)

4.环境维护					
5.员工的态度及士气					
6.员工出勤情况					
7.					
8.					
9.					

填表人：

第六章 私营企业人事绩效考核管理制度与规范

一、企业人事绩效考核工作内容

企业对员工的考评要从多方面、多角度着眼进行立体的、多维的考评,主要包括五个方面:品德、能力、工作态度、工作业绩以及个性适应。

1. 品德。主要是指职业道德,包括纪律性、责任感和积极性等方面。
2. 能力。指专业能力,主要包括专业知识、业务技术、组织管理、开拓创新、能力开发、发展潜力等方面。
3. 工作态度。主要指员工在企业中的出勤情况以及奉献精神。对员工进行工作态度考评时要剔除员工自身外的影响因素和条件。
4. 工作业绩。是对员工工作质量和数据的考评,主要包括工作方法、成本、服务意识、部门主要工作目标以及完成效率等方面。
5. 个性适应。是指员工就任某一职位是否与他的人品和性格、能力相适应。个性适应的考评主要涉及两个层次的内容:一层是人与工作,即人的个性、能力和工作要求是否适应;另一层是人与人,即合作者的人际关系和合作关系是否协调。

二、企业人事绩效考核工作任务

绩效考评,作为人力资源管理的一个职能,可以为各项人事决策提供客观依据,是人力资源管理不可缺少的一个环节。其主要作用如下。

1. 有助于提高企业的劳动生产率和竞争力

衡量生产力的传统方式是考察员工工作成果的数量和质量,有没有按工作程序办事,上下班是不是守时,以及出勤率、事故率等指标的高低。人力资源管理理论则认为,衡量生产力的主要因素应该是员工的招聘、培训、任用、激励和绩效考评,并以绩效考评为核心。现在,许多西方企业已经清楚地认识到员工的工作绩效对公司生产力和竞争力所产生的重大影响,纷纷加强了员工绩效管理,把通过提高员工工作绩效来增强各部门的产出效率看作增强本公司生产力和竞争力的重要途径。根据翰威特公司对美国上市公司的一项调研,具有绩效管理系统的公司在利润率、现金流量、股票市场业绩、股票价值以及生产率方面,明显优于那些没有绩效管理系统的公司。表6-1列出的是该项调研的数据结果。

表6-1 绩效管理对企业组织成功的影响

指　　标	没有绩效管理系统	有绩效管理系统
全面股票收益	0.0	7.9%
股票收益	4.4%	10.2%
资产收益	4.6%	8.0%
投资现金流量收益	4.7%	6.6%
销售实际增长	1.1%	2.2%
人均销售	126 100 美元	169 900 美元

资料来源:《绩效管理对企业组织成功的影响》(翰威特公司)。

2. 为员工的薪酬管理提供依据

工作绩效考评结果最直接的应用,就是为企业制定员工的报酬方案提供客观依据。根据员工的实际业绩,即工作成果决定其薪酬水平的高低;根据该员工业绩变化情况来确定是否再予以提薪。对于绩效好的员工,当然应给予奖励,感谢他们对公司所做的努力与贡献,同时激励他们能有更好的表现。将该员工与其他从事同类或相似工作的员工在业绩和报酬方面进行比较,管理者及其下级的绩效就可以大大地展现出来,按绩效付酬观念就顺理成章。但是对于绩效差的员工,我们也应了解其中的原因。

3. 为员工的职务调整提供依据

员工的职务调整包括员工的晋升、降职、调岗,甚至辞退。绩效考评的结果会客观地对员工是否适合该岗位作出明确的评判,为人事决策提供依据或信息。

4. 为培训工作提供方向

培训开发是人力资源的重要方式。培训开发必须有的放失,才能收到事半功倍的效果。通过绩效考评,可以发现员工的长处与不足、优势与劣势,从而根据员工培训的需要制定具体的培训措施与计划。一般来说,员工在工作上是否有好的绩效,可以从能力、动机及其他因素中加以探讨。因此,企业在发现员工绩效不佳的时候,应该去发觉其背后的问题所在,若是员工的能力不足,则应该给予充分且适当的培训,以增进员工在工作中的知识与技能。

5. 有助于员工更好地进行自我管理

绩效考评强化了工作要求,使员工责任心增强,明确自己怎样做才能更符合期望。通过考评发掘员工的潜能,可以让员工明白自己可以干什么。通过绩效考评,使员工明确自己工作中的成绩和不足,可以促使他在以后的工作中发挥长处,努力改善不足,使整体工作绩效进一步提高。若是员工的动力不够,则应该建立起一套良好的激励制度来配合,以增加员工改进绩效的动机;若是其他外在因素,造成员工的绩效不好,例如,工作场所的环境干扰,工作所需的设备不足,则应协助员工排除障碍,使员工能有更好的工作环境来达成工作目标。

通过绩效考评,反映员工的贡献程度。目前,绝大多数企业的绩效考评制度,都是一张表单适用所有部门及人员,而表单的内容往往只是粗略性的几个问题和选项,这些制度和表单设计上的不完善,造成绩效考评制度常流于形式,缺乏信度和效度。因此,如何根据不同工作性质,设计合适的制度,以真实反映出员工绩效的高低,成为目前企业管理者急待解决的问题。由此可知,一套完善的绩效考评制度,不仅能鉴定出个别员工的贡献程度,还能找出造成员工绩效不佳的原因。

三、绩效考核的工作流程

绩效考评一般包括如下四个程序。

1. 制定绩效考评标准

绩效考评要发挥作用,首先要有合理的绩效标准。这种标准必须得到考评者和被考评者的共同认可,标准的内容必须准确化、具体化和定量化。为此,制定标准时应注意两个方面:一是以职务分析中制定的职务证明与职务规范为依据,因为那是对员工所应尽的职责的正式要求;二是管理者与被考评者沟通,以使标准能够被共同认可。

2. 实施考评

将员工实际工作绩效与工作期望进行对比和衡量,然后依照对比的结果来考评员工的工作绩效。绩效考评标准可以分为许多类别,比如,业绩考评标准和行为考评标准等,考评工作也需从不同方面取得事实材料。

3. 绩效考评反馈

绩效考评反馈是指将考评的意见反馈给被考评者。一是绩效考评意见认可;二是绩效反馈面谈。所谓绩效考评意见认可,是考评者将书面的考评意见反馈给被考评者,由被考评者予以同意认可,并签名盖章。绩效反馈面谈,则是通过考评者与被考评者之间的谈话,将考评意见反馈给被考评者,征求被考评者的看法与其一起回顾和讨论工作绩效考评结果,通过分析,更好地理解对工作的改进,并共同探讨出最佳的改进方案。

4. 考评结果的运用

绩效考评的一个重要任务,是分析绩效形成的原因,把握其内在的规律,寻找提高绩效的方法,从而使工作得以改进。

四、公司绩效考核制度

□ 主题内容与适应范围

第一条 本制度规定了管理人员考评的原则,考评的内容及标准、考评的方法步骤及考评结果处理等。

第二条 本办法适应于全厂中层干部、专业技术管理人员以及管理岗位上的干部和员工。

□ 考评应遵循的原则

第三条 公开公平的原则。对管理人员的考评要有明确的考评标准、程序和考评责任者,考评标准要公平合理,并予以公开。

第四条 实事求是的原则。对每个管理人员的所有考评内容和项目均要客观地进行评价,要做到"用事实说话、用数据说话",要与考评标准相对照,不能在人与人之间比较,更不能主观臆断。

第五条 直接考评的原则。对管理人员考评时必须由所在单位的直接领导组织相关人员进行考评,任何人不准擅自修改。

第六条 反馈的原则。为起到管理人员考评的教育作用,对考评结果要反馈到考评者本人,影响被考评者就考评结果说明解释,肯定成绩,指出不足和今后努力方向。

第七条 利益相关原则。为使管理人员考评具有约束作用,鼓励管理人员不断进取,对考评结果,要在管理人员日常管理工作中予以体现,特别是在管理人员的配置、晋升、分配、奖励中要充分体现。

管理职能

第八条 中层正职领导的考评工作,由人力资源部组织。

第九条 中层副职(含主任科员)的考评工作,属直属单位的由人力资源部组织。

第十条 科员及按中层管理的干部、专业技术管理人员、管理干部、管理岗位上的员工的考评工作,由各单位组织。

考评的等级

第十一条 A类。卓越级(各项工作完成出色,成绩显著)。

第十二条 B类。优秀级(积极主动地完成各项工作,并取得成效)。

第十三条 C类。较好级(能较好地履行职责,完或本职工作)。

第十四条 D类。一般级(基本能够完成本职工作)。

第十五条 E类。较差级(经常完不成本职工作或工作表现差)。

考评的主要内容及考评标准

第十六条 工作成绩。按照工厂给各单位所下达的目标衡量管理人员个人在年度内实际完成的工作成果包括工作质量、工作数量、工作效益等。

第十七条 工作能力。根据本人实际完成的工作成果及各方面的综合素质来评价本人的工作技能、水平。包括基础能力、业务能力、创新能力等。

第十八条 工作态度。由单位根据管理人员本人平时的表现予以评价。包括约束性、协调性、主动性、责任感,自我发展的期望等。

第十九条 考评标准分三类:中层管理人员考评标准、专业技术管理人员考评标准、各类管理人员考评标准。具体标准见附录A中层管理人员年度考评表;附录B专业技术管理人员年度考评表。

考评的方法程序

第二十条 考评每年组织一次,自1月1日至12月31日为考评期,次年1月份进行综合评定。考评表每年12月20日前总部及直属单位到人力资源部领取。

第二十一条 根据年度考评表的要求按月填写此表,年底将考评表交所在单位主管,中层管理人员、直属单位的副职交人力资源部,制造本部所属单位的中层副职交综合管理部。

第二十二条 各单位成立考评小组,成员由党、政正副职、工会主席、一定数量的员工代表组成,负责组织本单位对管理人员的考评工作,300人以下员工代表不少于6人,

300人以上的单位员工代表不少于总人数的2%。

第二十三条　考评小组成员应具备的条件
1. 事业心、责任心强,工作认真负责,有开拓创新精神,热心考评工作。
2. 坚持原则,大公无私,办事公道,作风正派。
3. 熟悉被考评对象的情况,具有一定实际工作经验。

第二十四条　考评小组根据管理人员的业绩和平时表现,对照考评标准进行综合打分。然后按照分数、比例、等级分别排序,并写出明确的考评意见。

第二十五条　根据考评分数将本单位的管理人员按A、B、C、D、E予以划分,比例分别为10%、20%、50%、15%、3%～5%,评定结束后报人力资源部,并存入本人业绩档案。

第二十六条　考评结果需以适当方式公布,中层管理人员由分管领导谈话,其他人员由单位党政主要领导谈话,指出不足和今后努力方向。

□ 考评结果的处理

第二十七条　考评结果作为管理人员职务晋升、奖励、分配、培训以及接触和终止劳动合同的依据。

第二十八条　晋升。经考评定为A、B类的管理人员可作为晋升高一级职务的必要条件之一;经考评定为A、B类的管理及专业技术人员在评聘技术职务时,同等条件下优先推荐。

第二十九条　奖励。经考评定为A类的人员,各单位在制定相关政策时应予以体现。同时根据工厂的效益情况年终给予一次性奖励。

第三十条　调整。经考评定为D类的人员,主管领导应向被考评人提出戒勉。被考评者无资格参加本年度各类先进个人的评比,且无资格参加次年技术职称的晋升;经考评定为D类的管理人员,视其情况可调整其工作岗位或降职使用。

第三十一条　考评定为E类人员,属管理人员的则予以降职和免职,其他人员则应调离原岗位进行培训或下岗,必要时可解除或终止劳动合同。

五、管理人员绩效考核制度

中层管理人员年度考评表如表6-2所示:

表6-2　中层管理人员年度考评表

中层管理人员年度考评表 姓名:_____ 单位:_____ 职务:_____	考评期限:　　年　月　至　年　月 (注:本表装入个人业绩档案,不得丢失)

(续表)

填写考评表说明

1. 填表范围为现职中层管理人员。
2. 填写时间：每年1月至12月。
3. 填写的内容作为综合评价的依据。
4. "年度主要目标完成情况"是指根据工厂的年度方针目标分解到各单位后，管理人员年度应承担的目标和任务，按项列出。
5. "月度工作大事记录"要求记录本岗位月度最关键、最重要的大事两件。
6. "年度创新工作"要求项目完成后据实填写。
7. "上一级领导确认"必须在项目完成的次月6日内完成确认，不可过期确认。总部各部长及分管领导确认，各室主任由部长确认，直属单位由分管的一级部的部长确认。制造本部副总经理由总经理确认，各单位行政中层由总经理或副总经理确认，党群中层干部由党委副书记确认。
8. "年度职责范围内的工作失误、差错、违章、违纪记录"，由主管部门实事求是填写，不得隐瞒。
9. "综合评价"中层正职及直属单位副职由人力资源部组织，制造本部副职由综合管理部组织。
10. "分管领导意见"由厂级领导填写具体意见。
11. "审核"是指各单位正职由工厂厂长和党委书记填写审核意见。

（一）年度主要目标完成情况

表6-3 年度主要目标

项　　目	目　标　值	目标完成时间、效果	上一级领导确认
……	……	……	……

（二）月度工作大事记录

表6-4 月度工作大事

事　　项	时　　间	上一级领导确认
……	……	……

（三）年度创新工作记录

表6-5 年度创新工作

顺序	项　目	效果(效益)	完成时间	上一级领导确认
……	……	……	……	……

(四)年度职责范围内的工作失误、差错、违章违纪记录

表6-6 年度职责范围内的工作失误、差错、违章违纪

事 项	时 间	填写人
……	……	……

(五)管理人员年度考评标准

表6-7 管理人员年度考评标准

考核目标		考评标准					得分
工作态度15分	遵章守法	不能认真贯彻落实各项规章制度,本单位或本人有严重的违纪现象或工伤事故超标。	贯彻执行各项规章制度不力,本单位或本人有违纪现象。	基本上能贯彻执行各项规章制度,平时有检查和督促,本单位无一人出现违纪和工伤事故。	能认真贯彻执行各项规章制度,平时有检查和督促,本单位无一人出现违纪和工伤事故。	能认真贯彻执行各项规章制度,平时检查督促有力,单位无一人出现违纪现象和工伤事故。	得分
	分值5	0	1	2	3~4	5	
	政策性与原则性	经常不按政策和原则办事,独断专行。	偶尔不按政策和原则办事,大事相互间不协调和商定。	基本上能按政策和原则办事。	政策性与原则性较强。	严格按政策与原则办事。	得分
	分值5	0	1	2	3~4	5	
	事业心与责任感	不热爱自己的事业,事事见异思迁,工作较消沉,经常完不成任务。	事业心不强,对本职工作缺乏责任心,遇事推诿。	工作勤恳,办事扎实,有事业心,能够保质保量地完成自己的工作。	热爱自己的事业,责任感较强,本职工作完成得较为出色。	对事业倾注自己全部的精力,责任感很强,总是力图将自己的工作做得最好。	得分
	分值5	0	1	2	3~4	5	

(续表)

考核目标		考评标准					得分
工作能力 45 分	组织协调能力	常常无计划的组织单位的工作,关键时无措施。	能制定一些计划来组织单位工作,但计划不合理。	经常计划在前,而且计划较合理。	能详细地制定单位计划,且计划合理,措施得当。	得心应手把握全局,计划非常合理,措施得力。	得分
	分值5	1	2	3	4	5	
	决策和分析判断能力	非常主观且带偏见,不善于听取别人意见,决策失误较多。	对事情不能恰当地分析,所作决策有时有失误。	能正确分析事情和形式,所作决策基本上无失误。	能合理分析事情和形式,指导性较强。	能果断地分析和判定失误,决策正确。	得分
	分值5	1	2	3	4	5	
	管理和专业知识	常常需要别人的帮助和指导,无先进的管理经验。	掌握简单的管理和专业知识,但不能适应岗位要求。	掌握足够管理和专业知识,无需别人指导。	专业和管理知识较丰富,但也掌握相关知识。	全面掌握知识且运用较好。	得分
	分值5	1	2	3	4	5	
	创新能力	从没有创新的建议。	偶尔对工人提出创新建议。	年度内在管理上提出3项创新的建议并组织实施。	年度内提出4~5项创新建议并组织实施。	年度内创新建议5项以上,且实施效果较好。	得分
	分值5	0	1~5	6~10	11~15	16~20	
	用人授权能力	任人唯亲,对下层不按权限、程序授权。	基本上不任人唯亲,用人有失误。	不任人唯亲,但用人有失误。	任人唯贤,善于用人。	任人唯贤,人尽其才。	得分
	分值5	0	1	2	3~4	5	
	人际关系能力	不善于同周围的人沟通,经常错误传达信息。	不善于同周围人的沟通,信息来源较少,传达信息尚可。	善于同周围的人沟通,信息来源多且传达准确。	善于同周围的人沟通与合作,准确传达信息,值得信赖和依赖。	精于同周围的人沟通和合作,在增进了解和传达信息方面有出色表现。	得分
	分值5	1	2	3	4	5	

续表

考核目标		考评标准					得分
工作成绩40分	目标完成情况	没完成规定目标。	基本上完成规定目标。	规定目标完成较好。	比规定目标完成得多。	比规定目标完成得既好又多。	得分
	分值5	0	1~3	4~7	8~10	11~15	
	工作效益	较差	一般	平均水平	良好	突出	得分
	分值10	1	2~3	4~5	6~7	8~10	
	工作质量	工作质量很差，让上级部门无法接受。	有时工作质量较差。	工作质量基本上让上级满意。	工作质量较好，高于平均水平。	工作质量好，无可挑剔。	得分
	分值5	0	1	2	3~4	5	
	工作效率	所布置的工作从不检查，大部分工作出现到期完不成。	所承担的工作虽能检查，但出现到期完不成的情况。	基本上能按期完成工作。	保证到期完成工作，且无差错。	所承担的工作一般都是提前完成，且无差错。	得分
	分值5	0	1	2	3~4	5	
	员工素质发展	无目标，无措施，无提高。	有目标，有措施，但提高不大。	目标明确，措施较好，明显提高。	目标定位高，配套措施完善，素质有较大提高。	目标高，措施得力，提高很大。	得分
	分值5	0	1	2	3~4	5	
总分数		工作态度		工作能力		工作成绩	

（六）综合评价

表6-8 综 合 评 价

层　　次	在相应栏内画"√"号
A(10%)	
B(20%)	
C(50%)	
D(15%)	
E(3%~5%)	

（七）分管领导意见

表6-9 分管领导意见

领导签字　　　　　　　　　　　　　年　　月

（八）审核

表6-10 审核

领导签字　　　　　　　　　　　　　年　　月

六、员工自我评价表

员工自我评价表如表6-11所示：

表6-11 员工自我评价表

申报日期：　年　月　日

姓名		职称		部门		学历	
入本企业日期	年　月　日 共　年			职位		出生日期	
现任主要工作				现行工作时间		工资	
项　目					理由及建议	部门批示	总经理批示
目前工作	1. 你认为目前担任的工作对你是否合适？（□适合 □不太适合 □不适合） 2. 工作的"量"是否恰当？（□太多 □适中 □很少） 3. 在你执行工作时，你曾感到什么困难？						
工作希望	1. 你认为你比较适合哪些方面的工作？ 2. 你不适合哪些方面的工作？ 3. 其中最适合你的工作是什么？ 4. 你对现在的工作有什么希望？						
薪资及职位	1. 你认为你的工作报酬是否合理？（□合理 □不合理） 2. 职位是否合理？（□合理 □不合理） 3. 职称是否合理？（□合理 □不合理） 4. 理由何在？ 5. 你的希望？						

(续表)

	项　　目	理由及建议	部门批示	总经理批示
教育训练	1.本年度你曾否参加公司内部举办的训练？（□曾参加□未曾参加） 2.曾参加什么训练？ 3.你希望接受什么项目的训练？ 4.你对本企业训练的意见如何？			
工作分配	1.你认为你的部门当中工作分配是否合理？（□合理□不合理） 2.什么地方亟待改进？			
工作目标	1.你的工作目标是什么？ 2.这个目标你已做到什么程度？			
特殊贡献	1.你认为本年度对公司较特殊贡献的工作是什么？ 2.你做到什么程度？			
工作构想	在你担任的工作中,你有什么更好的构想？请具体说明：			
其他	1.请代为安排和面谈。 2.本人希望或建议。			

七、普通员工绩效考核表

普通员工绩效考核表如表6-12所示：

表6-12　普通员工绩效考核表

姓名：　　　　部门：　　　　岗位：　　　　考评日期

评价因素	对评价期间工作成绩的评价要点	评价尺度				
		优	良	中	可	差
勤务态度	A.严格遵守工作制度,有效利用工作时间。	14	12	10	8	6
	B.对新工作持积极态度。	14	12	10	8	6
	C.忠于职守、坚守岗位。	14	12	10	8	6
	D.以协作精神工作,协助上级,配合同事。	14	12	10	8	6
受命准备	A.正确理解工作内容,制定适当的工作计划。	14	12	10	8	6
	B.不需要上级详细的指示和指导。	14	12	10	8	6
	C.及时与同事及协作者取得联系,使工作顺利进行。	14	12	10	8	6
	D.迅速、适当地处理工作中的失败及临时追加任务。	14	12	10	8	6

(续表)

评价因素	对评价期间工作成绩的评价要点	评价尺度				
		优	良	中	可	差
业务活动	A. 以主人公精神与同事同心协力努力工作。	14	12	10	8	6
	B. 正确认识工作目的,正确处理业务。	14	12	10	8	6
	C. 积极努力改善工作方法。	14	12	10	8	6
	D. 不打乱工作秩序,不妨碍他人工作。	14	12	10	8	6
工作效率	A. 工作速度快,不误工期。	14	12	10	8	6
	B. 业务处置得当,经常保持良好成绩。	14	12	10	8	6
	C. 工作方法合理,时间和经费的使用十分有效。	14	12	10	8	6
	D. 工作中没有半途而废,不了了之和造成后遗症的现象。	14	12	10	8	6
成果	A. 工作成果达到预期目的或计划要求。	14	12	10	8	6
	B. 及时整理工作成果,为以后的工作创造条件。	14	12	10	8	6
	C. 工作总结和汇报准确真实。	14	12	10	8	6
	D. 工作中熟练程度和技能提高较快。	14	12	10	8	6

1. 通过以上各项的评分,该员工的综合得分是：　　　分
2. 你认为该员工应处于的等级是:(选择其一)[ ]A[ ]B[ ]C[ ]D
A. 240 分以上　　B. 240~200 分　　C. 200~160 分　　D. 160 分以下
3. 考核者意见：
考核者签字：　　　　　　　　　　　　　　日期：　　年　　月　　日

考评人评语：

合计总分：	考评人签字：

八、管理人员绩效考核表

管理人员绩效考核表如表6-13所示：

表6-13　管理人员绩效考核表

姓名：　　　　部门：　　　　岗位：　　　　考评日期

评价因素	对评价期间工作成绩的评价要点	评价尺度				
		优	良	中	可	差
1. 勤务态度	A. 把工作放在第一位,努力工作。	14	12	10	8	6
	B. 对新工作表现出积极态度。	14	12	10	8	6
	C. 忠于职守,严守岗位。	14	12	10	8	6
	D. 对部下的过失勇于承担责任。	14	12	10	8	6

(续表)

评价因素	对评价期间工作成绩的评价要点	评价尺度				
		优	良	中	可	差
2.业务工作	A.正确理解工作指示和方针,制定适当的实施计划。	14	12	10	8	6
	B.按照部下的能力和个性合理分配工作。	14	12	10	8	6
	C.及时与有关部门进行必要的工作联系。	14	12	10	8	6
	D.在工作中始终保持协作态度,顺利推动工作。	14	12	10	8	6
3.管理监督	A.在人事关系方面部下没有不满或怨言。	14	12	10	8	6
	B.善于放手让部下去工作,鼓励他们乐于协作的精神。	14	12	10	8	6
	C.十分注意生产现场的安全卫生和整理整顿工作。	14	12	10	8	6
	D.妥善处理工作中的失败和临时追加的工作任务。	14	12	10	8	6
4.指导协调	A.经常注意保持、提高部下的劳动积极性。	14	12	10	8	6
	B.主动努力改善工作和提高效率。	14	12	10	8	6
	C.积极训练、教育部下,提高他们的技能和素质。	14	12	10	8	6
	D.注意进行目标管理,使工作协调进行。	14	12	10	8	6
5.工作效果	A.正确认识工作意义,努力取得最好成绩。	14	12	10	8	6
	B.工作方法正确,时间和费用使用得合理有效。	14	12	10	8	6
	C.工作成绩达到预期目标或计划要求。	14	12	10	8	6
	D.工作总结汇报准确真实。	14	12	10	8	6

1.通过以上各项的评分,该员工的综合得分是: 　　　　　　分
2.你认为该员工应处于的等级是:(选择其一)[ ]A[ ]B[ ]C[ ]D
A.240分以上;B.240~200分;C.200~160分;D.160分以下
3.考核者意见:

考核者签字: 　　　　　　日期: 　　　年　　月　　日
注:以下部分为行政人事部及总经理填写。
人事部评定:
1.评语:
2.依据本次考核,特决定该员工:
[ ]转正:在　　　　　任　　　　职　[ ]升职至　　　　　任
[ ]续签劳动合同自　　　　年　　月　　日至　　　　年　　月　　日
[ ]降职为:
[ ]提薪/降薪为:
[ ]辞退:
[ ]其他:
经理签字: 　　　　日期: 　　　年　　月　　日
总经理最终核准:
总经理签字: 　　　日期: 　　　年　　月　　日

九、技术人员能力考核表

技术人员能力考核表如表 6-14 所示：

表 6-14　技术人员能力考核表

	A. 特别优秀	B. 优秀	C. 普通	D. 需要努力	E. 差
	专业技术高超，能准确执行上级指示，责任感极强	有良好的技术素质和创新能力，能随机应变，人事协调能力好	熟练掌握技术，能遵守上级指示，有一定的技术创新力	正确掌握技术，有进取心，能随机应变	勉强能完成任务，技术能力一般
满分15分	15 分	14~12 分	11~9 分	8~6 分	5 分以下
满分10分	10 分	9~8 分	7~5 分	5~4	3 分以下
满分5分	5 分	4 分	3 分	2 分	1 分
工作状况		标准上班日数	日	记载事项	综合意见
		缺席（事假）	日		
		（丧假）	日		
		（无故）	日		
		早退	次		
		迟到	次		
		迟到早退缺席换算	日		
		缺席总计	日		
		实际上班日数总计	日		
对判定奖赏的反映		本人对判定的不满			
对判定加薪的反映					
对判定训练的反映		调整			
对判定晋升的反映					

评分标准：

25 分以上为"特优"，20~25 分为"优秀"，15~20 分为"普通"，10~15 分为"需要努力"，10 分以下为"差"。

十、销售部门员工考核表

销售部门员工考核表如表6-15所示：

表6-15 销售部门员工考核表

姓名		职务（称）		考核区间				
分类		评价内容		满分	1次	2次	调整	决定
工作态度	1	细心地完成任务		5				
	2	做事敏捷、效率高		5				
	3	具备商品知识，能应对顾客的需求		5				
	4	不倦怠，且正确地向上级报告		5				
基础能力	5	精通职务内容，具备处理事务的能力		5				
	6	掌握职务上的要点		5				
	7	严守报告、联络、协商的规则		5				
	8	在既定的时间内完成任务		5				
业务熟练程度	9	能掌握工作的进度，并有效地进行		5				
	10	能随机应变		10				
	11	有价值概念，且能创造新的价值		5				
	12	善于与顾客沟通，且说服力强		5				
责任感	13	树立目标，并朝目标前进		5				
	14	有信念，并能坚持		10				
	15	有开拓新业务的信心		10				
	16	预测过失的可能性，并想出预防的对象		5				
协调性	17	做事冷静，绝不感情用事		5				
	18	与他人协调的同时，也朝自己的目标前进		5				
	19	在工作上乐于帮助同事		10				
	20	尽心尽力地服从与自己意见相左的决定		10				
	21	有卓越的沟通与说服能力，且不树敌		10				

(续表)

分类		姓名	职务(称)	考核区间	满分	1次	2次	调整	决定
			评价内容						
自我启发	22	有进取心、决断力			10				
	23	积极地革新、改革			5				
	24	即使是自己分外的事,也能提出提案			10				
	25	热衷于吸收新信息或知识			10				
	26	根据长期规划制定目标或计划并付诸实行			10				
		考核分数合计			180				

评分标准:

　　180分以上为"优秀";150分以上为"良好";

　　120分以上为"中等";100分以上为"及格"。

　　未满100分为"不及格"。

十一、综合能力考核表

综合能力考核表(下级对上级)如表6-16所示:

表6-16　综合能力考核表(下级对上级)

评估步骤:

1. 下属单独填写此项评估,不需要和任何人进行讨论。

2. 如果你不是直接由分公司经理领导,那么你需要评估两位领导:你的直接上级以及当地分公司经理。

3. 填写完毕,注明本人姓名和职位,以及被评估人的姓名和职位,独立发送给总部人力资源部。

4. 人力资源部汇总的评估分数和评估意见,暂时作为内部审核参考意见,上交总部的首席执行官,不向被评估人进行反馈。

5. 如果有必要对被评估人进行反馈,我们会先征求评估人的意见。请在以下的选择中打勾注明你的意愿。

可以记名形式＿＿＿＿＿向被评估人反馈此评估表的内容。

可以不记名形式＿＿＿＿＿向被评估人反馈此评估表的内容。

绝对不可以＿＿＿＿＿向被评估人反馈此评估表的内容。

(人力资源部会将评估人的意见及其结果高度保密)

综合能力5-非常优秀;4-很好;3-合格/称职;2-需要改进;1-不称职

1. 员工业绩表现评定分数
5分-非常优秀
4分-很好
3分-合格,称职
2分-需要改进
1分-不称职
对上述五个级别评审均需做出评语,对3分以下的评审要提出改进的建议。

(续表)

2.专业知识	评定
2.1 熟悉工作要求、技能和程序	
2.2 熟悉本行业及产品	
2.3 熟悉并了解对其工作领域产生影响的政策、实际情况及发展方向	
2.4 工作中使用工具的熟练情况及专业知识(例如:器材、电脑软件等)	
2.5 了解下属工作及职责	
评语:	
3.主动性和创造性	评定
3.1 为达到工作目标而积极地作出有影响力的尝试	
3.2 主动开展工作而非一味被动服从	
3.3 从有限的资源中创造出尽可能多的成果	
3.4 主动开展工作力求超越预期目标	
3.5 将有创造性的思想加以完善	
3.6 勇于向传统模式提出挑战并进行有创造性的尝试	
3.7 是否善于发现资源、进行完善及富于创造性	
评语:	
4.对客户的关注程度	评定
4.1 对内部及外部客户能够坚持关注其期望值及需求	
4.2 掌握客户的第一手资料并用于改进自身的产品及服务	
4.3 对客户的需求进行积极响应并提出改进办法	
4.4 以客户为中心进行交谈并付诸行动	
4.5 赢得客户的信任和尊重	
评语:	
5.培养及领导下属的能力	评定
5.1 能够建立并保持一个高效的工作集体	
5.2 能够与员工沟通并鼓励下属分享信息资源	
5.3 能够全面、实时并及时地完成工作评估	
5.4 能够经常提供建设性的反馈及指导意见	
5.5 能够协助下属确定未来具有挑战性的目标	
5.6 能够与下属建立双向沟通	
评语:	

(续表)

6. 判断力及时效性	评定
6.1 判断准确并能够同时考虑到其他选择及后果	
6.2 能够及时并根据工作时间表作出判断	
6.3 尽管付诸行动时存在不确定性,但能够针对风险完成工作	
6.4 能够针对严重问题提出解决意见	
6.5 能够判断潜在的问题及形式	
评语:	
7. 沟通能力	评定
7.1 能够倾听并表达自己对有关信息的认知	
7.2 能够征求意见并作出积极的回应	
7.3 能够通过书面和口头形式简明扼要地进行正确表达并产生同样的效果	
7.4 能够撰写高水平的书面材料并进行演示	
7.5 能够确保其书面材料在专业上的可靠性	
7.6 能够在有关交谈中引述相关咨讯	
评语:	
8. 工作责任心	评定
8.1 出席会议发言及遵守时间情况	
8.2 可信度和可依赖度	
8.3 接受工作任务情况及本人对完成工作的投入程度	
8.4 乐于与其他人共事并提供协助	
8.5 能够节约并有效控制开支	
8.6 能够对其他人起到榜样的作用	
评语	
9. 计划性	评定
9.1 能够有效制定自我工作计划并确定资源	
9.2 能够准确划定工作和项目的期限及难度	
9.3 能够预测问题并制定预案	
评语:	
10. 工作质量	评定
10.1 对工作中的细节及准确度给予应有的重视	
10.2 能够按时高质量地完成工作	
10.3 准确完成工作并体现出应有的专业水平	
评语:	

(续表)

11. 团队精神	评定
11.1 能够与本组人员一起有效地工作并共同完成本组织工作目标	
11.2 能够与上级及下属分享咨询，乐于协助同事解决工作中的问题	
11.3 能够以行动表达对他人需求的理解以及成就的赞赏	
11.4 能够与他人共享成功的喜悦	
评语：	

评估人对被评估人的综合能力概述：
_____

评估人签名：_____

十二、绩效考核面谈表

绩效考核面谈表如表6-17所示：

表6-17 绩效考核面谈表

部门		职位		姓名	
考核日期	年　　月　　日				
工作成功的方面					
工作中需要改善的地方					
是否需要接受一定的培训					
本人认为自己的工作在本部门和全公司中处于什么状况					
本人认为本部门工作最好、最差的是谁？全公司呢					
对考核有什么意见					
希望从公司得到怎样的帮助					
下一步的工作和绩效的改进方向					
面谈人签名			日期		
备注					

说明：
1. 绩效考核面谈表的目的是了解员工对绩效考核的反馈信息，并最终提高员工的业绩。
2. 绩效考核面谈应在考核结束后一周内由上级主管安排，并报行政人事部备案。

第七章 私营企业人事变动与调整管理制度与规范

一、人员调配管理工作内容

（一）制定人员调配与流动管理政策。
（二）依据相关制度进行人员调配。
（三）人员流动的统计与汇总，并对流动原因进行分析。
（四）办理相关手续。
（五）调配人员的心理工作。

二、员工流动管理工作任务

（一）保持岗位调动率在合理范围内，以充分调动员工的积极性。
（二）保证员工的晋升和降职有制度可依，同时有利于人员的稳定。
（三）人员的流动率应尽量控制在10%以内，以保证人力资源费用的节省。

三、员工流动工作流程

员工流动工作流程如图 7-1 所示：

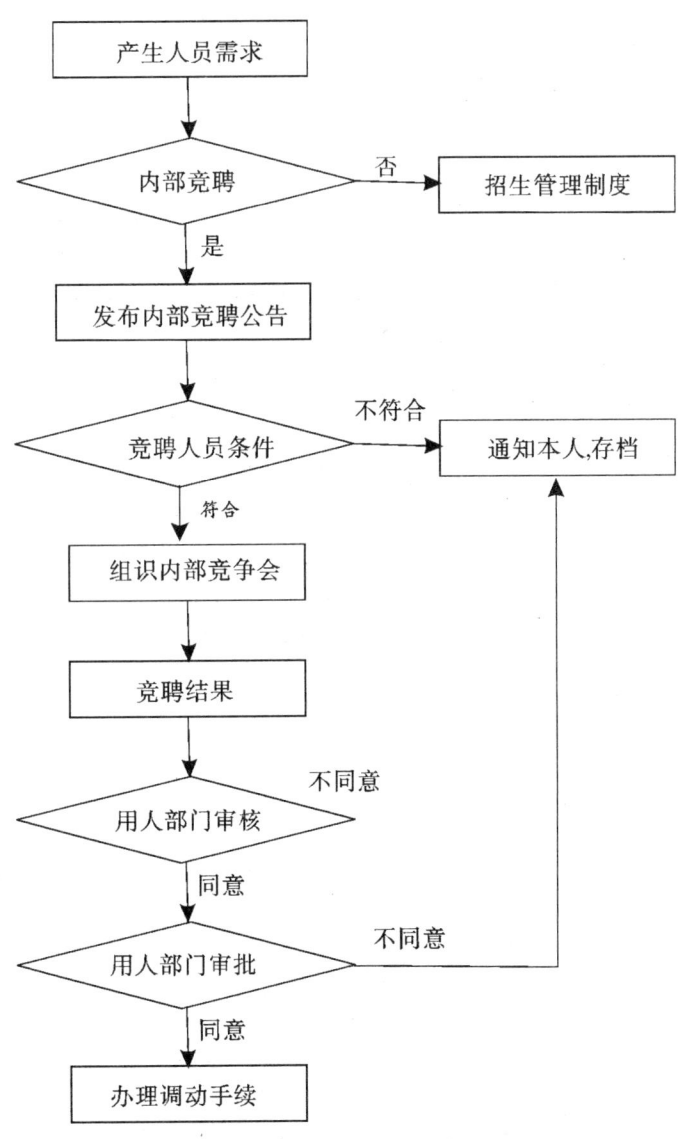

图 7-1　员工流动工作流程

四、人员调配管理工作流程

人员调配管理工作流程如图7-2所示：

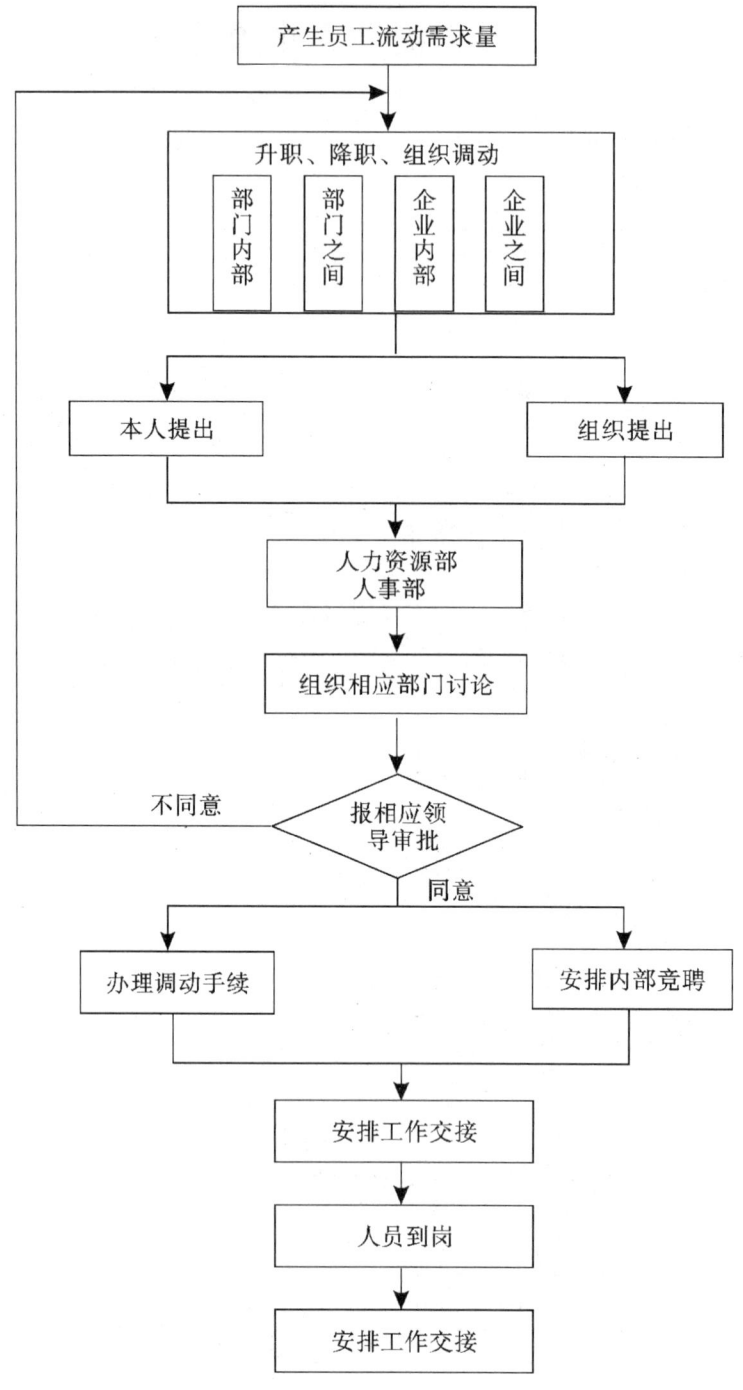

图7-2 人员调配管理工作流程

五、解聘与辞职工作流程

解聘和辞职程序如表7-1所示：

表7-1 解聘和辞职程序

辞职程序	解聘程序
1. 辞职书(员工)	1. 解聘报告(部门负责人)
2. 接收辞职书(部门经理/副经理以上)	2. 商讨/审批
3. 审批	3. 签发解雇书(总经理或店长)
4. 办理离职事项(员工/相关部门)	4. 办理解聘事项(员工/相关部门)
5. 准备资料/结账(人力资源部)	5. 准备资料/结账(人力资源部)
6. 签发离职证明(总经理或店长)	6. 解雇(员工)
7. 离职(员工)	

六、员工内部调配制度模板

□ 目的

第一条 为加大本公司的人员优势的整合和优化，使公司成员能够更好地发展，特制定本制度。

第二条 本制度适用于本公司各部门及所有分公司的员工内部调配管理。

□ 员工内部流动

第三条 本公司的内部人员调配工作基于以下三个原因而开展：
1. 员工因自我发展所提出的提高能力和丰富职业经验的需求。
2. 员工综合评估的结果。
3. 部门组织机构调整的需求。
4. 岗位空缺的需求。

第四条 本公司的员工内部调配可采取以下两个方式：
1. 正常调动。
2. 竞聘上岗。

第五条 本公司可参与内部流动员工须具备以下基本条件：
1. 由本人提出调动须在原岗位工作3个月(含)以上，普通员工在企业已任职一年以上。组织调动不受限制。

2. 符合竞聘职位要求者。

3. 直接上级同意其流动者。

4. 对不符合上述条件但仍需进行流动者,由该人员所属部门的直接上级与集团人力资源部或所在企业人事部门共同审批,意见仍不统一者,由分支机构总经理、集团分管副总经理审批。

七、员工晋升实施细则

晋升是员工在组织中向较高职位的移动。员工得到提升后,将拥有更大的权力,获得更多的报酬,同时,也将承担更大的责任,面临更大的挑战。

(一)晋升决策的注意事项

1. 应该事先制定一个明确的、具体的晋升政策,规定晋升的程序和方法,并向相关的员工公布这些政策的内容。

2. 应该让所有符合资格的员工都作为晋升的候选对象,保证有公平竞争的机会。

3. 严格按照晋升的标准和程序,依据标准化的可信的资料来筛选候选人,而不要根据领导者的个人好恶或主观印象来指定晋升者。

4. 要提高员工对于晋升决策的民主参与程度。

5. 作出晋升决策之前,应该与有关的候选人进行充分的沟通,了解他们的职业发展规划和对晋升的态度,不要强迫员工改变他们热爱的职业方向。

6. 作出晋升决策后,应该与未获晋升的候选人及时进行沟通,向他们解释晋升的有关事项,争取他们的理解与合作,尽量减少抵触晋升决策可能带来的负面影响。

(二)影响员工晋升的因素

1. 工作能力——员工在原来的职位上是否表现出较强的工作能力;是否具备新的工作职位所要求的知识水平和工作技能。

2. 过去的工作经验、资历与工作业绩。

3. 完成职位所需道德有关培训课程。

4. 工作责任心等。

5. 具有较好的适应力和潜力。

(三)晋升操作程序

1. 人事部门根据组织政策于每年规定期间内,依据考核办法协调各部门主管提出的晋升建议名单,呈请上级核定。

2. 凡经核定的晋升人员,人事部门以人事通报发布,晋升者则以书面形式个别通知。

八、员工调动实施细则

调动是员工在组织内部的水平移动,它可以是同一职级的不同职位之间的移动(即上面所说的职位轮换),也可以是保持职位不变的情况下改变工作地点。

(一)调动的原因

调动可以作为组织的一种工作安排,由组织首先提出,也可以作为员工的一种工作期望,由员工首先提出。调动的主要原因有以下几个方面:

1. 为了适应组织机构调整的需要。有时,组织为了自身发展,或者为了应对外部环境的变化,会对组织机构进行调整,设立一些新部门,撤销一些旧部门,相应地,需要对有关的员工进行内部调动。

2. 为了保证主要提升渠道的畅通。由于提升机会有限,一些工作表现出色但又因为某些原因不可能被提升的员工会堵塞提升渠道,影响在其职位之下的高素质员工的职业发展,为了让这些高素质员工能够顺利得到晋升,一个组织可能会将那些堵塞提升渠道的员工调换工作。

3. 为了满足员工的个人意愿。有时,员工可能因为个人原因,如家庭居住地的搬迁、上下班的交通问题等,而想在不离开本组织的条件下调换工作地点;有时,员工也可能因为自己的兴趣爱好而想换到另外一个职位,这时他们都会提出调动申请。

4. 为了缓解人际冲突。如果两个工作关系非常密切的员工不能和谐相处,其人际矛盾对工作难免产生负面影响。解决这种冲突的方法之一就是将一方或双方调离原来的工作岗位。

5. 为了给员工提供学习多方面技能的机会。一些希望晋升的员工会主动寻找水平调动的机会,在不同的职位上学习新的技能,积累工作经验,为自己的职业发展做准备。一些组织也会特意让工作能力强的员工进行职位轮换,使他们积累职位资格,以便在合适的时候将他们提升到更高的职位。

(二)调动的注意事项

1. 要仔细分析调动对于组织和员工个人利益的影响,尽可能兼顾两者的利益。

2. 应制定明确的调动政策和程序,包括调动的申请方法、审批程序、工作交接的方式和要求、调动费用的安排。

九、员工降职实施细则

降职是一种与晋升相反的职位变动,是将员工调到比其原来的职位低的岗位上去的过程。在一般情况下,降职对员工是一种不幸的事件,它意味着工资减少、地位降低、职业发展受挫;它可能使员工自尊心受到伤害、情绪上受到打击,工作积极性和工作效率也可能降低;它还可能使员工产生愤怒情绪,作出对组织不利的行为。因此,管理者在作出降职决策时必须非常慎重。

(一)降职的原因

1. 它可能是纪律处分的措施,即组织以降职来惩罚那些严重违背了规章制度的员工。

2. 它也可能是员工失职或表现不佳的结果,即组织不得不将那些无法胜任本职工作或者因重大失误给组织带来损失的员工重新安排到工作要求较低的职位上去。

3. 它可能是由于员工本人的健康原因或工作意向的改变,以至于不再适合在原来的职位上工作,换到一个工作负担较轻的低级职位。

4. 它也可能是由于组织裁员或裁减组织结构层次造成的。在这种情况下,一些高级职位被取消,但组织仍想保留高素质的员工,于是将他们安排到低一级的职位上。作为补偿,组织往往会保留这些人原有的工资和福利待遇。

(二)采用降职时的注意事项

1. 降职决策的作出应该遵循一套合理的程序,应该先取得能够充分支持降职决定的事实材料,做到有理有据。不应该凭企业领导者的个人好恶来决定员工的降职。

2. 有关降职的意图和具体原因应该向被降职的员工通报,允许其提出不同意见,与之心平气和地进行充分的沟通。

3. 在公布降职决定后,应该照顾到被降职员工的情绪反应,努力维护其自尊心,在必要的时候,对其进行耐心细致的说服和劝导工作。

十、解除劳动关系管理制度模板

☐ 总则

第一条 为了加强公司对解除劳动合同关系的管理,完善和规范公司劳动人事制度,特制定本规定。

□ 适用范围

第二条 本规定适用于本公司总部、各事业部的合同制员工和签约服务期 6 个月以上的员工。

□ 解除劳动合同关系

第三条 辞职是指在合同期内，由员工提出终止聘用关系的行为。

第四条 员工辞职必须提前一个月（钟点工以合同为准，但至少提前一周）以书面形式向公司提出申请，经公司研究同意后，方可办理辞职手续。

第五条 劝退是指在合同期内，由公司提出解除劳动合同关系，经双方协商，一致同意解除劳动合同关系的行为。

第六条 公司劝退员工须提前一个月通知被劝退员工，或按劳动法规定立即劝退，以加一个月工资补助代替通知。劝退应包括公司有关部门或领导的暗示，而本人自己提出辞职申请的，也应享受劝退的待遇补偿。

第七条 如本公司员工患有非本职工作引起的疾病或非因公负伤，医疗期满后，经医疗部门证实身体不适，不能胜任本职工作的，本公司予以劝退。

第八条 如本公司员工工作能力明显不适应本职工作需求，在内部劳动力市场又找不到适当的工作，本公司予以劝退。

第九条 如本公司员工参加岗位适应性培训后考核仍不合格或在内部劳动力市场找不到合适的工作的，本公司予以劝退。

第十条 辞退是指在合同期内，员工不合格或工作态度、技能、绩效等不符合公司要求，公司决定提前终止与员工聘用关系的行为。

第十一条 公司辞退员工必须以书面形式提前一个月（钟点工以合同为准，但至少提前一周）通知被辞退员工，或按劳动法规定立即辞退，以加一个月工资补助代替通知。

第十二条 如本公司员工试用期未满，被证明不符合录用条件或能力较差、表现不佳而不能保证质量完成工作任务的，本公司予以辞退。

第十三条 如本公司员工合同期内劳动态度差，工作缺乏责任心和主动性的，本公司予以辞退。

第十四条 如本公司员工经过岗位适应性培训后，再上岗工作表现仍然达不到要求的，本公司予以辞退。

第十五条 除名是在合同期内，员工违反公司有关规定或作出有损于公司的行为，给公司造成较大的损失，公司根据有关规定与其解除劳动合同，并予以除名的行为。

第十六条 公司除名员工时必须以书面形式通知被除名员工。

第十七条 如本公司员工久严重违反劳动纪律或公司规章制度的，本公司予以除名。

第十八条 如本公司员工严重失职、营私舞弊、贪污腐化或有其他严重不良行为，对公司利益或声誉造成损害的，本公司予以除名。

第十九条 如本公司员工对公司有严重的欺骗行为的，本公司予以除名。

第二十条 如本公司员工因触犯法律而被拘留、劳教、逮捕或判刑的，本公司予以除名。

第二十一条 如本公司员工泄露商业或技术秘密，使公司蒙受损失的，本公司予以除名。

第二十二条 自动离职是指在合同期内，员工未经公司批准而擅自离开工作岗位三天以上的行为。辞职、劝、辞退员工未在报告批准后3个工作日内开始办理离职手续或10个工作日内未办完离职手续者，原则上人力资源部亦会将其转为自动离职。

第二十三条 对于自动离职的员工，公司人力资源部应以书面形式通知其本人。

第二十四条 合同期满，公司提出不再续签劳动合同。

此种情况是指合同期满，公司根据情况不再与员工续签劳动合同的行为。原则上，在合同到期一个月前，公司以书面形式通知员工本人，合同到期不再与其续签合同。

人力资源部人事处应在合同到期二个月前将合同到期需续签合同人员名单提交各部门管理部，各管理部根据员工工作表现及公司发展需要决定是否续签劳动合同人员名单，并在15天内反馈给人力资源部人事处，由人力资源部安排合同续签事宜或提前一个月向员工下达不再续签劳动合同的书面通知。

第二十五条 合同期满，员工提出不再续签劳动合同。

此种情况是指合同期满，员工不愿与公司续签劳动合同，原则上，在合同到期前一个月员工应以书面形式通知公司到期不再续签劳动合同。

十一、员工解雇、辞退管理制度

第一条 因公司业务情况或方针有变而产生冗员及员工不能胜任工作而又无法另行安排者，公司有权予以解雇。

第二条 解雇需提前一个月书面通知其本人，或发给一个月基本工资代替此项通知。

第三条 根据员工在本公司具体工作时间，每满一年发给一个月的基本工资。

第四条 公司员工离职都应办妥离职手续，否则公司不予提供该员工的任何有关人事资料或冻结其名下工资，必要时采取法律途径追讨公司损失。

第五条 员工因违反公司规章制度，经教育或警告无效，公司可以马上辞退，无须提前一个月通知本人。

十二、企业辞职辞退管理制度模板

□ 总 则

第一条 为加强本公司劳动纪律，提高员工队伍素质，增强公司活力，促进本公司的发展,特制定本条例。

第二条　公司对违纪员工,经劝告、教育、警告而不改者,有辞退的权力。

第三条　本公司所有员工如因工作不适、工作不满意等因由,有辞职的权力。

辞退管理

第四条　公司对有下列行为之一者,给予辞退:

1. 一年内记过2次者。
2. 连续旷职(工)3日或全年累计超过6日者。
3. 营私舞弊、挪用公款,收受贿赂、佣金者。
4. 工作疏忽,贻误要务,致使公司蒙受重大损失者。
5. 违抗命令或擅离职守,情节重大者。
6. 借端聚众罢工怠工,造谣生事,破坏正常的工作与生产秩序者。
7. 仿效上级主管人员签字、盗用印信或涂改公司文件者。
8. 因破坏、窃取、毁弃、隐匿公司之设施、资材制品及文书等行为,致使公司业务遭受损失者。
9. 品行不端,行为不检,屡诫不改者。
10. 擅自离职为其他公司工作者。
11. 违背国家法令或公司规章,情节严重者。
12. 泄露业务上的秘密,情节严重者。
13. 办事不力,疏忽职守,有具体事实,情节重大者。
14. 精神或机能发生障碍,或身体虚弱、衰老、残废等,经本公司认定不能再从事工作者;或因员工对所承受工作,虽无过失,但不能胜任者。
15. 为个人利益伪造证件,冒领各项费用者。
16. 年终考绩不及格,经考察试用仍不合格者。
17. 因公司业务紧缩须减少一部分员工时。
18. 工作期间因受刑事处分而经法院判刑确定者。
19. 员工在试用期内发现有不符合录用条件者。
20. 由于其他类似原因或业务上之必要者。

第五条　本公司按第四条规定辞退员工时,应于事前告之,并由其直属主管向员工出具《员工辞退通知书》,其预告期依下列规定:

1. 连续工作3个月以上,未满1年者,于10日前告之。
2. 连续工作1年以上,未满3年者,于20日前告之。
3. 连续工作3年以上者,于30日前告之。

第六条　辞退员工时,由其直属主管向人事部门索要《员工辞退证明书》,按规定填妥后,持证明书向公司有关部门办理签证,再送人事部门审核。

第七条　被辞退员工应及时办理移交手续,填写移交清单。

第八条　被辞退的员工对辞退处理不服的,可以在收到《辞退证明书》之日起的15日之内,向本地劳动争议仲裁部门提出申诉,对仲裁不服的,可以向本地人民法院上诉。

第九条　被辞退员工无理取闹,纠缠领导,影响本公司正常生产、工作秩序的,本公司将提请公安部门按照《治安管理处罚条例》的有关规定处理。

第十条　人事部门在辞退员工后,应及时登记《人员调整登记表》。

第十一条　公司下属各分公司、发展部辞退员工,必须经由公司人事处、人事副总裁审核批准方可执行。

☐ **辞职管理**

第十二条　本公司员工因故辞职时,应首先向人事部门索要《辞职申请书》,填写后交上级主管签发意见,再送交人事部门审核。

第十三条　公司员工无论以何种理由提出辞职申请,自提出之日起,仍需在原工作岗位继续工作一个月。

第十四条　员工辞职申请被核准后,在离开公司前应向人事部门索要《移交清单》,办理移交手续。

第十五条　员工辞职申请被核准后,人事部门应向其发出《辞职通知书》并及时填写《人员调整登记表》。

☐ **附　则**

第十六条　员工辞退、辞职手续未按规定程序办理,公司有关部门应视其情况,按有关规定作适当处理。

十三、人事变动申请单

人事变动申请单如表7-2所示:

表7-2　人事变动申请表

姓名:	员工号码:	性别:	出生年月日:	编号:
申请事项(例如雇佣、升级、调动、辞职等)			申请日期:	希望生效期:
离职位名称: 薪阶及薪资: 服务部门: 部门代号:			至职位名称: 薪阶及薪资: 服务部门: 部门代号:	
(如果雇佣人员请将此栏填妥) 需要人数:　　班次: 所提任之工作: 资历要求: 年龄: 教育程序:　　性别: 经验或特殊技能: 其他:				
申请人: 签名: 电话号码:			批准人(部门经理): 签名: 职位: 协助原因:	

（续表）

申请人员单位		所需协助人员	
起讫日期	自　　年　　月　　日起 至　　年　　月　　日止		
协助人员担任工作			
人事单位意见			

十四、员工任免通知书

员工任免通知书如表 7-3 所示：

表 7-3　员工任免通知书

原　驻		姓　名	动　态	派　驻　新　职		
单位	职别			单　位	职　别	月支本薪额

附注	自　　年　　月　　日起生效
	经查核定如下,希知照常。 核定： 一、 二、 三、 　　　　　　　　　　　　　　　　　　总经理： 　　　　　　　　　　　　　　　　　　　年　月　日

十五、离职申请单

离职申请单如表7-4所示：

表7-4 离职申请表

职员编号：　　　　　　　　　　　　　　　　　　　填表日期：

姓名		单位		学历		职务	
到职日期		合同到期日		预定离职日			
离职种类：□辞职　□辞退　□合同到期							
1. 您离职的原因： □薪资偏低　　□福利不佳　　□晋升机会　　□工作环境　　□工作时间长 □无法适应倒班　□人际关系　　□上学进修　　□健康因素　　□无法调转人事关系 □家庭因素　　□交通不便　　□其他 2. 您对目前服务单位建议： 3. 您对公司建议： 							
面谈记录： 　　　　　　　　　　　　　　　　　　　　　　　　　　　　　　面谈人：							
人事部 总经理	人事部 管理组	公司 总经理	公司 管理部	部门 主管		直属 主管	
集团总经理		集团执行董事		集团总部管理部			

备注：本表应依核决策权限逐级核准。
　　　离职员工→直属主管→部门主管→公司管理部→公司总经理→人事部总经理→集团总部管理部→集团执行董事→集团总经理

十六、离职人员应办手续清单

离职人员应办手续清单如表7-5所示：

表7-5 离职人员应办手续清单

年 月 日

姓名		部门		职位	
程序	承办单位	办理事项		应扣款项	经办人
1	人力资源部	1. 薪资结算 2. 收回员工识别证 3. 清算福利账款			
2	所在部门	1. 指定代理人 2. 移交工作			
3	综合办公室	1. 清理零用工具及物料 2. 档案文件收回			
4	财务部	1. 结发薪资 2. 结算应扣款			
5	资料室	清理借阅图书资料			
备注：					
总经理批示： 签字： 年 月 日					
离职人签名： 年 月 日					

第八章

私营企业薪资与福利管理制度与规范

一、薪酬管理工作内容

（一）调查、搜集行业薪酬福利资料
（二）制定适合企业发展战略的薪酬政策
（三）确定薪酬等级与薪酬标准
（四）建立薪酬结构
（五）薪酬方案实施、反馈与调整

二、薪酬设计的基本原理

（一）薪酬含义
薪酬主要指员工因向所在组织提供劳动或劳务而获得的金钱上的酬劳或酬谢。薪酬是劳动力价格的支付形式，在市场经济环境下同时又是人力资本竞争的价格表现。

（二）薪酬的内容
一般的薪酬结构为：薪酬＝基本工资＋津贴＋奖金

1. 基本工资——保障薪酬。
这部分薪酬对员工来讲是基本生活保障的部分。又分计时工资、计件工资。工资制度分职务工资制、职能工资制、结构工资。

2. 津贴。
津贴分地域性津贴、生活性津贴、劳动性津贴。

3. 奖金。
奖金分考勤奖金、效益奖金、专案奖金、红包等。

（三）薪酬管理
1. 公司分类管理。
根据机构发展需求及差异性，公司机构按发展时期划分初创期、成长期、成熟期，按公司规模、效益情况划分不同类别，并核定机构人员配置标准及权限。

2. 薪酬预算管理。
根据公司分类管理标准及组织架构设置要求，按照人员配置和保费工资率核定工资额度。共同资源和两核系列按公司的薪酬序列表确定工资；销售系列按对应级别的标准确定工资总额度。

3. 销售系列绩效奖金。

销售系列绩效奖金额度＝实收保费×综合提奖比例

综合提奖比例＝销售系列年度绩效工资总额度/年度实收保费计划

（其中各险类提奖比例由各分公司根据自身情况确定）

（四）薪酬体系结构

1. 公司本着对内公平、对外具有竞争力且合乎成本效益的原则规定薪酬组成，并支付员工薪酬。

2. 薪酬体系结构分为直接薪酬和间接薪酬。

直接薪酬由基本工资、住房补贴、绩效奖金、年终奖金组成。

间接薪酬由员工福利、补充福利组成。

3. 薪酬结构和薪酬设计。

（1）薪酬结构。基于职务说明书和绩效考评体系建立起来的薪酬制度，一般而言包括固定薪酬＋业绩薪酬＋福利等形式。

（2）固定薪酬设计必须使组织人才薪酬水平保证相对的内部公平与外部公平。

内部公平指薪酬能够反映出各岗位对组织整体业绩的价值贡献，一般来说，人力资源部需要从三个方面对岗位进行评估：

岗位对知识技能的要求；

岗位对解决问题能力的要求；

岗位承担责任的大小。

人力资源部门利用分析的结果确定薪酬差异范围，并设立岗位薪酬级别阶梯。内部公平隐含的意义之一，就是岗位之间的薪酬差距要体现出来。

组织制定固定薪酬时也需要考虑外部公平的问题，即薪酬是否具有市场竞争力。一方面，组织各岗位薪酬级别需要参考同行业薪酬水平进行调整，确保此薪酬水平下公司能招到合适的人才；另一方面，人力资源部门还需定时了解竞争对手薪酬变化情况，以确保公司薪酬水平保持动态竞争力。

但是，由于岗位价值评估不可能完全准确，组织往往引入业绩薪酬制度，目的是使薪酬结构更公平、更具有竞争力和灵活性，从而激发员工的积极性。业绩薪酬主要指由人才业绩考评成绩确定的业绩奖金——从事相同工作的人才由于业绩表现不同最终导致收入可能有较大差异。除此之外，组织也可能视年度效益情况决定是否发放年终奖金。

三、薪酬设计的步骤

（一）职位分析

职位分析是确定薪酬的基础。管理层要在业务分析和人员分析的基础上，明确部门职能和职位关系，人力资源部和各部门主管合作编写职位说明书。

（二）职位评价

职位评价或评估重在解决薪酬的对内公平性问题。通过评价，比较组织内部各个职位的相对重要性,得出职位等级序列,为进行薪酬调查建立统一的职位评估标准,使不同职位之间具有可比性。职位评价的方法有多种,其中比较复杂和科学的是记分比较法,这种方法先确定与薪酬分配有关的评价因素,再给这些因素定义不同的权重和分数,然后进行比较。国际上比较流行的如 Hay 模式和 CRG 模式,都是采用对职位价值进行量化评估的方法,从三大要素、若干个子因素方面对职位进行全面评估,通过综合评价各方面因素得出工资级别。

(三)薪酬调查

这主要是为解决薪酬的对外公平而进行的。组织在确定工资水平时,需要参考劳动力市场的工资水平。组织可以委托比较专业的咨询公司进行这方面调查。薪酬调查的对象,最好是选择与自己有竞争关系的组织或同行业的类似组织,重点考虑人才的流失去向和招聘来源。薪酬调查的资料,要有上年度的薪酬增长状况、不同薪酬结构对比、不同职位和不同级别的职位薪酬数据、奖金和福利状况、长期激励措施以及未来薪酬走势分析等。只有采用相同的标准进行职位评估,并各自提供真实的薪酬资料,才能保证薪酬调查的准确性。

(四)薪酬定位

在分析同行业的薪酬数据后,需要根据组织状况选用不同的薪酬水平。影响组织薪酬水平的因素有多种。从组织外部看,国家的宏观经济、通货膨胀、行业特点和行业竞争、人才供应状况甚至外币汇率的变化,都会对薪酬定位和工资增长水平有不同程度的影响。在组织内部,赢利能力和支付能力、人员的素质要求是决定薪酬水平的关键因素。组织发展阶段、人才稀缺度、招聘难度、组织的市场品牌和综合实力,也是重要影响因素。在薪酬定位上,组织可选择领先策略或跟随策略。薪酬上的领头羊未必是品牌最响的组织,因为品牌响的组织可以依靠其综合优势,不必花费高薪也可能找到好的人才,或者说这样的组织可以通过多方面培养员工的忠诚度而不仅仅依赖薪酬。

(五)薪酬结构设计

许多跨国组织在确定员工工资时,往往要综合考虑三方面因素:人才职位等级、个人的技能和资历、个人绩效。在薪酬结构上与其相对应的分别是职位工资、技能工资、绩效报酬。也有的将前两者合并考虑,作为确定个人基本工资的基础。职位工资由职位等级决定,它是个人工资高低的主要决定因素,组织可以从薪酬调查中选择一些资料作为该工资区间的中点,然后确定每一职位等级的上下限。技能工资的差异来自于技能、工作效率、历史贡献等方面,可以在同一等级内,根据职位工资的中点设置一个上下的工资变化区间来体现其差异,使人才在不变动职位的情况下,随技能提升、经验增加而在同一职位等级内逐步提升工资等级。绩效报酬是对人才完成业务目标而进行的奖励,与其所创造的价值相联系。

(六)薪酬体系的实施和调整

薪酬体系一经设计就应严格按体系要求有效地实施、推广,以发挥其应有的作用。同时,它也需要不断地调整,根据组织的战略和价值观、目标对其进行检验,不断完善,确保其不断变化的环境中的适用性。薪酬体系一般包括薪酬和福利两方面。应该说,在薪酬体系中,所有的薪酬形式都会对培养人才的忠诚度有作用,至少作为物质保障可以维持低的忠诚度。

但是,不同的薪酬形式对培养忠诚度的作用是不同的。这其中绩效薪酬的作用比较突出。绩效薪酬比单纯的职位工资、技能工资有效,其原因在于绩效薪酬充分体现了员工的价值及其重要性,调动人才积极性,使其在对高薪酬的追求过程中发扬献身精神,形成对组织的渐进的高忠诚度。

绩效薪酬制度是组织寻求经营成功最有效的管理工具之一,是通过薪酬培养人才忠诚度的关键策略。绩效薪酬制度包括奖金制、佣金制、激励性年薪制等多种形式。在绩效薪酬中,不同形式的薪酬制度培养忠诚度的侧重点有所不同,对培养全员忠诚最为有效的形式是人才持股计划。

四、企业福利管理工作内容

企业的福利反映了企业的目标、战略和文化。因此,提高福利管理的有效性对企业的发展至关重要。企业福利管理主要涉及福利的目标、成本核算、沟通、调查和实施。

(一)福利的目标

企业福利目标应该符合企业长远目标,企业报酬政策,负担能力,员工当前需要和长远需要,对大部分员工有激励作用。

(二)福利的成本核算

这是福利管理中的重要部分,管理者必须花较多的时间和精力进行福利的成本核算。核算的基本过程为:通过销售量或利润计算出企业最高的可供支配的福利总费用;将企业的福利水平与外部进行比较,尤其是与竞争对手进行比较;进行主要福利项目的预算;确定每个员工福利项目的成本;制定相应的福利项目成本计划;尽可能在满足福利目标的前提下降低成本。

(三)福利沟通

要使福利项目最大限度地满足员工的需要,福利沟通相当重要。研究表明,并不是福利投入的金额越多,员工越满意。员工对福利的满意程度对工作的满意度呈正相关。福利沟通的具体方法有:利用录像带、内部刊物或适当场合介绍有关福利项目;通过问卷法了解员工对福利的要求;找一些典型的员工面谈了解某一层次或某一类型员工的福利需求;公布一些福利项目让员工自己挑选;搜集员工对各种福利项目的反馈。

(四)福利的调查

福利的调查主要有三类:制定福利项目前的调查,主要了解员工对某一福利项目的态度、看法与需求;年度福利调查,主要了解员工在一个财政年度内享受了哪些福利项目,各占多大比例,满意程度如何;福利反馈调查,主要调查员工对某一福利项目实施的反应如何,是否需要进一步改进,是否要取消。

(五)福利的实施

福利的实施是福利管理最具体的一个方面。在福利实施中,应注意根据目标去实施,要落实预算,要按照各个福利项目的计划有步骤地实施,要定时检查实施情况,在执行过程中要有一定的灵活性,并防止漏洞产生。

五、企业福利保健管理工作流程

企业福利保健管理工作流程如图 8-1 所示：

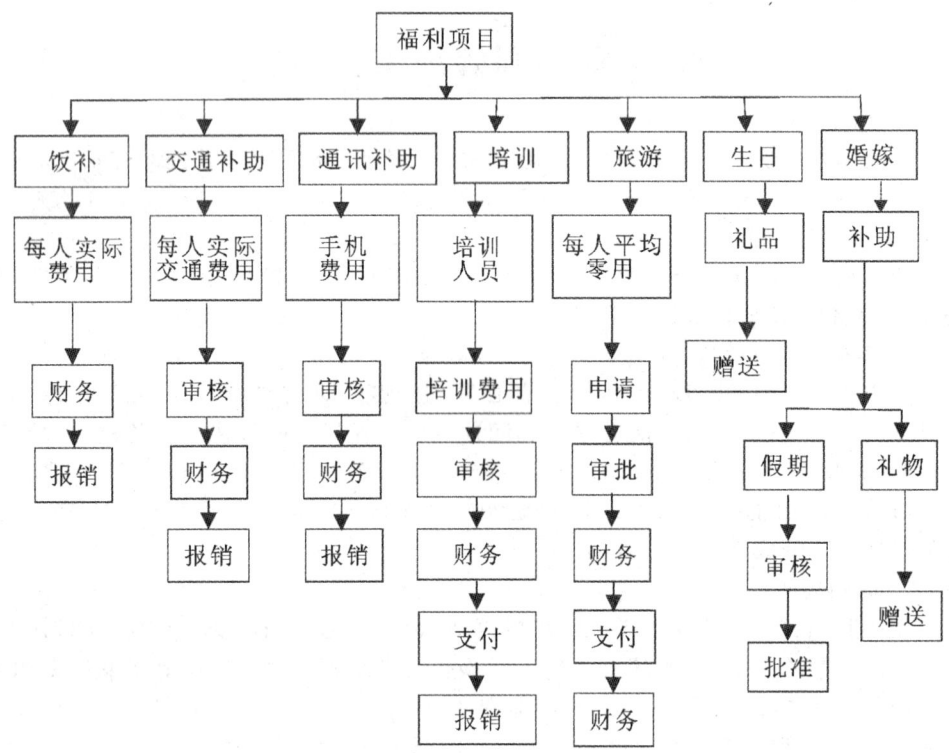

图 8-1　企业福利保健管理工作流程

六、公司薪酬管理制度模板

第一条　公司薪酬管理坚持如下基本原则：
(1)保证生活、安定员工的原则。
(2)有利于能力开发原则。

(3)谋求稳定、合作的劳资关系原则。
(4)工资增长率低于劳动生产增长率,工资增长率低于利润增长率的原则。
(5)综合核定原则,即员工薪酬参考社会物价水平、公司支付能力以及员工担任工作的责任轻重、难易程度及工龄、资历等因素综合核定。

第二条　公司实行年薪制与月薪制并存的工资体制。
(1)公司中层以上管理者实行年薪制,其余人员实行月薪制。
(2)年薪分为5个档次15个等级(如下表),根据员工实际情况,由董事会确定具体人员的年薪标准。

档次	一档			二档			三档			四档			五档		
级次	1	2	3	4	5	6	7	8	9	10	11	12	13	14	15
标准	10万元	15万元	20万元	25万元	30万元	35万元	40万元	45万元	50万元	55万元	60万元	65万元	70万元	75万元	80万元

(3)享受年薪制的员工,年薪的60%按月发放,其余40%在年终时根据目标完成情况核算发放。
(4)享受年薪的员工均须每年与公司签订《目标责任书》,明确目标责任,作为年终考核和发放年薪的重要依据之一。

第三条　在实行月薪制的员工中,又分计件工资、提成工资和结构工资。
(1)生产一线人员实行计件工资。
(2)营销一线人员实行提成工资。
(3)其余人员实行结构工资。

第四条　实行计件工资的生产一线人员,工资由基本工资和件薪构成。
(1)基本工资根据生产人员技术、资历、工龄等由人力资源部确定,分为6个级次:

级次	一级	二级	三级	四级	五级	六级
基本工资	200元	300元	400元	500元	600元	700元

(2)级次每年调整一次,根据年终考核情况,可升可降,或者维持不变。
(3)件薪按公司《定额手册》规定的具体标准执行,定额手册由技术开发部会同财务、人力资源等部门制定和修订。

第五条　实行提成工资的营销一线人员,工资由基本工资和提成构成。
(1)基本工资根据营销人员能力、资历、业绩等由人力资源部和营销部确定,分为6个级次:

级次	一级	二级	三级	四级	五级	六级
基本工资	400元	450元	500元	550元	600元	650元

(2)级次每年调整一次,根据年终考核情况,可升可降,或者维持不变。
(3)销售提成比例按照公司《营销管理手册》执行,该标准由营销部会同财务、人力资源等部门制定和修订。

第六条　实行结构工资的员工,工资由岗位工资和绩效工资构成。

（1）人力资源部会同相关部门,依据岗位要求、工作量和难易程度、员工能力和素质、员工前期业绩,对每一位员工实行定级,共分为9级

级次	1	2	3	4	5	6	7	8	9
岗位工资（元）	600	800	1 200	1 300	1 500	1 800	2 100	2 500	2 900
绩效工资（元）	0～400	0～600	0～800	0～1 000	0～1 400	0～1 700	0～2 100	0～2 500	0～2 900

（2）员工根据不同级次,享受不同的岗位工资和绩效工资。

（3）对级次每年调整一次,根据年终考核情况,可升可降,或者维持不变。

（4）绩效工资根据考核情况发放,最低可以为0元,但不能突破上限。

第七条　实行月薪的员工享受半年奖（每半年发放一次）,半年奖金额最低为0元,最高为该员工前6个月平均月收入的两倍,具体金额根据半年考核确定。

第八条　月薪以及年薪按月发放部分,均在每月6日以银行转账方式发放。

第九条　工资实行保密发放。

第十条　薪资岗位职员须负责工资明细表和总额表的制作、报批、统计、汇总,并于次月初将工资发放总表分别报财务部,同时负有保密的责任,若薪资岗位工作失误造成泄密事件,将对其严惩直至除名。

第十一条　工资薪酬实行统一管理,驻外机构人员工资统一由总部核定、发放（每月6日通过银行转账到员工工资卡上）。

第十二条　人力资源部在发放工资时,附上工资组成及扣款项目的详细说明,若员工当月工资有误,可到人力资源部查询。

第十三条　凡公司正式员工,享有的福利包括：休假、劳动保护、培训、住房补贴、健康检查、社会统筹保险、伤残伤亡抚恤。

第十四条　公司福利除休假、培训、健康检查按公司制度执行外,其余均按照国家和地方法规定标准执行。

七、企业员工福利制度范本

□　目的

第一条　公司制定健全和完善的员工福利制度,提供激励且充满人情味的福利条件,吸引和留住优秀人才,实现公司与员工的共同发展。

□　适用范围

第二条　本制度适用于公司员工福利的调查、分析、设计、实施、反馈、调整等过程的

控制。公司所有在职员工均享受公司提供的相关福利。

□ 职责

第三条 人力资源部负责设计、制定公司员工福利体系制度。对福利制度的实施进行检查、监督和指导。

第四条 各部门及相关人员对公司福利管理提出建议和意见,对有关福利提出申请。

第五条 总经理负责批准公司福利制度。

□ 工作程序

第六条 福利管理的原则。

1. 补偿性原则:福利是对员工为公司提供劳动的一种物质补偿,也是员工薪资收入的一种补充形式。
2. 平等性原则:公司员工均有享受各种公司福利和平等权利。
3. 弹性灵活原则:员工享受公司的福利可在同等条件下自由选择。
4. 差异性原则:员工福利根据绩效不同、服务年限不同而有所区别。
5. 透明性原则:公司所有福利制度、形式、执行都是公开的。
6. 结合实际原则:注重福利成本与效果的结合,员工福利随公司的经济效益的不同而有所改变。
7. 创新原则:公司福利形式会多样化,随社会和公司的发展而不断创新。

第七条 福利状况调查与分析。

1. 人力资源部每年7月份开展福利状况调查工作,薪酬专员编制员工福利调查方案,经人力资源经理审核,人力资源总监批准后实施,员工薪酬福利调查方案包括的主要内容如下:
（1）调查的目的;
（2）调查的范围（市场状况、同行业水平、竞争对手情况）;
（3）调查的对象;
（4）调查的项目/内容;
（5）调查的方式。

2. 调查的方式一般采用面谈和调查问卷两种,薪酬专员根据福利调查的项目/内容编制薪酬福利调查问卷表和薪酬福利调查面谈清单,经人力资源经理审核后用于福利调查。

3. 通过调查,应获得、收集下列有关资料:
（1）有关公司的资料（公司名称、地址、员工人数、公司规模、经营行业、营业额、公司财产等）;
（2）有关福利的资料;
（3）有关职位及员工类别的资料。

4. 对通过福利调查获取的资料进行整理、统计、审核和分析,人力资源部薪酬专员编制福利调查报告,报人力资源经理审核,人力资源总监审批,作为确定福利水平的依据。薪酬福利调查报告主要包括以下内容:
（1）调查资料及情况概述;
（2）福利种类及水平;

(3)福利最新动态及趋势。

第八条 确定公司福利体系。

公司提供的员工福利包括以下几类：

1. 带薪假期：法定节假日、婚假、产假、年假、公假、探亲假、丧假、病假、工伤假等。具体申请休假事宜按工作考勤管理程序和有薪假期管理办法执行。

2. 进修培训机会：国内/国外进修、短期培训、自学奖励等。按外部培训管理程序规定实施。

3. 各类津贴补贴：住房补贴、防暑降温补贴、交通补贴、生活物价补贴、伙食补贴、独生子女费和托儿津贴、服装津贴、节假、补贴等。各类补贴标准见公司补贴津贴标准。

4. 各类社会保险：医疗保险、养老保险、工伤事故保险、财产保险、意外伤害保险、失业保险等。具体事宜见公司员工保险管理办法。

5. 住房公积金：公司根据有关规定为员工缴存住房公积金，为员工购房提供一个保障。

6. 年终股权分红和额外奖励。

7. 劳动保护：凡因工作需要保护的在岗员工，公司发放劳动保护用品保护员工在工作中的安全和健康。具体事宜见公司劳动保护管理办法。

8. 保健费用：凡从事有毒或恶劣环境作业的员工，公司发放保健费。

9. 文化性福利：为员工祝贺生日、集体旅游、提供疗养机会、康乐设施购置等。按企业文化管理程序执行。

第九条 确定福利构成及比例。

1. 公司提供的各项福利，部分福利由公司完全支付费用或薪资，部分福利由公司和员工各出一定比例费用，员工具体自付比例按××条中所提及的相关管理办法执行。

2. 考虑公司福利成本，部分福利以员工的工龄、员工对公司的重要程度和贡献、员工的在职和不在职、工作时间等方面不同，享受的福利也有所不同。

第十条 福利制度的制定、实施。

1. 确定福利体系后，人力资源部组织制定相应的福利制度（管理办法或通知文件），经相关部门和有关人员讨论和评审。各类的福利制度参见××条中所提及的管理办法。

2. 各类福利制度经人力资源经理审核，人力资源总监批准后实施，人力资源部对实施过程进行检查和监督。收集和分析实施过程中内部或外部反馈的信息，发现存在的问题，采取相应的改进措施，改进行为按人力资源改进管理程序的规定执行。

第十一条 福利制度的调整和创新。

1. 根据需要，公司参考下列因素（不局限于）对部分福利进行适当调整：

(1)公司经济效益；

(2)社会生活指数；

(3)同行业平均调薪幅度；

(4)劳动力市场趋势；

(5)每年定期调整；

(6)其他。

2. 人力资源部每年年底对福利制度实施情况进行总结，除对发现的问题实施改进措施外，还应根据社会和公司的发展要求，开发设计更具竞争和激励作用的福利项目，经审批后纳入公司福利管理范围中，不断创新福利体系。

第十二条 相关/支持文件。
(1 工作考勤管理程序;
(2)外部培训管理程序;
(3)企业文化管理程序;
(4)人力资源改进管理程序;
(5)有薪假期管理办法;
(6)公司补贴津贴标准;
(7)公司员工保险管理办法;
(8 公司劳动保护管理办法。
第十三条 记录。
(1)员工薪酬福利调查方案;
(2)薪酬福利调查问卷表;
(3)薪酬福利调查面谈清单;
(4)薪酬福利调查报告。

八、企业员工保险管理制度

第一章 总则
第一条 为实施企业福利制度方案,建立合理的员工保险体系,特制定本办法
第二章 社会保险险种
第二条 养老保险
(1)各类员工按国家规定,均应办理强制性养老保险社会统筹。
(2)实行企业缴费与个人缴费相结合,具体缴费比例由当地政府文件规定。
(3)养老金的计发根据当地政府社会保险部门文件规定。
第三条 企业财务状况较好时,可为员工办理补充性养老保险,所需费用从企业自有资金中的奖励福利基金中支付。鼓励并协助员工参加储蓄性养老保险。
第四条 医疗保险
(1)当地有医疗保险社会统筹时,企业应按规定参加,为全体员工办理相应的手续。
(2)当地总工会组织大病、重病统筹时,企业应积极参加。
第五条 失业保险
企业按政府有关规定,向当地失业保险办理有关手续。
企业按本市上年度员工月平均工资的1%乘以本单位员工人数并乘以40%缴纳失业保险费。
第六条 失业保险领取及发放标准
(1)失业员工领取失业救济金的计算标准:按其连续工作年限每满6个月计发1个月的失业救济金,但最高不超过24个月。
失业员工重新就业满1年后再次失业的,享受失业保险待遇的期间按照其重新就业后的工作时间计算。

(2)失业救济金的月发放标准为上年当地市政府公布的最低月工资的80%。

第七条 失业保险领取或失去资格的情形

(1)领取资格情形：

①依法破产后；

②员工在企业整顿期间精减；

③公司被撤销解散后；

④员工终止或解除了劳动合同；

⑤被辞退、除名或开除。

(2)失去资格情形：

①领取期限届满；

②参军或出国定居；

③重新就业；

④无正当理由，两次拒绝接受就业机构介绍的工作；

⑤在领取期间被劳教或被判刑。

第三章 企业内部保险待遇及措施

第八条 退职养老保险

员工丧失劳动能力，但未达到退休条件，根据规定，退职后可按月发给本人标准工资一定百分比(如40%)的生活费。

第九条 疾病保险

(1)对劳动合同员工规定如下。

①患病停工治疗在6个月以内的，根据其工龄长短，发给本人标准工资的 60%~100%病假工资。

②患病停工治疗在6个月以上的，根据其工龄长短，发给本人标准工资的 40%~60%疾病救济费。

③医药费由企业负担。

④员工死亡，企业发给相当于本企业2个月平均工资的丧葬费。另外，一次性发给其供养直系亲属救济费：供养1人，发给死者生前6个月的标准工资；供养2人，发给死者生前9个月的标准工资；供养3人，发给死者生前12个月的标准工资。

(2)对劳务合同员工规定如下。

①给予一定时间的医疗期。

实际工作年限10年以下及在本企业工龄5年以下的，医疗期为3个月；在本企业工龄5年以上的，为6个月。

实际工作年限10年以上及在本企业工龄5年以下的，医疗期为6个月；在本企业工龄5年以上10年以下的，为9个月；在本企业工龄10年以上15年以下的，为12个月；在本企业工龄15年以上20年以下的，为18个月；在本企业工龄20年以上的，为24个月。

②医疗期满后，因不能胜任工作而被解除劳动合同的，由企业发给不低于6个月工资的医疗补助费；同时按本企业工龄，每满1年增加相当于1个月工资的经济补偿金。另外，患重病的，增加不低于医疗补助费50%的金额；患绝症的增加不低于医疗补助费100%的金额。

第十条 工伤保险的范围

(1)执行日常工作、临时指定或经同意的工作时的伤害。

(2)在紧急情况下虽未经上级批准但对企业有利的工作时的伤害。

（3）在从事技术发明或改造时的伤害。
（4）因工出差或工作调动期间及往返途中的意外事故导致的伤亡。
（5）工作中受伤但未察觉，事后发作疼痛而不能工作。
（6）因工负伤医疗终结后，旧伤复发而导致伤残或死亡。
（7）因紧急任务加班，不能回家休息，临时在现场睡眠发生意外事故，且非本人应负主要责任。
（8）在日常工作中，与坏人作斗争而遭坏人伤害。
（9）因严重医疗事故而使病伤恶化，并经医务劳动鉴定委员会鉴定属实。
（10）在本企业食堂就餐而食物中毒。
（11）参加企业或代表企业参加各种文化体育活动比赛时伤亡。
（12）参加企业组织的参观旅游、政治活动和社会公益活动时伤亡。
（13）各种职业病的侵害（卫生部规定为9类99种）。

第十一条　工伤保险待遇
（1）员工因工负伤，医疗费用和住院膳食费用全部由企业承担，医疗时间至医疗终止时止。医疗期间，原标准工资照发，直至医疗结束时止。
（2）员工患职业病，凡被确诊的，享受国家规定的工伤保险待遇或职业病待遇。
（3）员工因工致残，经劳动鉴定委员会确认的，按伤残等级发给证书并享受相应待遇。
①完全丧失劳动能力的，按规定实行退休。
②部分丧失劳动能力的，企业安排力所能及的工作；因变岗降低了工资，应发给因工伤残补助费。

第十二条　生育保险待遇
根据国家有关规定，企业对女员工实行特殊劳动保护。
（1）禁止女员工从事不利于身体健康的工作。
（2）划定女员工经期、已婚待孕期、怀孕期、哺乳期禁忌从事的劳动范围，并严格遵守。
（3）女员工在怀孕期、产期、哺乳期，享有基本工资，不得解除劳动合同，允许在劳动时间内进行产前检查。
（4）女员工产假为90天。其中，产前休假15天；难产增加休假15天。

第四章　保险管理

第十三条　企业为每位员工建立保险工作卡或保险档案。

第十四条　保险范围一般在中国境内。出境考察或在国外长期工作的保险，可预先在国内投保或按所在国规定办理。

第十五条　保险支付或索赔
如发生投保条款中规定的事件，应由企业有关部门或由员工（或受益人）向保险机构（企业）申请支付或索赔。
必要时维持现场原貌或保存证据，在索赔时应提供所需要的各类证明。

第十六条　及时办理与员工新聘用、调岗和辞退相关的保险关系的初建、增减、企业间转移、撤保、续约等事务。

本办法与当地政府规定抵触时，以当地政府规定为准。

九、员工工资表

员工工资表如表 8-1 所示：

表 8-1 员 工 工 资 表

	职等									
	职位									
	姓名									
应领工资金额	本薪									
	主管津贴									
	修护津贴									
	交通津贴									
	全勤津贴									
	全勤奖金									
	应付薪资									
	所得税									
	劳保费									
	福利金									
	退储金									
	借支									
	合计									
实领金额										
伙食津贴										
误餐·值班费										
总计										
盖章										

标准：　　　　　　　　　主管：　　　　　　　　　制表：

十、工资登记表

工资登记表如表8-2所示：

表8-2　工 资 登 记 表

员工编号	姓名	核定工资					总计
		本薪	技术津贴	工龄工资	职务津贴	补助	
合计							

制表：　　　　　　　　　复核：

十一、工资汇总统计表

工资汇总统计表如表8-3所示：

表8-3 工资汇总统计表

年　月

单位	本薪	业绩奖金	全勤奖金	加班津贴	应发工资	扣缴部分				实发工资
						保险	餐费	税金	借支	
合计										

审批：　　　　　复核：　　　　　制表：

十二、新员工定薪表

新员工定薪表如表8-4所示:

表8-4 新员工定薪表

年　　月　　日　　编号：

姓名		工作部门	
职别	到厂日期		年　月　日
学历及培训经历			
工作经验	相关　　年,非相关　　年,共　　年		
能力说明			
要求待遇		公司标准	
核定工资		生效日期总经理	
总经理	部门主管	人力资源部	

十三、工资定额调整表

工资定额调整表如表 8-5 所示：

表 8-5　工资定额调整表

年　　月　　日

产品名称				定额核定单编号	
作业名称	原工资定额	每件耗用时间	折算每日所得	调整比率	调整原因

制表：　　　　复核：　　　　审批：

十四、月份福利工作计划表

月份福利工作计划表如表8-6所示:

表8-6 月份福利工作计划表

福利举办项目	举办时间	说明	负责人	干事	预算费用	备注

十五、员工福利金申请表

员工福利金申请表如表8-7所示：

表8-7 员工福利金申请表

单位名称：　　　部门名称：　　　填表日期：　　年　　月　　日

申请人姓名		岗位	
进入企业时间		进入岗位时间	
申请事项	申请金额		申请说明
短期残障			
长期残障			
人寿保险			
死亡福利			
休假期支付			
探亲期支付			
探亲费用			
退休费用			
员工储蓄计划费用			
员工福利总计			
部门意见			
人力资源部门意见			
财务部门意见			
申请事项			
领导意见			

填表人：　　　　　　　　　　审核人：

第九章 私营企业劳动关系管理制度与规范

一、劳动关系管理工作内容

（一）保障用工规范，处理好劳资关系，避免劳资纠纷的发生
（二）合理处理因合同纠纷引起的劳资关系，将影响降至最低
（三）保障员工的劳动权利，保护劳动者利益，在劳动法和地方法规范围内合各方面的利益关系
（四）制定、实施劳动用工制度
（五）完善劳动关系管理

二、劳动关系管理工作流程

劳动关系管理工作流程如图9-1所示：

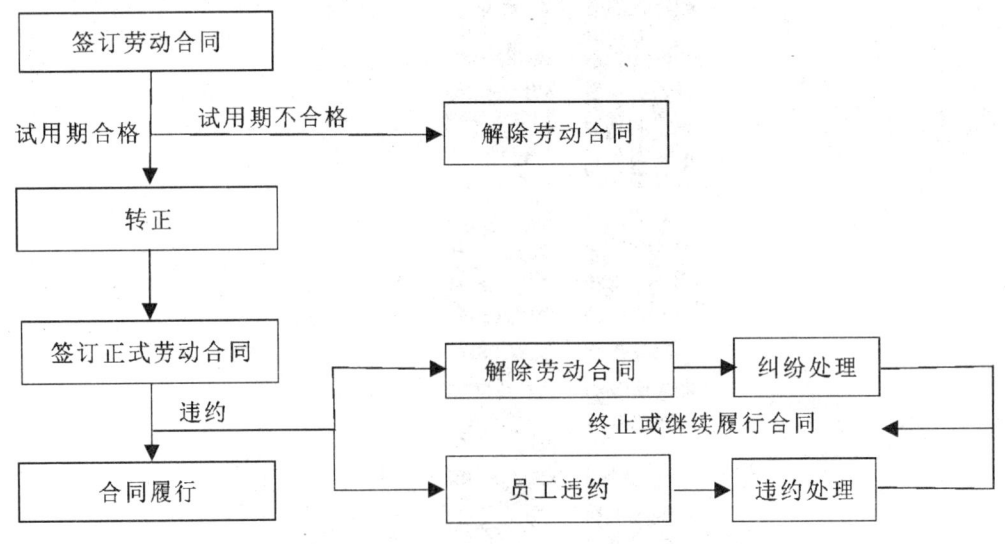

图9-1　劳动关系管理工作流程

三、劳动用工制度模板

1. 目的

为了增强和提升企业的核心竞争力,充分发挥员工的工作潜能和社会劳动力市场的作用,提高企业的劳动生产率,对企业的劳动用工制度进行规范化管理。

2. 基本原则

员工的劳动用工分为合同工制、钟点工制两种方式。企业主要技术、业务、管理骨干实行合同工制,其他辅助岗位实行钟点工制。

3. 管理办法

(1)岗位分类

按岗位性质、特点、应承担的责任的不同分为两大类。

第一类岗位(采用合同工制)。指从事技术、市场、生产、业务、管理等与企业产品直接价值创造链关联性大的工作,并且需要在企业长期积累经验的岗位。

第二类岗位(采用钟点工制)。指从事辅助性技术与业务、行政事务、生产操作、辅助管理等对企业产品直接价值创造链相支持的工作,并且社会可置换性较强或阶段性需要的岗位。

(2)分类进行

在职员工在第一类岗位工作的为合同制;在第二类岗位工作的,原则上可为合同制,也可以在本人自愿的情况下,选择钟点工制。

对于第二类岗位的新入职员工,自××××年××月起可实行钟点工制,对现职员工各部门可根据自身发展及劳动力市场状况分阶段进行分类。

(3)协议签订

合同工制员工须与企业签订《员工聘用协议书》,约定双方的权利和义务。第一次可签2~3年;第二次续签协议时,可根据前期工作情况签3~5年;第三次以后可签更长时间。

钟点工制员工须与企业签订《钟点工聘用协议书》,明确双方的权利和义务。视员工表现情况和实际工作需要确定聘用期限。

4. 薪酬待遇管理

(1)企业全面推行同岗、同工、同责、同酬,绩效不同则薪酬不同的制度。钟点工也实行这一待遇原则,而且企业将进一步完善钟点工的管理制度,强化钟点工的责任、规范和管理。

(2)为了保证钟点工的利益,钟点工在同工、同岗、同责的合同工工资的基础上上浮25%。此25%包含企业为其提供的参加国家社会保险的费用,如基本养老保险、医疗保险、失业保险等保险的费用。

(3)企业出资为其购买工伤保险。

(4)钟点工的加班薪酬,按相关规定的标准,以定额或小时计算。任何安排不应当由派工者负责。

(5)企业基层合同制员工的工资水平,按照具体岗位的责任和难度以及比社会同类工作的工资水平高50%~80%的标准确定。钟点工在此基础上再上浮。

（7）钟点工与合同工同样享有伙食补贴与交通补贴。钟点工享有正常年休假和年终双薪。

（8）钟点工在聘用期间诚实劳动，胜任本职工作，企业可以长期聘用。

5. 续聘、解聘或合同期内个人辞工与企业辞退应按合同规定执行。

（1）钟点工的招聘管理、工作及考核管理、薪酬定级、核算及发放管理另行规定。

（2）本规定自签发之日起生效，解释权归人力资源管理部。

四、兼职员工工作协议书

甲方：企业：

乙方：住址：_____身份证号码：

1. 甲方自____年____月____日起录用乙方为兼职员工，并依人事管理规章及甲方所订规则办理。

2. 甲乙双方经共同协议并取得同意时，乙方须遵守上列第一项之规定。

3. 雇佣期间：自____年____月____日起至____年____月____日止。

4. 契约期满时，双方希望继续维持契约关系时，则须另行订立新契约。

5. 勤务时间：上午____时____分至下午____时____分止。

6. 休息时间：自____时____分至____时____分止。

7. 薪资：时薪、日薪。

8. 奖金：采取不定额（视工作绩效表现）发放。

9. 异动：若因业务上执行之必要时，可予以调整。

10. 年度有薪休假：服务年资满一年以上者为6日，每服务满一年时，则增加1日，但以增加至20日为限。

甲方：（签章）　　　　　　　　　　　　　　乙方：（签章）

年____月____日

五、私营企业劳动协议

甲方（用人单位）：_____

乙方（劳动者）：_____

根据《中华人民共和国劳动法》和《中华人民共和国私营企业暂行条例》及有关劳动

法规,甲乙双方在平等自愿、协调一致的基础上签订本合同。

第一条 合同期限

本合同期从____年____月____日起至____年____月____日止,共____年。其中试用期从____年____月____日起至____年____月____日止,共____个月。

第二条 生产(工作)任务

甲方安排乙方从事工作。

乙方同意按甲方生产(工作)需要,在____,承担任务____,担任工种____。

乙方应达到的数量、质量指标:_____。

第三条 劳动(工作)条件

为保证乙方完成合同要求的生产(工作)任务,保障乙方的安全和健康,甲方应根据国家有关生产安全、劳动保护、卫生健康等规定,为乙方提供必要的生产(工作)条件。具体内容如下:_____。

第四条 劳动纪律

1. 甲方应根据国家有关规定制定企业适用的各项规章制度。具体内容如下:_____。

2. 乙方应严格遵守劳动纪律和规章制度,服从甲方管理,积极完成所从事的工作。

第五条 工作时间和劳动报酬

1. 甲方应实行每日不超过8小时、每周工作时间不超过40小时的工作制,因生产需要确需延长工作时间时,须经乙方本人同意,并发给乙方加班工资。日加班不得超过3小时,每月加班不得超过36小时。乙方如为孕期、哺乳期女工,甲方不得安排其加班加点。

2. 甲方依照国家法律和有关政策规定,同乙方协商确定的具体工资标准和工资方式以及奖金、津贴、补贴如下:____。

3. 甲方应当每月按期给乙方发放工资。超过当月规定发薪日期的,从第六日起每天按拖欠乙方本人工资额的百分比,赔偿乙方损失。

4. 甲方应当根据企业的生产发展,逐步提高乙方的工资水平。

第六条 保险和福利待遇

1. 甲方按乙方工资总额的____%,乙方按不超过本人工资的____%,按月向当地劳动行政部门所属的社会保险事业管理机构缴纳退休养老金。

2. 因第七条第2款第(2)项和第3款规定而解除劳动合同的,甲方应按乙方工作每满1年(满半年不满1年的按1年计算)发给乙方1个月标准工资的生活补助费。同时,如合同期未满,甲方应发给乙方合同期内的失业补偿费,标准为:距合同期满,每相差1年发给相当于乙方标准工资1个月的补偿费。生活补助费、补偿费分别合计最高不超过12个月乙方标准工资。

3. 甲方参照《国有企业职工待业保险暂行规定》向待业保险机构缴纳待业保险基金,乙方待业期间可享受待业保险待遇。

4. 乙方因工负伤或患职业病,治疗期间工资照发,所需医疗费用由甲方支付。医疗终结,经市(县)劳动鉴定委员会鉴定,确认为残废的,由甲方发给残废金。乙方因工残废或患职业病死亡,由甲方发给丧葬费和供养直系亲属抚恤费。残疾金、丧葬费和供养直系亲属抚恤费的标准,按照有关规定执行。

5. 乙方患病或非因工负伤,甲方应按其工作时间长短给予3~6个月的医疗期,在医疗期间发给不低于本人原工资60%的病假工资。

6. 乙方为女职工,其孕期、产假和哺乳期的待遇按《女职工劳动保护规定》及有关规定执行。

7. 按照国家法律、法规规定，甲乙双方协商确定的假日、公休假、婚丧假、探亲假是：_____。

第七条　合同的变更、解除和终止

1. 甲方因停产、调整生产任务，或者由于情况变化，经甲乙双方协商同意，可以变更合同的相关内容。

2. 在下列情况下，甲方可以解除合同：

（1）乙方在试用期内，经发现不符合用工条件的；

（2）乙方患病或非因工负伤，医疗期满后不能从事原工作也不能从事甲方另行安排的工作的；

（3）甲方歇业，宣告破产，或者濒临破产处于法定整顿期间的；

（4）双方约定的其他事项。

3. 下列情况下，乙方可以解除合同：

（1）甲方违反国家规定，无安全防护设施，劳动安全、卫生条件恶劣，严重危害乙方身体健康的；

（2）甲方无力或不按照合同规定支付乙方劳动报酬的；

（3）甲方不履行本合同或者违反国家政策、法规，侵害乙方合法权益的；

（4）乙方本人有正当理由要求辞职的。

4. 乙方被劳动教养，以及受刑事处分的，合同自行解除。

5. 甲乙双方任何一方解除合同，应当提前 30 天通知对方，并办理解除合同的手续。试用期内解除合同的，不需要提前通知对方。

6. 在下列情况下，甲方不得解除乙方合同：

（1）合同期未满，又不符合本条第 2 款规定的；

（2）乙方患有职业病或因工负伤并经劳动鉴定委员会确认的；

（3）乙方患病或非因工负伤，在规定的医疗期内的；

（4）乙方在孕期、产假和哺乳期间的。

7. 合同期限届满，应即终止执行。由于生产、工作需要，经甲乙双方协商同意，可以续订合同。

第八条　双方认为需要约定的事项

1. 甲方为乙方提供住房或住房补贴；

2. 甲方为乙方解决伙食问题；

3. 甲方按国家规定的补贴项目，每月应发给乙方共计____元；

4. 除国家规定以外，在下列情况下，甲方可以解除合同____；

5. 除国家规定以外，在下列情况下，乙方可以解除合同____；

6. 甲方出资培训乙方后，乙方应为甲方服务____年。否则，乙方应向甲方支付培训费____元；

7. 其他需要约定的事项。

第九条　违反劳动合同应承担的违约责任

1. 由于甲乙双方任何一方的过错造成合同不能履行或者不能完全履行，由有过错的一方承担法律责任；如属双方过错，由双方分别承担各自应负的法律责任；

2. 因不可抗力造成不能履行合同或者一方受损害的，可不承担法律责任；

3. 甲乙双方任何一方违反合同时，应向对方支付违约金，违约金标准是____；

4. 甲乙双方任何一方违反合同,给对方造成损害的,应根据后果和责任向对方支付赔偿金,赔偿金标准是:____。

第十条 争议处理

劳动争议发生后,当事人可以向本企业调解委员会申请调解,调解不成,当事人一方要求仲裁的,可以向劳动争议仲裁委员会申请仲裁,当事人一方也可以直接向劳动争议仲裁委员会申请仲裁,对仲裁裁决不服的,可以向人民法院提起诉讼。

第十一条 本合同未尽事宜或条款与法律、法规、政策等有抵触的,按国家现行法律、法规、政策执行。

第十二条 本合同自签订之日起生效,一式两份,甲乙双方各持一份。本合同涂改、未经合法授权代签无效。

甲 方: 乙 方:
代 表: 代 表:
电 话: 电 话:
签约日期:年____月____日
签约地点:_____

六、解除劳动合同申请表

解除劳动合同申请表如表9-1所示:

表9-1 解除劳动合同申请表

解除劳动合同提出者:□办事处(部门) □员工本人				
离职员工姓名		部门(办事处)		任职岗位(职位)	
到企业日期		预计离开企业日期			
离开企业后打算					
解除劳动合同理由	申请人签名: 年 月 日				
直接上级意见	□不同意解除劳动合同 □同意解除劳动合同请说明理由: 从 年 月 日 开始办理工作移交手续 签名: 年 月 日		分管上级意见	签名: 年 月 日	
人力资源部审查	□符合《解除劳动合同规定》,发放《离岗准办通知》 □不符合《解除劳动合同规定》第一条的内容,请办事处重新办理 经办人: 年 月 日		人力资源总监	签名: 年 月 日	

备注:此表由申请解除劳动合同方填写;直接上级为申请人的直接上级(部门经理/办事处主任及以上人员)。

七、解除劳动合同审批表

解除劳动合同审批表如表9-2所示：

表9-2 解除劳动合同审批表

姓名		性别		员工工号	
出生年月		身份证号			
劳动合同期限		聘用岗位及级别			
到企业日期		学历及所学专业			
户口地址				邮编	
是否存在法定不可解除/终止的情形：□有 □无					
解除或终止劳动合同的原因					
二级工会单位意见	（盖章） 年 月 日	二级行政单位意见		（盖章） 年 月 日	
工会意见	（盖章） 年 月 日	劳动人事处意见		（盖章） 年 月 日	
其他说明事项					

八、劳动合同顺延登记表

劳动合同顺延登记表如表9-3所示：

表9-3 劳动合同顺延登记表

姓名		性别		员工工号	
出生年月		到企业日期			
劳动合同期限	年 月 日至 年 月 日				
顺延期限	年 月 日至 年 月 日				
顺延原因					
劳动人事部门意见				年 月 日	
劳动人事处意见				年 月 日	
备注					

九、劳动合同终止/顺延审批表

劳动合同终止/顺延审批表如表9-4所示：

表9-4　劳动合同终止/顺延审批表

姓名		性别		员工工号	
出生年月		身份证号			
劳动合同期限		年　月　日至　年　月　日			
终止期限		年　月　日至　年　月　日			
继续履行时间				年　月　日	
终止原因					
二级单位劳动人事部门意见	年　月　日				（盖章）
劳动人事处意见	年　月　日				（盖章）
备注					

十、劳动争议情况调查表

劳动争议情况调查表如表9-5所示：

表9-5　劳动争议情况调查表

争议提出人		部门		职务	
合同签订日期		提出争议日期			
提出争议原因					
调查情况和结果记录					
调查项目/内容		调查结果		备注	
调查负责人			调查日期		
审核意见			审核人/日期		

第十章 私营企业行政办公室事务管理制度与规范

一、办公室事务管理基本原则

企业办公室应当根据企业的实际需要和自身工作的客观要求,制定出一系列合理有效的规章和制度,使企业办公室工作不断科学化、制度化和规范化。企业办公室必须采取以下管理原则:

1. 责任管理

在明确办公室总任务的前提下,把责任分解到每个成员,克服工作的随意性和盲目性。

2. 规范化管理

办公室的每项工作都要遵循严格规章制度。并不断总结经验,使它更加完善。例如事务处理要按照制定的程序进行。

3. 常规化管理

要明确规定周、月、季、年的常规工作,如每周的厂务会议安排,月度的工作总结,年度的生产计划以及固定假日的常规工作等。

4. 自动化管理

要提高办公室的工作效率,必须随着现代科学技术的发展,不断引进现代化的办公设备和技术,如计算机、复印机、传真机、传呼机以及缩微技术等。

办公室工作涉及方方面面、上上下下、里里外外,大到辅助决策,小到打水扫地,面对如此繁杂的工作,要想管理有序,提高效能,就必须采取有效的管理方法。

二、办公室物品管理工作内容

办公物品一般是指本企业办公所需的各种物品。它的种类比较繁多,大致可以分为以下三类:办公用具,包括办公桌、坐椅、沙发、档案柜、书架、杂志架、衣架、台灯和卡片架等;办公设备,属于文书方面的有打字机、印刷机、复印机、照相机、收录机、扩音机等,属于计算方面的有计算尺、计算机等,属于通讯方面的有电报机、电话机、传真机、电视机和对讲机等,另外,还有办公室的钟、装订机等;办公书籍,即办公必备的图书资料,如地图、字典、图表、法规、工作手册等。搞好办公物品的管理,要注意抓好采购、保管、发放使用三个环节,具体可参见第十章相关内容。

三、办公室布置规范

□ 办公布局

第一条 办公布局应合理、美观,便于内部公务沟通和住处流转,便于外来人员办事。

第二条 办公布局应注意与外界接触较多部门,如收发室、传达室等,在公司办公区域入口处。

第三条 办公布局应注意行政、综合协调部门,设在办公区域的中心位置。

第四条 办公布局应注意财务、电脑网络中心、机要、档案等部门,设在办公区域的最里处。

第五条 办公布局应注意联系密切的部门,如党、团、工会,应就近安排在一起。

□ 办公空间设置

第六条 办公空间设置应符合公司经营风格最大限度地发挥办公空间效能。

第七条 办公空间设置应营造人性化办公的氛围有利于卫生清扫和消防安全。

第八条 在办公空间设置时,根据公司形象系统(CIS)方案,为办公场所选用相应的标志颜色和主、辅助色。

第九条 在办公空间设置时,办公桌的排列应按直线对称的原则和工作流程线的顺序,其流径以最接近直线为宜,防止逆流与交叉现象。

第十条 在办公空间设置时,各座位间的通道要适当。

第十一条 在办公空间设置时,光线应来自左前方,以保护视力。

第十二条 在办公空间设置时,常用的设备应放在使用者的近处。

第十三条 在办公空间设置时,各部门铭牌在合适位置钉挂。

第十四条 在办公空间设置时,办公桌、柜、箱、橱顶上不得乱堆文件、杂物。

第十五条 在办公空间设置时,总经理等高级人员办公间设于大办公室之一端,用落地玻璃隔间。

第十六条 在办公空间设置时,各部门座位采用同一方向(列),前排为职工、中排为主管、后排为部门经理。

第十七条 在办公空间设置时,接待外来访客频繁的员工,座位靠近总台或入门处。

第十八条 在办公空间设置时,总台附近设长沙发和茶几接待来宾,在总经理套间内或旁边设会议室或洽谈室。

第十九条 在办公空间设置时,办公桌单独排列,如确因场地需要,两桌可并排。

第二十条 在办公空间设置时,大开间中央办公区每一办公桌可用隔板隔成半封闭个人工作间。

第二十一条 在办公空间设置时,财会和行政秘书(打字、档案)应设独立的小办公间。

□ 办公设备

第二十二条　办公设备的置购应把握有助于提高工作效率和效益的原则,符合人机工程原理,减少人员疲劳,不损害健康。

第二十三条　办公设备包括:办公桌、椅、电脑台、椅沙发、茶几、电脑(主机、打印机、扫描仪)、网络系统、复印机、装帧(订)机、塑封机、文件破碎机、传真机、电话设备、电话总机、单机、手机、BP机、投影仪、音响、放像、放扩声系统、录音机、照相机、录像机、工作台灯、文件柜、保险箱、冷热饮水器、空气清新机、负离子发生加湿器、抽湿机、吸尘器、干衣机衣架、更衣柜等。

□ 办公环境

第二十四条　确保办公室的光照条件,使之有适量的光度和光质。
第二十五条　确保办公室的通风条件,使之空气流通,不混浊。
第二十六条　办公区域不应有较大噪声,禁止用高音嗽叭广播,保持相对安静。
第二十七条　办公场所谢绝以员工个人为目标的各类商品的上门推销。
第二十八条　办公区域在工间和午休时,可播放以轻音乐为主的背景音乐。
第二十九条　搞好办公场所的卫生保洁工作。
第三十条　在办公室风外广植花草,见缝插绿、种绿,美化环境。
第三十一条　与毗邻企事业单位和睦相处、团结互助,建立良好社区关系。

四、办公室用品管理制度模板

第一条　本公司办公用品、办公设备、低值易耗品、通信设备的采购、保管与发放,由公司行政部全权负责。

第二条　办公物品的申请及购置遵循以下程序:各部门将所需办公用品提前10个工作日报至行政部,行政部根据实际用量和库存情况制定购置计划,经总裁批准后购置。

第三条　通信设备、特需办公用品和低值易耗品,须经主管总裁批准,由行政部负责购置,然后记入备用品保管账目。

第四条　备用品发放采取定期发放制度,每月的5日和20日办理,其他时间不予办理。

第五条　本公司的备用品保管实行"三清、两齐、三一致",即材料清、账目清、数量清,摆放整齐、库房整齐,账、卡、物一致,做到日清月结。

第六条　本公司的备用品仓库有行政部负责,备用品入库需根据《入库单》严格检查品种、数量、质量、规格、单价是否与进货相符,按手续验收入库,登记入账。

第七条　在日清月结的条件下,月末必须对所有单据按部门统计,及时转到财务部结算。

第八条 各部门设立耐用办公用品档案卡,由行政部定期检查使用情况,如非正常损坏或丢失,由当事人赔偿。

第九条 行政部负责收回公司调离人员的办公用品和物品。

第十条 行政部建立公司固定资产总账,对每件物品要进行编号,每年进行一次普查。

五、办公室用品发放规定

第一条 为规范本公司办公用品的发放,减少办公用品损耗量,特制定本规定。

第二条 公司各部门在领取、使用办公用品时,应严格遵守节约、高效利用的原则。

第三条 各部门办公用品应指定专人管理。

第四条 各部门应于每月25日前将下月所需办公用品计划报办公室。办公室于每月5日前一次性发放各部门所需办公用品。

第五条 采购人员须根据计划需要采购,保证供应。

第六条 办公用品入库和发放应及时记账,做到账物相符。

第七条 任何人未经允许不得进入办公用品库房,不得挪用办公用品及其他物资。库房要做到类别清楚、码放整齐。

第八条 加强库房管理和消防工作,防止失窃、失火。

六、办公室文具管理制度模板

第一条 为使本公司办公文具用品管理规范化,特制定本制度。

第二条 本制度所称办公文具分为消耗品、管理消耗品及管理品三种,具体定义如下:

1. 消耗品:铅笔、刀片、胶水、胶带、大头针、图钉、笔记本、复写纸、卷宗、标签、便条纸、信纸、橡皮、夹子等。

2. 管理消耗品:签字笔、荧光笔、修正液、电池、直线纸等。

3. 管理品:剪刀、美工刀、订书机、打孔机、钢笔、打码机、姓名章、日期章、日期戳、计算机、印泥等。

第三条 本公司的文具用品分为个人领用与部门领用两种。个人领用指个人使用保管的用品,如圆珠笔、橡皮、直尺等。部门领用指本部门共同使用的用品,如打孔机、订书机、打码机等。

第四条　本公司的消耗品可依据历史记录（如以过去半年耗用平均数）、经验法则（估计消耗时间）设定领用管理基准（如圆珠笔每月每人发放一支），并可随部门或人员的工作状况调整发放时间。

第五条　本公司的消耗品应限定人员使用，自第三次发放起，必须以旧品替换新品，但纯消耗品（如直线纸）不在此限。

第六条　本公司的管理品移交时如有故障或损坏，应以旧换新，如遗失应由个人或部门赔偿、自购。

第七条　本公司的文具的申请应于每月 25 日由各部门提出"文具用品申请单"，交管理部统一采购，并于次月一日发放，但管理性文具的申请不受上述时间限制。

第八条　本公司各部门设立"文具用品领用记录卡"，由管理部统一保管，在文具领用时作登录使用，并控制文具领用状况。

第九条　文具用品一般由管理部向文具批发商采购，其中必需品、采购不易或耗用量大的物品，应酌量库存，管理部无法采购的特殊文具，可以经管理部同意并授权各部门自行采购。

第十条　新进人员到职时由各部门提出文具申请单向管理部领取文具，并列入领用卡，人员离职时，应将剩余文具一并交管理部。

七、文具用品一览表

文具用品一览表如表 10－1 所示：

表 10－1　文具用品一览表

文具名称	规格	单位	单价（元）	代号	文具名称	规格	单位	单价（元）	代号
修正液					订书钉（中）				
胶　水					订书钉（小）				
图　钉					公文袋（大）				
曲别针					公文袋（小）				
印　台	红				黑带子				
印　台	蓝								
印　台	黑								
印　油	红								
印　油	蓝								
印　油	黑								
印　泥									
投影片									
投影笔									
胶带台									
胶　带									

(续表)

文具名称	规格	单位	单价(元)	代号	文具名称	规格	单位	单价(元)	代号
复写纸									
中式卷宗									
强力夹									
强簧夹									
订书机(大)									
订书机(中)									
订书机(小)									

八、办公用品需求计划表

办公用品需求计划表如表10-2所示：

表10-2 办公用品需求计划表

单位：_____　　　　人数：_____

个人领用类(每人每月50元)							业务领用类						
办公用品名称	代号	单位	数量	单价	金额	备注	办公用品名称	代号	单位	数量	单价	金额	备注
小计：							小计：						

预算金额：
实际金额：　　部门主管：　　科长：　　经办人：

九、办公用品请购单

办公用品请购单如表 10-3 所示:

表 10-3 办公用品请购单

财管字第　　　号

填单日期　年　月　日

物品名称	规格	用途	单位	数量	需用日期	估计价值	签注

请购部门负责人意见:	部门经理办公室主任意见:	总经理批准:
年 月 日	年 月 日	年 月 日

十、办公用品登记卡

办公用品登记卡如表 10-4 所示：

表 10-4 办公用品登记卡

管理部门：总经理办公室

使用部门：_____

名　称：			编号：						
规　格：			厂名或牌名：						
构　造：			附属设备：						
存放地点：			耐用年限：						
原　价：			增加价值：						
日期			摘要	凭证号数	单位	数量	增加	减损	结存
年	月	日							
年	月	日							
年	月	日							
年	月	日							
年	月	日							
年	月	日							
年	月	日							
年	月	日							
年	月	日							
年	月	日							
年	月	日							
年	月	日							
年	月	日							
年	月	日							

十一、办公用品领用卡

办公用品领用卡如表 10-5 所示：

表 10-5　办公用品领用卡

姓名：_____　　　　　　　　　　　　　　　　　　　部门：_____

文具名称	日期	单位	数量	主管签章	领用登记	备注

第十一章 私营企业会议管理制度与规范

一、会议管理应该把握的原则

会议是企业议事、决策的主要方式,是保证企业正常运行的必要手段。会议的目的在于集思广益,促进沟通,统一思想,提高行动能力,进而解决问题。因此,会议必须遵循以下原则进行。

1. 高效原则

会议的首要目标是解决问题,这就要求会议要少而精,组织效率要高。企业无论召开什么样的会议,都要坚持少而精的原则。可开可不开的会议坚决不开,必须召开的会议,要精而简,讲究效率。

2. 充分原则

指会议不论大小,都应充分进行准备。会前应围绕会议的议题和目的进行调查研究,了解整个企业、有关部门和员工的意见及看法,准备好有关文件和材料。开会不搞突然袭击,不打无准备之仗。

3. 节约原则

企业召开会议要厉行节约,不讲排场,不追求形式,紧密围绕会议相关内容进行安排,切忌把会议作为休闲娱乐的活动。同时,会议的准备、组织安排也不能铺张浪费,与会议召开无关的内容和物品一律不在考虑范围内。

二、企业会议管理制度模板

□ 总则

为改进作风,减少会议,缩短会议时间,提高会议质量,特制定本制度。

□ 会议分类及组织

第一条 全厂会议归纳为四类:

(一)厂级会议:主要包括党政领导(扩大)会、全厂干部会、全厂班组长会、全厂党员大会、全厂团员大会、全厂员工大会、全厂技术人员会以及各种代表大会。应分别报请党委或厂部批准后,由党、政、工、团等办事部门分别负责组织召开。

(二)专业会议:系全厂性的技术、业务综合会(如经营活动分析会、质量分析会、生产技术准备会、生产调度会、安全工作会等),由分管厂领导批准,主管业务科室负责组织。

(三)系统和部门工作会：各车间、科室、党支部召开的工作会，如车间办工会、科务会、党支部会、车间(科室)职工大会等由各车间科室、党支部领导决定召开并负责组织。

(四)班组(小组)会：由各党、工、团小组长或行政班组长决定并主持召开。

第二条 上级或外单位在我厂召开的会议(如现场会、报告会、办公会等)或厂际业务会(如联营洽谈会，用户座谈会等)一律由厂办受理安排，有关业务对口科室协作做好会务工作。

☐ 会议安排

第三条 例会的安排。为避免会议过多或重复，全厂正常性的会议一律纳入例会制，原则上要按例行规定的时间、地点、内容、组织召开。例行会议安排如下。

(一)行政技术会议

1. 厂长办公会：研究、部署行政工作，讨论决定全厂行政工作重大问题。
2. 厂务会：总结评价当月生产行政工作情况，安排布置下月工作任务。
3. 班组长以上干部大会(或全厂员工大会)：总结上季(半年、全年)工作情况、部署本季(半年、新年)工作任务，表彰奖励先进集体、个人。
4. 经营活动分析会：汇报、分析工厂计划执行情况和经营活动成果，评价各方面的工作情况，肯定成绩，揭露矛盾，提出改进措施，不断提高工厂经济效益。
5. 质量分析会：汇报、总结上月产品质量情况，讨论分析质量事故(问题)、研究决定质量改进措施。
6. 安全工作会(含治安、消防工作)：汇报总结前季安全生产、治安、消防工作情况，分析处理事故，检查分析事故隐患，研究确定安全防范措施。
7. 技术工作会(含生产技术准备会)：汇报、总结当月技术改造、新产品开发、科研、技术和日常生产技术准备工作计划完成情况，布置下月技术工作任务、研究确定解决有关技术问题的措施方案。
8. 生产调度会：调度、平衡生产进度、研究解决各车间科室不能自行解决的重大问题。
9. 科务会：检查、总结、布置工作。
10. 车间办公会：检查、总结、布置工作。
11. 班组会：检查、总结、布置工作。
12. 班组(科室)班前会：对昨天工作进行讲评，布置当日工作任务和注意事项。

(二)各类代表大会

1. 员工代表大会；
2. 车间(部门)员工大会(或员工代表小组会)；
3. 党员代表大会；
4. 团员代表大会；
5. 科协会员代表大会；
6. 企协会员代表大会。

(三)民主管理会议

1. 工厂管理委员会；
2. 厂长、党委书记、工会主席联席会；
3. 生产管理委员会；
4. 生活福利委员会。

(四)论文、成果发布会

1. 科协年会;
2. 企协年会;
3. 政治思想工作研究会年会;
4. 厂QC(质量控制)成果发布会;
5. 科技成果发布会;
6. 信息发布会;
7. 企管成果发布会。

第四条 其他会议的安排

凡涉及多个车间(科室)负责人参加的各种会议,均须于会议召开前,经部门或分管厂领导批准后,分别报两办汇总,并由厂办统一安排,方可召开。

第五条 厂办每周六应将全厂例会和各种临时会议,统一平衡编制会议计划并打印发到厂领导和各车间、科室及有关服务人员。

第六条 凡厂办已列入会议计划的会议,如需改期,或遇特殊情况需安排新的其他会议时,召集单位应提前2天报请厂办调整会议计划。未经厂办同意,任何人不得随便打乱正常会议计划。

第七条 对于准备不充分、或重复性、或无多大作用的会议,厂办有权拒绝安排。

第八条 对于参加人员相同、内容接近、时间相适的几个会议,厂办有权安排合并召开。

第九条 各部门会期必须服从全厂统一安排,各部门小会不应安排在全厂例会同期召开,(与会人员不发生时间上的冲突除外)应坚持小会服从大会,局部服从整体的原则。

□ 会议的准备

第十条 所有会议主持人和召集单位与会人员都应分别做好有关准备工作(包括拟好会议议程、提案、汇报总结提纲,发言要点、工作计划草案、决议决定草案、落实会场、备好座位、茶具茶水、奖品、纪念品、通知与会人等)。

三、开会准备事务细则

(一)拟定会议工作方案

一般应包括以下内容:会议记录简报工作、会议经费预算、食宿安排、保卫和保密工作等。

(二)选定、安排议题

(三)拟定会议议程、日程和程序

(四)准备会议文件、报告

日常工作会议的文件、报告,主要应由各职能部门起草准备。

（五）提出与会人员名单

（六）编排分组

参加会议人员名单确定之后，要对与会人员进行编组，即按照一定的规律将全体与会人员划分若干小组，以方便讨论问题。

（七）选定、布置会场

1. 选定会场。会场的选择，要结合开会人数、会议内容等综合考虑。在有条件的情况下，主要考虑下列因素：第一，会场大小适中，以每人平均 2～3 平米为宜。太大显得松散，过小则拥挤。第二，会场地点适中。第三，会场附属设施齐全，包括照明、通讯、卫生、服务、电话、扩音、录音等。

2. 布置会场。不同的会议，要求有不同的布置形式。座谈会会场要求和谐融洽，纪念性会议会场要求隆重典雅，日常工作会议会场要求简单实用。

（八）制发会议证件

会议证件是表明与会议直接有关人员身份权利和义务的证据。

（九）发布会议通知

各项会议准备工作基本就绪后，要尽早发出开会通知，以便与会人员提前做好准备。

（十）制定会议须知

会议须知的内容主要包括请假制度、会客制度、安全要求、作息时间和其他注意事项。

（十一）负责会议报到

（十二）会议秘书工作机构的设置和工作人员的调配

日常工作性会议、小型会议，一般由办公室或业务处室工作人员负责会议工作。规模较大且又较重要的会议，需组织精干有力的工作班子或成立大会秘书处，下设若干工作小组如秘书组、文件组、宣传报道组、交通组等，明确分工，各负其责，保证会议顺利进行。

四、会中事务细则

（一）会议签到。各参加会议人员在签到处签到，在会议报到表或特设的签到簿上签名。

（二）引导座次，由会议服务人员引导到相应座位上就座。

（三）安排发言，由会议主持宣布会议议程，安排发言。

（四）会议记录，由会议文书人员将会议发言状况及相关事项记入会议记录簿。

（五）会议服务，由会议服务人员主管安排会议的服务工作，具体包括茶水准备、更换、紧急事项处理。

五、会后事务细则

（一）资料整理归档。会议结束后及时整理相关资料，需要处理的事项，填写会议事务处理表经主管领导批示后转发有关部门处理。其他资料分类存档。

（二）会议总结，制作简报。会议形成的决议，尽快制定成文，发放到相关单位。需要制成单位简报的制成简报，需要写海报的写海报。

（三）会议秘书部门应于会后撰写该会议的会议备忘录和会议纪要。

六、会议管理细则

（一）提高会议成效的要领

1. 要严格遵守会议的开始时间。
2. 要在开头就议题的要旨做一番简洁的说明。
3. 要把会议事项的进行顺序与时间的分配预先告知与会者。
4. 在会议进行中要注意如下事项：
（1）发言内容是否偏离了议题？
（2）发言内容是否出于个人的利害？
（3）是否全体人员都专心聆听发言呢？
（4）是否发言者过于集中于某些人呢？
（5）是否有从头到尾都没有发过言的人呢？
（6）是否某个人的发言过于冗长呢？
（7）发言的内容是否朝着结论推进呢？
5. 应当引导在预定时间内作出结论。
6. 在必须延长会议时间时，应取得大家的同意，并决定延长的时间。
7. 应当把整理出来的结论交给全体人员表决确认。
8. 应当把决议付诸实行的程序理出，加以确认。

（二）会议禁忌事项

1. 发言时不可长篇大论，滔滔不绝（原则上以3分钟为限）。
2. 不能从头到尾沉默到底，一言不发。
3. 不可取用不正确的资料。
4. 不要尽谈些期待性的预测。

5. 不可做人身攻击。
6. 不可打断他人的发言。
7. 不可不懂装懂,胡言乱语。
8. 不要谈到抽象论或观念论。
9. 不可对发言者吹毛求疵。
10. 不要中途离席。

七、会场纪律规定

第一条 凡属各职权范围内能够协调解决的问题,一律不得提交上一级会议研究审定。
第二条 提交会议研究的议题,由主办科室或牵头科室协调并拿出具体意见。
第三条 准时参加会议,不得无故迟到或离会,有事必须在会前向有关领导请假。
第四条 参会时一律关闭通讯工具。
第五条 注意保密,不向会议无关人员谈论会议讨论情况。

八、会议程序范例表

会议程序范例表如表11-1所示:

表11-1 会议程序范例表

会议名称	会议步骤	时间安排
联谊会	提前通知相关客户,发出会议拟定议程、会务安排、邀请函及回执	
	根据回执情况,安排会议服务有关事项	
	选择会议形式,是座谈会还是茶话会等	
	冷餐会(茶点、宴会)	
	安排参观,听取客户的宝贵意见和意向	
	赠送纪念品,留存来宾资料	
总经理办公会	部门子公司有无情况报告	
	各部门协调需交总经理办公讨论会的事项	
	上次议案追案	
	未决议事项复议	

（续表）

会议名称	会议步骤	时间安排
总经理办公会	重要事宜表决	
	主持人结论	
年终、半年工作会	宣布会议开始、奏国歌（大型、庄严会议）	
	由主持人宣读会议程序	
	行政第一负责人作工作报告，各主管领导作专业报告讨论工作报告	
	专题发言	
	公司领导总结讲话	
	会议结束	

九、会 议 通 知

会议通知如表11-2所示：

表11-2 会 议 通 知

部门：

　　　　谨定于　　年　月　日　午　　时　　分召开　　　　　　会议，需要以下人员参加：

请准时参加为荷。
随本通知送提案书一份，若有提案，请填写提案书后于开会前提交。

此致
敬礼

　　　　　　　　　　　　　　　　　　　　　　　　　　会议组委会名称
　　　　　　　　　　　　　　　　　　　　　　　　　　年　　月　　日

十、会议备忘录

会议备忘录如表 11-3 所示：

表 11-3　会 议 备 忘 录

会议名称：
会议时间：　　年　月　日至　　年　月　日　时
会议地点：
会议内容：
会议主持人：
会议嘉宾：
会议记录：
会议决议事项及发布方式：
会议未决议事项及原因：
其他未记录在案但需备忘的事项：
会议秘书：　　　　　　　　会务负责人：
总负责人签字：

十一、会议纪要表

会议纪要表如表 11-4 所示：

表 11-4　会 议 纪 要 表

会议名称：
会议时间：
会议地点：
出席人员：
列席人员：
会议主持人：
会议记录人：
纪要整理人：
会议内容：
会议决议：

十二、会议成效分析表

会议成效分析表如表 11-5 所示：

表 11-5　会议成效分析表

□ 1. 会议是否如预定的进行？
□ 2. 会议的目的及议题是否彻底？
□ 3. 会场或设备是否完备？
□ 4. 必要的资料是否齐全？
□ 5. 会议是否如计划进行？
□ 6. 会议是否如预定的散会？
□ 7. 全体人员是否了解主题？
□ 8. 开始时,是否简要地叙述议题的重点？
□ 9. 开会时的气氛是否很热烈？
□ 10. 会议讨论时,是否有偏离议题的论点？
□ 11. 是否有很多生动且建设性的发言？
□ 12. 参加人员是否有所抱怨？
□ 13.
□ 14.
□ 15.
[记载事项]

第十二章 私营企业文书印信管理制度与规范

一、企业公文的主要类别

企业公文的主要类别如下。

1. 请示

请上级指示和批准,用"请示"。

2. 报告

向上级机关汇报工作,反映情况,用"报告"。

3. 指示

对下级机关布置工作,阐明工作活动的指导原则,用"指示"。

4. 布告、公告、通告

对公众公布应当遵守或周知的事项,用"布告"。

向国内外宣布重大事件,用"公告"。

在一定范围内公布应当遵守或周知的事件,用"通告"。

5. 批复

答复请示事项,用"批复"。

6. 通知

传达上级的指示,要求下级办理或者需要知道的事项,批转下级的公文或转发上级、同级和不相隶属单位的公文,用"通知"。

7. 通报

表扬好人好事,批评错误,传达重要情况以及需要所属各单位知道的事项,用"通报"。

8. 决定、决议

对某些问题或者重大行动作出安排,用"决定"。

经过会议讨论通过,要求贯彻执行的事项,用"决议"。

9. 函

平行的或不相隶属的单位之间互相商洽工作,向有关主管部门请示批准等询问和答复问题,用"函"。

10. 会议纪要

传达会议议定事项和主要精神,要求有关单位共同遵守执行的,用"会议纪要"。

二、企业公文的一般格式

公文格式一般包括:标题、主送单位(部门)、正文、附件、单位印章、发文时间、抄送(抄报)单位(部门)、公文字号、主题词等。

1. 公文的标题应当准确、简要地概括公文的主要内容,并标明发文单位和公文种类。除批转法规性文件外,公文标题一般不加书名号和其他标点符号。
2. 向上级请示的公文,一般只写一个主送单位(部门);如果需要上报另一个上级单位(部门)时,可以用抄报的形式。
3. 发文时间,以领导签发日期为准;联合行文,以最后单位签发的日期为准。
4. 公文字号一般包括单位代号、年号、顺序号。几个单位联名发文,只标明主办单位(部门)的公文编号。
5. 公文如有附件,应当在正文之后、单位名称之前,注明附件的名称和件数。
6. 收、发文单(部门)位应写单位(部门)全称或规范化简称。联合发文,应将主办单位(部门)排列在前。
7. 文字一律从左至右横写横排。
8. 公文纸一般用 16 开,在左侧装订。"通告"等用纸大小,根据实际需要确定行文关系。

三、印章的种类

印章的种类包括如下几种。

1. 公章

即按照法定的规格、外形、尺度和样式刻制的标明一个机关或企业法定全称的印章,是一个机关或企业的标志和象征。

2. 专用章

即机关或企业为便于工作,专门刻制用于某种特定用途的印章。这种印章只适用于印章上标明的使用范围,超过该范围便失去了法律效力。比如,业务专用章、财务专用章、人事专用章、信访专用章、医疗专用章、会议专用章和食堂专用章等。

3. 钢印

即用金属材料刻制的上、下两部分凸凹相对,可以直接在文凭、证件上压印出字迹的印章。一般用于需要贴照片的证件,盖在照片与证件的骑缝上,表示证件与照片相吻合,防止伪造。钢印不能作为文件、介绍信及其票据凭证的有效标志。

4. 缩印

即按照公章比例缩小用于印刷的专用公章,实际上还是一种专用章。只能用在小型票证上,比如,"菜票",税务发票及其他专用票、券等,但不能作为正式印章用于介绍信或出具证明等。

5. 套印

即按照正常比例制作的专门用于印制文件的印章。

6. 企业负责人人名章

即一个机关或企业负责人的印章,包括企业负责人手书体的印章,具有行使职权的标志和权威作用。有些凭证不但要加盖公章,还要加盖企业负责人的人名章才能生效。发布政令、财务预算和决算、银行支票、合同、协议和毕业证书等需要加盖企业负责人人名章。企业负责人人名章与个人私章性质不同,它属于公务专用章。

四、企业公文管理制度模板

☐ 总则

第一条 为提高本公司的工作效率,切实减少文件沟通中的各种浪费,充分发挥文件在各项工作中的指导作用,特制订本制度。

第二条 本公司所有文件由行政部负责管理,文件管理的主要内容包括:上级函、电、来文,同级函、电、来文,本公司上报下发的各种文件、资料。

☐ 收文管理

第三条 凡来公司的公启文件均由公司收发员登记签收后分别交各部门相关人员拆封。在签收和拆封时,收发员和负责秘书均需注意检查封口和邮戳。对开口和邮票撕毁函件应查明原因,对密件开口和国外信函邮票被撕应拒绝签收。

第四条 对上级机要部门发来的文件,要进行信封、文件、文号、机要编号的"四对口"核定,如果其中一项不对口,应立即报告上级机要部门,并登记差错文件的文号。

第五条 行政部秘书对上级来文拆封后应及时附上"文件处理传阅单",并分类登记编号、保管。

第六条 本公司外出人员开会带回的文件及资料应及时分别送交行政部秘书进行登记编号保管,不得个人保存。

第七条 凡正式文件均需分别由行政主管根据文件内容和性质阅签后,由秘书分送承办部门阅办,重要文件应呈送总裁亲自阅批后分送承办部门阅办。为避免文件积压误事,一般应在当天阅签完,紧急文件要即阅即办。

第八条 一般函、电、单据等,分别由前台秘书直接分转处理。

第九条 为加速文件运转,秘书应在当天或第二天将文件送到总裁办公室和承办部门,如关系到两个以上业务部门,应按批示次序依次传阅,最迟不得超过两天(特殊情况例外)。

第十条 传阅文件应严格遵守传阅范围和保密规定,不得将有密级的文件带回家、宿舍和公共场所,也不得将文件转借其他人阅看。对尚未传达的文件不得向外泄露内容。

第十一条 阅读文件应抓紧时间,当天阅完后应在下班前将文件交行政部,阅批文件一般不得超过两天,阅后应签名以示负责。如有领导"批示"、"拟办意见"两办应责成有关部门和人员按文件所提要求和领导批示办理有关事宜。

第十二条 阅文时不得抄录全文,不得任意取走文件夹内任何文件及附件,如确系工作需要,要办理借阅手续,以防止丢失泄密。

第十三条 行政秘书对文件负有催办检查督促的责任,承办部门接到文件、函电应立即指定专人办理。不得将文件压放分散,如需备查,应按照有关保密规定,并征得行政总监同意后,予以复印或摘抄,原件应及时归档周转。

发文管理

第十四条 本公司上报下发正式文件的权力分别集中在总裁办公室和行政部,各部门一律不得自行向上、向下发送正式文件。

第十五条 各部门需要向上反映汇报重要情况或向下安排布置重要工作要求发文应分别向总裁办公室、行政部提出发文申请,并将文件底稿分别交行政部审核。

第十六条 凡是以总裁办公室、行政部名义发出的文件、通告、决定、决议、请示、报告、编写的会议纪要和会议简报,均属发文范围。

第十七条 总裁办公室、行政部下发文件主要用于:

1. 公布全公司的规章制度;
2. 转发上级文件或根据上级文件精神制订的公司文件;
3. 公布公司体制机构变动或干部任免事项;
4. 公布全公司性的重大生产、技术、经营管理、政治工作、生活福利等工作的决定;
5. 发布有关奖惩决定和通报;
6. 其他有关全公司的重大事项;

发文程序与要求

第十八条 各部门需要发文,应事先分别向总裁办公室、行政部提出申请。

第十九条 总裁办公室、行政部同意发文时,主办单位应以党的方针、政策和国家法令,上级指示或工作实际需要草拟文件初稿。

第二十条 草拟文稿必须从全公司角度出发,做到情况确实、观点鲜明、条理清楚、层次分明、文字简练、标点符号正确、书写工整。严禁使用铅笔、圆珠笔、红墨水和彩笔书写。

第二十一条 文稿拟就后,拟稿人应填附发文稿纸首页,详细写明文件标题、发送范围、印刷份数、拟稿单位与拟稿人,并签名、盖章、标定日期和密级。

第二十二条 秘书处应根据总裁办公室、行政部的要求和上级有关指示精神,有关文件规定,对文稿进行审查和修改。对涂改不清、文字错漏严重、内容不妥、格式不符的文稿应退回拟稿部门重新拟稿。

第二十三条 经行政部审查修改后的文稿,送部门主管领导核稿(对文稿内容、质量

第二十四条　对审核时修改较多,有碍打印和存档的文稿,应由拟搞部门重新誊写清楚。

第二十五条　需经会签的文稿,应在交付打印前送会签部门会签。

第二十六条　文稿审核会签后,按批准权限的规定分别呈送总裁办公室、行政部领导审定批准签发。

第二十七条　经领导批准签发后的文稿交两办机要秘书统一编号送打字室打印。

第二十八条　文件打印清样,应由拟稿人校对,校对人员应在发文稿上签名。

第二十九条　文件打字后,由行政部派专人按数印刷,再由两办机要秘书发并检查落实情况,对印刷质量不好的文件,应拒绝盖印分发。

□ 文件的借阅和清退

第三十条　各部门有关工作人员因工作需要借阅一般文件,需经本部门负责人签写便条,对有密级的文件须两办主任同意后方可借阅。

第三十一条　借阅文件应严格履行借阅登记手续,就地阅看,按时归还。任何人不得将文件带走或全文抄录,不允许拆卷和在文件上勾画等。

第三十二条　行政部秘书对承办的公文应抓紧催办,应定期对事情已经办妥的本公司文件和上级要求限期清退的文件,进行收缴清退工作。(一般为月底一小清,季末一中清、年终一总清)。如发现文件丢失,必须及时查明原因和责任者,并如实向领导报告。

第三十三条　各部门应指定一位责任心强的同志负责文件收交、保管、保密、催办检查工作。

□ 文件的立卷与归档

第三十四条　文件的归档范围:

1. 凡有关公司整体内容的文件统一分别由行政部负责归档;

2. 业务科室,各部门日常工作中形成的活动资料,由各业务科室、部门负责立卷归档。

第三十五条　立卷要求

1. 文件立卷应按照内容、名称、作者、时间顺序,分门别类地进行整理归档。

2. 立卷时,要求把文件的批复、正本、底稿、主件、附件收集齐全,保持文件、材料的完整性。

3. 要坚持平时立卷与年终立卷归档相结合的原则。重要工作、重要会议形成的文件材料,要及时立卷归档。

4. 上年度形成的文件材料,要求在下年度5月份以前整理完。6月份正式向档案馆(室)移交,清单一式两份。(接交单位各留存一份备查)。

□ 文件的销毁

第三十六条　对于多余、重复、过时和无保存价值的文件,行政部应定期清理造册,并按上级有关规定,办理申请销毁手续。

五、公文管理细则

第一条 本公司公文,是传达贯彻上级指示精神、请示和答复问题,指导或商洽工作的重要工具。

第二条 本公司公文,实行统一管理。公文的管理,要做到规范、准确、及时、安全。行文单位,要克服官僚主义和文牍主义。

第三条 各部室、各单位及各有关人员,对公文中涉及国家、政府或本公司应保密的事项,必须严守机密,不准随便向他人泄露。

第四条 公文保密等级分为:绝密、机密、秘密三种,其他为一般文件。绝密、机密文件打印一定要用专用磁盘。绝密文件只能印一份,由起草人送有阅文资格的人员传阅,机密文件按审阅人数打印,阅完后由起草人收回归档。秘密文件由阅文人妥善保管。

第五条 公司发文的程序为:拟搞、审核(部门领导)、签发(公司领导)打印、发文、催办、立卷、归档、销毁等。

公司收文的处理程序为:收文、分文、传送、催办、立卷、归档。

第六条 草拟公文应注意以下事项:

(一)内容要符合党和国家的路线、方针、政策、法律、法令及地方性行政规章。

(二)反映情况要客观,实事求是。

(三)文字要准确、精练,条理要清楚,层次要分明,结构要紧密,用语要规范。

(四)人、地、物名、引文及时间要具体、准确。

第七条 各级领导对送来的公文要及时阅批,急件的,当天批复;一般文件的,三天内批复。

第八条 各级领导阅、批公文应仔细认真,阅完后要签名并注明日期,不得圈阅。需要签署具体意见的,要明确、具体。

第九条 公司所有发文,发文单位应有存档,并将文件原稿(经领导签字)审核稿件连同正本二份送总裁办档案室存档。有领导指示的,还应附批复件。

第十条 收文由总裁办公室统一负责。总裁办收文后,应先做好归类、登记,然后根据文件的内容,分送有关领导阅示。阅示完毕后,由总裁办收回归档。所有文件发放,一定要有登记、签收手续。

第十一条 公司发文,一定要由总裁办统一编号:

(一)以公司名义对外发文,一律×××字(××年)××号;

(二)公司党总支发文,用××党字(××年)××号;

(三)以工会、共青团、妇联名义发文,用××政字(××年)××号;

(四)公司监事会发文,用××监字(××年)××号;

(五)董事局发文,用××董字(××年)××号;

(六)董事局委员会发文,用××董×字(××年)××号;

(七)董事局委员会所属机构发文,用××董××字(××年)××号;

(八)其他管理部门的发文,用×××字(××年)××号。

第十二条 红头文件,只适用于需遵照执行的制度、规定、决定、决议、纪要、任命等,其他文件一般用公司信笺印发。

六、企业印章管理制度模板

□ 总则

第一条 为规范本公司印章申请与刻制、改刻与废止、管理与使用,特制定本制度。

第二条 本规定中所指印章是在公司发行或管理的文件、凭证文书等与公司权利义务有关的文件上,因需以公司名称或有关部门名义证明其权威作用而使用的印章。在盖公司印章时使用含公司名称、部门名称及签名人的印章,不在本规定所指印章之内。

□ 印章登记

第三条 印章在公司行政部进行登记,行政主管应将每个印章登入印章登记台账内,并将此账永久保存。

第四条 印章在公司以外登记或申报时,应由管理者将印章名称、申报年月日以及申报者姓名汇总后报行政主管。

□ 印章管理

第五条 本公司所有印章的申请、刻制、改刻与废止均由行政部主管提出并制定方案,报行政总监和总裁处批示。方案中必须对所指印章的种类、名称、形式、使用范围及管理权限作出说明。

第六条 公司印章的刻制由行政部主管负责,如公司其他部门所用印章有更换或改制,则需将原印章交还于行政部主管处,行政部主管需将废止印章妥善保存,保存期限为最少三年。

第七条 公司各部门如遇印章散失、损毁、被盗的情况,部门负责人应迅速向公司行政部递交说明原因的报告书,行政部主管则应根据情况依本章各条规定的手续处理。

第八条 行政部主管应将公司内所有印章登入印章登记台账内,并将此台账永久保存。

第九条 印章在公司以外登记或申报时,应由管理者将印章名称、申报年月日以及申报者姓名汇总后报行政部主管。

□ 印章使用

第十条 本公司各部门如因工作需要使用公司或高级职员人名章时,首先如实填写"公司印章申请单",连同需盖章文件一并交印章管理人。

第十一条 使用部门印章和分公司印章,需在申请单上填写用印理由,然后送交所属部门经理,获认可后,连同需要用印文件一并交印章管理人。

□ 印章借取

第十二条　公司印章的使用原则上由印章管理人掌握。印章管理人必须严格控制用印范围和仔细检查用印申请单上是否有批准人的印章。

第十三条　代理实施用印的人要在事后将用印依据和用印申请单交印章管理人审查。同时用印依据及用印申请单上应用代理人印章。

第十四条　公司印章原则上不准带出公司,如确因工作需要,需经总经理批准,并由申请用印人写出借据并标明借用时间。

第十五条　常规用印或需要再次用印的文件,如事先与印章主管人取得联系或有文字证明者,可省去填写申请单的手续。印章主管人应将文件名称及制发文件人姓名记入一览表以备查考。

第十六条　公司印章的用印依照以下原则进行:公司、部门名章及分公司名章,分别用于以各自名义行文时;职务名称印章在分别以职务名义行文时使用。

□ 用印方法

第十七条　公司印章应盖在文件正面。

第十八条　盖印文件必要时应盖骑缝印。

第十九条　除特殊规定外,盖公司章时一律应用朱红印泥。

第二十条　使用公司名称章时,名章一般盖于公司名称、部门名称、分店、工厂名称及出差地点的右侧。但公司名章与职务名章并用时,应盖于名称中间或竖写名称的下方。

第二十一条　使用职务名章时,通常盖于职务名称的右下。如竖式书写则盖于下方。

第二十二条　股票、债券等张数很多,盖章麻烦时,在得到经理批准后,可采取印刷方式。

□ 附则

第二十三条　本规定从发布之日起实行。

七、企业公印管理制度模板

第一条　本公司的公印分为以下几类:
(一)公司印、会长印、经理印、副经理印、董事印、监查官印。
(二)存款等票据上使用的可行使股东权利的专用公司印章及经理名章。
(三)表现公司所据有的股东权利的专用经理章。
(四)股票、债券专用章。

（五）现金收据专用章（总店、分店、分公司、营业所）。

（六）经理室印、秘书岗位印、计划岗位印、考核岗位印、部门印、部长印、技术研究所印、技术研究所长印、分公司的部门印、分公司的部长印、处室印（限于有必要强调的总店、分公司、分店的某些处室）、处长印（参照前项）。

（七）分店印、分店经理印。

（八）存款专用分店印、分店长印。

（九）分公司及分公司领导印。

（十）存款专用分公司及公司经理印。

（十一）职工培训处、营业所、经营部（需特别认定的）印及各自领导印。

（十二）存款专用职工培训处、营业所、经营部印及各领导印。

前项所列之第（二）、第（八）、第（十）及第（十二）中各印统称为存款专用公章。

第二条　当公司业务涉及支票的背书、存款的支取、票据的发行、背书的认可等一切以经理名义行使本公司股东权限之行为时，启用前项所列第（二）类印章。

第三条　当公司业务涉及股票发行、抵押权登记（取消）、财产信托（取消）及发行公司债券时，启用股票及公司债券专用会长印章。

第四条　当公司业务涉及收取现金（支票及票据等）、发放收据时，启用现金收据专用印章。

第五条　当公司业务涉及分店支票运转、支票背书以及存款支出时，启用存款专用分店印及该分店主管印。

第六条　在公章使用过程中，"管理代行者"代行公章管理职责，"施印责任者"负责公章的施印，"施印代行者"代行盖印业务。

第七条　第一条第（一）项所列各种公章的管理人、代行管理人、施印人和代行施印人另表规定。

第八条　除存款专用公章外，另表上没有规定的公章代行管理人、施印管理人、代行施印人，应由公章管理者事先指定。

第九条　公章管理者依照前项指定的代理人有变更时，应向分管公章管理的总店部长（以下称主管部长）报告变更情况。

第十条　公章施印时，由施印人办理。施印人不在时，由代行施印人办理。公章管理者任何时候都可施印。

第十一条　各级公章代理人在经总店、分店、分公司及直属机构各级主管领导批准后可以施印。当公章管理人、施印人和施印代行者不在时，为使业务正常进行，公章代理人也可以使用存款专用公章。

第十二条　在专决权和特定管理权限中有关代理的规定，不适用于公章代理。

第十三条　在文件上盖印时，要注意以下诸方面：

（一）以何种名义行的文盖何种公章。

（二）董事或监查官发的文件应分别盖董事或监查官印。

（三）除以上两条外，其他文件的公章参照第一条，股票、股权名义文件、抵押权的登记（注销）及财产信托的表示（注销）等文件应盖股票、债券专用公司经理章。公司内部使用的文件，除特殊要求外，一般可省去公章。

第十四条　向公司外部发制的文件需盖公章时，应有对盖章文件的决议，并向施印人出示有关证明。公司内部文件特别需加盖公章的也照此办理。

第十五条　施印人在给前述发往公司内外的文件盖章时，要在盖章决议上签注，并在公章使用登记簿上记录必要事项。特殊文件除外。

第十六条 支票发行、背书、存款的支出及票据的发行时,需加盖能反映公司股东权利的专用章及经理名章,此时需在支票账、存款提取单及票据账中记入必要事项,同时附加会计传票向施印者出示。

第十七条 票据担保需盖经理名章以行使股东权利时,需向施印人出示盖有公章的有关决定、委托状。

第十八条 股权名义、抵押权登记(取消)及财产信托的依据(取消)等文件加盖公章时,应向施印人出示各种文件的请求报告。

第十九条 现金收据专用章的盖印手续由公章管理人规定。公章管理人确定手续时要向主管部长(如是营业所,向分店经理)报告。

第二十条 施印人及施印代行人在准备盖印之前,要从公章管理人或代行管理人那里取出公章,并应在用毕后迅速将公章归还管理人或代行管理人。

第二十一条 施印人因事在盖印过程中需暂时离开时,应由施印代行人继续完成盖印,若此时施印代行人不在,应将印章收入专用容器,妥善保存。施印代行人若遇此种情况也由此同样办理。

第二十二条 公章管理人中代行管理人离职时,应将印章收入专用容器,妥善保存。

第二十三条 存款专用章必须单独保管。

第二十四条 公章一律由主管部长按规定样式监制。

第二十五条 主管部长应将公章立账。主管部长对其直属部门、业务机关的公章,对分店经理、分经理所管辖的各类公章应建有副本账。

第二十六条 当不需要公章或公章因磨损而不能使用时,要及时归还主管部长。停止使用的公章上交后保存一年,保存期满后可以销毁。

八、企业印章使用细则

□ 总则

第一条 为规范本公司印章使用及管理,明确本公司印章交付使用权限,特制定本制度。

第二条 本公司印章分为重要印章和一般印章,使用时需要区别对待。

第三条 本公司所有重要印章由总经理或行政总监负责保管,一般交易印章由行政主管保管。

□ 重要印章使用

第四条 如公司业务需要需盖章时,待需盖章文件及填写完使用目的、盖印期限、日期和盖印数量等规定内容的"重要用印申请书",经所属部门的负责人批准后报行政主管处。

第五条 接到申请的行政主管,确认手续完备和申请单上填写无误后,将其与文件一并送行政总监批复。

第六条 行政总监将对文件的效用进行审查,对有关疑点进行质询后注明意见,呈报总经理。

第七条 总经理在对上述过程及一切文件审查后,直接在文件上盖印。

第八条 盖过印的文件及"重要用印申请书"经行政总监返还行政主管后,文件发还申请人。

第九条 "重要用印申请书"之"处理结果"一栏由总经理填写,由行政主管统一保存。

第十条 总经理若认为文件有不完善之处时,要由行政总监、行政主管依次向申请者反馈。

□ 一般交易印章使用

第十一条 如公司业务需要使用一般交易印章时,使用人将文件及登记了文件名称、盖印日期、文件内容等规定事项的"交易印章施印登记表"递交行政主管处。

第十二条 接收上述文件及表格的行政主管处理用印事务。

□ 印章管理

第十三条 总经理因不得已的原因而不能自行用印时,要预先征得行政总监同意委托事务董事代行用印。

第十四条 办理用印事宜应在正常工作日之内。

第十五条 印章严禁带出公司。如不得不带出公司时,需经总经理批准。

第十六条 印章如遇丢失、损毁或被盗时,应迅速向总经理或行政总监汇报。

第十七条 印章的新刻或改刻由行政主管获总经理批准后办理。

第十八条 公司的印章,不论是重要印章,还是一般交易用章,用于文件和凭证时就代表着公司的权利和义务,因此,应将这样印章的印模制成印鉴簿交由行政主管保管。

□ 附则

第十九条 本规定的制发、修改和废止,由董事会研究决定。

第二十条 本规定于×××年×月×日实施。

九、企业公文实用表格——请示

企业公文实用表格——请示如表12-1所示:

表 12-1　请　　示

　　　　　　　××公司

××公司/部门
关于××××的请示

××部门：
（正文）

　　　　　　　　　　　　　　　　　　　　　　　　　　　××公司/部门
　　　　　　　　　　　　　　　　　　　　　　　　　　　　年　月　日

当否，请批复。

抄送：_____

十、企业公文实用表格——报告

企业公文实用表格——报告如表 12-2 所示：

表 12-2　报　　告

　　　　　　　××公司

××公司/部门
关于××××的××报告

××部门：
（正文）

　　　　　　　　　　　　　　　　　　　　　　　　　　　××公司/部门
　　　　　　　　　　　　　　　　　　　　　　　　　　　　年　月　日

抄送：_____

十一、企业公文实用表格——决议

企业公文实用表格——决议如表 12-3 所示：

表 12-3 决　　议

××公司文件

总发办字[×]第[×]号　　　签发人：

×× 会关于××××决议

(　　年　月　日××会议通过)

××部门：

（正文）

　　　　　　　　　　　　　　　　　　　　　　　　　年　　月　　日

主题词_____

抄送：_____

　　　　　　　　　　　　　　　　　　　　　　　　　××公司
　　　　　　　　　　　　　　　　　　　　　　　　　年　　月　　日

　　　　　　　　　　　　　　　　　　　　　　　　　（共印××份）

十二、企业公文实用表格——决定

企业公文实用表格——决定如表 12-4 所示：

表 12-4 决　　定

×× 公司文件

总发办字[×]第[×]号　　　签发人：

关于××××决议

（正文）

　　　　　　　　　　　　　　　　　　　　　　　　　年　　月　　日

主题词_____

抄送：_____

　　　　　　　　　　　　　　　　　　　　　　　　　××公司
　　　　　　　　　　　　　　　　　　　　　　　　　年　　月　　日

　　　　　　　　　　　　　　　　　　　　　　　　　（共印××份）

十三、企业公文实用表格——批复

企业公文实用表格——批复如表 12-5 所示：

表 12-5 批　　复

×ial×公司文件

×函[×]第×号

×× 公司关于××××公司的批复

××××公司(部门)

　　你公司(部)于××××年×月×日×法[××]号请示收悉。现批复如下：

(正文)

　　　　　　　　　　　　　　　　　　　　　　　年　　月　　日

主题词_____

抄送：_____

　　　　　　　　　　　　　　　　　　　　　　　××公司
　　　　　　　　　　　　　　　　　　　　　　　年　　月　　日

　　　　　　　　　　　　　　　　　　　　　　　　　(共印××份)

十四、企业公文实用表格——通知

　　企业公文实用表格——通知如表 12-6 所示：

表 12-6 通　　知

××公司文件

总发办字[×]第[×]号　　签发人：

关于××××的通知

总公司中心(部、室)、各分公司、子公司：

(正文)

　　　　　　　　　　　　　　　　　　　　　　　年　　月　　日

主题词_____

抄送：_____

　　　　　　　　　　　　　　　　　　　　　　　××公司
　　　　　　　　　　　　　　　　　　　　　　　年　　月　　日

　　　　　　　　　　　　　　　　　　　　　　　　　(共印××份)

十五、企业公文实用表格——通报

　　企业公文实用表格——通报如表 12-7 所示：

表 12 -7 通　　报

×× 公司文件

总发办字[×]第[×]号　　签发人：

关于××××的通报

总公司中心(部、室)、各分公司、子公司：
　　(正文)

年　　月　　日

主题词
抄送：

×× 公司

年　　月　　日

(共印×× 份)

十六、企业公文实用表格——公函

企业公文实用表格——公函如表 12 -8 所示：

表 12 -8 公　　函

×× 公司文件

× 函第[200 ×]第[×]号　　签发人：

×× 公司关于××××的复函

×× 公司：
　　×××× 年×× 月×× 日函收悉，关于××× 一事，经我××× 研究，回复如下：
(正文)

特此复函

×× 公司

年　　月　　日

第十三章 私营企业档案管理制度与规范

一、档案管理工作的基本内容

建立健全保管制度是对人事档案进行有效保管的关键。其基本内容大致包括五部分：材料归档制度、检查核对制度、转递制度、保卫保密制度、统计制度。

（一）材料归档制度

新形成的档案材料应及时归档，归档的大体程序是：首先对材料进行鉴别，看其是否符合归档的要求；其次，按照材料的属性、内容，确定其归档的具体位置；再次，在目录上补登材料名称及有关内容；最后，将新材料放入档案。

（二）检查核对制度

检查与核对是保证人事档案完整、安全的重要手段。

检查的内容是多方面的，既包括对人事档案材料本身进行检查，如查看有无霉烂、虫蛀等，也包括对人事档案保管的环境进行检查，如查看库房门窗是否完好，有无其他存放错误等。

检查核对一般要定期进行。但在下列情况下，也要进行检查核对：

突发事件之后，如被盗、遗失或水灾火灾之后；

对有些档案发生疑问之后，如不能确定某份材料是否丢失；

发现某些损害之后，如发现材料变霉，发现了虫蛀等。

（三）转递制度

转递制度是关于档案转移投递的制度。档案的转递一般是由工作调动等原因引起的，转递的大致程序如下：

1. 取出应转走的档案；

2. 在档案底账上注销；

3. 填写《转递人事档案材料的通知单》；

4. 按发文要求包装、密封。在转递中应遵循保密原则，一般通过机要交通转递，不能交本人自带。另外，收档单位在收到档案，核对无误后，应在回执上签字盖章，及时退回。

（四）保卫保密制度

具体要求如下：

1. 对于较大的企业，一般要设专人负责档案的保管，应齐备必要的存档设备。

2. 库房备有必要的防火、防潮器材。

3. 库房、档案柜保持清洁，不准存放无关物品。

4. 任何人不得擅自将人事档案材料带到公共场合。

5. 无关人员不得进入库房，严禁吸烟。

6. 离开时关灯关窗，锁门。

（五）统计制度

人事档案统计的内容主要有以下几项：

1. 人事档案的数量；

2. 人事档案材料收集补充情况；
3. 档案整理情况；
4. 档案保管情况；
5. 利用情况；
6. 库房设备情况；
7. 人事档案工作人员情况。

二、档案管理应遵循的工作原则

档案管理应遵循的工作原则如下：

1. 企业档案为集体所有，任何人不得占为己有，因此在档案管理过程中，应实行共同管理的原则，分清权责。

2. 依据共同分享和共同管理的原则，尽量减少档案的复印份数及保管场所，提高档案的保密系数和安全性，同时要降低管理成本。

3. 应及时分类、整理、编辑与传递文书资料，并科学归档保管，提高档案管理的质量与效率。

三、人事档案利用制度模板

□ 目的

第一条 建立人事档案利用制度是为了高效、有序地利用档案材料。档案在利用过程中，应遵循一定的程度和手续，这是保证档案管理秩序的重要手段。

第二条 建立人事档案利用制度也是为了给档案管理活动提供规章依据。工作人员必须按照这些制度行事，这是对工作人员的基本要求。

□ 人事档案利用的方式

第三条 设立阅览室以供利用查阅。阅览室一般设在人事档案库房内或靠近库房的地方，以便调卷和管理。这种方式具有许多优点，如便于查阅指导，便于监督，利于防止泄密和丢失等。这是人事档案利用的主要方式。

第四条 借出使用。借出库房须满足一定的条件，比如：本机关领导需要查阅人事档案；公安、保卫部门因特殊需要必须借用人事档案等。借出的时间不宜过长，到期未还者应及时催还。

第五条 出具证明材料。这也是人事档案部门的功能之一。出具的证明材料可以是人事档案部门按有关文件规定写出的有关情况的证明材料,也可以是人事档案材料的复制件。要求出具材料的原因一般是入党、入团、提升、招工、出国等。

人事档案利用的手续

第六条 在通过以上方式利用人事档案时,必须符合一定的手续。这是维护人事档案完整安全的重要保证。

第七条 查阅手续

正规的查阅手续包括以下内容:首先,由申请查阅者写出查档报告,在报告中写明查阅的对象、目的、理由、查阅人的概况等情况;其次,查阅单位(部门)盖章。负责人签字;最后,由人事档案部门审核批准。人事档案部门对申请报告进行审核,若理由充分,手续齐全,则给予批准。

第八条 外借手续

首先,借档单位(部门)写出借档报告,内容与查档报告相似。

其次,借档单位(部门)盖章,负责人签字。

再次,人事档案部门对其进行审核、批准。

然后,进行借档登记。把借档的时间、材料名称、份数、理由等填清楚,并由借档人员签字。

最后,归还时,及时在外借登记上注销。

第九条 出具证明材料的手续

单位、部门或个人需要由人事档案部门出具证明材料时,需履行以下手续:首先,由有关单位(部门)开具介绍信,说明要求出具证明材料的理由,并加盖公章;其次,人事档案部门按照有关规定,结合利用者的要求,提供证明材料;最后,证明材料由人事档案部门有关领导审阅,加盖公章,然后登记、发出。

四、文书档案归档制度模板

总则

第一条 根据邮电部《邮电文书立卷归档办法》为加强本公司文书立卷工作,特制定本制度。

第二条 归档的文件材料必须按年度立卷,本单位内部机构在工作活动中形成的各种有保存价值的文件材料,都要按照本制度的规定,分别立卷归档。

第三条 公文承办部门或承办人员应保证经办文件的系统完整(公文上的各种附件一律不准抽存)。结案后及时交专(兼)职文书人员归档。工作变动或因故离职时应将经办的文件材料向接办人员交接清楚,不得擅自带走或销毁。

文件材料的收集管理

第四条　坚持部门收集、管理文件材料制度。各部门均应指定专(兼)职文书人员,负责管理本部门的文件材料,并保持相对稳定。人员变动应及时通知档案室。

第五条　凡本公司打印发出的公文(含定稿和两份打印的正件与附件、批复请示、转发文件含被转发的原件)一律由办公室统一收集管理。

第六条　一项工作由几个部门参与办理,在工作活动中形成的文件材料,由主办部门收集归卷。会议文件由会议主办部门收集归卷。

(一)公司工作人员外出学习、考察、调查研究、参加上级机关召开的会议等公务活动的相关人员核报差旅费时,必须将会议的主要文件资料向档案室办理归档手续、档案室签字认可后财务部门才给予核报差旅费。

(二)本公司召开会议,由会议主办部门指定专人将会议材料、声像档案等向档案室办理归档手续,档案室签字认可后财务部门才给予报会议费用。

第七条　各部门专(兼)职文书的职责：

(一)了解本部门的工作业务,掌握本部门文件材料的归档范围,收集管理本部门的文件材料。

(二)认真执行平时归档制度,对本部门承办的文件材料及时收集归卷,每年的三月份前应将归档文件材料归档完毕,并向档案室办好交接签收手续。

(三)承办人员借用文件材料时,应积极地提供利用,做好服务工作,并办理临时借用文件材料登记手续。

归档范围

第八条　重要的会议材料,包括会议的通知、报告、决议、总结、领导人讲话、典型发言、会议简报、会议记录等。

第九条　上级机关发来的与本公司有关的决定、决议、指示、命令、条例、规定、计划等文件材料。

第十条　本公司对外的正式发文与有关单位来往的文书。

第十一条　本公司的请示与上级机关的批复。

第十二条　本公司反映主要职能活动的报告、总结。

第十三条　本公司的各种工作计划、总结、报告、请示、批复、会议记录、统计报表及简报。

第十四条　信访工作材料。

第十五条　本公司与有关单位签订的合同、协议书等文件材料。

第十六条　本公司干部任免的文件材料以及关于员工奖励、处分的文件材料。

第十七条　本公司员工劳动、工资、福利方面的文件材料。

第十八条　本公司的历史沿革、大事记及反映本公司重要活动的剪报、照片、录音、录像等。

平时归卷

第十九条　各部门都要建立健全平时归卷制度。对处理完毕或批存的文件材料,由专(兼)职文书集中统一保管。

第二十条　各部门应根据本部门的业务范围及当年工作任务,编制平时文件材料归卷使用的"案卷类目"。"案卷类目"的条款必须简明确切,并编上条款号。

第二十一条 公文承办人员应及时将办理完毕或经领导人员批存的文件材料,收集齐全,加以整理,送交本部门专(兼)职文书归卷。

第二十二条 专(兼)职文书人员应及时将已归卷的文件材料,按照"案卷类目"条款,放入平时保存文件卷夹内"对号入座",并在收发文登记簿上注明。

□ 立卷(案卷质量要求)

第二十三条 为统一立卷规范,保证案卷质量,立卷工作由相关部室兼职档案员配合,档案室文书档案员负责组卷、编目。

第二十四条 案卷质量总的要求是:遵循文件的形成规律和特点,保持文件之间的有机联系,区别不同的价值,便于保管和利用。

第二十五条 归档的文件材料种数、份数以及每份文件的页数均应齐全完整。

第二十六条 在归档的文件材料中,应将每份文件的正件与附件、印件与定稿、请示与批复、转发文件与原件、多种文字形成的同一文件,分别立在一起,不得分开,文电应合一立卷;绝密文电单独立卷,少数普通文电如果与绝密文电有密切联系,也可随同绝密文电立卷。

第二十七条 不同年度的文件一般不得放在一起立卷,但跨年度的请示与批复,放在复文年立卷;没有复文的,放在请示年立卷;跨年度的规划放在针对的第一年立卷;跨年度的总结放在针对的最后一年立卷;跨年度的会议文件放在会议开幕年,其他文件的立卷按照有关规定执行。

第二十八条 卷内文件材料应区别不同情况进行排列,密不可分的文件材料应依序排列在一起,即批复在前,请示在后;正件在前,附件在后;印件在前,定稿在后;其他文件材料依其形成规律或特点,应保持文件之间的密切联系并进行系统的排列。

第二十九条 卷内文件材料应按顺序排列,依次编写页号。装订的案卷应统一在有文字的每页材料正面的右上角背面的左上角打印页号。

第三十条 永久、长期和短期案卷必须按规定的格式逐件填写卷内文件目录。填写的字迹要工整。卷内目录放在卷首。

第三十一条 有关卷内文件材料的情况说明,都应逐项填写在备考表内。若无情况可说明,也应将立卷人、检查人的姓名和时期填上以示负责。备考表应置卷尾。

第三十二条 案卷封面,应逐项按规定用毛笔或钢笔书写,字迹要工整、清晰。

第三十三条 案卷的装订和案卷各部分的排列格式:

案卷装订。装订前,卷内文件材料要去掉金属物,对破坏的文件材料应按裱糊技术要求托裱,字迹已扩散的应复制并与原件一并立卷,案卷应用三孔一线封底打活结的方法装订。

第三十四条 案卷各部分的排列格式:软卷封面(含卷内文件目录)一文件一封底(含备考表),以案卷号排列次序装入卷盒,置于档案柜内保存。

第三十五条 本制度自印发之日起实施。

五、档案借阅管理制度模板

第一条　本公司各部门借阅相关档案,必须由部门负责人提出申请,经总裁签字,行政部主管核准办理借阅手续。

第二条　外单位来人查阅本公司档案,需持证明材料并经本公司总裁签字批准,方可查阅,但不得抄录或借出。

第三条　机密、秘密、绝密档案借阅一律不外借,如有需求,按照《档案安全保密标准》中的要求办理。

第四条　在查阅本公司档案时,应在档案室内进行,严禁涂改、折页、裁剪、拍照、撕毁等。

第五条　本公司档案借出时间不得超过一周,不得转借他人。需继续使用者要办续借手续,确保档案的完整与安全。

第六条　珍贵的实物档案、重要的照片、底片、缩微胶片等档案一律不借出。

第七条　凡私自抄录、拍摄、描绘、拆散、删刮、撕毁档案等行为者严格按照国家《档案法》、《保密法》予以追究法律现行责任。

六、档案保密制度模板

第一条　为保护企业机密,规范本公司档案管理,特制定本制度。

第二条　行政部管理公司档案的相关人员必须遵守保密制度,履行保密手续,确保档案的安全。

第三条　本公司所有人员如需借用公司内部档案,必须经档案管理人员提供,任何人不得直接动用。

第四条　借阅档案必须严格遵守《档案节约管理制度》。

第五条　如需借用本公司机密档案以及引进技术资料、科研成果、发明创造、专利、新产品、新工艺等技术文件材料,须严格履行审批手续。未经批准的,严禁提供利用。

第六条　对于擅自向外转借、提供图纸资料和技术文件等档案材料者,必须追查责任,对于严重损害国家和我公司利益者,要依法追查刑事责任。

第七条　停产或已生产完毕的产品图纸和技术文件材料以及其他经鉴定审批拟销毁的档案资料,统一由公司档案信息中心组织回收,统一销毁,其他任何单位和个人一律无权处理或自行销毁。

第八条　发现有关泄密事件,应立即报告,及时追查。

第九条　不允许传抄、自行翻印机密文件和带密级的档案材料。

第十条　不允许将机密文件带回家中和到领导办公室随意翻阅文件。严禁携带机密文件、档案资料游览、参观、探亲、访友,出入公共场所。

第十一条　单位领导和保密小组要定期检查保密工作,总结经验,堵塞漏洞,严防失密、泄密发生。

七、档案复制制度模板

第一条　本单位因工作需要复制一般文件材料时要经档案室审批;本单位复制本职工作范围以外的档案,需经有关业务部门负责人同意;复制机密档案材料(局会议记录等)须经局档案员和分管档案工作的局领导审批后方可复制。

第二条　外单位一般不予复制,确因工作需要应持单位介绍信,经档案员同意方可复制。

第三条　复制后要及时进行登记。

八、员工档案标准版

员工档案标准版如表13-1所示:

表13-1　员工档案标准版

	姓名		性别		民族	
基本情况	出生日期		身份证号码			
	政治面貌		婚姻状况		（　）已婚 （　）未婚	
	毕业学校		学历			
	毕业时间		参加工作时间			
	专业		户口所在地			
	籍贯		邮政编码			
	地址		联系电话			
	手机		电子信箱			
	备注					

(续表)

	姓名			性别			民族	
入司情况	所属部门				担任职务			
	入公司时间				转正时间			
	合同到期时间				续签时间			
	是否已调档				聘用形式			
	如未调档,档案所在地							
	备注							
档案所含资料	文件名称				文件名称			
	个人简历				求职人员登记表			
	应聘人员面试结果表				身份证复印件			
	学历证书复印件				劳动合同书			
	员工职务变更审批表				员工转正审批表			
	员工职务变更审批表				员工工资变更审批表			
	员工续签合同申报审批表							
备注								

九、档案查询申请表

档案查询申请表如表13-2所示:

表13-2　档案查询申请表

申请人：　　　　　　　　　　　　　　　　填表日期：　　年　　月　　日

档案名称	查询事由	查询时限	申请人所在单位	申请人签章
人力资源管理主管意见				签名： 　年　月　日

十、档案转出记录表

档案转出记录表如表13-3所示：

表13-3 档案转出记录表

申请人：　　　　　　　　　　　　　　　填表日期：　　年　　月　　日

档案名称	查询事由	查询时限	申请人所在单位	申请人签章

十一、档案清单

档案清单如表13-4所示:

表13-4 档案清单

填表日期: 年 月 日

姓名		性别		单位	
序号	档案存放项目		主要内容		存入日期
备注					

十二、档案索引表

档案索引表如表 13-5 所示:

表 13-5 档案索引表

部门:

序号	档案号	名称	建档日期	存储位置	摘要	保管期限	备注

第十四章 私营企业考勤管理制度与规范

一、考勤的目的

对公司而言,做好考勤管理,能产生以下优势:

第一,能使员工的工作效率得到有效发挥。首先,有的缺勤是不可避免的,但很多缺勤是由于小病或者其他没必要的原因造成的;其次,能让出勤良好的员工摆正工作心态,认真做事。因为一个完善的考勤管理系统能给员工提供一个公平一致的工作环境。

第二,能使公司在解决缺勤问题中完善自己。因为有些问题并不完全出在员工身上,所以管理人员必须从自身找到根源并有效解决。

这有利于公司制度的贯彻执行;同时考勤管理还能辐射影响公司内部的其他细节管理,比如加班管理、文件管理等。

能提高员工的凝聚力。因为在对缺勤进行管理时,公司如果能了解缺勤原因并能有效解决,就能增强员工对公司的认同感和归属感;能发挥出员工的工作积极性和主动性。

二、考勤的工作流程

考勤流程如图14-1所示:

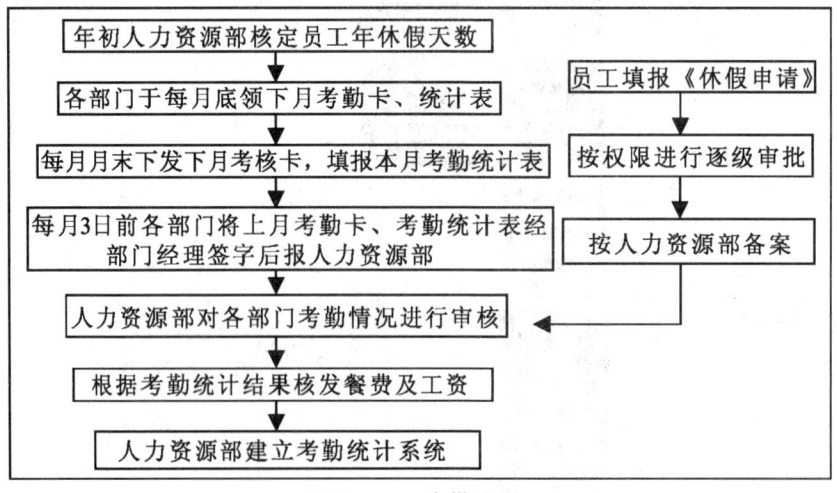

图14-1 考勤流程

加班流程如图 14-2 所示：

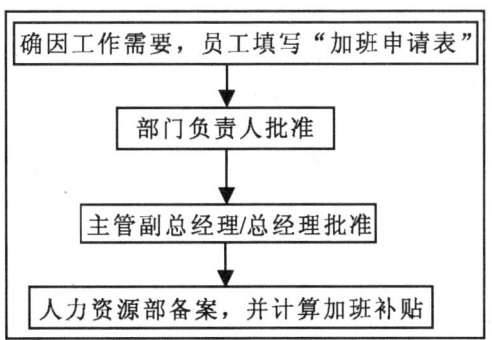

图 14-2 加班流程

请假流程如图 14-3 所示：

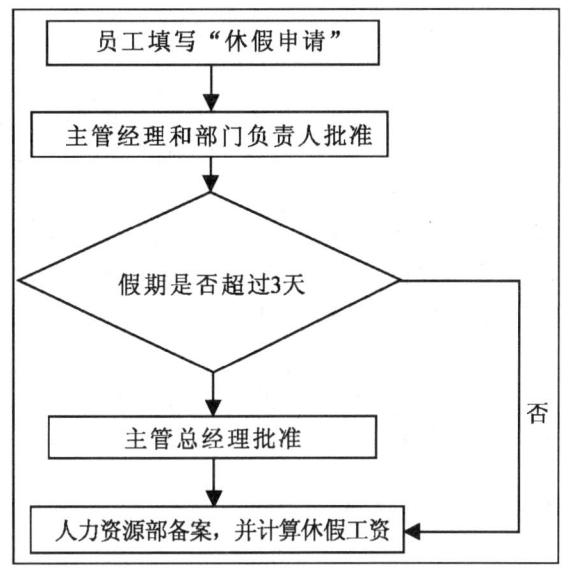

图 14-3 请假流程

三、企业考勤管理规定

第一条 为加强公司员工考勤管理，特制定本规定。

第二条 本规定适用于公司总部，各下属全资或控股企业或参照执行或另行规定，各企业自定的考勤管理规定须由总公司规范化管理委员会审核签发。

第三条 员工正常工作时间为上午 8 时 30 分至 12 时，下午 1 时 30 分至 5 时，每周

六、日不上班,因季节变化需调整工作时间时由总裁办公室另行通知。

第四条 公司员工一律实行上下班打卡登记制度。

第五条 所有员工上下班均需亲自打卡,任何人不得代理他人或由他人代理打卡,违犯此条规定者,代理人和被代理人均给予记过一次的处分。

第六条 公司每天安排人员监督员工上下班打卡,并负责将员工出勤情况报告值班领导,由值班领导报至劳资部,劳资部据此核发全勤奖金及填报员工考核表。

第七条 所有人员须先到公司打卡报到后,方能外出办理各项业务。特殊情况需经主管领导签卡批准,不办理批准手续者,按迟到或旷工处理。

第八条 上班时间开始后5分钟至30分钟内到班者,按迟到论处,超过30分钟以上者,按旷工半日论处。提前30分钟以内下班者按早退论处,超过30分钟者按旷工半天论处。

第九条 员工外出办理业务前须向本部门负责人(或其授权人)申明外出原因及返回公司时间,否则按外出办私事处理。

第十条 上班时间外出办私事者,一经发现,即扣除当月全勤奖,并给予警告一次的处分。

第十一条 员工一个月内迟到、早退累计达3次者扣发全勤奖50%,达5次者扣发100%全勤奖,并给予一次警告处分。

第十二条 员工无故旷工半日者,扣发当月全勤奖,并给予一次警告处分,每月累计3天旷工者,扣除当月工资,并给予记过一次处分,无故旷工达一个星期以上者,给予除名处分。

第十三条 员工因公出差,须事先填写出差登记表,副经理以下人员由部门经理批准;各部门经理出差由主管领导批准;高层管理人员出差须报经总裁或董事长批准,工作紧急无法向总裁或董事长请假时,须在董事长秘书室备案,到达出差地后应及时与公司取得联系。

第十四条 出差人员应于出差前先办理出差登记手续并交至劳动工资部备案。凡过期或未填写出差登记表者不再补发全勤奖,不予报销出差费用,特殊情况须报总经理审批。

第十五条 当月全勤者,获得全勤奖金200元。

四、员工考勤及休假制度模板

为了维持良好的生产秩序,提高劳动生产率,保证通信生产工作的顺利进行;为了使员工保持良好的身体素质和旺盛的精力,努力做好本职工作,并考虑员工与家属团聚的问题,根据国家有关规定,结合公司的实际情况,特制定本规定。

(一)考勤

1. 考勤内容:

(1)上班时间已到而未到岗者,即为迟到。

(2)未到下班时间而提前离岗者,即为早退。

(3)工作时间未经领导批准离开工作岗位者,即为擅离职守。

(4)迟到、早退或擅离职守超过30分钟,或未经准假而不到班者,均为旷工。

2. 考勤须知:

(1)对有迟到、早退、擅离职守现象的员工,应进行教育,属屡教不改的,给予适当的纪律处分。如有造成严重后果的,应追究其责任。

(2)对旷工者,应责成其作出书面检讨,并按下表计扣工资,扣发当月各项奖金。旷工2天以上,每增加一天,加扣年终奖10%。连续旷工15天,或一年内累计旷工超过30天,或旷工虽未达到上述天数,但次数较多,情节严重的,均应作除名处理,参见表14-1:

表14-1 旷工处理办法

旷工天数	0.5天	1天	1.5天	2天	一年累计13天	连续旷工15天	一年累计30天以上
扣工资 岗位+技能	25%	50%	75%	100%	扣年终各项奖金	除名	除名

(3)留职察看期间,只发岗位工资及各项补贴。

3. 请假办法:

(1)公假。经公司批准脱产参加会议、学习、出差、从事社会活动、工会活动均属公假;经公司指定或批准休养、参观、访问的模范人物或代表,以及因工(公)负伤人员在医疗期间,根据实际情况核给公假。

(2)调遣假。员工异地调动,有家属随迁的,不超过6天,调往边远地区的,不超过14天。员工单人赴调不超过3天,赴调途中所需行程时间,按其实际需要核给,不计算假期。地区内调动一般不超过1天。

如有非经常性事务,需员工本人办理或参加的,如迁居、开家长会等,各单位可考虑到工作安排及员工的需要,酌情处理,不计算假期。

4. 因工作需要积累工时工休,一般应在当月补休,如确因工作一时不能安排补休的,经部门经理同意可适当推迟,可保留至当年底,员工调动工作,原则上不能将积累的工休延至新的工作岗位。

5. 因工作需要,加班或无法安排休息的人员,须经部门经理批准或人事部核准,以补发加班费的形式予以补偿。补偿办法:(岗位工资+技能工资)÷25.5天×1.5×加班天数。法定假日加班费按(岗位+技能)÷25.5×2×加班天数计算。

(二)休假

1. 员工休假必须服从组织安排,并按规定逐级审批,报人事部批准,室主任一级由部门经理安排休假,部门经理由总经理安排休假。

2. 员工申请休假须一个星期前填写《有薪假期申请表》或《无薪假期申请表》,送交人事部审批。未接到休假通知单,不得擅自休假,否则按旷工处理,因特殊原因本人不能亲自办理的,应提前托人或电话告假,如事前未提出请假,事后补交病假单之类的一律无效。

3. 婚假。员工申请结婚,需在本公司办理结婚手续,并以领取结婚证为准,婚假假期3天,晚婚假10天(晚婚条件:女满23周岁,男满25周岁)。如到外地(指配偶工作所在地,不含旅行结婚)结婚的,根据在途往返时间核给路程假。

4. 丧假。员工的直系亲属(祖父母、父母、配偶、子女,以及依靠本人供养的弟妹、养父母、岳父母、公婆)死亡,给予假期3天。员工到外地办理丧事,可根据实际路程所需时间,另给路程假。

5.产假、计划生育假:

(1)女工产假按下列标准核给:

假期内容	假期天数	说明
产假	90天	难产或双胞加14天
晚育假	15天	年满24周岁为晚育
独生子女假	35天	凭独生子女证给

(2)临时工产假56天,临时工产假期间发给60%的工资。

(3)产妇如遇实际困难,可请哺乳假至婴儿一周岁,哺乳假工资按本人(岗位+技能工资)75%发给,并据此比例计发房补,其他补贴照发。

(4)接受节育手术者,经医生证明,分别给予以下假期:

· 放置宫内节育器的,自手术之日起休息3日,手术后7日内不从事重体力劳动;

· 经计划生育部门批准取宫内节育器的,休息2日;

· 输精管结扎的,休息7日,输卵管结扎的,休息21日;

· 怀孕不满3个月人工流产的,休息15天,3个月以上的,休息42天;

· 同时施行两种节育手术的,合并计算假期,如遇特殊情况需增加假期时,由医生确定。

6.病假:

(1)员工因病或非因工(公)负伤,经公司指定的医疗单位证明确定不能坚持工作,可参考医生建议,根据实际情况核给病假。

(2)病假期间的待遇按国家劳动保险条例规定办理。病假3天内不扣工资,4天以上按(岗位工资+技能工资)÷30天计扣工资。

(3)长期病休人员,从病休时起,一年内的任何时间累计超过6个月(或153个工作日),从超过之日起,停发工资,改发疾病救济费,累计办法:每月以24日为截止日期往前推12个月,凡在这12个月内病休累计达6个月(或153个工作日)时,从超过之日起停发工资,改发疾病救济费。

(4)凡领取疾病救济费者,如病愈需要复工时,经医生证明,先行试复工2个月。在试工期,又患病累计休息15天以上者,停止试工,停发(病假)工资,发给疾病救济费。试复工期满,连续工作2个月以上者,若再次患病,休息时间可重新累计计算。

表14-2 病假期间待遇1

连续工龄	不满2年	满2年不满4年	满4年不满6年	满6年不满8年	满8年以上
6个月以内病假工资(岗位工资+技能工资)	60%	70%	80%	90%	100%

表 14-3 病假期间待遇 2

连续工龄	不满 1 年	满 1 年不满 3 年	满 3 年以上
连续病假 6 个月以上、救济费（岗位工资 + 技能工资）	40%	50%	80%

7. 事假。

员工因个人事务，必须亲自处理的，根据工作安排以及本人的实际需要酌情核给。请事假员工按（岗位工资 + 技能工资）÷30 天计扣工资。

8. 探亲假：

（1）员工结婚时，分居两地，又不能在公休假日团聚的，每年可享受一次探望配偶假，假期为 30 天。

（2）未婚员工探望父母每年一次，假期为 20 天，如因工作需要，当年无法安排的，可以 2 年给假一次，假期为 45 天。

（3）已婚员工探望父母假，每 4 年一次，假期为 20 天。

（4）员工有生身父母，又有养父母的，只能探望一方（以供养关系为主）。

（5）大专院校分配来的毕业生，新招合同工人，在实习、试用期间不能享受探亲假，满一年后才能享受探亲假。外单位调进公司的员工要满半年，才能享受探亲假。

（6）员工配偶已离婚或死亡，尚未再婚的，按未婚员工待遇处理。员工配偶、父母均已死亡，又未重新结婚，而且身边没有子女者，如有 16 岁以下的未成年子女寄养在外地的，按未婚员工探亲假处理。

（7）员工探亲假期不包括路程假，但包括公休假日和法定节假日，路程假根据实际需要核给。

（8）员工探亲休假期间患病时，其病休天数仍作为享受探亲假计算，原规定的休假天数不能顺延。如果员工因患急病、重病、假期期满后不能按期返回的，其延期返回的天数可根据县以上医疗单位的证明，按病假处理。

（9）员工因各种原因在当年与配偶团聚 3 个月以上的，不再享受一年一次探亲假。

（10）探亲假原则上不能分期使用，确因生产、工作需要分期使用的，经人事部批准，可分期使用，跨年度作废。路程假只给一次，往返路费只报销一次。

9. 年假：

（1）休假范围及条件：凡参加工作（不含借调人员、临时工和劳务工）满 5 年以上的员工均以国家相关规章制度为基础实行休假。

（2）享受年休假的几项规定：

按国家有关规定享受探亲假、婚丧假、生育假的员工，不影响享受年休假。

全脱产学习满一年的员工，不享受当年的年休假；累计学习满半年不满一年的员工，可享受休假，其假期减半。

病事假累计超过 3 个月或工伤假超过半年的员工，当年不再享受年休假。旷工 2 天，当年不再享受年休假。

受各类警告以上处分的员工，取消一年的休假，受各类察看处分的员工，察看期间不享受年休假；对个别表现不好或完不成生产任务的员工，各部门领导有权取消其年休假待遇，上报人事部备案。

年休假时间的计算包括公休假日，不包括法定假日。

凡外单位、外系统调入的人员,从报到之日起,满半年后方可享受年休假。

(三)说明

1. 本规定从发布之日起执行,以前有关规定与本规定相抵触的地方,按本规定执行。执行以后如上级有新的规定另行通知。

2. 本规定的解释权在公司人事部。

五、员工出勤制度

第一条 为规范本公司员工出勤纪律,保障公司及员工合法权益,依国家劳动法的规定并参考公司业务上所需的工作时间,本公司员工(包括试用期员工)所应遵循的出勤按本制度进行。

第二条 总公司员工工作时间如下:

(一)星期一至星期五,从上午8:30到中午12:00,下午1:00到5:30。

(二)星期六,从上午8:30到中午12:30。

第三条 公司所属工厂员工:

(一)星期一至星期五,从上午7:30到12:00,下午1:00到4:30。

(二)星期六,采取双周轮休制,其工作时间与前项规定相同。

第四条 特殊勤务人员:

(一)警卫、临时雇员、计时人员等的出勤时间,由各所属部门主管人员视其业务需要个别制定,并送交人事科备查。

(二)其他从事特殊职务的专职人员的出勤时间,应视工作上的需要由人事科另行制定。若因业务上需要不得不延长其工作时间,则须依规定给付超时勤务津贴。

第五条 如有在正常工作日内迟到、早退或在规定勤务时间私自外出在30分钟以内者,则视为缺勤一次;缺勤30分钟以上者,一律按缺勤两次计,每缺勤一次扣除1小时工资,并列入出勤考绩范围内。

第六条 本公司员工因病请假而缺勤时,须提交医院证明(请假在一日以内则免),并按实际缺勤日数的总和,根据日工资额减半扣除。

第七条 员工因私人事由不得不亲自处理时,应于请假前3日内提出申请,并视实际缺勤日数金额扣除。

第八条 因业务工作负伤或疾病而缺勤时,应于一周内提出医院证明,工资则仍照常给付,但工资给付原则上以一年为限。

第九条 下列特别休假时,工资仍照常给付:

(一)婚假、丧假。

(二)年度带薪休假。

(三)行使公民权时。

(四)公司例会时。

(五)星期例假日。

（六）法定休假日。
（七）女性职员的产假。
（八）休假日加班后补休。
（九）公假。

第十条 执行轮班制工作的员工的休假，由各部门主管人员编排后，交由行政部建档管理。

六、员工考勤细则

第一条 本公司所有员工必须按规定时间上（下）班，并打考勤卡，漏打者不论其原因如何，均以迟到或早退论。

第二条 本公司所有员工上班超过规定时间15分钟以内则记为迟到。

第三条 本公司所有员工上班超过规定时间15分钟至1小时以内则记为旷工1小时。

第四条 本公司所有员工上班超过规定时间1小时至2小时以内则记为旷工2小时。

第五条 本公司所有员工上班超过规定时间2小时则记为旷工半日。

第六条 本公司所有员工未到规定时间提前下班时间在15分钟以内则记为早退。

第七条 本公司所有员工未到规定时间提前下班时间超过15分钟则记为旷工半日。

第八条 本公司所有员工如因私事需请事假，应在前一日下午5时前申请，经上级主管查实认可，并核准后方为有效，一次不得超过5天。

第九条 本公司所有员工全年累计事假不得超过14天，超过视为旷工。

第十条 如事后申请事假视为旷工，但遇偶发事故，应于2日内检具证明，提出申请经上级主管或行政人员查明属实后准予补假。

第十一条 凡请事假当月累计4小时以内，计扣半天工资，超过4小时至8小时以内按一天计扣。

第十二条 本公司所有员工因病请假一天者，最迟应于请假的翌日提出申请，经上级主管签核后将请假卡送交行政部登记。

第十三条 请病假一天以内者免附医师证明，但当月连续请假一天以上或累计逾一天者必须检具当日就医的劳保或公立医院证明（私人医院无效）。

第十四条 全年病假累计不得超过30天，届满时因病情严重经公立或劳保医院医师诊断必须继续疗养者，可酌给特别病假，但以3个月为限。现住院者，以一年为限。

第十五条 当月请病假一天者，本薪照给（超过一天以上比照前事假第四款办理）。

第十六条 员工请假核准权限：部门经理有权批假2天，2天以上报行政部主管批准。

第十七条 各单位员工于工作中，因故外出：

(一)公差派遣。

(二)因病或紧急事故。

以上必须外出应先请准给假,并依规定填具请假卡由主管核签出具放行条,打卡外出逾3分钟至1小时内,为1小时假,1小时零几分至两个小时内,为两小时假,以此类推。其上中夜班者或单位主管不在公司内时,则向值班经理请准给假。

第十八条 其他零星事务,不予准假,擅自外出者,依公司规定议处。

第十九条 凡与公司业务无直接关系的公出或开会,应由上级主管核准后提经行政主管,在不影响工作原则下核给公假。

第二十条 公司内各项团体可由主办单位专案签准,在前条规定原则下酌给公假,至工会、福利会、妇互会等会务接洽,除因时限或临时需要者外,以下午3时以后联系协调为原则并应向主管报备,必要时申请出厂条打卡外出。

七、员工请假制度

第一条 逾上下午上班时间到班在半小时以内的,即视为迟到一次。

第二条 到班时间在上下午上班时间后半小时以上的,即视为请假半天,应即补办请假手续,并照常上班工作。

第三条 在工作时间内因业务上的需要而离开工作场所或早退外出时,应事先报请直属主管核准。如是因私事而离开工作场所,或早退外出时,应办理请假手续。

第四条 因天灾、人祸或其他人力不可抗拒的情况而迟到,经提出报告且查明确实者,或报经核准后而早退的,得免按迟到早退计算。

第五条 职员因私事或疾病而请假时,应依规定觅妥经办事务代理人并填写请假单,于事先报请主管核准。

第六条 病假及3日以下的事假应由各部门经理核准,3日以上事假应由各部门经理核转总经理室核准。

第七条 病假逾3日以上时,应随同请假单检附医师诊断书。诊断书逾期时应即补具新诊断书。公司认为必要时,并得指定医师重新开具诊断书。

第八条 职员请假,除因病及遇有人力不可抗拒情形,不能先行报准的,得于事后补办请假手续外,其余非经核准不得先行离职,否则以旷职论。虽经请假但假满不到班且未续假的,亦以旷职论。

第九条 职员请假期间内如遇有公休日或休假日不得扣除计算。

八、员工签到卡

员工签到卡如表 14-4 所示：

表 14-4　员 工 签 到 卡

月　日　星期（　）

顺序	姓名	签到	上班时间	下班时间	顺序	姓名	签到	上班时间	下班时间	备注
1					16					
2					17					
3					18					
4					19					
5					20					
6					21					
7					22					
8					23					
9					24					
10					25					
11					26					
12					27					
13					28					
14					29					
15					30					
行政部统计	请假人员				出差人员				迟到	
	旷工人员				应出勤人数				实出勤人数	
	出差人数				请假人数				出勤率	

九、员工考勤记录单

员工考勤记录单如表14-5所示：

表14-5　员工考勤记录单

项目	出勤	休假	假别					迟到	早退	旷职	公差
			事假	病假	公假	婚假	丧假				
一	日数	日数	日数	日数	日数	日数	日数	日数	日数	日数	
二											
三											
四											
五											
六											
七											
八											
九											
十											
合计											

十、月度考勤统计表

月度考勤统计表如表14-6所示：

表14-6　月度考勤统计表

序号	姓名	出勤天数	假类	天数	迟到早退	出差天数	备注

填写要点：
1. 出勤天数依据员工考勤表统计；
2. 假类指病假、事假、公假、婚丧假、休假等；
3. 迟到早退以次数计；
4. 备注主要填写未尽事项。
本表以单页形式使用，由行政助理统计填写。

十一、员工请假单

员工请假单如表14-7所示:

表14-7 员工请假单

部门		职务		姓名	
请假类别 □休假(年假)　□公假　□病假　□其他(请说明)　□事假					
请假时间 　　自　年　月　日　时至　年　月　日　时总共请假　天　小时					
主管部门意见					
□准　主管签字 □不准(请述明理由) 　　　　　　　　　　　　　　　　　　　职位　　　日期					

十二、加班记录表

加班记录表如表14-8所示:

表14-8 加班记录表

部门:

日期	事由	加班人	从何时到何时	加班小时	核准人

部门签字:　　　　　　　　　　　　　　　　　　　　　　　　　年　月　日

1. 使用流程:部门加班人填写加班记录表,加班后由核准人确认,每月统计后部门主管签字,人事部门留存。
2. 使用范围:公司普通员工加班登记。
3. 使用要点:(1)公司中高级职员超时工作不算作加班;(2)核准人为有权签署加班意见的人;(3)严格控制加班。
4. 本表在各部门使用,每月统计后送人事部。

第十五章 私营企业差旅管理制度与规范

一、员工出差办理程序

员工出差依下列程序办理：

1. 出差前应填写"出差申请单"。出差期限由派遣负责人视情况需要事前予以核定，并依据程序核实。

2. 出差人凭核准的"出差申请单"向会计部暂支相当数额的旅差费，返回后一周内填具"差旅费报告单"，并结清暂支款，未于一周内报销者，财务应于当月工资中先予扣回，等报销时再行核付。

二、员工出差审核权核定

出差的审核决定权限如下：

1. 国内出差：6日内由部门经理核准，6日以上由主管副总经理核准，部门经理以上人员一律由总经理核准。

2. 国外出差一律由总经理核准。

三、员工出差管理办法模板

□ 国内部分

第一条 本公司以及所属工厂及营业所的员工因公奉派国内出差办理公务者，依本办法规定发给出差旅费。

第二条 本公司员工乘坐火车、轮船、飞机按表15-1的标准发给交通费：

表 15-1 出差交通费标准

职称	火车	轮船	飞机	备注
主管级	软卧	头等	头等	一、代理职称的职员比照高一职等人员的标准支给。 二、练习生、雇员、工友比照三等以下职员的标准支给。
一般职员以下	硬卧	一等	经济	

（一）乘坐火车及长途汽车，原则上应出具铁路局、公路局或汽车公司的购票证明单，如因故未能取得购票证明者，由出差人出具凭单。

（二）乘坐轮船应出具轮船公司或旅行社的购票证明单或船票存根。

（三）因急要公务必须搭乘飞机者应事先报准并凭飞机票根报支旅费。

（四）搭乘公司的交通工具者，不得再报支交通费。

第三条 员工出差的膳食、住宿、杂费按下列标准核发：

（一）主管级：每日 120 元

（二）一般级：每日 100 元

第四条 出差期间因公支出的下列费用，准予按实报销，并依下列规定办理：

（一）乘坐计程车原则上应取得汽车公司开具的统一发票，无法取得者由出差人员出具凭单为凭。

（二）电报电话费应出具电信局的收据为凭。

（三）邮费应出具邮局的证明为凭。

（四）因公宴客的费用，应出具统一发票或贴足印花的正式收据为凭。

（五）因公携带的行李运费，应出具正式的运费收据为凭。

第五条 员工出差，应由派遣出差单位的主管填写通知单一式二份，递请核准后，一份送秘书处登记出差日期，一份由出差人凭以预借或报支旅费（按照规定格式逐项填写）。

第六条 员工出差销差后 3 日内应填具"出差旅费报支单"，送请各单位主管核实后递请秘书处审核，总经理核准后，出纳人员方得凭以报支。

第七条 员工出差前，得凭核准的派遣出差通知单预借旅费，于出差完毕报支旅费时扣回。

第八条 市内及短程（1 日内）出差人员，除按实报支车资外，另可报支误餐费。

（一）下午 1 时以后销差者准报午餐。

（二）下午 8 时以后销差者准加报晚餐。

（三）不得再报支加班费。

第九条 奉令调遣的人员，可以比照以上有关条文报支交通费、膳食费（一天）及行李运费。

第十条 调遣人员若在公司用膳，则不得报支误餐费。

第十一条 调遣人员若超过一天以上但不能视为出差的，可以由公司酌情予以补贴。

□ 国外部分

第十二条 本公司员工奉派出国人员，除薪金照领外，并准予报支出差旅费，其标准如下：

（一）凡出国往返于公司指定地点的交通费按实报支，自行观光的交通费自理。

（二）膳、宿、杂费按当时行情，并依出差规定在报支额度内支给。

（三）派遣在同城市持续驻留 30 日以上者自第 31 日起按上列标准 8 折支给。

第十三条　受政府或其他机构聘请（派遣）出国考察或实习的本公司人员已在受聘或派遣的机构支领出差旅费者，不得再向本公司支领出差旅费。

第十四条　出差期间因公支出应取得正式收据并按实报销，其无法取得正式收据的零星付款可以以出差人签呈为准。

第十五条　如因公务上原因必须支付的费用而超过日用费规定者可以呈请总经理核发特别津贴。

第十六条　国外出差旅费报销办法仍比照本办法第五条至第七条规定办理。

□ 附则

第十七条　下级员工与上级员工一起出差时，下级员工可比照上级员工标准支给。

第十八条　本公司董事、监察人及顾问的出差旅费比照经理级标准支给。

第十九条　膳、宿什费的支领标准，因物价的变动，可以由总经理随时通令调整。

第二十条　本办法经董事会核定后实行，修改时亦同。

四、员工出差管理规定模板

第一条　为加强出差费用的管理，特制定本规定。

第二条　员工出差依下列程序办理：

（一）出差前应填写"出差申请单"。出差期限由派遣负责人视情况需要，事前予以核定，并依照程序核实。

（二）出差人凭核准的"出差申请单"向财务部暂支相当数额的差旅费，返回后一周内填具"出差旅费报告单"，并结清暂支款，未于一周内报销者，财务应于当月工资中先予扣回，等报销时再行核付。

第三条　出差的审核决定权限如下：

（一）国内出差：6 日内由部门经理核准，6 日以上由主管副总经理核准，部门经理以上人员一律由总经理核准。

（二）国外出差，一律由总经理核准。

第四条　出差不得报支加班费，但假日出差酌予以计薪。

第五条　出差途中除因病或遇意外灾害，或因工作实际需要电话联系，请示批准延时外，不得因私事或借故延长出差时间，否则除不予报销差旅费外，并依情节轻重论处。

第六条　出差旅费分为交通费、住宿费、膳食费、通讯费、交际费等，其标准另定。

第七条　出差费用的报销：

（一）交通费、住宿费按标准报销，超标自付，欠标不补。

（二）膳食费按标准领取。

（三）通讯费以邮局凭证报销。

（四）交际费由领导核定，凭据报销。

五、员工出差实施细则

（一）本公司员工因公务上之需要，受命出差国内外（包括迁调）悉依照本章之规定办理。

（二）员工出差均依各单位主管之命令或指示，视实际之需要，限定日期呈请总经理核准后行之。

（三）出差员工应于出发前，依式填写所定表格，通知总务组登记，如情形特殊事前不及办理时，亦需尽速补填表格，送交登记。

（四）员工出差可按实报支出差旅费，其最高标准如附表，除特殊情况，经总经理核准者外，其余如有超额报支，一律剔除之。

（五）员工出差前，可按实际需要预借旅费，其预借款额，经由各主管初审，呈请总经理核准后暂付之，出差完毕，向总务组销差后应于3日内呈报核销，如3日后，仍未报支者，会计组应将该员之预借旅费在薪金项下先予扣回，俟报支时，再行核付。

（六）员工在本市及郊区或其他同日可往返之出差按实支给交通费及误餐费。

（七）员工出差在一日以上，其另有不满一日之旅费，无论出发或返回日一律二分之一给付，有乘夜车往返者，不另支宿费。

（八）交通费包括旅程中必须之舟车等费，按实际报支，其他零星用费均在膳杂费内开支，不得另行报支。

（九）凡因公拍发邮电及特别公务，临时雇佣人夫、车马等项所支出的必要费用，另列特别费用内可按实凭证报支。

（十）员工出差除中途患病及天然不可抗力之原因，并有确实证明者外不得任意改变起程日期，或延长出差时间，但事后经总经理特准者，得追认之。

（十一）员工出差旅费，应据实提出收据，核发之，但如发现有虚报不实情事，除将所领追回外，并视情节之轻重，酌予惩处。

（十二）员工出差事前事后及旅途中所应填写的一切表格及应办手续另定。

六、差旅费支给制度

□ 总则

第一条 为规范本公司差旅费支给制度,杜绝侵占公司财物的现象出现,特制定本制度。

第二条 本公司所有差旅费的补助、申请、领取等事项依悉按照本制度办理。

第三条 本公司的所有出差行为可分为三种,分别阐释如下:

(一)当日出差:出差当日可能往返者。

(二)远途出差:出差必须在外住宿者。

(三)国外出差:赴国外出差者。

□ 当日出差

第四条 本公司员工由于业务需要申请当日出差时,由其上级主管核准。

第五条 当日出差如延误正餐时间一小时以上则支给30元午餐补助。但外勤已支津贴人员概不支给午餐补助。

第六条 当日出差除依前条规定支给午餐补助外不另支付出差旅费。

第七条 当日出差的交通费凭乘车证明实报实销。

第八条 当日出差人员必须于当日赶回,不得在外住宿。但因实际需要,事先经上级主管核准者按远途出差办理。

□ 远途出差

第九条 本公司员工因业务需要远途出差时必须事先填报《出差申请书》,经部门主管核准后方可出差。

第十条 远途出差的员工得在《出差申请书》后,依照实际情况填报"出差旅费预算表",向财务单位预借旅费。

第十一条 出差人员因急病或不可抗力之天灾地变致无法在预定期限返回销差而必须延长滞留,经调查确实无误继续支给出差旅费。

第十二条 出差人员必须于返回后三日内填具"员工出差旅费报告单"请领出差旅费。

第十三条 出差人员所乘坐的交通工具除可利用公司车辆外,以火车、公路车为一般原则。但因特急事情经协理以上人员核准可乘坐飞机。

第十四条 出差人员的交通费凭乘车证明以实费计算支给。因乘坐出租汽车、三轮车,无法取得乘车证明者,则经部门主管核准后实报实销。

第十五条 使用公司交通车辆或借用车辆者不得申领交通费。

第十六条 员工远途出差旅费,按下列标准支给:

表 15-2　远途出差旅费标准

职级	董事长	常务监察人 常务董事	监察人董事	协理 副总经理 总经理	正管理师 正工程师 经理	管理师 工程师 副理	副管理师 副工程师 正副科长	其他人员
当日	600	500	450	400	350	300	250	200
住宿费	实支	实支	实支	实支	500	400	350	300

第十七条　远途出差如利用夜间（午后9时以后，午前6时以前）车次，住宿费减半支给，但不支给津贴。

第十八条　出差人员每日必须作成出差日报向各直属主管报告。

第十九条　住宿费按出差人员在外住宿日数定额支给。

第二十条　出差人员住宿费必须取得住宿费凭证，但住宿在自宅（含其他住宅）或本公司招待所未取得住宿费凭证者减半支给住宿费。

第二十一条　与经理以上人员随行，其住宿费不够时得呈经上级人员核准，凭住宿费支给凭证支给与上级人员同等之住宿费或实费。

第二十二条　各分支机构人员因业务需要或受命到总公司述职，比照远途出差支给津贴及住宿费。但支领外勤津贴人员不得支给住宿费。

□　国外出差旅费报支办法

第二十三条　本公司员工奉命或因业务需要出差国外时，必须填具《出差申请书》记明出差日程，出差目的地及出差要务等呈由董事长核准。

第二十四条　国外出差人员得凭核准之出差申请书预编出差费概算，于出国前向财务单位预借旅费。

第二十五条　国外出差人员渡航费，董事长、总经理得按头等舱位实额支给，其他人员均按二等舱位实额支给。

第二十六条　国外出差人员之出差旅费，按下列标准支给：

表 15-3　国外出差旅费标准

职级	董事长	常务董监事 董监事 总经理 副总经理 协理	副经理 正管理师 正工程师 管理师 工程师	正副科长 副管理师 副工程师	其他人员
金额（美元）	80	70	60	50	40

注：1. 上列金额系赴东南亚、日本之旅费标准。赴欧美者，按级另加20%。
　　2. 但供住宿者，按上列标准每日减支美元10元。

第二十七条　前条之出差旅费包括在出差地之交通费、住宿费、杂费及津贴。

第二十八条　国外出差去程当日不论何时起程概以一天计算，回程当日不论何时返回均不予计算出差日数。

□　附则

第二十九条　本办法经董事会通过后施行，修改时亦同。

第三十条 本办法如有未尽事宜得随时修改之。

七、出差申请单

出差申请单如表15-4所示：

表15-4 出差申请单

出差人员姓名		职务	
同行人员姓名		职别	
出差地点			
出差路线			
出发时间		返回时间	
交通工具			
出差事由			
介绍信编号		借款金额	
部门批示			
办公室批示			
人力资源部批示			
以下为回来后填写			
是否已交书面报告		材料是否归档	
实用差旅费		报账时间	
直接上级批示			

八、出差派遣表

出差派遣表如表15-5所示：

表15-5　出差派遣单

出差地点			
出差人员			
出差路线			
出发时间		返回时间	
交通工具			
出差任务			
介绍信编号		借款金额	
办公室批示			
人力资源部批示			
部门批示			
以下为回来后填写			
是否已交书面报告		材料是否归档	
使用差旅费		报账时间	
直接上级批示			

九、出差登记表

出差登记表如表15-6所示：

表15-6　出差登记表

出差人：_____

部门：_____

前往：_____

事由：_____

(续表)

出差人：_____

计划出差时间：_____

返回时间：_____

联系地址与电话：_____

您出差时谁接替您的工作：_____

批准人：_____

备注：_____

十、出差资料交接清单

出差资料交接清单如表15-7所示：

表15-7　出差资料交接清单

资料名称	内容摘要	页数

交出人		接收人		日期	

注：本单一式二份，交、接人各一份。

十一、差旅费清单

差旅费清单如表15-8所示：

表15-8 差旅费清单

姓 名		出差日期			年 月 日起至 年 月 日	
出差事由				职 称		
年	月	日	起讫地点	交通工具	交通费	宿 费	膳食费		总 额
合计									
金额(大写)									

十二、出差费用计算表

出差费用计算表如表15-9所示：

表15-9 出差费用计算表

出差费用计算表	科(签章)		
借支	元	元	有无证据
机票费用		元	有无
交通费		元	有无
住宿费		元	有无
餐费		元	有无
交际费		元	有无
邮电费		元	有无
资料费		元	有无
翻译费		元	有无
合计		元	
扣除		元	
备注		元	

第十六章 私营企业车辆管理制度与规范

一、车辆的购置工作要点

车辆的选购,要按照适用、经济、配套的原则进行。适用,是指选购的车辆能适应本企业工作任务的需要;经济,是指选购车辆时要考虑到企业经费的承付能力,贯彻勤俭节约的精神,选购经济实用、物美价廉的车;配套,是指小轿车、旅行车、客车、货车等品种尽可能齐全,又各占适当的比例,以适应多层次、多方面用车的需要。选购车辆,还要特别注意车辆的质量和技术性能,尽力选购适应性强,能够在高寒、高温、雨雪等不同气候条件下正常行驶,发动机、火、电路系统、轮胎等各种配件达到先进水平和先进标准;燃料消耗量低,不超过规定的各类车辆的共同标准,制动性能要好。

1. 购置新车的方法

(1)购置新车,必须按合同规定和有关文件,如车辆清单或装箱清单以及原厂说明书进行验收,并清点附件,随车工具,如有不符应拒绝验收。

(2)接收新型车辆时,应组织驾驶员、保修工和有关技术人员培训,学习使用、维修注意的事项和各种调整数据。

(3)新车使用前,要除去机件外部和内部原有的包封和保护填充物,机件上涂有滑脂保护层的,应用溶剂予以清除。还要根据原厂说明书,进行一次检查、紧固、清洗、调整和润滑作业,标明牌照号码和自编号码。

(4)新车在制造厂规定的保用期限内,发现属于制造厂责任的损失,应由车队或修理厂作出技术鉴定,并向制造厂申请索赔。赔偿或处理情况,应记入车辆技术档案。

(5)新车购进后,要及时建立登记卡片,将车辆型号、牌号、车况等各项数据,逐一登记。

(6)车辆让售或交换,必须经产权机关或上级主管部门批准,其出售款要及时全部上缴产权机关,交换的车辆,应相互按质论价,分别办理财务手续,不允许直接以车换车或以车换物。同一产权企业车辆的内部调拨,必须经产权企业批准,并填写车辆接受清单,由交换双方负责签证,连同固定资产和车辆技术档案一并随车调拨。车辆调拨时,原车的总成、部件及附属装备不许拆卸更换,车辆技术档案不许更改。调拨损坏车或停驶车时,对损坏和缺件项目,应在调拨中注明。

2. 车辆选购的注意事项

车辆的购置、更新,车种、车型的确定涉及企业的车辆定编,因此是一项政策性很强的工作。车辆的选购应该根据本企业实际情况,按照适用、经济、配套的原则,有比例地选择各种类型的车辆,以适应多层次、多方面的用车需要。选购车辆既要考虑到车辆的外型美观大方,乘坐舒适,更要考虑到选购车型的质量及技术性能。车辆选购必须注意以下四个方面的问题:

(1)根据车辆使用性能合理选择车辆。要根据本企业所在地区的道路条件、气候条件选择适合的车辆;同时还要考虑到本企业、本地区的保修能力、使用经验;根据本企业的使用对象确定选购车型。

（2）要考虑现有车辆利用率。购车应考虑现有车辆利用率能否提高，能否不买新车，尽量靠提高现有车辆的利用率来解决运输需要。若购买新车，能够提高多少工作效率。从目前各企业自备车辆的利用率与专业运输企业的车辆利用职权比率相比较，利用率要低得多，比例为1：10，很有潜力可挖。

（3）考虑买车时的资金来源和资金数量。应考虑买车时资金的来源及资金的多少。购车后的上牌、燃料供应、配件供应等一系列问题能否得到保障。

（4）掌握生产用车与生活用车的比例。应尽量减少购置生活用车，用有限的资金解决好生产用车的需要是首要的。应避免配车范围越来越大，车型越来越高级，用车无标准的奢侈浪费现象。

3. 建立车辆技术档案

建立车辆技术档案有利于掌握车辆的使用性以及改装、改型的主要总成、机件变更后使用性能的变化情况，以便针对薄弱环节采取技术措施，充分发挥车辆性能和保证行车安全；有利于掌握车辆的不同使用条件下的技术状况和机件的磨损规律，以便更好地调整保养作业项目和周期；有利于掌握车辆保修和运行物料的消耗规律，从中找出节约人力、物力的最好途径；有利于为车辆保养、修理和原材料供应计划的编制和对车辆进行技术鉴定提供依据；有利于为改进车辆结构、性能和配件生产以及科研工作提供有关技术资料和数据。

车辆技术档案主要是记载车辆的来源、投产日期、车辆原值、分车余值、基本装备、技术性能、逐年行驶里程、修理次数和间隔里程、车辆调动、改装、改造、停驶、复驶、封存、机损、燃料、轮胎、消耗（节约或浪费）数量、季度生产任务完成情况、年度利润完成数量等。

车辆技术档案资料登记办法如下：

凡车辆调动、牌照变更、停驶、封存、改装、改造、车损，以及驾驶员调动等，三日内由车队技术员负责登记，没有车队的机关，由司机自行登记。车损事故处理结案后，再填损修情况和处理结果。车辆运行情况记录，由车队技术员在季末月10日，将档案交统计员登记，统计员在5日内登记完毕后交技术员保存，有的机关车少，没有设技术员、统计员，就由车队队长负责登记。保修情况的记录和车辆保修技术数据，由承修厂负责填记在保修技术卡片上，重点写清保养类型、日期、间隔里程、重大技术情况等。凡无技术档案或虽有而记录不全的车辆，汽车监理部门可以拒绝进行行审。

二、车辆的使用工作要点

新购车辆及经过大修的车辆正式使用前，需要办理申报牌照、领取行驶证、上缴养路费、车船税、车辆保险等手续。同时应根据厂家说明书或有关技术规定对车辆进行一次全面检查、紧固、润滑、调整后，严格按照定车定人的原则投入磨合期的适用性使用。新车磨合期内，应做到减载、限速行驶。磨合期的合理使用，对于预防车辆机件早期磨损，延长车辆使用寿命是非常重要的。

1. 车辆的运行条件

车辆运行条件是指为了保证汽车的安全行驶、运行可靠和经济合理,运行车辆所必须符合的技术条件、道路气候条件。

车辆运行的主要技术条件

(1)车容整洁、动力性好。

(2)发动机运转良好,无漏油、漏水、漏电、漏气。

(3)底盘各总成连接牢固、气压正常。

(4)转向装置可靠。

(5)电器设备齐全可靠。

2. 车辆运行的道路条件

汽车运行对道路的基本要求:

(1)要求道路要适应行车密度和速度的要求,路基稳牢排水良好,标志齐全、坚实、平整、不打滑。

(2)公路上遇有临时开沟、改线、塌方等必须采取措施。

(3)车辆行驶中遇险桥、险渡、行逆和码头损坏,应报请有关部门采取措施,不得冒险通过。

(4)遇到特殊情况,如塌方、5米内视线不清等,在有关部门未采取措施之前,不得组织运输。

3. 调度部门对车辆运行的责任

不仅直接负责组织车辆运行,而且负有保证车辆正常运行的责任。经常深入现场,掌握情况,确保安全行驶。

4. 车辆走合期的使用

对新车或大修后的汽车(包括装用发动机总成大修的汽车)都规定一个"走合使用期",一般为 1 000~1 500km。

汽车的走合期,实质是使汽车向正常使用阶段过渡,对相互配合零件的摩擦表面进行走合加工的工业过程;消除由于零件制造装配过程中某些形状、位置、配合间隙的偏差,获得比较光洁、耐磨、可靠的工作表面,以承受正常的工作负荷。因此,汽车的耐用性、可靠性、经济性与新车使用初期走合是否完善关系极大,切不可忽视,并规定如下:

(1)走合期的里程不应少于 1 000km。在走合期内,车辆应装置明显的走合标志。

(2)在走合期内,应选择较好的道路并减载运行。

(3)走合期内应减速行驶,最高车速不得超过规定;限速片不到走合期满不能拆除。

(4)严格执行驾驶操作规程,起动后待水温达 40℃~60℃ 再用一挡起步,缓慢加速,顺序换挡,少用紧急制动。

(5)走合期内,选择优质燃油,一般行驶 300~400km 和 1 000km 时各进行一次清洗润滑系,机油盘,换用新的润滑油。

5. 车辆的合理装载使用

严格按照汽车的规定载量运行,是合理使用车辆的主要内容,是减少车辆在行驶过程中故障停歇和运行原材料的消耗,提高运输生产率,延长车辆使用寿命,提高企业经济效益的重要保证。国产汽车、变形车的额定载重量,应按原厂规定。进口车辆的载重量应根据原厂规定的载重量,结合各地的实际经验,由交通局核定,报部备案。

(1)新车、大修车和装用大修发动机的汽车,在走合期内应按规定减载。

(2)装载不可能在车厢内均匀分布的笨重货物,应适当减载。

(3)装载特殊货物必须配备笨重搁架或容器,应适当减载。
(4)汽车长期行驶于等外道路时,应适当减载,但不得低于原规定标准的75%。
(5)经过改装、改造的汽车,需用要重新核定载重量时,应报主管部门批准。
(6)换装不同负荷的轮胎时,其最大负荷大于原车者,保持原厂标准,小于原车者,相应降低载重标准。
(7)各车队应严格禁止超载运力,防止车辆早期损坏,保护运力。

三、车辆的调度工作要点

车辆的调度就是车队负责人或专职调度人员根据企业车辆使用管理规定和当天的用车量大小,包括乘车人数、次数、行车线路和急缓程度,有计划地安排使用车辆。调度在车辆的使用管理中是十分重要的。解决企业普遍存在的用车量大、供需矛盾突出的问题,除了严格控制无关人员乘车,压缩用车量之外,最主要的是充分发挥调度在连接、协调用车部门同车队之间的关系上的纽带作用。调度工作做好了,就可以充分发挥汽车使用效益,最大限度地满足各方面的用车要求。

1. 车辆调度的原则

调度工作应做到原则性强,科学合理,灵活机动,坚持按制度办事,按车辆使用的范围和对象派车,什么事可以派车,什么人可以坐车,什么事不能派车,什么人不能派车,都要按制度规定办理,不派人情车、关系车,秉公办事,不徇私情。所谓科学性,就是要掌握本企业车辆使用的特点和规律。

车辆调度要熟悉工作部署,统筹安排;加强预见性、计划性,灵活调度。

调度合理就是要按照用车的行驶方向,选择最佳行车线路,不跑弯路和绕道行驶;不在一条线路上重复派车;在一般情况下,车辆不能一次派完,要留备用车辆,以应急需。所谓灵活机动,就是对于制度没有明确规定而确实需要用车的、紧急的,要从实际出发,灵活机动,恰当处理,不能误时误事。

2. 车辆调度的程序

(1)做好用车预约。应当坚持做到:当班用车1小时前预约,下午用车上午预约,次日用车当日预约,夜间用车下班前预约,集体活动用车2天(或3天)前预约,长途用车3日或一周前预约,接送教师讲课的用车,于一周前报送教学计划预约。调度对每日用车要做到心中有数。预约车辆要做好登记。

(2)做好派车计划

调度根据掌握的用车时间、等车地点、乘车人单位和姓名、乘车人数、行车路线等情况,作出计划安排,并将执行任务的司机姓名、车号、出车地点等在调度公布或口头通知司机本人。

(3)做好解决工作

对未能安排上车辆的,或变更出车时间的用户应及时说明情况,做好解释工作,以减少误会,避免造成误车、误事。制定车辆管理、使用制度车辆管理、使用制度,应当包括本企业车辆特别是小车使用的范围和对象（即什么情况下可以用车，什么人可以坐车），车辆调度的原则和程序，运输费用的管理和使用，汽车队的机构、编制、领导体制和职责任务，以及特殊情况用车、外部门用车、私人用车、车辆外租等的审批权限和收费标准等。

制定车辆管理、使用制度应遵循以下原则：

（1）执行政策的原则。企业要按照企业用车配备使用的政策规定，从本企业实有车辆的数目、运输任务的大小、人员组成的结构等实际出发，制定出切实可行的车辆使用管理制度，对本企业用车的范围、对象作出明确规定。这是防止随意扩大用车范围，控制用车量，减少供求矛盾的根本措施和保证。

（2）统筹兼顾，保证重点。制订车辆管理、使用制度，必须充分考虑客观实际，除了明确规定车辆使用范围和对象外，还应明确车辆调度安排的原则，即在本企业用车范围内，哪些用车必须绝对保证，哪些用车可酌情安排。拉运生活物资用车，按急缓程度和先后次序安排，即先急后缓，先远后近的原则和顺序安排。私人用车一般不提供，并坚持因私用车收费制度。

（3）勤俭节约和清正廉洁。车辆运输耗资大，管理使用不好，容易造成很大浪费，影响事业的发展。从领导到一般工作人员，凡是能乘坐公共汽车的，就不要求派车；凡是有班车的，就不单独派车；办私事不用公车。尽量节约开支，把主要资金用在生产和工作最需要的地方去。

四、企业车辆管理制度模板

□ 目的

第一条 为了加强公司各种机动车辆管理，确保行车安全，提高办事效率，充分利用现有车辆资源，减少经费开支，特制定本办法。

第二条 本办法适用于公司公共用车。

□ 组织管理

第三条 公司所有车辆均由公司行政部统一管理。

第四条 公司所有车辆均建立车辆档案，须填写车辆登记表。驾驶员如实填写用车里程和耗油量，经行政和财务部门联审后方可报销。

第五条 公司所有车辆实行专人保养责任制。驾驶员发现无力排除之故障，应及时报告其主管，不得带病出车。

第六条 公司车辆既有按部门使用，又有公司行政部门统一计划使用时，各部门和驾驶员应顾全大局，听从指挥、调度。

第七条 公司实行用车收费制度。各部门用车按月进行内部财务核算，列入部门成本效益考核范围；因私用车的费用则在其工资中列支扣除。

第八条 公司车辆必须按规定停放在规定地点，一般不允许在外过夜。因保管不善造成车辆被盗、损坏,驾驶员和行政部领导共同承担部分赔偿责任。

第九条　公司实行班车接送制度,因临时性或长久性改变行车时间、路线,均应由当事人事先报告行政部门,行政部门通告驾驶员和全体乘车人员。

□ 使用范围

第十条　公司员工在本地或短途外出开会、联系业务、出差迎送,公司员工上下班接送。

第十一条　接送公司宾客和来公司办事人员。

第十二条　离退休中高层人员健康用车或员工因私用车。

第十三条　其他紧急和特殊用车。

□ 驾驶员岗位职责

第十四条　驾驶员遵守公司之驾驶员岗位职责。

第十五条　除公司允许的特殊员工以外,禁止非专职驾驶员驾驶公司车辆。

第十六条　发生交通事故,驾驶员、乘车人员必须保护事故现场,及向交警、主管和公司有关领导报告,做好善后工作。

第十七条　交通事故、违章责任在我方之罚款和修理费用,原则上由驾驶员自行承担;如遇特殊情况,经各级领导特批,可报销费用的×%。

第十八条　驾驶员行车补助费按派车记录单之里程和工作时间计算。

□ 车辆使用流程

第十九条　车辆使用实行派车制度。用车须填写用车记录单,经部门经理、分管副总或行政部长批准后,由派车调度统一安排方可使用。使用车辆按照以下程序进行:

（一）用车申请并填写用车申请单。

（二）用车单位主管审核。

（三）车辆管理调度单位核准。

（四）行车司机验单出车,驾驶员按派车记录上报批准的行车路线和目的地行车。

（五）用车完毕并填写行车日志(里程、费用等)。

（六）行车司机确认交回车辆管理单位。

（七）在不影响公务情况下,酌情满足员工因私用车要求,但因私用车应严格审批。

（八）对相近方向、时间的派车要求尽量合用,减少派车次数和成本。

□ 车辆保养与修理

第二十条　每行驶5 000公里由行政部送公司指定保养厂定期保养一次。

第二十一条　每星期由车辆保管人员负责清洗一次。

第二十二条　应保持车内清洁,非装饰物品应放于行李箱。

□ 附则

第二十三条　本办法由行政部解释、补充,由公司总经理颁布生效。

五、企业用车管理规定

一、用车规定

(一)为了更好地保障公司业务工作顺利开展,由办公室统一管理安排公司正常的业务用车(独立核算的子公司除外)。

(二)首先保证公司领导和各部门领导日常工作和外事活动用车,其次是普通职员。原则上不提供私人用车,如遇特殊情况需经办公室领导批准方可使用。

(三)用车必须提前一天填写用车申请单,在时间冲突时,由办公室按任务的轻重缓急统一调济安排。除特殊情况一般不安排临时用车。

(四)用车人应爱护车内设施,保持车内卫生,上下车时注意交通安全。

(五)出本市执行任务需经公司领导批准。

(六)各部门用车按1.50元/公里核算,由财务室摊入各部门经营成本。

二、车辆使用管理办法

为合理使用汽车,提高汽车使用率,降低能耗,特制定本办法。

(一)公务用车

1. 公司经理、总工等公司领导人员在市内开会、参加各种业务活动,派车接送。到外地出差,送到火车站或机场。

2. 来公司办事的各省、市、区医药局局长和相当局级的重点企事业单位的主要负责人,尽量安排车辆接送。

3. 公司其他职工遇有紧急、重要公务或因路远等必需用车的情况时可酌情批准派车。

(二)班车

1. 在职工居住比较集中,距离公司远和交通不便的地区,视实际情况及财力可能,安排班车。

2. 按照市公安局交通管理处的规定,班车须持《班车通行证》按照固定的路线及站点行驶及停车,不得随意停车。

3. 公司组织集体活动,酌情安排用车。

(三)非因公用车

1. 职工因重病急诊、重病住院和女职工生产住院必须用车的,经批准可以免费使用。

2. 经批准的其他非因公个人用车,一律按规定收费(以每公里五角计)。

3. 离休老干部用车收费标准按上级有关规定办理。

(四)用车手续

1. 凡可预见的活动用车,请在活动前一天与办公室预约,以便安排。

2. 职工非因公用车(因伤病除外),提前二天预约,由办公室酌情安排。

六、私车公用管理细则

职工私车用于公司业务时,依照本标准进行处理。
1. 使用
(1)职工用私车从事公司业务时,不得再使用公司业务用车。
(2)私车用于公司业务时,必须事先提出申请,经主管上级请总务科长批复。申请项目包括申请人、申请时间、使用目的、使用时间、使用车辆种类和车辆、人身保险情况。
(3)总务科长根据申请,作出批复。
(4)使用人必须填写《行车表》,定时由主管上级报总务科长。
2. 车辆
(5)所有车辆必须投保强制保险和任意保险(其中人身保险应在_____万元以上,车辆保险_____万以上)。
3. 事故
(6)发生事故后,应作应急处理,并迅速与交通机构主管上级和总务科长联系。
(7)因本人故意或重大过失发生事故时,赔偿费和修理费原则上由本人负担。
4. 费用
(8)车辆的维护费均由使用者本人负担。
(9)公司向车辆所有者支付车辆使用费用,支付标准为每公里×元。
(10)行车距离根据《行车表》推算。
(11)车辆使用费由总务科定时统一支付。

七、车辆登记表

车辆登记表如表16-1所示:

表16-1 车辆登记表

年　　月　　日

编号	车辆类型	规格	车号	驾驶员	购置日期	购买价格	发动机号	使用单位	主要使用人

主管:　　　　　　　　　　经办:

八、车辆保养(维修)单

车辆保养(维修)单如表 16-2 所示：

表 16-2 车辆保养(修理)单

编号		车号		里程数		驾驶员	
修车事由							
损坏原因							
修理厂							
审核意见							
管理部门			审核部门			总经理	
主管			主管				
经办			经办				

九、车辆费用支出月报表

车辆费用支出月报表如表 16-3 所示：

表 16-3 车辆费用支出月报表

月份

	保险费		修理保养费		过桥费		汽油费		上月里程	
									本月里程	
									行驶里数	
									本月总费用	
									每公里费用	
									每公里费用	
									每公里汽油费	
合计			合计		合计		合计		备注	
汽油费明细	日期	金额	经手人	日期	金额	经手人	日期	金额	经手人	日期	金额	经手人

第十七章 私营企业安全管理制度与规范

一、企业治安管理工作内容

企业治安管理工作内容如下：
（一）建立企业治安组织机构。
（二）制定和完善各项保安管理制度。
（三）制定巡视值班制度。
（四）加强企业厂区内车辆管理。
（五）完善厂区内安全防范措施。
（六）密切联系厂内员工，做好群防群治工作。
（七）维护治安，打击违法犯罪活动。
（八）建立联防联保制度。
（九）定期对保安员开展各项培训工作。

二、安全生产管理工作原则

劳动安全管理有以下技术原则：
（一）冗长性原则。通过多重保险、后援系统等措施，提高系统的安全系数，增加安全余量。
（二）距离防护原则。当危险和有害因素的伤害作用随距离的增加而减弱时，应尽量使人与危险源距离远一些。
（三）时间防护原则。使人暴露于危险、灾害因素的时间缩短到安全程度之内。
（四）能量屏障原则。在人、物与危险之间设置屏障，防止意外能量作用到人体和物体上，以保证人和设备的安全。
（五）闭锁原则。在系统中通过一些元器件的机器联锁或电气互锁，作为保证安全的条件。
（六）消除潜在危险的原则。其基本的做法是以新的系统、新的技术和工艺代替旧的不安全系统和工艺，从根本上消除发生事故的基础。
（七）降低潜在危险因素数值的原则。在系统危险不能根除的情况下，尽量地降低系统的危险程度，使系统一旦发生事故，所造成的后果严重程度最小。
（八）薄弱环节原则。在系统中设置薄弱环节，以最小的、局部的损失换取系统的总体安全。

（九）坚固性原则。这是与薄弱环节原则相反的一种对策。即通过增加系统强度来保证其安全性。

（十）个体防护原则。根据不同作业性质和条件配备相应的保护用品及用具。采取被动的措施，以减轻事故和灾害造成的伤害或损失。

（十一）代替工作人员的原则。在不可能消除和控制危险、灾害因素的条件下，以机器、机械手、自动控制器或机器人代替人或人体的某些操作，摆脱危险和有害因素对人体的危害。

（十二）警告和禁止信息原则。采用光、声、色或其他标志等作为传递组织和技术信息的目标，以保证安全。如宣传画、安全标志、板报警告等。

三、企业安全保卫管理纲要

□ 总则

第一条　为了加强公司的安全防范工作，规范公司治安、消防和其他安全工作，保护公司财产和员工人身安全，保障各项工作的顺利进行，特制定本纲要。

第二条　公司的安全工作以"百年大计，安全第一；安全就是效率，安全就是效益"为原则，全方位实施安全管理。

□ 组织管理

第三条　公司的安全保卫工作由行政管理部统一负责，下设安全保卫管理科具体实施日常管理工作。主要工作有安全教育，安全检查，事故处理等。

□ 安全制度规定

第四条　员工自觉接受安全教育，增强安全防范意识。防火、防盗、防灾、防破坏、防恶性事故为每个员工应尽的义务，要敢于与坏人坏事作斗争。

第五条　员工上下班、外出公干、出差，严格遵守道路交通管理法规、条例，确保人身、财物安全。

第六条　员工不得将贵重、大件私人用品存贮于公司办公场所或仓库。

第七条　员工下班前认真检查本岗位、办公场所，消除水、电、气等设备存在的隐患。如本人不能解决，下班前应立即报告主管领导。

第八条　上班时间外出应及时锁好抽屉、橱柜，钥匙随身携带，最后离开者关窗锁门。下班和午休时间应将文件、现金妥善存放，锁好各类门锁，有保险的加锁保险，开启报警系统。

第九条　发现事故苗头、可疑或不法行为的人或事应先立即报告主管或安保部。

第十条　做好交接工作，班次之间无缝衔接。

第十一条　不得将亲友或无关人员带入工作场所，不准在值班场所留客人。

第十二条　不准私接电源或使用电炉,不准在禁烟区抽烟。
第十三条　不得偷窃个人或公司财物,拾到遗留钱物一律上交。
第十四条　财务部门之重要票据、支票等一律入保险箱随时上锁。
第十五条　现金一般不要存入过夜,应及时押解银行。
第十六条　未经许可,不得擅自安排公司或外来人员在公司内住宿。
第十七条　安保人员按时到岗,门卫值班、值日,领导值班制度正常运作。
第十八条　使用明火和高空作业,必须经安保或政府有关部门批准才能进行。
第十九条　员工积极参加防火演习,了解有关消防知识,熟记火警电话,熟悉电源开关、出口通道、灭火器具位置及使用方法等。

□ 安全生产教育

第二十条　思想教育。主要是正面宣传安全生产的重要性,选取典型事故进行分析,从事故的政治影响、经济损失、个人受害后果等几个方面进行教育。
第二十一条　法规教育。学习有关的法律、法规、条例及公司的具体规定、制度和纪律条文。
第二十二条　安全技术教育。包括生产技术、一般安全技术和专业安全技术教育训练。

□ 安全检察

第二十三条　检查有无进行安全教育。
第二十四条　检查安全操作规程是否公开张挂。
第二十五条　检查在布置生产任务时有无布置安全工作。
第二十六条　检查安全防护、保险、报警、急救装置或器材是否完备。
第二十七条　检查个人劳动防护用品是否齐全及正确使用。
第二十八条　检查工作衔接是否配合合理。
第二十九条　检查事故隐患是否存在。
第三十条　检查安全计划措施是否落实。

□ 安全事故处理流程

第三十一条　如遇意外伤害事件,应照顾伤者或协助转送医院。
第三十二条　及时通报公司主管或值班人员。
第三十三条　对危险区加设标志,警告别人勿靠近或指派专人看护。
第三十四条　对突发事件保持镇静。
第三十五条　迅速通知有关部门和领导。
第三十六条　在自身安全情况下,适时处置。
第三十七条　无关人员不准进入事故现场。
第三十八条　对外界暂行封锁消息,统一对外发布口径。

□ 火警事故处理流程

第三十九条　保持镇静,力戒惊慌。
第四十条　拨打火警电话,准确报告起火部位、燃烧品等情况。
第四十一条　按动附近火灾报警器。

第四十二条　关掉一切电源开关,关闭火警现场的门窗。
第四十三条　迅速呼唤同事援助。
第四十四条　利用附近灭火设备,尽力将火扑灭。
第四十五条　防止用水或泡沫灭火器灭火引起漏电而导致火灾。
第四十六条　服从现场主管指挥,见义勇为,身先士卒,奋力扑救。
第四十七条　接到疏散通知,切勿搭乘电梯,由安全楼梯转移。

☐ 附则

第四十八条　本守则由行政管理部安保科解释、补充,经总经理办公室会议批准执行,修改亦同。

四、企业消防管理制度模板

☐ 总则

第一条　为加强公司安全消防意识,做好公司安全消防工作,保障公司正常、稳定的工作环境,特制定本办法。

☐ 责任划分

第二条　公司法定代表人为公司安全消防第一责任人。履行下列职责:
(一)制定并落实安全消防责任制和防火、灭火方案,以及火灾发生时保护人员疏散等安全措施。
(二)配备安全消防器材,落实定期维护、保养措施,改善防火条件,开展消防安全检查,及时消除安全隐患。
(三)管理本公司的专职或群众义务消防队。
(四)组织对员工进行消防安全教育和防灭火训练。
(五)组织火灾自救,保护火灾现场,协助火灾原因调查。
第三条　公司层层分解、落实,建立公司安全消防体系和分层责任制,横向到边,纵向到人。
(一)各部门应确立各自的责任人,并制定相应的安全消防制度的措施。
(二)各部门确立各自的防范重点部位和防范对策。
(三)各部门定期或不定期进行安全检查,并备有记录。
(四)公司普及安全消防知识,进行培训和示范教育,有条件的应举办模拟演示。
(五)公司所有员工遵守安全守则。

☐ 消防管理规定

第四条　每天下班、节假日应关好门窗、电灯、开关、水龙头或其他用电、用水设施。

第五条　上班时间外出应及时锁好抽屉、橱柜,钥匙随身携带,最后离开者关窗锁门。下班和午休时间应将文件、现金妥善存放。

第六条　财务部门之重要票据、支票等一律入保险箱,随时上锁。

第七条　现金一般不要存入过夜,应及时解送银行。

第八条　未经许可,不得擅自安排公司或外来人员在公司内住宿。

第九条　安保人员按时到岗,门卫值班、值日,领导值班制度正常运作。

第十条　公司制定详细的防火、灭火管理制度以及实施细则。

第十一条　公司建筑工程和内装修防火设计,须符合国家和当地消防技术规范要求。建筑工程和内装修防火设计,送公安消防监督机构审核批准后组织实施,且不得私自改动。施工完成后,和公安消防监督机构申请消防验收。

第十二条　公司施工应落实防火安全制度,配备必要的灭火器具,指定专人负责施工现场的消防工作。

第十三条　公司内下列场所应当设置疏散指示标志、紧急照明装置和必要的消防设施:

（一）易燃易爆危险品的生产房、储存场地。

（二）高层建筑、地下人防工程、原材料及成品仓库。

（三）车队、油库(加油站)、液化气站、变电站。

（四）医务所、子弟学校、招待所、饭店。

（五）临时搭建的房屋、商店、农贸市场、展销会场。

第十四条　公司使用的消防器具和设备,必须是有国家生产许可证和产品质量认证证书的产品。使用的电器设备的质量,必须符合消防安全要求。电器设备的安装和电气线路的设计、敷设,必须符合安全技术规定并定期检修。

第十五条　禁止在火灾危险的场所擅自动用明火。需要使用明火器具应事先提出申请,说明安全措施,经安保部批准后才予以使用。

第十六条　作业人员应当持证上岗,对电焊、气割、砂轮切割、煤气燃烧以及其他具有火灾危险作业的,必须依照有关安全要求操作。

第十七条　禁止在办公地区和宿舍使用自制或外购电炉取暖或炊事。员工不得在禁烟区吸烟。

第十八条　公司根据现有消防状况和财力状况,合理配置消防器材,不得擅自移动、损坏、挪用,并定期检查和更换。

第十九条　公司下列人员须接受消防安全培训:

（一）各级防火安全第一责任人或分管负责人。

（二）消防安全管理人员。

（三）消防设备的安装、操作、维修人员。

（四）易燃易爆品仓库管理人员。

第二十条　各部门、下属企业的工作,按安全操作规程进行:

（一）使用电梯,须专人管理,定期检修,电梯工凭证上岗。

（二）使用机电设备后,每次清洁机器,切断电源,确保安全可靠。

（三）登高作业时,现场须有安全保护,使用合适的架梯工具。

（四）只有电工或专业人员才能安装电线、维修电器设备。

（五）各部门、下属企业进行新建、改建、扩建工程项目时,要由安全、消防部门审查,评估安全消防可靠性。

□ 责任及考核

第二十一条　公司制定安全消防考核指标体系。

第二十二条　公司应按有关规定为公司财产投保火灾险和公众责任险。

第二十三条　公司任何人发现火灾或其他安全问题都应迅速报警，各部门或员工应为报警无偿提供方便，有为扑救火灾提供帮助的义务。

第二十四条　公司在消防队到达前应迅速组织力量扑救，减少损失；火灾后及时向投保的保险公司报案，并保护好现场及协助查清火灾原因。

第二十五条　公司对因扑救火灾、消防训练、制止安全事故、见义勇为而受伤、致残、死亡的，其医疗、抚恤费用按照国家有关规定办理。

第二十六条　公司定期或不定期地对公司各部门安全、消防管理工作进行考核，决定相应的奖励或处罚。

第二十七条　对各种安全消防事故的责任人和违反本办法的，将从严处罚，分别给予罚款降级乃至辞退，严重者送交司法部门追究法律责任。

□ 附则

第二十八条　本办法由行政部安保科负责解释、补充，经总经理办公会议批准后颁布执行。

五、安全生产管理制度模板

□ 总则

第一条　为保障本公司员工人身安全，确保本公司各项生产工作顺利进行，特制定本制度。

第二条　本公司以"安全重于效率，安全重于效益"为方针，全方位实施安全管理。

第三条　本制度为本公司所有生产人员必读之手册，所有生产人员在上岗之前必须认真阅读，并在工作过程中严格执行。

□ 不安全生产行为

第四条　在生产过程中发现生产设备、仪器的防护、保险及信号等装置缺乏或不良的情况时必须立即停止生产并向上级汇报。

第五条　在生产过程中发现设备、仪器、工具及附件或材料等有缺陷的情况时必须立即停止生产并向上级汇报。

第六条　在生产过程中发现车间或班组无总电源、总气阀的情况时必须立即停止生产并向上级汇报。

第七条　在生产过程中发现生产工艺本身缺乏充分的安全保障，工艺规程有缺陷的情况时必须立即停止生产并向上级汇报。

第八条　在生产过程中发现生产组织和劳动组织不合理的情况时必须立即停止生产并向上级汇报。

第九条　在生产过程中发现个人劳动保护用品缺乏或不良的情况时必须立即停止生产并向上级汇报。

第十条　在生产过程中发现事故隐患未暴露或还未被发现等情况时必须立即停止生产并向上级汇报。

第十一条　如工作现场通道不好，材料、半成品、成品混堆，工作场所过分拥挤或布置不当，地面不平，有障碍物存在或地面过滑，则不准开始生产工作行为。

第十二条　如厂房或车间平面或立体布置不合理，未提供紧急出口或出口不足，则不准开始生产工作行为。

第十三条　如工作环境光线不足或光线太强，可能由视觉失误引起动作失误，则不准开始生产工作行为。

第十四条　如工作环境有超标准噪声，引起职员情绪烦躁，无法安心工作；温度、湿度、空气清洁度不符合标准，则不准开始生产工作行为。

第十五条　如在工作环境中发现有毒、有害物品在班组超定额存放或保管不当，无急救或保险措施，则不准开始生产工作行为。

第十六条　如厂房年久失修，厂区污染严重，则不准开始生产工作行为。

□　员工安全意识

第十七条　本公司所有生产人员必须认真学习相关操作方法、技巧和规程，对工作规程、操作标准或工作技术不熟练者不得上岗作业。

第十八条　本公司所有生产人员在生产作业过程中必须正确使用劳动保护用品。

第十九条　本公司所有生产人员在生产作业过程中必须保证注意力的集中和情绪的稳定。

第二十条　本公司所有生产人员在生产作业过程中必须保持强烈的工作责任心和劳动纪律，不得闲谈、打闹和嬉戏。

第二十一条　本公司所有生产人员必须注意劳逸结合，如出现过度疲劳，长期加班，精力不集中的情况，必须停止生产作业。

第二十二条　本公司所有生产人员在生产作业过程中必须严格按照操作条例并与生产线上其他同事互相配合。

第二十三条　本公司所有生产人员在生产作业过程中必须严格执行岗位责任制，不得串岗、漏岗。

□　防爆

第二十四条　各生产作业单位应及时防止爆炸性混合物的产生，加强管理，消灭跑、冒、滴、漏，避免可燃气体漏入空气而达到爆炸限度。

第二十五条　各生产作业单位应及时防止火花的产生，注意防爆区的电机、照明应采用防爆型；避免因接触不良、绝缘不良、超负荷或过热而产生火花或着火；正确铺设避雷装置；抢修照明采用安全灯；避免机械性撞击。

第二十六条　各生产作业单位应及时防止静电的产生，工作人员要穿棉布工作服，不得穿易产生静电的化纤工作服和塑料底鞋。

第二十七条　各生产作业单位必须严格遵守防火制度,严禁在生产区吸烟,严禁明火取暖和焚烧可燃物,严禁在防爆区内装设电热设备。

第二十八条　各生产作业单位必须配备安全装置,如装报警器,在压力容器上安装安全阀,有些设备和管道上可安装防爆板。安全装置要按规定维护核对,使之处于良好状态。

□ 防火

第二十九条　各生产作业单位必须加强各种可燃物质的管理,大宗燃料应按品种堆放,不得混入硫化物和其他杂质;对酒精、丙酮、油类、甲醇、油漆等易燃物质要妥善保存,不得靠近火源。

第三十条　各生产作业单位必须采取防火技术措施,设计建筑物和选用设备应采用阻燃或不燃材料;油库和油缸周围应设置防火墙等。

第三十一条　各生产作业单位必须配备消防设施,厂区要按规定配备消火栓、消防水源、消防车等。生产车间应配备必须消防用具,如沙箱、干粉、二氧化碳灭火器或泡沫灭火器等器材,要经常检查、定期更换,使之处于良好状态。

第三十二条　各生产作业单位必须开展群众性消防活动,既要组织专业消防队也要建立群众性防火灭火义务消防队伍,并通过学习和实地演习,提高灭火技能。

□ 防电

第三十三条　各生产作业单位必须严格管理各类电器设备,包括电焊机、照明、家用电器等的选用和安装要符合安全技术规定,保证设备的保护性接地或保护性接零良好。

第三十四条　各生产作业单位的电气设备要定期检修,并做好检修记录;及时更换老化或裸露的电线,及时拆除临时和废弃线路等;待接线头要包扎绝缘。

第三十五条　各生产作业单位必须健全电器设备安全操作规章和责任制度,严禁违章作业,严禁非专业人员擅自操作或修理电器设备。

第三十六条　各生产作业单位对电器设备进行修理作业时,要拉断电源和穿戴绝缘衣物。

第三十七条　各生产作业单位必须经常组织职工训练,掌握对触电者的急救措施和技术。

六、企业守卫日报表

企业守卫日报表如表17-1所示:

表17-1　守卫日报表

次数	1	2	3	4	5	6	7	8
签名	内勤							
	巡逻							

(续表)

次数		1	2	3		4	5	6	7	8
车辆进出状况	外来车辆	车号	进厂日期	离厂时间	事由	派车单编号	车号	离厂时间		回厂时间
						本公司车辆				
安全异常事项报告		上午：				下午：			夜间	

厂长：_____ 总务科长：_____ 值班长：_____

七、突发事故报告表

突发事故报告表如表17－2所示：

表17－2 突发事故报告表

报告部门：   报告日期： 年 月 日

事故种类		
发生时间、地点		
事故经过		
事故损失	人员伤亡	
	财产损失	
现场处理		
善后处理		
事故原因		
改善计划		
报批	总经理	分管副总经理	安全部门经理	安全主管

总经理：_____ 厂长：_____ 办公室主任：_____ 检验员：_____

八、安全管理实施计划表

安全管理实施计划表如表17-3所示：

表17-3 安全管理实施计划表

年　　月　　　　　　　　　年　　月　　日　　　　　　　　　　　　（正面）

主题	实施内容	负责人	查核	日期	1	2	3	4	5	6	7	8	9	10	11	12	13	14	15
				星期															

（反面）

主题	实施内容	负责人	查核	日期	1	2	3	4	5	6	7	8	9	10	11	12	13	14	15
				星期															

九、工作安全检查报告书

工作安全检查报告书如表17-4所示：

表17-4 工作安全检查报告书

年　　月　　日　　字第　　号

检查日期	检查地点	课段队别及现场负责人	检查经过及结果	建立改善事项

备注：①本单由工程单位工作安全部门填写一式二份，呈单位主管核阅后，一份送工作安全委员会，一份存该单位之工作安全部门备查。

②建议改善事项经单位主管批核后，应由该单位工作安全部门通知各有关施工部门改善。

单位主管：　　　　课（段队）长：　　　　股长：　　　　检查人：

第十八章 私营企业公共关系管理制度与规范

一、企业公关操作流程

第一条 目的。为设计和制定合理的公关操作程序,选定可行的公关方案,有效地促进公司公关目标的达成,特制定本流程。

第二条 公关操作的基本要求:

(一)从公司长远利益出发,合理规划每项工作。

(二)适时调整公关企划方案。

(三)操作流程要符合公司要求与需要。

(四)职责明确。

第三条 善于创造和把握公关机会,确实把握机会的线索、方针和行为规范,寻找新的经营机会和经营领域。

第四条 有效配置公司现有资源,不断完善公关方案。

第五条 公关要突出人的主观能动性和自觉适应性,灵活地根据市场环境和公司现有状况,组合相关的公关企划资源,不断调整公关活动。

第六条 公关操作流程:

(一)公关主题的确定。

1. 列举公关企划问题。

2. 明确公关企划目标。

3. 确定公关企划主题。

(二)公关所需资料的收集与分析。

1. 现有资料收集。

2. 市场状况调查。

3. 资料审核。

4. 资料分析。

(三)公关创意的产生。

1. 创意方法的选择。

2. 公关创意方案的制定。

(四)可行性公关方案的选择。

1. 选择衡量标准。

2. 公关方案的对比评估。

3. 确定最终方案。

(五)公关方案的模拟与评估。

1. 公关的预算评估。

2. 公关的进度控制。

3. 公关的效果评估。

二、接待来访工作流程

接待来访工作流程如下：
1. 起立招呼，使用礼貌用语。
2. 让座倒茶。
3. 询问来访人姓名、单位、身份、来访目的、是否预约。
4. 决定接待对象和方式：秘书接待、有关部门接待、领导接待。
5. 是否安排工作餐或宴请订餐。
6. 接待完毕，礼貌送客。
7. 按宾客身份分送至办公室门口、楼(电)梯口、公司大门口。
8. 填写访客记录，必要时向领导汇报。

三、企业对外接待办法

第一条　总则

（一）对外接待是公司行政事务和公关活动的重要部分，为使对外接待工作规范有序，具有统一的公司形象，特制定本办法。

（二）本办法适用于全公司各部门。

第二条　对外接待范围

（一）本办法规定的接待范围主要是公司及所属各部门，以及各子、分公司经营管理活动所必需的接送、食宿、购票、会谈和陪同参观等方面的安排和工作。

（二）接待的对象分为内宾和外宾。

第三条　对外接待部门

（一）公司行政部为公司负责接待的职能部门。

（二）遇到重大接待工作和活动，可由总经理室协调若干部门共同做好此项工作，有关部门要积极主动配合。

第四条　对外接待原则

接待应遵循"平等、对口、节约、周到、保密"的原则，使客人高兴而来，满意而去。

（一）平等原则。对来宾无论职务高低，都要平等相待、落落大方、不卑不亢。一般情况下，级别与权限相等，同级别出面，特殊情况高规格接待。

（二）对口原则。各职能部门对口接待。综合性接待时各部门应予以协调，谁出面接待谁结账。

（三）节约原则。内部成本效益核算。招待来宾从简，不铺张浪费，不重复宴请，主方人数不多于宾客人数。

（四）周到原则。接待程度应衔接周密，接待方式应完善，以礼相待，使客人感到热情、周到。

（五）保密原则。向不定期来宾介绍情况，注意保守公司情况、国家机密。重要会议要有记录。巧妙回避不宜回答的问题。

第五条　接待规格的确定

（一）高规格接待，陪客比来宾职务高一些。适用于上级机关派员来人、其他企事业单位来员洽商重要事宜、下属企业领导来访汇报情况。

（二）对等接待。适用于一般性接待活动。

（三）低规格接待，陪客比来宾职务低一些。适用于经常性业务往来。

第六条　接待礼仪

（一）见面。原则为主动、热情、礼貌。

（二）接待。主动起迎，问明来意。

（三）安排交谈地点：

1.根据来客来意和身份，安排适当地点（办公室、接待室、会议室）进行交谈。

2.手头正忙，一时难以抽身时，应向客人说明暂请他人代接待或另商时间。

3.切忌让客人久候而无人问津。

4.客户提出与国家领导或他人交谈，应立即联络，并将客人引至约定地点等候会面，介绍后再行离开。

第七条　引见

（一）首先向领导介绍客人（单位、职务、姓名）。

（二）引见顺序：

1.把身份低、年龄轻的人介绍给身份高、年纪大的。

2.按职务高低，依次介绍一行来客。

3.职务相同，先介绍年纪大的。

4.领导与来宾见面交谈后，对客人原定日程有变化的，与客人共同协商安排。

第八条　行路

（一）陪同客人行路，请客人行于自己右侧。

（二）乘坐车、上下楼梯、电梯，礼让在先，主动开关门。

（三）自己处于主陪地位，应并排在客人旁边，不要落在后边。

第九条　其他

（一）穿着不得过于随便，按规定着装，衣着整洁，有风度。

（二）主动照顾来宾中的老人、妇女、儿童和残障人士。

（三）尊重属于不同国家和民族来宾的风俗习惯和礼节。

（四）因故未能准时赴约，尽早通知对方，并以适当的方式致歉。

第十条　接待内容和程序

（一）接待内宾：

1.接受任务。弄清来宾的基本情况：单位、人数、姓名、性别、职务和使命、抵离时间、乘坐交通工具及车次或航班。

2. 布置接待。提出接待意见：接待部门、人员、规格、方式、安排、费用预算，并报请上级批准。

3. 迎接安排。根据来宾身份、人数、性别，预订招待所或宾馆，安排好伙食标准、进餐方式、时间、地点，按抵达时间，派人派车迎接。

4. 看望、商议日程。来宾住下后，公司有关人员前往看望，表示欢迎和问候，了解来访日程和目的，商定活动日程并通知有关部门。

5. 安排有关领导会见。按接待规格和礼仪，安排有关领导去住所看望，接待人员安排会见地点、时间、陪同人员。

6. 组织活动实施。按参观、考察目的，组织业务部门向客人介绍情况，参观现场；对上级检查，安排汇报、座谈会。

7. 送别。根据客人意见，预定车、船、机票，协助客人结算食宿账目，话别送行，派人派车送至车站、码头或机场。

8. 小结。每次较大规模接待完成后进行一次小结，以便总结经验，改进后续工作。

（二）接待来宾。接待内容与程序基本相同，主要内容和注意点为：

1. 迎送：

（1）安排迎送陪同人员和译员，要有与外宾身份相当的对口、对等人员迎送。

（2）对身份较高的外宾，事先应在机场（车站、码头）安排贵宾休息室，并备有饮料。

2. 会见会谈：

（1）会见会谈的时间、地点、双方人员名单应至少提前1天通知对方，并尽量不改变计划；会见时，我方主要人员要高于或等于外宾身份；会谈时，身份一般对等。

（2）我方人员应提前到达，并在门口迎送。

（3）对会见会谈场所、座位事先精心安排，留定座位。双方人员较多、场所较大时，宜装扩音系统，桌上放置中外文座位卡。

（4）会见的座位排列：外宾在右边，我方人员坐左边。团长安排在我方主谈人右手第一位，副团长坐第二位，其他外宾可依次随便落座。

（5）会谈时用长桌的，中外各一方，请外宾坐上方，我方主谈人坐自己一方的中间位置。

（6）如有合影，事先安排合影图。合影一般主人居正中，按礼宾次序，以主人右手为上，主客双方间隔排列。

3. 宴请：

（1）有宴会（早宴、午宴、晚宴）、招待会（冷餐会和酒会）、茶话会、工作进餐。

（2）举办何种宴请活动，根据活动目的、对象、经费开支等因素确定。

（三）文艺晚会。根据活动目的、外宾兴趣、接受能力，安排和选定节目，根据客人身份安排好座位，一般以第七、第八排座位为佳。

（四）参观游览。根据来访目的、性质、外宾意愿和兴趣，选择有针对性的游览项目，安排身份相当的陪同人员和解说员、导游。

接待标准

（1）用餐标准：

招待官员、关系户 80～120 元/人·餐。

较重要官员、关系户 50～80 元/人·餐。

地方一般干部、外单位来人 10～30 元/人·餐。

公司分支机构来人 15 元左右/人·餐。

常客员工标准。

（2）住宿安排：

招待对象	标准	审批权限
重要官员	200~350元/天	总经理
较重要官员	150~200元/天	总经理

公司分支机构按公司标准

常客自愿。

第十一条　附则。涉及重大接待活动，需部门协调执行。

四、企业参观管理规定

第一条　来本公司参观者必须事先与办公室主任预约，并如实填写《参观公司申请书》。

第二条　行政总监对《参观公司申请书》进行审核，一经批准即转交办公室主任。

第三条　由办公室主任填写参观内容、范围与路线，然后交行政总监审批。

第四条　凡持有公司印制的"公司参观许可证"者，有资格进入公司参观。

第五条　凡合乎下列条例，并经行政总监许可者，有资格进入公司参观。

1. 事先与本公司总部或其他事业部门联系过，并征得有关部门许可者。
2. 公司主要客户及其介绍给本公司的人。
3. 政府机构、社会公众团体及其介绍给本公司的人。
4. 其他希望参观者。

第六条　申请者必须向公司行政部出示"公司参观许可证"以及《参观公司申请书》，领取"参观者胸卡"。行政部在参观公司申请书上填写"许可编号"，转交门卫。

第七条　一般情况下禁止外来参观者在作业现场拍照。

第八条　和本公司有关系的公司，职员如果对所参观某机械设备感兴趣，希望拍摄该设备的照片，必须向办公室主任请示。

第九条　办公室主任可以在获得该生产主管同意的前提下，指定专人对该设备所需要部分进行拍照并以公文形式把照片寄给参观者主管。

第十条　为了防止所拍摄照片被过量复制，应由所在生产部保管底片。

第十一条　本公司设备的照片，不得擅自公开刊登，如果有必要刊登，必须事先请示公司工程部。

五、企业来宾管理接待制度

□ 总则

第一条 为规范本公司参观制度,维护本公司保密利益,同时促进公共关系扩大宣传效果,特制定本制度,所有来公司参观者及带领参观者依悉遵守本制度。

□ 参观种类

第二条 团体参观:机关公司或社会团体约定来厂参观者。

第三条 贵宾参观:政府首长、社会名流以及国内外各大企业负责人经公司允准来厂参观者。

第四条 普通参观:一般客户或业务有关人员来厂参观者。

第五条 临时参观:因业务需要临时决定来厂参观者。

□ 接待方式

第六条 如是团体来我公司参观,原则上在公司会客室接待,无特殊情况不安排宴请,如有宴请需要,须经行政总监批准,参观时的陪同人员由行政部协调相关部门决定。

第七条 如果贵宾来我公司参观,按公司通知以咖啡、西点、冷饮、烟茶或其他方式招待,并由公司高级人员陪同或由相关部门主管陪同。

第八条 如是普通参观,则以烟茶招待,由管理部或有关部门派员陪同。

第九条 如是临时参观同第八条。

□ 参观规则

第十条 贵宾参观及团体参观由公司核准并于参观前三日将参观通知单填送各工地管理部门,以凭办理接待,如事出之急先以电话通知后补通知单。

第十一条 普通参观由各部经理核准,并于参观前一日将参观通知单填送工地,以利接待,但参观涉及两个部以上者,应比照团体参观办理。

第十二条 临时参观由各部经(副)理核定,并于参观前一小时以电话通知各工地管理部办理接待,如参观涉及两个部以上者,应商请管理部协调办理之。

第十三条 未经核准的参观人员,一律拒绝参观,擅自率领参观人员参观者,得按泄露商业机密论。

第十四条 参观人员除特准者外,一律婉拒拍照,并由陪同参观人员委婉说明。

□ 附则

第十五条 本办法如有未尽事宜得随时检查修正。

第十六条 本办法呈报公司核准后公布施行。

六、对外接待费用管理制度

☐ 总则

第一条 为规范本公司接待费用使用,减少不必要的开支,杜绝大吃大喝和奢侈浪费现象,特制定本制度。

第二条 与本公司有业务往来的客户、供应商、融资方以及其他外部关系者的接待费(包括交际费与招待费)的开支一律按本制度执行。

第三条 本公司所有人员在接待外部关系中所产生的接待费的申请、批准、记账、结算等,一律按本规定的手续办理。如未经本制度许可或未按本制度相关程序办理,所产生的费用财务部不得予以报销。

第四条 本公司所有人员在对外接待时一律按本规定执行,不得擅自或任意动用接待和交际费用开支。

☐ 范围

第五条 在对外接待过程中,由于会议组织、研究讨论、招待交际、宴请、典礼、捐赠等行为产生的费用,可以纳入接待费中。

☐ 细则

第六条 本公司所有招待费用的申办必须有真是明确的用途及目的,公司的营业、采购、融资以及其他经营,有其客观的目的性,任何接待上的开支不得背离经营上的目的与要求。

第七条 本公司所有招待费用的申办必须本着最小支出、最大成果的原则,充分考虑和认清第一次接待的目的和接待的方法,合理接待,有效使用经费开支。

第八条 各级责任者或主管领导,必须充分审核每一次接待任务与接待方式,给予接待任务的担当者以适当的指示。

☐ 开支

第九条 本公司各个部门都必须进行接待费预算,并在预算范围内开支。预算按过去的平均实绩来确定。

第十条 接待次数原则上每人每日不得超过 2 次,但是,100 元以下的开支不在其列。同样内容与对象的接待应尽量避免,不要重复接待。

第十一条 对重要的关系户要设立接待卡,详细记载其嗜好、兴趣与特点等。有关接待卡的填写与保管,另行规定。

第十二条 接待的目的按下列原则分类,并在"接待申请及报告书"上写明规定的"接待目的":

1. 招待新交易伙伴关系户；
2. 庆祝合作关系的建立；
3. 销售收入提高后的致谢；
4. 出访时的请客；
5. 来访时的招待；
6. 接纳各种建议后的致谢；
7. 达到各种目的后的致谢；
8. 重要的节日或庆典。

第十三条　接待按对象、目的以及场合，分为以下三档：
1. A 档（特别重要和重大的接待）；
2. B 档（比较重要和重大的接待）；
3. C 档（一般的接待）。

第十四条　接待场所根据接待档次确定，分为"高"、"中"、"低"三类场所。
1. 高（适合于 A 档接待规格），主要指高级的饭店、餐馆、美食中心。
2. 中（适合于 B 档接待规格），略低于"高"档水平的中高档餐馆。
3. 低（适合于 C 档接待规格），主要指中低档大众用餐场所。

附则

第十五条　接待当事人根据具体情况，判断是否需要接待或招待，并填写公司规定的"接待申请及报告书"，向主管领导正式提出申请，主管允许后加盖印章，送交行政总监。

第十六条　行政总监根据申请表内容进行审核，批准后加盖印章。行政总监的审批权限的上限为一次 5 000 元，超过审批权限，必须上报总裁批准。

第十七条　接待费由行政部直接支付给申请部门及申请人。行政部依据申请内容以及相应的接待档次与场所，支付一定的费用。申请部门应在规定的时间内，将收据和发票凭证，连同申请书一起送回总务部进行结算。

第十八条　在接待工作结束后 15 日内，必须到行政部门结算，如果没有收据或开支凭证，一切费用由本人承担。

七、招待用餐管理规定

用餐程序

第一条　各部门在公司安排用餐须报总经理批准，并提前将报告送交订餐部。报告要列明招待单位、时间、标准、人数及餐厅名称。

第二条　在职员食堂用餐，经接待部门的经理批准后，直接在该部门秘书处领取餐券用餐。

第三条 如遇特殊情况,可口头请示,同意后先用餐,再补办手续。

□ 用餐标准

第四条 餐费标准。营业餐厅用餐标准分为 A、B、C 三个档次(酒水除外)。也可按以上标准零点,但须在报告上说明。

第五条 一般客人用 C 档,较重要客人为 B 档,重要客人为 A 档。

□ 酒水标准

第六条 除有明确批示外,招待一律只供应适量的本地啤酒及饮料。其余如香烟、洋酒、葡萄酒、烈酒、冰淇淋等须经批准后方可按量供应。

□ 用餐后的核算

第七条 所有招待用餐和饮料,接待部门须及时注明并签字。

第八条 职员食堂月底将招待用餐数核准无误后,交财务部拨款。

第九条 对不符合手续、不按规定办理的,各有关岗位可以拒绝提供服务,否则将追究有关人员的责任。

八、介 绍 信

介绍信如表 18-1 所示:

表 18-1 介 绍 信

： 兹介绍我公司　　　　同志等　　　　人(系我公司　　　　　　),前往贵处联系　　　　事宜,请接洽。 　　　　　　　　　　　　　　　　　　　　　　　此致 　　　　　　　　　　　　　　　　　　　　　敬礼 　　　　　　　　　　　　　　　　　　××××××公司(盖章) 　　　　　　　　　　　　　　　　　　　　年　　月　　日

九、请 柬

请柬如表 18-2 所示:

表 18-2 请 柬

同志: 　　我公司定于　　月　　日　　时举办　　　　　　,届时敬请光临。 　　　　　　　　　　　　　　　　　　　　　此致 　　　　　　　　　　　　　　　　　　　　敬礼 　　　　　　　　　　　　　　　　　××××××公司(盖章) 　　　　　　　　　　　　　　　　　　　年　　月　　日 地址:　　　　　　　电话:　　　　　　联系人:

十、贵宾接待日程表

贵宾接待日程表如表18-3所示：

表18-3　贵宾接待日程表

		荣誉董事长	董事长	总经理	A常务董事	B常务董事	C常务董事	D常务董事
星期一	AM	10:00××公司来访	11:00××公司来访	11:00 内部常务董事				
	AM	12:00～3:00演讲会（于××饭店）		1:30 内部洽谈 3:00××报社采访	1:00 到××公司访问，3:00 到××公司拜访			
星期二	AM	10:00××公司有客来访	10:00 常务会议					
	PM			4:30××公司有客来访				
星期三	AM	10:00×公司有客来访，11:30公司举行酒会	10:00 公司有客来访,公司举行酒会（由荣誉董事长主持）	10:00 有客来访（董事长陪同）	×航203班机,8:00起飞			
	PM		1:30××饭店来访,3:00 报社采访,5:00 洽谈 D 常务董事		到××地出差			

第十九章 私营企业筹资与投资管理制度与规范

一、筹资管理的工作内容

筹资管理主要包括筹资渠道管理和筹资方式选择。

筹集资金的渠道是指企业取得资金的来源。筹集资金的方式是指企业取得资金的具体形式。

企业管理者要想确定最理想的资金来源结构，就必须对各种筹资渠道和筹资方式的特点加以研究。因为同一渠道的资金可以用不同的方式取得，而同一筹资方式又可适用于不同的筹资渠道。

二、筹资的主要方式

1. 政府投资

政府对企业的投资是国有企业的主要资金来源，在各种资金来源中占有重要地位。

2. 借贷

企业借贷资金主要是指企业向各商业银行申请的借款。这是企业筹资的主要渠道。另外，借贷资金还包括企业向非银行金融机构，如信托投资企业、租赁企业、保险企业及民间金融组织借入的资金。

3. 企业之间的资金拆借

在生产经营过程中，企业往往有部分暂时闲置的资金，甚至可在较长时间内腾出部分资金，如未动用的企业留用利润等，可在企业之间相互调剂利用。随着横向经济联合的发展，企业间资金联合的资金融通有了广泛发展。其他企业投入资金包括联营、入股、债券及各种商业信用，既有长期的稳定的联合，又有短期的临时的融通。其他企业投入资金往往同本企业的生产经营活动有密切联系，有利于促进企业间的经济联系，开拓本企业的经营业务。这种资金渠道得到了广泛利用。

4. 利用员工资金和民间资金

企业员工和城乡居民的投资，都属于个人资金渠道。企业员工入股可以增强员工归属感，激发员工的工作积极性。此外，有些企业向非本单位员工发行股票、债券，这一资金渠道在盘活闲置资金方面具有重要的作用。

5. 企业自留资金

企业自留资金主要是指企业留用的，用作企业的生产发展基金、新产品试制基金、后备基金、员工福利基金、员工奖励基金的利润，其中前三项在一定条件下可转化为生产经营资金。随着企业经济效益的提高,企业自留资金的数额将日益增加。

6. 国际资本市场资金

国际资本市场筹资已成为当今企业筹资的重要方式,越来越多的企业都选择在海外上市,也有越来越多的资金投入国际资本市场。

三、筹资的主要渠道

1. 发行股票

即企业通过发行股票进行筹资。这是企业筹集长期资金的重要方式。

2. 发行债券

即企业通过发行债券进行筹资。这是企业筹集资金的又一重要方式。

3. 银行借款

即企业向银行申请贷款,通过信贷进行筹资。

4. 租赁

租赁是出租人以收取租金为条件,在契约或合同规定的期限内,将资产出让给承租人使用。现代租赁是企业解决资金来源的一种筹资方式。按其性质的不同,租赁可分为经营性租赁和筹资性租赁两种。

5. 联营

与筹资直接有关的联营,主要是原有企业吸收其他投入资金和若干企业联合出资建立的合资经营企业。兴办合资经营企业,能够集中多方面资金,扩大经营范围,甚至建立规模较大的经济联合体;还可以同时进行技术、劳力、土地、资源等多种生产要素的联合,发挥各方面的优势,增强企业的活力和竞争能力。

6. 商业信用

商业信用是指商品交易中以延期付款或预收货款进行购销活动而形成的借贷关系,是企业之间的直接信用行为。其主要形式有先取货后付钱和先付钱后取货两种形式。它是企业筹集短期资金的一种方式。

7. 企业内部积累

企业内部资金的筹资方式,主要是利用企业留存收益即盈余公积金、公益金、未分配的利润等。另外,西方国家的企业也有利用变卖企业资产筹资和利用企业应收账款筹资的方式。

四、企业投资项目界定

企业投资项目包括：
1. 固定资产(厂房、设备)投资。
2. 新产品中工业性试验。
3. 技术引进。
4. 改建、扩建、技术改造。
5. 科技研发。
6. 对外短期投资(股票、债券)。
7. 对外长期投资(土地、物业、实业、商贸)。
8. 环保投资。
9. 控股性合资、联营。
10. 企业兼并、收购。
11. 资产经营投资。
12. 公关、广告、促销、捐赠计划。
13. 营销网络建设或特许经营。
14. 人力资源培训计划。
15. 其他项目。
16. 以上内容的综合性项目。

五、企业投资管理体制及权限

(一)组织机构
1. 母公司级
方案1：董事会成立专门投资委员会
  负责对全公司投资项目的管理,该机构常设。适用于董事会实体机构,公司权力集中在董事会的场合。
方案2：总经理领导下的投资项目决策会议
  定期或不定期对投资项目进行审批。该会议机构是非常设的,适用于公司权力在总经理的场合。
  投资管理机构主要负责制定公司投资战略、规划、计划并负责审批。

2. 职能机构

企业内部一般设立投资部。负责整个企业的投资项目考察、开发、遴选,可行性论证,组织评估,报批等日常管理活动。

投资部采用项目小组制。项目经理负责项目管理全过程。项目组应由技术、经济、市场、产品、营销、财务、建筑等有关人员组成。

3. 子公司级

视情况可以设立投资部。一般限制子公司的投资权限,以免投资失控,重复投资,重复建设,分散投资,从而不能实现总体战略意图或打乱计划。

为分散投资风险和调动下属公司投资积极性,投资项目可以安排到下属企业,或吸引下属企业共同投资。

(二)投资体制

企业应形成投资项目开发,论证评估,投资决策,监督实施,运作管理的五位一体的管理体制。

1. 投资项目开发

由母公司或子公司投资部对收集各类投资项目信息遴选之后,成立专门项目小组负责项目开发。

2. 论证评估

(1)投资部门项目小组进行项目可行性论证,设计优化项目方案。

(2)邀请企业内外部专家对投资项目进行评估。

3. 投资决策

由企业投资决策会议对备选项目进行决策,决定对投资项目的审查批准意见。

4. 监督实施

(1)成立项目实施筹备小组,实际操作投资项目。

(2)企业财务,审计等部门监督投资项目建设过程,提高投资质量,控制投资总额。

5. 运作管理

(1)一般投资项目以项目责任制形态运营。

(2)项目建成后,划转其他部门进行正常运作状态下的管理。

(三)投资权限

一般而言,企业总部上收投资决策权,统一投资审批。可能形式有:

方案1:绝对上收投资权

无论投资多大,凡需对外投资,一律经企业一级审批,下属单位一律无权决定投资项目。

方案2:相对上收投资权

企业可以授权下属单位有限额万人民币以下投资项目的审批自主权,限额以上均由企业总部审批,且下属审批投资项目须报企业总部备案。

六、企业筹资管理制度模板

□ 总则

第一条 为规范公司经营运作中的筹资行为，降低资本成本，减少筹资风险，以提高资金运作效益，依据相关规范，结合公司具体情况，特制定本制度。

第二条 本制度适用于公司总部、各子公司及各分公司的筹资行为。

第三条 本制度所指的筹资，是指权益资本筹资和债务资本筹资。

权益资本筹资是由公司所有者投入以及以发行股票方式筹资；债务资本筹资指公司以负债方式借入并到期偿还的资金，包括短期借款、长期借款、应付债券、长期应付款等方式筹资。

第四条 筹资的原则

（一）遵守国家法律、法规原则。

（二）统一筹措，分级使用原则。

（三）综合权衡，降低成本原则。

（四）适度负债，防范风险原则。

第五条 资金的筹措、管理、协调和监督工作由公司财务部统一负责。

□ 权益资本筹资

第六条 权益资本筹资通过吸收直接投资和发行股票两种筹资方式取得。

（一）吸收直接投资是指公司以协议等形式吸收其他企业和个人投资的筹资方式。

（二）发行股票筹资是指公司以发行股票方式筹集资本的方式。

第七条 公司吸收直接投资程序

（一）吸收直接投资须经公司股东大会或董事会批准。

（二）与投资者签订投资协议，约定投资金额、所占股份、投资日期以及投资收益与风险的分担等。

（三）财务部负责监督所筹集资金的到位情况和实物资产的评估工作，并请会计师事务所办理验资手续，公司据此向投资者签发出资报告。

（四）财务部在收到投资款后应及时建立股东名册。

（五）财务部负责办理工商变更登记和企业章程修改手续。

第八条 吸收投资不得吸收投资者已设有担保物权及租赁资产的出资。

第九条 筹集的资本金，在生产经营期间内，除投资者依法转让外，不得以任何方式抽走。

第十条 投资者实际缴付的出资额超出其资本金的差额（包括公司发行股票的溢价净收入）以及资本汇率折算差额等计入资本公积金。

第十一条 发行股票筹资程序

(一)发行股票筹资必须经过股东大会批准并拟订发行新股申请报告。
(二)董事会向有关授权部门申请并经批准。
(三)公布公告招股说明书和财务会计报表及附属明细表,与证券经营机构签订承销协议。定向募集时向新股认购人发出认购公告或通知。
(四)招认股份,缴纳股款。
(五)改组董事会、监事会,办理变更登记并向社会公告。

第十二条　公司财务部建立股东名册,其内容包括股东姓名、名称、住所及各股东所持股份、股票编号以及股东取得股票的日期等。

债务资本筹资

第十三条　债务资本的筹资工作由公司财务部统一负责。经财务部批准分支机构可以办理短期借款。

第十四条　公司短期借款筹资程序

(一)根据财务预算和预测,公司财务部应先确定公司短期内所需资金,编制筹资计划表。
(二)按照筹资规模大小,分别由财务部经理、财务总监和总经理审批筹资计划。
(三)财务部负责签订借款合同并监督资金的到位和使用,借款合同内容包括借款人、借款金额、利息率、借款期限、利息及本金的偿还方式以及违约责任等。
(四)双方法人代表或授权人签字。

第十五条　公司短期借款审批权限

短期借款采取限额审批制,投资限额标准如下(超过限额标准的由公司董事会批准):

(一)财务部经理审批限额:10万元。
(二)财务总监审批限额:50万元。
(三)总经理审批限额:100万元。

第十六条　在短期借款到位当日,公司财务部应按照借款类别在短期筹资记簿中登记。

第十七条　公司按照借款计划使用该项资金,不得随意改变资金用途,如有变动须经原审批机构批准。

第十八条　公司财务部及时计提和支付借款利息并实行岗位分离。

第十九条　公司财务部建立资金台账,以详细记录各项资金的筹集、运用和本息归还情况。财务部对于未领取利息单独列示。

第二十条　公司长期债务资本筹资包括长期借款、发行公司债券以及长期应付款等方式。

第二十一条　公司长期借款必须编制长期借款计划使用书,包括项目可行性研究报告、项目批复、公司批准文件、借款金额、用款时间与计划以及还款期限与计划等。

第二十二条　长期借款计划由公司财务部经理、财务总监和总经理依其职权范围进行审批。

第二十三条　公司财务部负责签订长期借款合同,其主要内容包括贷款种类、用途、贷款金额、利息率、贷款期限、利息及本金的偿还方式和资金来源、违约责任等。

第二十四条　长期借款利息的处理

(一)筹建期间发生的应计利息计入开办费。

（二）生产期间发生的应计利息计入财务费用。

（三）清算期间发生的应计利息计入清算权益。

（四）购建固定资产或无形资产有关的应计利息，在资产尚未交付使用或者虽已交付使用但尚未办理竣工决算之前，计入购建资产的价值。

第二十五条　公司发行债券筹资程序

（一）发行债券筹资应先由股东大会作出决议。

（二）向国务院证券管理部门提出申请并提交公司登记证明、公司章程、公司债券募集办法以及资产评估报告和验资报告等。

（三）制定公司债券募集办法，其主要内容包括公司名称、债券总额和票面金额、债券利率、还本付息的期限和方式、债券发行的起止日期、公司净资产、已发行尚未到期的债券总额以及公司债券的承销机构等。

（四）同债券承销机构签订债券承销协议或包销合同。

第二十六条　公司发行的债券应载明公司名称、债券票面金额、利率以及偿还期限等事项，并由董事长签名、公司盖章。

第二十七条　公司债券发行价格可以采用溢价、平价、折价三种方式，公司财务部保证债券溢价和折价采用直线法合理分摊。

第二十八条　公司对发行的债券应置备公司债券存根簿予以登记。

（一）发行记名债券的，公司债券存根簿应记明债券持有人的姓名、名称及住所、债券持有人取得债券的日期及债券编号、债券总额、票面金额、利率、还本付息的期限和方式以及债券的发行日期。

（二）发行无记名债券的，应在公司债券存根簿上登记债券的总额、利率、偿还期限和方式以及发行日期和债券的编号等。

第二十九条　公司财务部在取得债券发行收入的当日，即应将款项存入银行。

第三十条　公司财务部指派专人负责保管债券持有人明细账，并组织定期核对。

第三十一条　公司按照债券契约的规定及时支付债券利息。

第三十二条　公司债券的偿还和购回在董事会的授权下由公司财务部办理。

第三十三条　公司未发行债券必须由专人负责管理。

第三十四条　其他长期负债筹资方式还包括补充贸易引进设备价款和融资租入固定资产应付的租赁费等形成的长期应付款。

第三十五条　由公司财务部统一办理长期应付款。

公司筹资风险管理

第三十六条　公司应定期召开财务工作会议，并由财务部对公司的筹资风险进行评价。

公司筹资风险的评价准则如下：

（一）以公司固定资产投资和流动资金的需要决定筹资的时机、规模和组合。

（二）筹资时应充分考虑公司的偿还能力，全面衡量收益情况和偿还能力，做到量力而行。

（三）对筹集来的资金、资产、技术具有吸收和消化的能力。

（四）筹资的期限要适当。

（五）负债率和还债率要控制在一定范围内。

（六）筹资要考虑税款减免及社会条件的制约。

第三十七条 公司筹资效益的决定性因素是筹资成本,这对于选择评价公司筹资方式有重要意义。公司财务部采用加权平均资本成本最小的筹资组合评价公司资金成本,以确定合理的资本结构。

第三十八条 筹资风险的评价方法采用财务杠杆系数法。财务杠杆系数越大,公司筹资风险也越大。

第三十九条 公司财务部应依据公司经营状况、现金流量等因素合理安排借款的偿还期以及归还借款的资金来源。

□ 企业筹资策略

第四十条 企业筹资要综合考虑:
(一)资金量大小。
(二)资金期限长短。
(三)资金来源。
(四)资金的债权性或股权性质。
(五)对企业权力结构的影响。
(六)融资关系稳定性并使融资成本最小化。

第四十一条 运用财务杠杆,追求最佳企业资产负债比例
(一)由于债务性质的资金,其利息支出可在企业财务费科目下列支。由于该项成本减少收入而达到合理减税,能提高股东权益投资收益率,所以适度举债是明智的。目前,我国民营企业负债过低,经营过于保守,应加大借债力度。
(二)不论企业经营状况好坏,债务资金偿还是硬性化。过度负债会增加企业经营风险。目前,我国国有企业大多负债过高,应降低负债到合理范围。

第四十二条 企业要根据发展战略规划,投资计划,运营情况预测,制定短、中、长期资金需求计划,依此确定筹资总体方案,选择合理的融资结构。

第四十三条 企业首先应提高内部资金使用效率,以减缓对外融资压力。

第四十四条 企业应考虑资本、劳力、技术等要素之间的协同作用和替代弹性,增加其他要素的投入,以减少资金需求或现金流量,如:
(一)以土地使用权或固定资产投入,减少现金投入。
(二)以融资租赁降低现金投资。
(三)易货贸易(实物交易)。
(四)股权互换。
(五)以政府特殊许可(有含金量)降低项目成本。
(六)无形资产做价。
(七)补偿贸易。
(八)运用特许经营。

第四十五条 增加企业抵押品,放大负债能力企业优化现有资产结构,提高资产质量,增大可供抵押、担保的资产规模,尤其以小博大,通过企业较小资本控制社会较大资本,以实质控有许多企业,资产的所有权、支配权,放大负债能力,融通企业发展所需巨量资金。

第四十六条 企业群体统一财务管理
(一)统一对外筹措资金,统借统还,以获得贷款优惠、便利,降低风险。
(二)统一提供信用担保、信托、租赁、保险。

（三）统一银行开户，有效监控下属企业资金流向。

第四十七条　建立财务顾问（融资顾问）制

按照国际惯例，企业融资都要聘请财务顾问指导。

（一）企业聘请常年融资顾问（财务顾问）单位，该单位主要为企业融资辅助策划，制定方案，代理融资，承销包销证券等。

（二）目前，国内财务顾问可从证券公司、投资银行、信托基金管理公司、投资管理公司、会计师事务所、财务咨询公司等金融服务机构选择。

第四十八条　与金融结合

从国内外企业发展过程和经验看，产业资本和金融资本结合是必然趋势。对大型企业塑造金融功能的方案：

方案1：建立稳固银企关系

——企业对原有融资网络进行优化，以一个主要银行为依托，形成融资主渠道，在此基础上再开拓辅助新的融资渠道。

——实行主办银行制和贷款额度授信管理，通过银企长期性契约，形成利益共同体。

方案2：引入金融机构入股

企业在建立股份制时，吸纳金融机构投资入股，或者将现有债权转为股权，建立与金融机构的产权关系，以享有金融机构对企业的优先优惠支持。

根据现行商业银行法律，商业银行不能对企业投资参股。非银行性的金融机构可对企业投资参股，诸如信用合作社、保险公司、信托公司、证券公司、基金管理公司、财务公司等。

方案3：对金融机构参股

对银行或非银行性金融机构进行参股，作为金融机构股东通过影响力获得金融机构的优先支持。有实力的企业集团可以通过对金融机构的控股，使之纳于集团范围。

方案4：企业与金融机构互相参股

企业与金融机构相互参股或环状持股，形成最为密切的产权关系。

□ 附则

第四十九条　本制度由财务部编制，解释权、修改权归财务部。

第五十条　本制度由财务部制定，报总经理办公会议审核，经总经理审批后执行。

七、企业资本金筹集制度模板

第一条　企业应当按照法律、法规和合同、章程的规定，及时筹集资本金，可以一次或分期筹集。一次性筹集的，从营业执照签发之日起六个月内筹足。分期筹集的，最后一期出资应当在营业执照签发之日起三年内缴清，其中第一次投资者的出资不得低于15%，并且在营业执照签发之日起三个月内缴清。吸收的无形资产（不含土地使用权）的出资不得超过企业注册资金的20%，情况特殊的经审批后最多不超过30%。

第二条　企业筹集的资本金,必须聘请中国注册会计师进行验资并出具验资报告,由企业据以发给投资者出资证明书。

第三条　企业筹集的资本金,在生产经营期间内,投资者除依法转让、按规定经有关部门批准增资或减资之外,不得以任何方式抽走。按照出资比例或者合同、章程的规定,分享企业利润和分担风险及亏损。

第四条　企业在筹集资本金活动中,可以向投资者收集超资本金额,包括股份有限公司发行股票的溢价部分及可以接受捐赠的财产,这些都作为资本公积入账。另外,对资产评估确认价值或合同、协议约定价值与原账面净值的差额等,可计入资本公积。

第五条　对于外商投入资本因出资的币种与企业记账本位币不一致,要按收到出资当日的市场汇价折合资本投资额,发生的汇率折价差额,也计入资本公积。

八、企业投资管理制度模板

□ 总则

第一条　为规范公司投资行为,加强公司投资管理,保证资金运营的安全性,提高资金的收益性,提高资金运作效率,根据外部规范与公司具体情况,特制定本制度。

第二条　本制度适用于总公司、各子公司及和分公司的投资行为。

第三条　在本制度中,投资分对外投资和对内投资两部分,具体叙述如下:

1. 对外投资:将货币资金及经资产评估后的房屋、机器、设备、物资等实物,以及专利权、商标权和土地使用权等无形资产作价出资,进行各种形式的投资活动。

2. 对内投资:利用自有资金或从银行贷款进行基本建设、技术更新改造,以及购买和建造大型机器、设备等投资活动。

第四条　本公司所有投资项目都要以充分有效地利用闲置资金或其他资产进行适度的资本扩张,以获取较好的收益,确保资产保值增值为准则。

第五条　本公司所有的投资行为都必须遵守国家法律、法规,符合国家产业政策,符合公司的发展战略。并且在任何情况下都不能影响主营业务的发展。

□ 对外投资

第六条　对外投资可分为短期投资和长期投资,具体表述如下:

1. 短期投资主要指购买股票、债券、国债等短期投资行为。
2. 长期投资主要有以下三种:
(1)出资与公司外部企业及其他经济组织成立合资或合作制法人实体。
(2)与境外公司、企业和其他经济组织开办合资、合作项目。
(3)以参股的形式参与其他法人实体的生产经营。

第七条　本公司所有投资项目都本着投资业务的职务分离原则,具体表述如下:

1. 投资计划编制人员与审批人员分离。

2. 负责证券购入与出售的业务人员与会计记录人员分离。

3. 证券保管人员与会计记录人员分离。

4. 参与投资交易活动的人员与负责有价证券盘点工作的人员分离。

5. 负责利息或股利计算及会计记录的人员与支付利息或股利的人员分离,并尽可能由独立的金融机构代理支付。

第八条　本公司所有短期投资项目依照以下程序进行:

1. 财务部编报资金状况表。

2. 证券资金部分析人员编报短期投资计划。

3. 公司的财务部经理、财务总监和董事会审批该项投资计划。

第九条　本公司所有短期投资项目都必须登记在册,分别注明短期证券类别、数量、单价、应计利息及购进日期等项目。

第十条　在证券保管工作中,至少由两名以上人员共同控制,不得一人单独接触有价证券,证券的存入和取出须详细记录在证券登记簿内,并由在场的经手人员签名。

第十一条　公司购入的短期有价证券须在购入当日记入公司名下。

第十二条　有价证券的盘点工作由公司财务部和证券资金部按照以下程序执行:

1. 证券保管员和会计人员进行月终盘点时,按照下列程序执行:

(1) 盘点前必须将截至当月最后一天的证券登记入账,并结出结存额。

(2) 实地清点实物,核对卡片。

(3) 编制该月的《有价证券盘点表》。

2. 财务部根据《有价证券盘点表》进行复核。

3. 年度截至时,根据公司盘点指令,组织人员全面清点,编制《有价证券盘点表》,并由公司财务部负责人参加监盘。

第十三条　财务人员必须对每一种证券制作相应的明细账表,并编制月度证券投资和盈亏报表。

第十四条　财务人员必须对每一种债券制作相应的明细账表,并编制月度债券折、溢价摊销表。

第十五条　在每笔投资收到的利息、股利后,财务人员必须及时入账。

第十六条　长期投资按投资项目分为新项目投资和已有项目增资,具体描述如下:

1. 新项目投资是指投资项目经批准立项后,按批准的投资额进行的投资。

2. 已有项目增资是指原有的投资项目根据经营需要,在原批准投资额的基础上增加投资的活动。

第十七条　本公司任何对外长期投资项目必须严格遵照以下程序:

1. 首先确定投资目的,相关人员对投资环境进行考察。

2. 投资主管人员对投资进行调查研究,并编制投资意向书。

3. 编制项目投资可行性研究报告,并上报财务部和总经理办公室。

4. 编制项目合作协议书。

5. 办理报批手续。

6. 制定有关章程和管理制度。

7. 监控项目实施运作及其经营管理。

8. 反馈投资项目进行情况及经验。

第十八条　本公司所有对外长期投资项目的批准权限属于总公司或由总公司转报董事会,各分公司、子公司无对外投资权。

第十九条　本公司所有经批准后的对外长期投资项目,不得随意增加投资;如确需增资,必须重报投资意向书和可行性研究报告。

第二十条　本公司所有对外长期投资兴办合营企业时对合营合作方必须具备以下条件:

1. 要有较好的商业信誉和较强的经济实力。
2. 能够提供合法的资信证明。
3. 根据需要提供完整的财务状况、经营成果等相关资料。

第二十一条　本公司所有对外长期投资项目在确定立项后必须编制《投资意向书》,该《意向书》必须说明以下内容:

1. 投资项目的名称技改投资要达到的目的。
2. 投资项目的投资规模和资金来源。
3. 投资项目的经营方式。
4. 投资项目的效益预测。
5. 投资的风险预测。包括汇率风险、市场风险、经营风险和政治风险。
6. 投资所在地(国家或地区)的市场情况、经济政策。
7. 投资所在地的外汇管理规定及税收法律、法规。
8. 投资合作方的资信情况。

第二十二条　本公司所有国(境)外投资项目在操作时必须提供以下资料:

1. 有关投资所在国(地区)的现行外汇投资的法令、法规、税收规章及外汇管理规定。
2. 投资所在国(地区)的投资环境分析、合作伙伴的资信状况。
3. 投资外汇资金来源证明及投资回收计划。
4. 本国驻外使馆及经参处对项目的审查意见。
5. 本国外汇管理部门要求提供的其他资料。

第二十三条　投资意向书(立项报告)报总公司批准后,对外投资部门应委托专业机构编制可行性研究报告。项目可行性研究报告的主要内容如下。

1. 概述。
(1)项目提出的背景,项目投资的必要性及其经济意义。
(2)项目投资可行性研究的依据和范围。
2. 市场预测及投资规模。
(1)国内外市场需求预测。
(2)国内现有类似企业的生产经营情况的统计。
(3)项目进入市场的生产经营条件及经销渠道。
(4)项目进入市场的竞争能力及前景分析。
3. 投资估算及资金筹措。
(1)项目注册资金及生产经营所需资金。
(2)资金的来源渠道、筹集方式及贷款的偿还办法。
(3)资金回收期的预测。
(4)现金流量计划。
4. 项目的财务分析。
(1)项目前期开办费及建设期间各年的经营性支出。
(2)项目运营后各年的收入、成本、利润和税金测算,投资收益率、净现值及资产收益率等财务指标的分析。

5. 项目敏感性分析及风险分析。

（1）项目所涉及的敏感性区域。

（2）项目运作的社会风险和经济风险。

第二十四条 本公司所有对外投资项目在项目可行性研究报告报总公司批准后，编制项目合作协议书（合同）。项目合作协议书（合同）的主要内容如下。

1. 合作各方的名称、地址及其法定代表人。

2. 合作项目的名称、地址、经济性质、注册资金及其法定代表人。

3. 合作项目的经营范围和经营方式。

4. 合作项目的内部管理形式、管理人员的分配比例、机构设置及实行的财务会计制度。

5. 合作各方的出资数额、出资比例、出资方式及出资期限。

6. 合作各方的利润分成办法和亏损责任分担比例。

7. 合作各方违约时应承担的违约责任及违约金的计算方法。

8. 协议（合同）的生效条件。

9. 协议（合同）的变更、解除的条件和程序。

10. 出现争议时的解决方式及所适用的法律。

11. 协议（合同）的有效期限。

12. 合作期满时财产清算办法及债权、债务的分担。

13. 协议各方认为需要的其他条款。

项目合作协议书（合同）由总公司法定代表人签字生效，或者由总公司法定代表人授权委托代理人签字生效。

第二十五条 对外长期投资协议签订后，办理出资、工商和税务登记及银行开户等工作。

第二十六条 本公司所有对外投资项目按照以下原则确定对外投资价值及投资收益。

1. 以现金、存款等货币资金方式向其他单位投资的，按照实际支付的金额计价。

2. 以实物、无形资产方式向其他单位投资的，按照评估确认或者合同、协议约定的价值计价。

3. 公司认购的股票，按照实际支付款项计价。实际支付的款项中含有已宣告发放但尚未支付股利的，按照实际支付的款项扣除应收股利后的差额计价。

4. 公司认购的债券，按照实际支付的价款计价。实际支付款项中含有应计利息的，按照扣除应计利息后的差额计价。

5. 溢价或者折价购入的长期债券，其实际支付的款项（扣除应计利息）与债券面值的差额，在债券到期以前，分期计入投资收益。

6. 公司以实物、无形资产向其他单位投资的，资产重估确认价值与其账面净值的差额计入资本公积金。公司以货币资金、实物、无形资产和股票进行长期投资，对被投资单位没有实际控制权的，应当采用成本法核算，并且不因被投资单位净资产的增加或者减少而变动；拥有实际控制权的，应当采用权益法核算，按照在被投资单位增加或者减少的净资产中所拥有或者分担的数额，作为公司的投资收益或者投资损失，同时增加或者减少公司的长期投资，并且在公司从被投资单位实际分得股利或者利润时，相应增加或减少公司的长期投资。

7. 公司对外投资分得的利润或者股利和利息，计入投资收益，按照国家规定缴纳或者补缴所得税。

8.公司收回的对外投资与长期投资账户的账面价值的差额,计入投资收益或投资损失。

第二十七条　本公司所有对外投资按照以下原则处理对外长期投资的转让与收回事项:

1.出现或发生下列情况之一时,公司可以收回对外投资。

(1)按照章程规定,该投资项目经营期满。

(2)由于投资项目经营不善,无法偿还到期债务,依法实施破产。

(3)由于发生不可抗力而使项目无法继续经营。

(4)合同规定投资终止的其他情况出现或发生。

2.出现或发生下列情况之一时,可以转让对外长期投资。

(1)投资项目已经明显有悖于公司经营方向的。

(2)投资项目出现连续亏损且扭亏无望、没有市场前景的。

(3)由于自身经营资金不足急需补充资金的。

(4)总公司认为有必要的其他情形。

3.对外长期投资转让应由总公司财务部会同对外投资部提出投资转让书面分析报告,报总公司批准。

4.对外长期投资收回和转让时,相关责任人员必须尽职尽责,认真做好投资收回和转让中的资产评估等项工作,防止公司资产流失。

第二十八条　公司累计对外投资不得超过公司净资产的50%。

□ 对内投资

第二十九条　本公司所有对内投资按照以下程序操作:

1.编制投资项目可行性研究报告。

2.编制投资项目初步设计文件。

3.编制基本建设及技术更新改造年度投资建议计划。

4.按本制度规定的权限办理报批手续。

第三十条　对内投资采取限额审批制,超过限额标准的由董事会批准。

第三十一条　可行性研究报告的编制。

1.公司项目承办单位要在充分的调查研究、必要的勘察及科学实验的基础上,对建设项目建设的必要性、技术的可行性和经济的合理性提出综合研究论证报告。

2.承担可行性研究工作的单位必须具有相应的资格。

3.建设项目可行性研究报告的编制办法和内容按国家有关规定执行。

4.建设项目可行性研究报告由公司财务部按本制度规定的权限报批。未经批准,不得擅自改变建设项目的性质、规模及标准;如需改变,必须报原审批机构审批。

第三十二条　初步设计文件的编制。

1.项目承办单位根据批准的可行性研究报告委托有资格的单位进行工程初步设计。

2.初步设计必须以批准的可行性研究报告为依据,不得任意修改和变更建设内容、扩大建设规模或提高建设标准。初步设计概算总投资一般不应突破已批准的可行性研究报告投资控制数。概算总投资如超过已批准的可行性研究报告投资控制数的10%,必须重新报批可行性研究报告。

3.经批准的初步设计文件,如确需进行设计修改和概算调整,必须由原初步设计文件编制单位提出具体修改及调整意见,经建设单位审查确认后报原批准单位批准。

第三十三条 年度计划和统计。

1. 各分支机构所有新建、续建基本建设及技术更新改造项目,必须编报基本建设及技术更新改造年度投资建议计划。

2. 年度投资建议计划于每年9月底前报总公司审批。总公司于每年1月底前下达当年基本建设及技术更新改造年度投资计划。

3. 凡列入公司基本建设及技术更新改造年度投资计划的投资项目,不需再行办理审批手续,当年新增加的基建及技改项目,必须按规定的投资限额办理报批手续,并增补列入当年的投资计划。

4. 编制年度计划时,除应认真填报有关的计划表外,还要有必要的说明,数据要准确、文字要精练。

5. 各分支机构必须严格执行总公司下达的年度投资计划,不得自行调整;如确需调整,必须履行报批手续。

6. 各分支机构必须及时、准确地向总公司报送基本建设及技术更新改造统计报表。

第三十四条 竣工验收。

1. 基本建设和技术改造工程完工后,项目承办单位应及时办理竣工验收手续。一般由公司财务部协同项目承办部门组织竣工验收。

2. 工程竣工验收参照有关国家标准执行。

3. 对于工程竣工资料及验收文件,财务部和项目承办单位应及时归档。

投资管理机构

第三十五条 公司有关归口管理部门或分支机构为项目承办单位,具体负责投资项目的信息收集,项目建议书及可行性研究报告的编制,项目申报立项和实施过程中的监督、协调,以及项目竣工后的评价工作。

第三十六条 公司财务部负责投资效益评估、技术经济可行性分析、资金筹措、出资手续办理及对外投资资产评估结果的确认等。

第三十七条 对专业性较强或较大型投资项目,其前期工作应由专门项目可行性调研小组来完成。

第三十八条 公司法律顾问和审计部门负责对项目的协议、合同及章程的法律主审。

第三十九条 公司分支机构的对外投资活动必须报总公司批准后方可进行,各分支机构不得自行办理。

附则

第四十条 本制度由财务部编制,解释权、修改权归财务部。

第四十一条 本制度经公司董事会讨论决定后,自公布之日起实施。

九、企业投资计划书模板

第一部分　企业简介与经营目标
（一）企业介绍
××有限公司始建于1992年9月，注册资金100万元人民币，是集科研、开发、应用、生产、销售、服务于一体的综合性民营企业，企业所有制性质为有限责任公司。本企业的母企业原本从事食品冷冻及肉类食品加工，从事房产销售，因经营得法，使企业业务由销售而转入多种经营阶段。目前本企业正积极筹设M饭店，从事餐饮方面的业务，使企业走向多元化的经营路线。

（二）M酒店的营业描述
M酒店计划建设与本市××区的黄金地段，作为一座地上十二层、地下三层的商业星级酒店，其营业项目除包括6家餐厅，56间豪华套房外，160件标准套房外，还包括国际厅与商务俱乐部以及KTV娱乐厅。

（三）M酒店的有利条件
1. 优越的地理位置：
M酒店位于本是最集中的商务区，周边有大量的写字楼和购物商厦，是本市最繁荣的商务地段。
2. 交通流量与人流量大：
(1)汽车方面：有对面立体停车场，可同时停放约1 000部辆汽车。
(2)公共交通方面：有10个线路的公共汽车可到达饭店。
(3)行人方面：估计每天约有8万人次经过。
3. 最佳营业组合：对该项目是否值得投资及其获利能力如何进行分析。
据专家对一些大饭店作经营财务的比率分析研究后得出结论为：现代化的饭店经营，其标准的资产周转率应为0.7，而目前已达0.7以上的饭店，其营业收入中，餐饮收入与客房收入的比例为3∶1，这与目前××饭店的收入比例恰好吻合。可见饭店经营的组合已与以往大不相同，餐厅的投资必须大于客房的投资。这说明M酒店的投资组合是正确的。

（四）M酒店的经营目标
1. 短期目标：
(1)使M酒店成为本地区最具特色、档次较高的饭店，在菜肴、房间、服务方面有较高质量。
(2)配合俱乐部的成立，举行企业界人士的各种娱乐活动。
(3)配合M酒店的经营，逐渐发展与之相关的企业的投资，从纵线的扩充到横向的扩展，最后配合发展为一个多元的企业机构。
2. 长期目标：
(1)由于饭店经营所累积的经验，可以发展最新的连锁权制度，推广中式餐饮，最后成为一个中式餐饮的国际性企业。

（2）广集人才，设立智囊团，对于具有市场前途而目前经营不善的企业，不但提供企业诊断，还提供资金，进行整顿，以控股企业的方式做横向发展，以达到多元化的经营目标。

（五）M酒店的筹备经过与开张日期

1. 开始筹备日期：××××年×月。

2. 目前筹备人员52人（未含本企业支援人员）。

3. 试营业日期及地点：

××××年×月×日（星期×）××分馆（含企业网球场、夏威夷厅及江浙馆）。

×月×日（星期×）咖啡厅、西餐厅、粤菜厅及客房部。

×月×日（星期×）台菜厅、川菜厅及湘菜厅。

×月×日（星期×）其他单位。

×月×日（星期×）及×月×日（星期×）正式开张。

4. 员工训练时间：

一律为试营业期前一个月。

（六）M酒店的营业分类

1. 本部：

（1）地下二楼：员工餐厅、冷藏室、变电室。

（2）地下一楼：1300平方米台菜厅。

（3）地上一楼：饭店大厅及800m平方米的咖啡厅。

（4）二楼：400平方米西餐厅及商业中心办公室。

（5）三楼：400平方米粤菜厅及450平方米国际宴会厅（楼高二层的设计）与100平方米会议室。

（6）四楼：400平方米个别餐室（12间）及120平方米/多功能厅。

（7）五楼：500平方米湘菜厅及250平方米文化艺术厅。

（8）六楼：500平方米川菜厅。

（9）七楼：俱乐部（附设小型咖啡厅、健身房、蒸汽室、会议室）。

（10）八楼至十二楼：127间高级套房。

2. ××分馆：

（1）两面球场，一面练习场及三面红土球场。

（2）1 500平方米的江浙菜厅。

（3）650平方米的夏威夷厅。

（4）大型宴会厅。

第二部分　投资计划与经费明细

M酒店的投资经费统计如下：

1. 土地：基地土地共1 800平方米，其耗资约133 610元。

2. 建筑费用：计划饭店建筑使用11 560平方米，计地上11层，地下2层建筑费用共需136 390 000元。

3. 机械设备与公共设施：含冷气、水电、电梯、煤气系统等，计约800 000元。

4. 饭店设备及营业用品：含客房、餐厅及厨房的所有设备、营业用品，计约130 000 000元。

5. 装修：本馆及和平分馆的装修，计约50 000 000元。

6. 开张前费用（开办费）：

（1）训练费　　　　　　　4 000 000元
（2）宣传广告费　　　　　4 000 000元
（3）开张前薪金　　　　　4 000 000元
（4）餐饮及其他用品　　　2 000 000元
（5）开张典礼及赠品　　　2 000 000元
（6）其他开支（开支费）　1 000 000元
合　计　　　　　　　　　17 000 000元

7. 经营资金约需 1 004 000 000元
8. 总计经费 1 338 323 610元

第三部分　相关财务报表（略）

十、企业筹资成本分析表

企业筹资成本分析表如表19-1所示：

表19-1　资产负债表

单位：元

对比分析期 项　目	××××年	××××年	差　量
主权融资（所有者权益） 负债融资 融资总额			
息税前利润 减：利息等负债融资 成本 税前利润 减：所得税 税后利润 减：应效特种基金 提取盈余公积金 本年实现的可分配利润			
本年资本（股本）利润率			
本年负债融资成本率			

十一、银行短期借款明细表

银行短期借款明细表如表19-2所示：

表 19-2 银行短期借款明细表

截止时间：　　　　　　　　　　　　　　　　　　　　　　　　　　单位：万元

序号	贷款银行	贷款种类	贷款额度	利率	期限	已动用额度	尚可动用额度	备注

制表：　　　　　　　　科长：　　　　　　　　经理：

十二、投资专业分析表

投资专业分析表如表 19-3 所示：

表 19-3 投资专业分析表

□产品开发　□降低成本
□提高产量　□财务投资

专案名称及内容说明				根据计划或理由			风险性	负责部门				
投资金额及支出预计				收益分析估计								
项目	说明	金额	年度说明	年	年	年	年	年	年	年	合计	
			增加收益									
			投资金额									
			增加人工成本									
			增加折旧									
			增加材料支出									
			增加毛利									
			增加利息费用									
			增加净收益									
			增加周转金									
			累计净收益									
合计			累计设资支出									

十三、投资经济分析表

投资经济分析表如表 19-4 所示：

表 19-4 投资经济分析表

投资类别	□购置更换设备 □开发产品组件 □提高生产效率 □财务投资		投资方案说明		投资有效期限			
					预计开始日期			
					负责部门			
					计算利息			
投资收益分析	年月	投资收益说明	收益性质或资金来源(利率)	当期收益金额	累积收益总额(利息)	当期收益金额	累积收益总额(利息)	净利益
	合作							
	填表说明	填写投资款项及收益性质之说明	收益名称或资金来源及利息	填写预定收益金额	当期收益总额加本期利息及收益	填写预定投资金额	前期投资总额加本期投资、利息	收益总额减投资额
回收年限		总利益		投资价值		□良好 □尚可 □不佳,但符合公司政策		

十四、股东一览表

股东一览表如表19-5所示：

表19-5 股东一览表

姓　　名	性　别	出生日期	住　　址	所有股权	金　　额

十五、股东印鉴表

股东印鉴表如表19-6所示：

表19-6 股 东 印 鉴 表

印鉴式样	附　　记
	住址： 户籍： 身份证号码： 出生日期：　　　年　月　日 电　　话： 本卡启用日期：　　　年　月　日

证券主管：　　　　　　　　　　　　　　印鉴卡主管人：

第二十章 私营企业货币资金管理制度与规范

一、货币资金管理的工作对象

什么是资金,这个问题并没有固定的答案,通常人们只会把现金及银行存款视为资金。公司的银行存款主要指活期存款,它与现金均是支付工具。一般来说,公司现金使用有严格的管理规定,主要用来进行小额、零星的支出;而银行存款用来进行大额支出。银行的转账服务、票据的使用使公司的收付行为十分便利。严谨地说,资金是财产及物资价值的货币表现。在一定意义上说资金是货币,在这些货币背后,代表着一系列的物质。拥有资金就拥有对物的支配权。资金的运动实质上就是物的运动。现在随着货币市场与资本市场的发展,企业如果暂时有资金富余可以寻找新的出路——有价证券。有价证券具有变现能力强、变现损失较小的优点。因此,也有人将之视为资金的最佳后备军,换句话说,广义的资金也包括有价证券。

那么,什么是营运资金呢?对于这一概念目前主要有两种说法:一种定义认为营运资金是:应收账款＋存货－应付账款,这里将在应收、应付票据放入应收、应付账款的范畴中。另一种定义是实践中的做法,即把营运资本定义为资产减去流动负债。因此,在这个定义下,营运资金表示企业现金、有价证券、应收账款和存货方面的投资减去用于流动资产筹资的流动负债。管理好营运资金具有很重要的意义,对中小企业来说尤其如此。

中小企业可以通过租赁厂房和设备,使其在固定资产方面投资最小化,但他们不可能避免在现金、应收账款和存货方面的投资。因此,流动资产(即现金、应收账款、存货的总和)对中小企业的管理者有重要的意义。而且中小企业要进入长期资本市场很困难,也就是说,它难以通过向社会公众发行股票、债券的方式筹集资金,所以它必须依靠商业信用和短期银行贷款,这两方面反过来又会增加流动负债,从而减少了营运资金。

营运资金的第一种定义也可理解成企业所要负担的营运资金。应收账款和存货会挤占资金,而应付账款相当于借入资金。一般来说,当业务发展时,因为应收账款与存货的增加额会超过应付账款的增加额,所以营业收入增加时,营运资金的必要额一般也会增加,有时即使营业额不变,也会因应收账款周转期延长而需要增加营运资金的情况。

二、资金主管主要工作内容

1. 严格遵守财务管理制度,忠于职守,坚持原则,工作认真,钻研业务,严格管理,团结协作;

2. 负责财务部资金运作方面的管理与操作;

3. 负责全企业的现金和转账票据的收付工作,当天收入的现金和转账票据要在当天下午下班前送往银行,不得积压和延迟;

4. 按规定结出每天借款发生额累计总数和当天余额,并做到日清日结;

5. 每月核对银行对账单,并作出"未到账调整表",调整账目,与总分类账核对;

6. 管理和督导日常的外币兑换储蓄业务,包括对每个员工具体的检查、督导、培训,发现问题及时向财务部经理汇报;

7. 每天根据账簿的发生额和余额,编制"现金及银行存款收付日报表",送财务部经理审阅;

8. 对办理报销的单据,除按会计审查程序重新审核外,还须经财务部经理审批后才予付款,凡不按规定程序签批的单据,一律拒绝付款;

9. 严格遵守现金管理制度和支票使用制度,库存现金按规定限额执行,不得挪用库存现金,不得以白条抵库;

10. 严格执行外汇管理制度,不得违章代办兑换手续,也不得私自套换外币;

11. 与银行外汇管理部门联系,办理有关结算事项,承担出国人员外汇领取的有关手续事项;

12. 抽查各部门出纳员的库存现金和各收款员、售货员的业务周转金,并作出检查报告呈报经理审阅;

13. 做好每天的业务预测,以准备足够的备用金,必要时向经理提供资料,申请暂借备用金;

14. 不定期检查各出纳员的尾箱库存,确保钱账相符;

15. 严格遵守企业各项规章制度,以身作则,带领所属员工努力做好财务工作,并加强对所属员工的业务培训,提高业务工作水平和工作质量。

三、资金管理制度模板

□ 目的

第一条 为加强对公司系统内资金使用的监督和管理,加速资金周转,提高资金利用率,保证资金安全,特制定本规定。

□ 管理机构

第二条 资金管理由财务部负责管理,在财务总监领导下,办理各二级公司以及公司内部独立单位的结算、贷款、外汇调剂和资金管理工作。

第三条 结算中心具有管理和服务的双重职能。与下属公司在资金管理工作中是监督与被监督、管理与被管理的关系,在结算业务中是服务与被服务的客户关系。

□ 存款管理

第四条 公司内各二级公司除在附近银行保留一个存款户，办理小额零星结算外，必须在财务部开设存款账户，办理各种结算业务，在财务部的结算量和旬末、月末余额的比例不得低于80%，10万元以上的大额款项支付必须在财务部办理。特殊情况需专题报告，经批准后，方可保留其他银行结算业务。

□ 借款和担保业务管理

第五条 借款和担保限额。集团内各二级公司应在每年年初根据董事会下达的利润任务编制资金计划，报财务部，财务部根据公司的年度任务、经营发展规划、资金来源以及各二级的资金效益状况进行综合平衡后，编制总公司及二级公司定额借款，全部借款的最高限额以及为二级公司信用担保的最高限额，报董事会审批后下达执行。年度中，财务部将严格按照限额计划控制各二级公司借款规模，如因经营发展、贷款或担保超出限额，应专题报告说明资金超限额的原因，以及新增资金的投向、投量和使用效益，经财务部审查核实后，提出意见，报财务部，经董事会审批追加。

第六条 集团内借款的审批

（一）凡集团内借款金额在万元以内的，由财务部审查同意后，报财务总监审批。

（二）借款金额在万元以上的，由财务部审查，财务总监加签同意后报董事长审批。

第七条 担保的审批

（一）各二级公司向银行借款需要总公司担保时，担保额在万元以下的，由财务总监审批。

（二）担保额在万元的，由财务总监核准，董事长审批。

（三）担保额在万元以上的，一律由董事长审批，并经董事长办公会议通过。借款担保审批后，由财务部办理具体手续。

（四）对外担保，由财务部审核，财务总监和总裁加签后报董事长审批。

□ 其他业务的审批

第八条 领用空白支票

（一）在财务部办理结算业务时，可以向财务部领用空白支票，每次领用数量不得超过5张，每张空白支票限额不得超过万元。

（二）领用空白支票时，必须在财务部有充足的存款。

第九条 外汇调剂

集团内各二级公司的外汇调剂由财务部统一办理，特殊情况需自行调剂的，一律报财务部审批，审批同意后，方可自行办理。

第十条 利息的减免

（一）凡需要减免集团内借款利息，金额在万元以内的，由财务部审查同意，报财务总监审批。

（二）金额超过万元，必须落实弥补渠道，并经分管副总经理加签后，报董事长审批。

□ 资金管理和检查

第十一条 财务部以资金的安全性、效益性、流动性为中心，定期开展以下资金检查和管理工作，并根据检查情况，定期向总经理、董事长专题报告。

（一）定期检查各二级公司的现金库存状况。
（二）定期检查各二级公司的资金结算情况。
（三）定期检查各二级公司在银行存款和在财务部存款的对账工作。
（四）对二级公司在资金部汇出的万元以上大额款项进行跟踪检查或抽查。

□ 统计报表

第十二条　各二级公司必须在每月 1 日内向财务部报送旬末在银行存款、借款、结算业务统计表，财务部汇总后于每月 2 日内报总经理、董事长。财务部要及时掌握银行存款余额，并且每两天向财务总监报一次存款余额表。

四、流动资金管理制度模板

第一条　流动资金既要保证需要又要节约使用，在保证按批准计划供应营业活动正常需要的前提下，以较少的占用资金，取得较大的经济效果。

第二条　要求各业务部门在编制流动资金计划时，严格控制库存商品、物料、原材料的占用资金不得超过比例规定，即经营总额与同期库存的比例按 1∶2 的规定。

第三条　超储物资商品，除经批准为特殊储备者外，原则上不得使用流动资金，只能压缩超储的商品、物料以减少占用流动资金。

第四条　要严格遵守不得挪用流动资金进行基建工程的规定。

第五条　使用的基本要求：

（一）在符合国家政策和公司董事会、总经理的要求前提下，加速资金周转，扩大经营，减少流动资金的占用。

（二）对商品资金的占用，应本着勤俭节约的精神，尽量压缩。

（三）严格控制家具、用具的购置。

（四）要加速委托银行收款和应收款项的结算，减少对流动资金的占用。

（五）各业务部门每月上报经济业务报表的同时，上报流动资金使用效率的实绩，即流动资金周转次数和流动资金周转一次所需的天数。

五、固定资金管理制度模板

第一条　本公司所有部门（包括下属子公司及分公司）必须贯彻节约使用固定资金，充分利用已置的固定资产的原则。

第二条　本公司所有部门（包括下属子公司及分公司）必须配合财务人员每月核算固定资金利润率，季度检查、年终清算考核各部门（包括下属子公司及分公司）使用固定资金的效果。

第三条　本公司实行部门（包括下属子公司及分公司）独立核算，推行固定资产有偿占用制度，即按各部门（包括下属子公司及分公司）拥有的固定资产实绩，摊缴占用费，摊缴费率按国家规定执行，促使各部门（包括下属子公司及分公司）充分发挥固定资产的效能，压缩固定资金的使用。

第四条　未经工程部及总经理室审批，不得私自购置设施设备。

第五条　未经批准进行采购，财务部不予报销费用。

六、支票管理制度模板

第一条　本公司所有未用完的支票，必须于当日交回财会部门注销，以防止支票丢失或被盗。

第二条　本公司所有支票的使用必须贯彻随签发、随盖章的原则，不得事先盖章备用，以防支票遗失和被盗。

第三条　财务部门必须设专人负责保管空白支票和支票印鉴。

第四条　本公司所有的支票的购买及使用工作必须由专人负责，并建立支票登记本，按照支票号码逐一进行登记。

第五条　财务工作人员对已签发出的支票，要及时催报注销，并定期核对。如在核对时发现丢失短少，必须及时查找，同时向领导汇报。

第六条　本公司所有人员在借用支票时一般不超过两张，如有特殊情况必须征得部门主管及财务经理的共同认可，但最多不得超过五张。

第七条　本公司所有已用的支票应于当日将支票存根和原始凭证一并交回财会部门，如有遇特殊情况必须征得部门主管及财务经理的共同认可，但在三天内必须报账。

第八条　财会部门对借出的支票必须行使随时督促报账的义务，在接到交回的支票存根时，要及时核对号码并注销。

第九条　本公司所有人员必须妥善保管所借支票，不得随便乱改。保管和签发支票要按规定办理，否则发生支票丢失而使公司遭受损失的，要追究当事人的责任，并根据情况赔偿部分或全部经济损失。如有故意更改支票谋求私利者，公司将视情况追究其刑事责任。

第十条　本公司所有人员在支票使用过程中一旦发现支票丢失或被盗，应及时向公司汇报，并且迅速到银行办理挂失手续，在最小限度内减少损失。

第十一条　本公司所有支票在签发时，用途项内容的填写要真实、齐全，字迹要清晰，不得更改大小写金额。

第十二条　本公司财务人员在支票管理工作中严禁有以下情况出现，如一旦发现，将坚决追究当事人责任：

1. 签发空头支票；
2. 签发远期或空期支票；
3. 将支票出租、出借或转让给其他单位和个人使用；
4. 将支票做抵押；
5. 签发印鉴不全、印鉴不符的支票。

第十三条　本公司所有支票金额起点为 100 元。

第十四条　本公司所有支票有效期五天，背书转让地区的转账支票付款期为 15 天（自签发的次日算起，到期日遇假日顺延）。

第十五条　本公司所有支票在签发时应使用碳素墨水填写，没有按规定填写，被涂改冒领的，由此而造成公司损失的，由签发人负责。

第十六条　本公司所有支票在使用过程中不得更改大小写金额和收款人姓名，其他内容如有更改，必须由签发人加盖并预留银行印鉴。

第十七条　过期、作废支票要按号订在原始凭证序号中，妥善保管，不准将支票乱扔乱放。

第十八条　本公司所有人员在领用支票时应事先将支票登记好，填写收款单位、支票用途、支票号码、预计用款金额等，由经手人在挂支单上签字或盖章，同时逐项登记日期、支票号码、款项用途、用款限额，并由借用人签字。财务人员在签发支票时，必须填写好日期、抬头、用途、金额大、小写，遇有特殊情况，也必须填写日期、抬头用途。

第十九条　在公司采购事项处理中，财务人员应根据采购员提出的进货品种、数量，按照采购权限，确定资金使用限额，采购员必须在规定的资金限额内严格掌握使用。遇到特殊情况需要超过使用限额时，要事先与财务人员联系，经财务人员同意后才能使用。否则造成银行"空额"影响用款或发生银行罚款时，由使用人负责。

第二十条　采购员采购商品回到公司后，应持供货单位发货票按核算组填制挂支单（挂支单必须按规定的内容填写），并于当日进行清理，由于客观原因当日不能挂支时，应及时向财务人员报告实际使用数额，以便掌握资金。"使用限额"当日有效。如当日未能使用而次日需继续使用时，须与财务人员重新研究确定限额。

第二十一条　支票开好后，采购员必须将存根数字和支票票面数字核对相符。支票存根必须按规定填写单位名称、金额、款项用途。

第二十二条　公司营业部财务人员要及时清理挂支，督促营业部门及时转账（本市不得超过 5 天，外埠不得超过 15 天），发现逾期挂支时，要及时查询，发现问题及时上报。

七、提取现金的工作细则

当公司业务需要现金使用时，出纳应该按照有关规定到开户银行提取现金。取款的工作细则如下：

1. 填写现金支票。

现金支票的填写要求是：

(1)必须使用碳素墨水或蓝黑墨水用钢笔填写;
(2)严格按照支票排定的号码顺序填写;
(3)书写要认真,不能潦草;
(4)将实际出票日期作为签发日期;
(5)坚决杜绝补填或预填日期行为;
(6)收款人姓名必须与印鉴名称一致;
(7)在填写金额时如有错误,不能作出涂改,应作废重填;
(8)在用途栏中如实填写;
(9)签章必须与银行预留印鉴相符;
(10)支票背面要有取款单位或取款人背书。

2. 填制取款凭证并向开户银行窗口提交。取款人持现金支票到开户银行后,向开户银行申请提取现金。

3. 银行受理后,领取领款对号单或号牌。

4. 持领款对号单或号牌到银行出纳窗口领取现金。

5. 认真清点所领取现金,核对无误后离开。

6. 应及时将现金存入保险柜内。

7. 编制记账凭证。

8. 根据审核无误的记账凭证登记现金日记账。

八、出纳直接收款工作细则

出纳人员根据有关收款凭据办理收款事宜,收款的工作细则如下:

1. 查看收款依据是否齐备。

2. 审核现金来源是否合乎相关法律与规定。

3. 当面清点现金,做到收付两清。

4. 根据相关规定开具收款凭据,并将"现金收讫"印鉴加盖在收款凭据和收款依据上。

5. 编制记账凭证。

6. 根据审核无误的记账凭证登记现金出纳账。

九、现金收支日报表

现金收支日报表如表20-1所示:

表20-1 现金收支日报表

日期:　月　日　　　　　　　　　　　　　　　　　　　　　　　　　部门

日期		收支类别	摘　要	收　入	支　出
月	日				
总　计					

经理:　　　　　　　审核:　　　　　　　填表:

十、现金收支预算表

现金收支预算表如表20-2所示：

表20-2 现金收支日报表

日期：　月　日　　　　　　　　　　　　　　　　　　　部门

日　期	现　金			存　款			存　款		
	本日收入	本日支出	本日余额	本日存入	本日提款	本日余额	本日存入	本日提款	本日余额
转入									
1									
2									
3									
4									
5									
6									
7									
8									
9									
10									
11									
12									
13									
14									
15									
16									
17									
18									
19									
20									
21									
22									
23									
24									
计									

十一、现金存款日记表

现金存款日记表如表20-3所示：

表20-3 现金存款日记表

日期：　月　日　　　　　　　　　　　　　　　　　　　　部门

制表：　年　月　日

财务处	经理	审核	制表

销货收入		其他收入		转账收入		借入款项		已动用借款	
项目	金额	项目	金额	项目	金额	项目	金额	项目	金额
直接外销		利息收入							
现销		退税收入							
票据兑现		其他							
合计		合计		合计		合计		合计	
本月累计		本月累计		本月累计		本月累计		本月累计	

资本支出		原料支出		费用支出		转账支出		还款支出		可动用支出	
项目	金额	项目	金额	项目	金额	项目	金额	项目	金额	项目	金额
		小计									
合计		合计		合计		合计		合计		合计	
本月累计		本月累计		本月累计		本月累计		本月累计		本月累计	
上日结存				本日收入				本日支出		本日结存	

十二、资金调度日报表

资金调度日报表如表20-4所示：

表20-4 资金调度日报表

银行名称							
借款名称						卡号	
日期	摘要	抵押品名称	借款额度	借款偿还金额	未偿金额	未用额度	

十三、银行借款登记卡

银行借款登记卡如表20-5所示：

表20-5 银行借款登记卡

付款		日期 项目	月 日	月 日	月 日	月 日	月 日	月 日
收入金额	应收票据	已收						
	应收票据	预计						
	押汇收入	已收						
	押汇收入	预计						
	贴现贷款	预计						
	其他借款	预计						
支付金额	资本支出	已开票						
	资本支出	预计						
	材料支出	已开票						
	材料支出	预计						
	薪资支出	预计						
	制造费用	已开票						
	制造费用	预计						
	销管费用	已开票						
	销管费用	预计						
	财务支出	预计						
收入金额		预计						
支付金额		预计						
差额								
现金银行存款								

总经理　　　　　　　　　经理　　　　　　　　　会计填表

十四、资金调度表

资金调度表如表20-6所示：

表20-6 资金调度表

项目	实际数		预计数		比较增减		差异原因说明	备注
	金额	%	金额	%	金额	%		
								※凡实际数与预计数比较，每项差异在10%以上者，均应由资料提供部门列明差异原因，于每月10日前就上月份数填送会计部。※本表由会计部填列实际数、预计数、比较增减后送给资料提供部门说明差异原因。

十五、资金差异报告表

资金差异报告表如表20-7所示：

表20-7 资金差异报告表

现金库存金额类明细			前日余额	本日收入额	本日支出额	本日余额
金　额	数　量	金　额				
100元						
50元						
20元			相关传票数量	现金收入　张		现金支付　张
5元						
1元			来　源	事　由		金　额
			点钞明细			
			备注			
计						
假钞	件					
合　计						

总经理：　　　经理：　　　科长：　　　复核：　　　制表：

第二十一章 私营企业固定资产管理制度与规范

一、固定资产管理工作内容

有形资产管理主要包括以下工作内容：

1. 管理公司的银行开立账户情况，保证公司与银行往来的账务正确；
2. 制定企业的信用管理制度，研究企业客户的信用情况，确定对户的守信程度，并根据客户信用的变化，不断监督与调整相关策略；
3. 保证公司所有固定资产与账面统一，随时对固定资产账面与实物一致性、可用性进行检查核实；负责固定资产投资方案的制定与可行性分析；
4. 保证公司所有存货与账面一致，负责存货最佳数量、订货的分析与控制；
5. 保证投资对象的可行，预测投资风险与收益，提出投资方案。

二、固定资产的计价方式

固定资产的计价按不同类别可分为以下三种方式：

1. 按原始价值（历史成本）计价。

该计价方式是固定资产计价的基本计价标准，以按取得该项资产时实际发生的耗费计价，以相应的凭证为依据。

2. 按重置价值计价。

该计价方式指在当前的条件下，按重新购置同样新的固定资产所需付出的代价作为入账价值。

3. 按折余价值计价。

该计价方式是指按固定资产原值减去已提折旧的余额计价。

三、固定资产管理制度模板

□ 总则

第一条　为加强固定资产的保管及使用管理，特制定本制度。

第二条　本公司所有有关固定资产的分类编号、添置改良、验收、保管、调拨、出售、报废、盘点等手续，悉依本制度办理。

第三条　本制度所称固定资产包括土地、房屋及建筑物、机械设备、运输设备、马达、仪表、工具、设备（各公司自分事务性设备及机电性设备）等。

第四条　前项固定资产，耐用年数在二年以下，不具生产性，未超过一定金额者（各公司自订）应以费用科目列帐，而不得以固定资产科目列账。

第五条　固定资产按下列类别，由各公司指定部门负责管理，其管理及保养细则由各公司管理部门会同使用部门自行制定之。

1. 土地、房屋及建筑物、运输设备、事务性什项设备由总部门负责管理。

2. 机械设备、马达、仪表、机电性什项设备由工务部门负责管理，但得视实际需要归由性质相关部门管理。

3. 工具由资材仓库负责管理。

第六条　本公司所有固定资产包括土地、房屋及设备、机器设备、运输设备及其他设备等，其使用年限在两年以上，购价在500元以上者。至于小型工具其耐用年限在两年以上，而价值在500元以下者，虽不必编号设卡，但必须设簿登记列入管理。

第七条　会计组为本企业固定资产总管理单位，负责统一编号、资产调配，并责成各企业部对其资产作妥当的管理。

第八条　会计组除于总分类账设统驭科目外，并应设置固定资产分类账，记载各项资产的价值，企业部各级主管负责各该部门固定资产的管理工作。

□ 固定资产的编号

固定资产取得后，即归管理部门管理，并会同会计部门依其类别及会计科目统驭关系，予以分类编号并贴粘样签。

□ 固定资产的添置

第九条　固定资产的请购由请购部门填请购单，先送会计组查核无法调配时，再按权责规定呈核后交采购人员实施采购。

第十条　会计部门应于次月15日前就土地、房屋及建筑物、运输设备、机械设备、机电性杂项设备等项目编制"固定资产增置表"一式三联送管理部门核对，并填列异常或更正内容后，第一联管理部门留存，第二联送返会计部门自存，第三联送使用部门留存，采用电脑处理报表代替之。

第十一条 请购单上应详填物品名称、规格、型别、性能、质量等资料,以备采购及验收的依据。

第十二条 各企业部除依年度经营计划编列扩充预算外,因特殊需要的添购,应说明其添购的效益。

第十三条 自制应先与制造部门议定价格,按权责规定呈核后制造,制造按成本转账,如有差价则作内部损益处理。

第十四条 固定资产因其他公司拨入,捐赠而取得者,应填明价格,如原价无法查得或根本无原价者,得由管理部门会同会计部门予以估列,并按第十条固定资产增置手续办理。

□ 固定资产的保管

第十五条 固定资产使用部门应随时注意保养并善尽保管之责,至于改良其增加资产效能在二年以上者,应填"固定资产(改良)验收单"(格式及填单规定另订)并入原固定资产余额内计算。

第十六条 土地、房屋及建筑物、运输设备、机械设备、机电性杂项设备等固定资产在公司内相互拨转时应由移出部门填写"固定资产移转单"一式四联管理部门签章后,送移入部门签认(管理部门不同时,要加印一联移入管理部门同时签认),第一联送管理部门(管理部门不同者,影印联送移入管理部门转记入"固定资产登记卡"),第二联送会计部门,第三联送移入部门,第四联送移出部门。其出入厂区应另填"移转交运单",一式六联。第一联托运部门自存,第二联托运部门转送会计部门暂存凭以核对第三联,第三联至第六联出厂时经守卫签注时间、车重后,第三联由守卫暂存,于翌晨转送托运部门的会计部门,经与第二联核对无误,于一日内转送收料部门的会计单位凭以核对收料;第四、第五、第六联由承运商随同物品出厂、入厂时经守卫签注入厂时间、车重后入厂,经点收后第四联由收料部门存查,第五、第六联经守卫签注出厂时间、车重后,第五联由承运商暂存凭以申请运费,第六联由守卫暂存,于翌晨转送收料部门的会计部门与第三联核对。

第十七条 固定资产因故须送厂商修复时,应依照"工程修造发包事务处理规则"的有关规定办理,于送修时由工务部门或管理部门开具"料品交运单"一式六联,第一联经办部门自存,第二联送会计部门,第三联由守卫室暂存于次日转送会计部门,第四、第五、第六联交承运商运同物品出厂,第四联交收料厂商暂存供做物品回厂交货的凭证,经办部门于验收后转交会计部门核销,第五联供申请运杂费,第六联由收料厂商签收并送回经办部门。

第十八条 固定资产出租或外借,管理部门应先会同会计部门后按序呈(总)经理核准后始得办理,并应制定契约,副本送会计部门以备核对,契约内容应包括修缮保养及税捐负担、租金、运什费、归还期限、保持原状、附属设备明细等,其出入厂区应另填"料品交运单"一式六联,并依第十五条流程的规定办理。

第十九条 土地、房屋及建筑物、运输设备、机械设备、机电性杂项设备因减损拟报废者,应由使用部门填具"固定资产减损单"一式四联,注明减损原因,送管理部门及会计部门签注处理意见后呈报(总)经理,经核准后,第一联送管理部门转记入"固定资产登记卡",第二、第三联依处理意见办理后连同该废品送资材仓库签收(盘亏部分免办缴库),第二联连同有关资料送会计部门据以向主管机关办理报备,抵押权变更及解除保险等手续,第三联自存。该减损资产因体积巨大必须就地处理或拆除时,则第四联送委托部门凭以办理,唯减损资产于拆移前,或拆移后无法缴库时,管理部门或使用部门应妥为保管,上项减损资产已缴库者由资材仓库保管处理,其无法缴库而决定标售时,其处理流程依第十八条的规定办理。

固定资产的管理部门至少每三个月应将经营上认为无利用价值的闲置固定资产予以整理,填具"闲置固定资产明细表",拟定处理意见后呈报(总)经理,经核定标售者须按下列规定办理:

1. 管理部门应即按"闲置固定资产明细表"所列经批示计售部分开具"固定资产让售比价单"一式四联由(总)经理指派专人或由采购部门负责招商比价,并将比价结果转记于"标售比价单"后,第三联自存,第四联送资管科,第一、第二联呈(总)经理核决后,由经办人将第二联送会计部门以凭核对,第一联送管理部门以便发货。

2. 发货时,由标售经办人填写"料品交运单"一式六联(承运商联勿填)凭以入厂提货,经守卫签注出厂时间及过磅记录后,送回标售经办人开具"缴款单"向出纳解缴货款,并于"料品交运单"备注栏填写"固定资产让售比价单"号码、发票号码,第一联送资材部门,第四联送承购商收执,第二、第三联送守卫查对放行,于翌日转会计部门复核。

3. 提货出厂后管理部门应即填具"固定资产减损单"一式四联(资材仓库联免填),第一联自存转记入"固定资产登记卡",第二联送会计部门,第三联送使用部门留存。

第二十条 提供抵押借款的固定资产如有发生减损、出租或外借时,会计部门应事先备函写明抵押编号及资产名称、数量,向总管理处财务部报备,由财务部向贷款及抵押权登记机械办理标的物增减变更手续。

固定资产的验收

第二十一条 请购的固定资产到厂,或自制完工,由使用单位验收并填"固定资产验收单"一式三联送请会计组编该项固定资产编号后,第一联使用单位留存,第二联连同发票及请购核准文件由会计组编制传票付款或转账后存查,第三联则由会计组送资料中心供电脑处理作业。

第二十二条 凡经验收合格及会计组编妥号的固定资产,使用单位应即以喷字或其他方式将编号印记于该项固定资产上。

第二十三条 各部门指定的固定资产负责人应妥为保管验收单的第三联并在其背面,记载资产的增减及调拨,并随时与会计组核对资料,保持资料的一致。

固定资产的调拨

第二十四条 各部门间固定资产的调拨,应填"固定资产调拨单"(格式及填单规定另订)。

第二十五条 非经经理级以上主管的批准,固定资产不得外借。

固定资产的出售及报废

第二十六条 固定资产损耗无法修理,或修理不合经济原则,以及废弃不用的固定资产,应填"固定资产报废出售单",拟具处理意见送会计组,经呈上级核准后,会同各部门指定的负责人及企管部门出售。

第二十七条 出售时应开具发票办理发货手续,并在第二联上附记栏注明报废单号,以便核对。

第二十八条 出售后的财产,固定资产管理人应将该项固定资产验收单,送会计组存查。

第二十九条 报废的资产无法出售时,应将其移交企管部门,由会计组依法说明具文,向税捐机关报备。

□ 固定资产的盘点

第三十条 使用单位应于每月底,依电脑资料定期盘点,并查对编号,如有错误,应即更正。

第三十一条 盘点如有数量差异,应追查责任,并拟具改进意见呈上级核示后改进。

第九章 附则

第三十二条 固定资产账卡上金额以购入原价加改良金额为准与会计组核对,至于折旧额则由会计组按规定计算,每半年抄财产目录分送各单位。

第三十三条 单位主管移交时,应会同会计组办理固定资产移交。

四、固定资产核算管理制度模板

第一条 固定资产划分标准

(一)使用年限在1年以上,单价金额较高属固定资产范围。

(二)不同时具备以上两条件的劳动资料均作为低值易耗品。

(三)专用工具或玻璃器皿,由于容易损坏、更换频繁,也列为低值易耗品。

第二条 固定资产分类

(一)一般分:房屋建筑、机器设备、电子设备、运输设备、其他设备。

(二)出租固定资产。

(三)租入固定资产。

第三条 管理规定

(一)公司全部固定资产,包括主楼、综合楼、员工宿舍、其他建筑、机械设备、大小汽车的账务管理和计提折旧等,由财务部负责实物管理,部门设备使用管理落实到岗。

1. 房屋、道路由物业部管理。

2. 电脑财务管理由财务部管理。

3. 电话由总机房管理。

4. 音响设备、电传、电报设备由总办管理。

5. 各种管道、油库、空调、电器系统、机械设备由工程部管理。

6. 消防系统由保安部管理。

7. 大小汽车由总办管理。

8. 依据上述分工,各部门同时应建立固定资产登记表,记录固定资产名称、规格、数量、单价、总值金额、购建日期、规定合理使用年限及放置地段。

(二)土建房屋、道路等的大修理及日常维修制度由物业部负责制定。

(三)机械设备、油库、气库及附属设施以及各部所使用的机械设备、电脑、电话、电传系统、音响设备、空调系统及报警、消防系统等的大修理及日常维修制度由工程部负责制定。

（四）各种汽车的大修理及日常维修制度由车务部负责制定。上述各部制定的大修理及日常维修制度报告总经理审批后下达各部执行。

（五）各部根据维修制度规定，编制本部门使用的固定资产的修理计划，按物业部、工程部、车务部等分管范围报送。

（六）由三个部门审查修理项目后，会同财务部审查修理费并加具意见，报总经理审批。修理计划按年、季编报，经批准后，由各部门按期执行维修。

（七）各部门应指定一名干部负责固定资产的管理工作。固定资产每年年终必须进行一次盘点，做到实物和账表记录相符，核算资料正确，对固定资产遗失部分，要查明原因，明确责任，适当处理。

五、不动产管理规定

□ 总则

第一条　性质
本规定为企业不动产管理事务处理的准则。

第二条　目的
本规定在于加强不动产保护、改善、利用和不动产权利（指所有权、处置权和收益权等）的得失等方面的管理，以提高不动产管理的科学性和规范性。

第三条　契约合同
当发生不动产权利的得失或变更时，必须签订契约，以使其权利关系明晰。但经过政府法定手续处理的，不包括在内。

第四条　管理人
对于远离企业且无法实行直接管理的不动产，应指定专门管理人。管理人由总务部总务科长提名，并经企业主管批准。

第五条　纳税管理人
根据政府有关规定，应由总务部长指定不动产纳税管理人，并报有关税务机构。

第六条　资料保管
不动产及其得失资料应由专人负责整理与保管。

□ 权利转移

第七条　不动产文书
当发生不动产所有权得失时，有关部门必须将下列文书提交给总务科：
1. 契约：包括各类合同和证明文件。
2. 说明书：说明有关事由、影响、效果、对方与本企业的关系等。

第八条　文书盖章
上列文书如属总务部权限范围内的，由总务科在查实审核后盖章。如超出其权限范围,须经企业总经理裁定后盖章。

第九条　登记申请

总务科持盖章后的文书,与对方办理有关手续,然后到有关机构办理不动产登记申请。

□ 不动产借贷、租赁契约的签订与变更

第十条　土地、房屋的借贷

各部门在签订或变更土地、房屋的借贷与租赁契约时,必须提供契约和有关报告。后者包括事由、期限、支付方法、对方基本情况及不动产账面价值与现值等内容。

□ 土地或房屋转移

第十一条　账面价值变更

当伴随着土地或房屋的转移,而发生其账面价值与实际价值不等时,应进行账面调整。

第十二条　转移说明书

各部门如发生不动产转移时,应填写账面变更书所列事项,并附说明书,提交给总务部。

第十三条　实施

不动产的转移、变更及登记事项,由总务部负责。

□ 不动产管理台账

第十四条　不动产管理台账

总务科应建立全企业的不动产管理台账,以全面把握全企业的不动产状况。不动产管理台账应包括下列账票与图表。

1. 企业所有土地:
(1) 地籍表;
(2) 土地台账;
(3) 土地课税台账;
(4) 土地综合图;
(5) 土地实测图;
(6) 借出土地台账。

2. 借入土地:
(1) 借入土地台账;
(2) 借入土地图;
(3) 借入土地综合图。

3. 企业所有房产:
(1) 房产台账;
(2) 借出房产台账;
(3) 房产名册;
(4) 建筑物分布图。

4. 借入房产:
(1) 借入房产台账;

（2）借入房产图。

□ 附则

第十五条 本规定自××××年×月×日起实施。

六、固定资产增减表

固定资产增减表如表21-1所示：

表21-1 固定资产增减表

管理部门
使用部门　　　　　　　　　　　　　　　　　　　　　　　　　年　　月份
No

会计科目	财产编号	资产名称	规格	增减原因	单位	本月增加				本月减少					备注
						数量	金额	耐用年限	月折旧额	数量	金额	耐用年限	已提折旧	月折旧额	

管理部门：　　　主管：　　　经办：　　　会计部门：　　　主管：　　　经办：

七、固定资产盘存表

固定资产盘存表如表 21-2 所示：

表 21-2 固定资产盘存表

使用部门： 　　　　　　　　　　　　　　　　年　月　日共　页第　页

财产编号	固定资产			单位	登记卡	盘点	盘盈		盘亏		备注
	名称	规格	厂牌		数量	数量	数量	金额	数量	金额	

主管：　　　　　　　核对：　　　　　　　制表：

八、固定资产增加表

固定资产增减表如表21-3所示：

表21-3　固定资产增减表

财产编号：

管理部门：
使用部门：

年　月　日　　　　会计科目

中文名称		取得日期		资产成本记录		
外文名称		数　量		设备内容	数　量	取得成本
规格型号		取得金额				
厂　牌		耐用年限				
存放地点		月折旧额				
附属设备						
备　注						
会计		管理部门		厂(处)长	科长	经办

九、固定资产转移表

固定资产转移表如表21-4所示：

表21-4　固定资产转移表

管理部门(移出)　　　　　　(移入)
使用部门(移出)　　　　　　(移入)　　年　月　日　　财产编号：

中文名称		数　量		购置日期	
英文名称		附属设备		耐用年限	
规　格				已使用年数	
移前用途	(移出单位)		已折旧金额		
			残余价值		
			月折旧额		
移后用途	(移入单位)		存入地点	移　出	
				移　入	
			备　注		
经理	会计	管理部门	移入移出	移入部门	移出部门

一式四份：(1)管理部门　(2)会计　(3)移入部门　(4)移出部门

第二十二章 私营企业成本控制管理制度与规范

一、企业内部控制的内容

1. 会计内部控制

会计控制主要包括：

合规、合法的凭证及传递程序；

会计业务处理程序，即从填制、登记账簿到编制报表等的一系列的方法和程序；

会计复核与会计监督等。

2. 财务内部控制

财务控制是通过企业资金运动状况的监督与分析，来对企业中各级部门及人员的活动与工作所实施的控制，主要包括：

预算控制，如货币资金控制、债权债务控制、成本费用控制等；

财产物资管理，如存货管理、固定资产管理等；

会计报表分析等。

二、成本管理的基本工作内容

成本管理的基本工作内容如下：

1. 制定产品标准成本；
2. 对企业生产的产品的实际成本进行分析；
3. 对实际成本与标准成本的差距进行分析，提出降低产品成本的方案；
4. 通过制定合理的制度与标准对营业费用进行控制；
5. 通过模拟与预测对销售费用进行控制；
6. 对成本控制情况进行考核与评价。

三、费用开支管理办法

第一条 目的

为加强公司财务管理,控制费用开支,本着精打细算、勤俭节约、有利工作的原则,根据国家规定和公司实际情况,特制定本办法。

第二条 费用开支计划

公司各部门、下属企业必须在每月月底根据下月工作计划制定本单位费用开支计划,由财务部门汇总、审核,经公司办公会议或总经理审批,即为公司当月的费用开支计划,并下达各单位费用开支指标。

第三条 审批权限

公司同时授予副总经理、部门经理对计划内费用开支的审批权限。

第四条 调整公司费用开支计划需留有弹性,并根据实施情况调整或变更授权。费用计划调整必须填写"费用调整申请表",经财务部门、分管总监审核,总经理办公会议审批后方可作出调整。

第五条 内部收费管理

(一)公司完善分级管理、核算机制,实行内部收费核算办法。

(二)内部收费包括车辆使用、领用办公用品、文印通讯等几项费用。

(三)费用标准见费用开支标准表中内部发生费用,列入目标计划管理考核和成本效益范围。

第六条 费用报销的一般要求

(一)发票必须是发票联和报销联,用复写纸复写或计算机打印,不得用圆珠笔或铅笔填写,存根联、发货联、记账联不能做报销单据。

(二)内容要齐全,抬头、日期、品名、单价、数量、金额等项目要填写齐全,字迹要清楚,金额要准确,大、小写要一致,涂改无效。

(三)印章要齐全,须有收款单位公章(或收款专用章)及收款人签字(章);事业单位的收据,要有财务专用章;企业和个体户的收据,须是税务部门统一印制的收据。

(四)从外单位取得的原始单据(车、船、飞机票等),因保管不善,被盗、遗失,后果自负,不予受理。

第七条 本办法由财务部门制定,报总经理办公会议审核,总经理审批后执行。

四、费用开支管理标准

第一条 为便于掌握开支,根据有关规定,结合本公司实际情况,特制定本开支标准。

第二条 差旅费。

(一)公司员工出差乘坐车、船、飞机和住宿、伙食、市内交通费,按规定执行。各部门负责人应严格控制外出人员,并考虑完成任务的期限,确定出差日期。对因公外出人员均对号入座按标准办理应报销费用。如出差人员投亲靠友自行解决住宿问题,则按标准的40%计发给个人;如不足标准住宿的,按节约额的50%计发给个人;如超标准住宿的,超支部分一律由个人负担。

(二)工作人员出差的交通费一律按标准套用。具体对下列情况均以有关规定执行如下:

1. 乘坐火车,从晚上8时至次日晨7时之间,在车上过夜6小时以上的,或连续乘车时间超过12小时的,可购软席卧铺票。

2. 乘坐火车符合第1条规定而不买卧铺票的,节省下的卧铺票费发给个人,但为了计算方便,规定按本人实际乘坐的火车硬座票价折算成一定比例发给:①乘坐火车慢车和直快列车的,按特快列车硬席票价的50%发给。②符合乘坐火车软席卧铺条件的,如果改乘硬座,也按规定的硬座票价比例发给,但改乘硬卧的,不执行本条①款的规定,也不发给软卧和硬卧票价的差额。

3. 工作人员趁出差或调动工作之便,事先经单位领导批准就近回家省亲办事的,其绕道车、船费,扣除出差直线单程车、船费(按出差人应享受标准),多开支的部分由个人自理。如果绕道车、船费少于直线单程车、船费时,应凭车船票价按实支报,不发给绕道和在家期间的出差伙食补助费、住宿和交通费。

4. 出差期间乘坐直达特别快车,暂按乘坐一般特别快车不坐卧铺补助的规定执行,即按硬座票价的45%计发补助费,因使用空调设备而另外加收的费用不计入票价之内。

5. 工作人员调动工作,核发差旅费以其调入地区执行标准计发。调入人员的交通、住宿、伙食补助除照公司规定执行外,其他开支参照有关规定执行。

6. 出差人员在出差地因病住院期间,按标准发给伙食补助费,不发交通费和住宿费。住院超过一个月的停发伙食补助费。

7. 公司工作人员参加在外地召开的各类会议,有会议主办单位出具的食宿费自理的证明,可回公司按出差标准领取伙食费补助;住宿费凭住宿处发票按公司规定标准执行,其余情况一概不领发有关费用。

8. 员工赴外地学习培训超过30天以上的部分,按职位标准的50%发给。

(三)员工探亲交通费按国家规定办法执行。

第三条 市内交通费规定。

(一)市内工作交通费:

1. 员工在市内联系业务,公司不配给自行车、摩托车,又不能安排公司车辆者,凭乘坐的公共汽车票列明去向,公干事由经主管领导审核,成本中心负责人签字凭据报销。

2. 员工因在市内联系业务由公家配置自行车者,每月按 10 元标准将公车修理费包干到人,每辆车从购买之日起包干 5 年。5 年内丢失、损坏一律自理,也不另发交通费及报销市内车票,由此影响工作的,责任自负。

(二)员工上下班交通费:

1. 员工居住地方距上班地点 2 公里以上,无公司班车接送上下班,公司又不配给自行车(或摩托车),可按公共汽车月票收据金额报销。

2. 符合第 1 项条件用私人自行车上下班者,每月按公共汽车月票金额发给自行车维修费。

3. 上述两类补助请各部门在员工报到上班后即将申请报告报行政部审批备案,每年年度终了后 7 天内,由各部门造册申报,行政部按备案记录结合考勤核批发放。

4. 对于不享受交通费补助的员工,经常因公骑私人自行车外出的,经各部门成本中心负责人批准,发给每月 10 元的自行车修理费。

第四条 加班、夜班、值班和误餐费的规定。

(一)加班费规定:

1. 法定节日(圣诞节、劳动节)因工作需要加班,按下列公式计发加班费:

(本人月工资 - 浮动工资 25.5 ×200%)×加班天数

2. 法定假日以外平时因工作需要加班,按下列公式计发加班费:

(本人月工资 - 浮动工资 25.5×150%)×加班天数

3. 员工加班要从严控制,事前报部门经理批准。加班只限于工程抢修、节假日值班和完成其他紧急生产任务等,但月累计不得超过 48 小时,超过 48 小时报总经理批准。

4. 员工加班后,可以补休而不领加班费,但须办理补休的登记手续。

5. 员工出差期间,如遇法定节假日和超过工作时间的不计加班费。

6. 加班费经人事部审核后,由财务部门发放。

(二)夜班费规定。员工在每日 22 时至次日 6 时之间上班工作,不能睡觉,夜班费每人每夜 8 元。

(三)误餐费。市内员工到市区范围外工作(或反向途径),不能在公司或家里吃午餐者,由各成本中心负责人签字报销误餐费 8 元。报告列明时间、地点、工作内容,由人事部门审核,财务部门发放。

第五条 外勤津贴规定

(一)生产人员从事露天、井下、高空施工作业按出勤天数,每人每天津贴 2 元。当天出工在 2~4 小时者,按半天计发,不足 2 小时者不发津贴。

(二)管理人员和工程技术人员跟班作业,可以按生产人员标准领取外勤津贴。

(三)工程管理的基建办及业务部室外勘察人员、基建办安装人员、基建管理人员、财务部市内采购员、报关员、行政部食堂采购员等,按实际天数每人每天津贴 1 元(有勘察设计、安装提成奖领取者则停发该项津贴)。

(四)汽车司机的各类补贴另见专题发文。

第六条 其他福利待遇。

(一)员工医疗费用报销按有关规定执行。但每单 200 元以上必须由财务部门经理审核。

(二)室主任、各类技师以上人员自用石油汽罐,凭据由行政部门审签到财务部门报销。

（三）本公司工作人员（含合同制员工），每人每月发放洗理费25元、书刊费20元、水电补贴35元、物价补贴73元、粮价补贴20元、煤气补贴45元。

第七条 清凉饮料费规定（发放时间为每年5～10月）

（一）发放范围为本公司工作人员（含合同制员工）。

（二）发放标准由人事部门和行政部门按批准预算确定，人数由人事部提供，具体由行政部安排报销。

第八条 员工计划生育按最新印发的有关规定执行。

第九条 员工服装补贴和发放，参照服装补贴和发放办法，凡是公司正式员工（含合同制员工）每两年发放夏装、冬装各一套。此外管理人员每年发领带一条；生产人员按劳动保护规定时限发放劳动防护用品。

第十条 对于临时去港人员费用开支标准和管理办法，按深府（1986）298号文的规定执行。对于临时出国人员费用开支标准和管理办法按（84）财外字第610号文的规定执行。

第十一条 本规定解释权归公司财务部。

五、财务报销制度模板

第一条 为了规范公司管理制度，尽量降低公司营运成本，合理控制公司经营费用，根据公司经营活动的特点，特制订本制度。

第二条 本公司费用报销的基本原则是计划管理、分级负责、层层把关。

（1）由各部门经理负责本部门人员费用报销的实质性、合理性的一级审查；

（2）由财务经理对报销票据的合法性进行二级审查；

（3）由总经理进行最后的审核批准。

第三条 本公司报销流程严格遵守计划管理：首先由需要支付费用的部门或个人先行填写"用款申请单"（列明费用的性质、费用的用途、费用的预计金额、款项支付预计时间等要素），先报部门经理审批同意后，报总经理审批，待取得总经理签署同意的"用款申请单"后方能执行。

第四条 费用发生过程中，原则上必须由两人或两人以上同时参与或执行，并互相监督和共同承担相关责任。

第五条 费用发生过程中，当事人应充分取得费用的相关单据，如合约或协议、合法的票据等。如因未能取得合法（被税务机关认可）的票据而遭受财务经理剔除的部分支出，公司原则上不予以承担，由当事人自行负责。

第六条 费用发生完毕后，当事人应及时将收集到的费用单据加以整理归类，采用公司统一印制的"费用报销单"规范粘贴，粘贴过程中应区别费用性质（如交通费、住宿费、餐饮费、招待费、办公费等）分类粘贴，便于归类计算和整理。

第七条 当事人在填写"费用报销单"时，应遵照"实事求是、准确无误"的原则，将费用的发生原因、发生金额、发生时间等要素填写齐全,并签署自己的名字,交共同参与的人员复查,并请其在证明人一栏上签署其姓名。"费用报销单"的填写一律不允许涂改,尤其是费用金额,并要保证费用金额的大、小写必须一致,否则无效。

第八条 当事人应将填写完整、附件齐全的"费用报销单"和已经审批过的"用款申请单"一起送交本部门经理进行审批,部门经理应重点对费用发生的真实性、费用预算金额与实际金额的差异合理性进行审查,部门经理审查无异议后,应在"费用报销单"部门经理一栏签署审批意见并签署部门经理的名字。

第九条 当事人将取得经过本部门经理审批签署后的"费用报销单"以及原审批的"用款申请单"送交财务经理进行审批,财务经理应重点对"费用报销单"后所附的原始发票和单据进行合法性审查,对费用金额的计算进行复核稽查。财务经理审查无异议后,应在"费用报销单"财务部门一栏签署审批意见并签署财务经理的名字。

第十条 当事人将取得本部门经理、财务部门经理审批签署后的"费用报销单"以及原审批的"用款申请单"一起,通过公司内部单据传递程序报送到公司总经理处,由总经理进行最后的审查和审批。总经理一般仅从"费用报销单"的形式要素上进行审查,看报销审批程序和相关人员的签字是否齐全、字迹是否真实。总经理审查无异议后,在"费用报销单"总经理一栏签署审批意见并签名。

第十一条 当事人取得审批齐全的"费用报销单"以及"用款申请单"后,应在3天之内送交财务部门的出纳员手上领取资金,出纳人员应对"费用报销单"进行审核,重点看报销单是否有涂改、费用的计算是否正确、后附的发票是否齐全合法、审批手续是否齐备。出纳人员在审核无误后方能付款。

第十二条 本管理制度的制订、修改和解释权属于公司董事会。

第十三条 本制度经公司董事长审批签署实施,修改时亦同。

六、生产成本管理制度模板

第一条 财务部门受总经理和财务总监的直接领导,是生产成本管理的主管部门,其职能是:根据公司的生产经营决策,全面负责本公司的生产成本管理工作。

第二条 根据全面预算管理与定额成本管理的基本内涵,按照归口管理的原则,确立生产管理部门、装配部门、人力资源部门和物资供应部门为生产成本的专业管理部门。

第三条 生产成本管理分工

(一)财务部门

1. 严格执行国家有关成本管理的方针、政策、法律、法令、法规、条例与制度。根据集团公司下达的预算管理要求,编制年度生产成本预算。

2. 根据集团公司下达的目标成本计划,测算公司目标成本控制指标。

3. 按照公司的机构设置,对各费用项目进行分解承包。对各费用承包部门及责任人进行考核。

4. 参与专业生产成本有关各项费用、消耗定额的制定与完善。

5.根据国家有关方针、政策、法律、法令、法规条例与制度,及时制定、修订与完善生产成本管理制度,并贯彻执行。

6.负责生产成本的综合分析,找出生产成本的升降原因,提出降低成本的建议与措施。

7.负责生产基地的成本核算和管理。

(二)生产管理部门

1.根据公司的要求和安排,编制生产计划并组织实施。

2.负责月度各车间、半成品库的盘点工作。

3.统计报送有关经济技术指标:

(1)每月生产月报表。

(2)每月盘存资料。

(3)月度生产计划。

(4)生产月度综合统计分析。

4.负责检修计划的编制与实施,向财务部门提交检修用工与检修费用情况。

5.配合财务部门、原料仓库进行日常消耗材料的管理,各车间、各工序根据日产及材料消耗定额实行定额资金管理和限额领料制度。

(三)人力资源部门

1.负责各部门、各车间每月实际用工及工资费用的管理。

2.负责全司各部门的工时定额测算、计件单价测算。

3.负责劳动保护费用的管理。

4.负责劳动保险金、教育经费、福利费等方面费用的管理。

(四)物资供应部门

1.负责各种消耗材料的采购。

2.负责组织内部材料计划价格的制定与调整。

第四条　生产成本的预算编制

(一)生产成本预算编制程序

各有关部门按照预算编制的要求,在每年的11月份向财务部门提供下一年度及每月的成本预算资料,财务部门于每年12月份编制下一年度成本预算,经总经理审查后,于12月底上报董事长,经批准后贯彻执行。

(二)生产成本的预算编制分工

财务部门负责组织全公司生产成本预算的编制。与生产成本有关的各专业管理部门按照职责分工,分别负责生产技术经济指标的制定、分管专业和生产成本的预算编制。

(三)生产成本的预算编制要求

财务部门根据公司预算管理要求,结合上年度的成本实际完成情况,以及公司下达的年度定额成本计划及本公司的实际情况,编制本年度生产成本预算。

(四)生产预算的调整

造成的生产计划的调整而影响生产技术指标的变动,因集团公司因素而引起的成本增减,财务部按有关程序申请调整预算。月度生产计划、各项生产技术指标的调整文件或资料,专业管理部门应及时提交财务部。

第五条　生产成本的控制

(一)按照全面预算管理的要求,建立定额成本管理体系。

(二)进行归口分级管理,明确各部门的职责与权限。进行生产费用的测算和事后生产费用指标的分解与下达和生产成本预算的调整。

（三）全面预算在生产计划下达后，财务部门结合采购计划、材料价格、工资预算、销售计划和水、电、气消耗等另行编制。

第六条　生产成本预算的考核

（一）按照全面预算管理的要求，建立定额成本管理的监督体系。确立总经理为目标成本管理的第一负责人。

（二）确立由生产部长、财务部长以及与生产成本管理相关的各部门负责人组成目标成本监督小组。

（三）各专业部门按照目标成本管理的要求，对所管理的费用项目要进行事前控制，确保目标的实现。

（四）财务部门按照成本习性，对生产基地目标成本管理工作负有业务指导与监督义务。对于出现的一般问题，财务部部长直接解决，解决无效时报总经理解决。

第七条　生产成本核算

（一）产品核算原则以中华人民共和国《企业会计准则》为准，核算方法以《股份制会计制度》为准。

（二）成本核算报告以财务报表形式编制，报表分月报、季报、年报三种。

第八条　生产成本分析

（一）生产成本分析，由财务部门组织专业管理部门进行，按分工开展各项工作。

（二）成本分析采取灵活多样的形式，即将全面分析与专题分析、专业分析与群众分析、事前事中与事后分析、定期分析与不定期分析相结合。

（三）事后的生产分析是向总经理进行书面报告的最主要的形式，财务部门的成本分析报告应于月度8日、季度8日、年度10日内完成。

（四）各专业管理部门分管指标的分析分别于月度30日内以书面形式提交财务部门。

（五）月度主要分析生产成本与经济技术指标的偏差，季度主要进行专题分析，半年或年度分析主要进行成本综合分析，既要与上年同期比，又要与年度目标成本计划比。

（六）分析的目的是：揭示成本管理中存在的薄弱环节，充分暴露矛盾，制定降低成本的具体措施，保证目标成本的实现。

（七）按月、季、年召开成本分析会议，就成本管理中出现的问题制定整改措施，作出相应决议，定人、定事、定日期，并指定有关部门会后检查与总结，成本分析会议可结合经济活动分析会进行。

第九条　本制度由财务部门制定，经总经理审批后自颁布之日起执行。

七、成本核算细则

□ 总则

第一条 为规范公司成本核算工作,提高成本核算的准确性与及时性,制定本细则。

第二条 公司的控股子公司可自行制定成本核算办法,报公司批准后执行。

□ 成本开支范围

第三条 为生产商品和提供劳务而发生的直接材料、直接工资、其他直接支出和制造费用计入制造成本。

(一)直接材料:指生产商品产品和提供劳务过程中所消耗的,直接用于产品生产,构成产品实体的原料及主要材料、外购半成品以及有助于产品形成的辅助材料和其他直接材料。

(二)直接工资:指在生产商品产品和提供劳务过程中,直接参加产品生产的工人工资以及按生产工人工资总额和规定比例计算提取的职工福利费。

(三)燃料及动力:指直接用于产品生产的外购燃料和水、电、气、冷动力费用。

(四)制造费用:指应由产品制造成本负担的,不能直接计入各产品成本的有关费用,主要指各生产车间管理人员的工资、奖金、津贴、补贴、员工福利费,生产车间房屋建筑物、机器设备等的折旧费、租赁费(不包括融资租赁费)、修理费、机物料消耗、低值易耗品摊销、取暖费(降温费)、水电费、办公费、差旅费、运输费、保险费、设计制图费、试验检验费、劳动保护费、修理期间的停工损失以及其他制造费用。

第四条 下列各项支出不得计入成本

(一)资本性支出,即购置和建造固定资产和其他资产的支出。

(二)对外投资的支出。

(三)无形资产受让和开发支出。

(四)违法经营罚款和被没收财产损失。

(五)税收滞纳金、罚金、罚款。

(六)灾害事故损失有赔偿的部分。

(七)各种捐赠支出。

(八)各种赞助支出。

(九)分配给投资者的利润。

(十)国家规定不得列入成本的其他支出。

□ 成本核算的任务、原则

第五条 公司成本核算的任务

(一)认真执行国家有关成本开支范围和费用开支标准,合理归集与核算生产经营过程中发生的各项费用,正确计算产品成本并根据公司内部经营管理需要和有关部门的要求,及时准确地提供成本报告和有关分析资料。

(二)监督成本费用发生的合规性和合理性。

(三)促进企业改善经营管理,降低生产耗费,提高经济效益。

第六条　成本核算工作的原则

(一)按照统一领导、分级管理的原则,建立健全适应市场竞争和内部管理需要的成本费用核算体制。

(二)开展成本费用核算工作,加强对二级核算单位以及班组成本核算的组织与管理。

(三)成本费用核算工作必须在不断加强与完善各项基础管理工作的前提下进行,使成本费用的核算具有可依靠的基础。

(四)成本费用计算期应与会计核算期一致,规定为每年1月1日到12月31日和每月1日至当月末。计入当月成本的费用要素消耗和产品产量的起止日期须与成本计算期保持一致,不得提前和延后。

(五)成本核算必须坚持权责发生制的原则,应真实准确反映特定会计期间的成本水平的经营成果。

(六)成本核算须划清本期成本与下期成本的界限、在产品与产成品的界限、各种产品之间的成本界限。

(七)根据计算期内完工验收入库的产品数量、实际消耗和实际价格,计算产品的实际成本,不得以估计成本、目标成本代替实际成本。按计划成本、定额成本进行核算的,应在月末调整为实际成本。

(八)遵循"谁受益谁承担费用"的原则确定成本核算对象,对生产和经营过程中发生的各项费用,应设置成本费用账册,以审核无误手续齐备的原始凭证为依据,对成本项目在各成本核算与管理对象间进行分配,做到真实、准确、完整、及时。

(九)公司成本核算中的各项具体方法(包括材料计价、价差调整、费用分配方法、完工产品和在产品成本计算等),前后各期必须一致,不得随意变更。如需变更,应报经主管部门批准,并将变更的原因及其对成本费用和财务状况的影响,在当期的会计报告中加以说明。

□ 生产费用的分类、归集、分配

第七条　生产费用按经济内容(或性质)分类称为生产费用要素

(一)外购材料:指为进行生产经营而耗用的一切从外部购进的原材料及主要材料、半成品、辅助材料、包装物、修理用备件和低值易耗品等。

(二)外购燃料:指为进行生产经营而耗用的一切外部购进的各种燃料,包括固体、液体和气体燃料。

(三)外购动力:指为进行生产经营而耗用的由外部购进的各种动力。

(四)工资:指应计入生产费用的员工工资。

(五)计提的员工福利费:指按照工资总额的规定比例14%计提的员工福利费。

(六)折旧费:指各生产单位房屋建筑物、机器设备等固定资产按照规定的折旧率计算提取的折旧费用。

(七)修理费:指按照确定并备案的提存率预提的房屋建筑物、机器设备等各类固定资产的大、中、小修理费用或直接计入生产费用的修理费用。

(八)利息支出:指应计入生产费用的银行借款利息支出减利息收入后的净额。

(九)税金:指应计入生产费用的各种税金,包括房产税、车船税、土地使用税、印花税等。

(十)其他支出:指不属于以上各要素的费用支出,如物耗和非物耗等。

第八条 生产费用按经济用途分类称为成本项目

公司成本项目规定,生产费用主要包括:

(一)直接材料:直接用于生产构成产品实体的各种原料、主要材料和外购半成品以及有助于产品形成并具有消耗定额的辅助材料,包括包装物。

(二)燃料及动力:指直接用于产品生产的外购和自制的各种燃料和动力。

(三)工资及福利费:直接参加产品生产的员工工资以及按规定比例计提的员工福利费。

(四)制造费用:指各单位为组织和管理生产所发生的各种费用,包括:

1. 工资:指车间生产员工以外的管理人员、辅助员工、勤杂人员的工资。
2. 员工福利费:指按上述人员工资的14%提取的员工福利费。
3. 折旧费:指车间使用的各类固定资产提取的折旧费。
4. 修理费:指车间维修各类固定资产和低值易耗品所发生的修理费用。
5. 办公费:指车间发生的文具、纸张、印刷品等办公费用。
6. 水电费:指车间非工艺过程用水和照明用电的费用。
7. 取暖费用:指车间应分担的采暖费用,不包括支付员工取暖费津贴。
8. 租赁费:指车间从外部租入各种固定资产和工具而支付的租金。
9. 差旅费:指车间因公外出的各种差旅费、市内交通费。
10. 机物料消耗:指车间非直接用于产品、劳务的一般消耗材料,不包括修理费用、劳动保护用品等。
11. 保险费:指车间应负担的财产保险费。
12. 低值易耗品摊销:生产车间耗用的通用工具、生产用具、仪器等。
13. 劳动保护费:车间为保证劳动安全发生的各项费用,包括应由制造费用开支的各项劳动保护措施费、劳动保护装置维护费、防暑降温费、劳动保护用品等,不包括增加固定资产的劳动安全防护措施支出。
14. 季节性修理期间的停工损失。
15. 运输费:车间内部运输所发生的费用和运输部门为车间提供的劳务费用。
16. 外部加工费:指车间产品零部件委托外公司加工协作的费用。
17. 试验检验费:指不能直接计入为鉴定某种产品质量而发生的产品的试验费、原材料、成品及半成品的检验费用、理化试验、质量监控等费用。
18. 设计制图费:指对产品和工艺进行科研、设计所发生的费用。
19. 其他:指不属于以上项目的其他应计入制造费用的支出。

第九条 生产费用归集与分配的原则

(一)按产品品种设置成本核算对象,对难以直接计入的间接费用要按合适的标准,在公司包括主营业务、其他所有产品之间分配。企业的产品包括全部的主营业务、其他业务和劳务协作。

(二)凡能直接计入各生产线、各作业、各产品的费用均应直接计入。

(三)凡不能直接计入各生产线、各作业、各产品的费用,应采用与费用形成有直接关系的分配标准进行分配。

（四）分配标准一经确定，不得随意变动。

第十条　购入材料的成本

（一）生产过程中实际消耗的外购材料的成本包括买价、外地运杂费、保险费、大宗材料的市内运杂费、运输途中的合理损耗和入库前的挑选整理费用等，但不包括购进材料的增值税和购进免税农产品按规定的扣除率计算的进项税额。

（二）购进材料直接用于非应税产品的，应按包括进项增值税在内的全部支付价款全额计入材料成本。

（三）进口材料的采购成本应包括国外进价、进口税金。

第十一条　材料费用的归集与分配

（一）月终未报账的材料，按计划价办理暂估入库，于材料报账时冲回。

（二）采用公司内计划价格进行材料日常核算，月终将耗用材料的计划价调整为实际价格。材料的实际价格与计划价格的差异，使用当月实际差异率，按材料类别或品种核算。其中，主要原材料按品种核算，辅助材料、备品备件、包装物、低值易耗品按材料类别核算。

（三）材料稽核员根据领料单，将属于直接构成产品实体的材料，计入制造部生产成本；不能直接计入产品实体的，计入领用部门制造费用。成本核算员将直接计入产品实体的材料按材料稽核员转来的"材料领用单"，以材料核算价分配到各工序、各产品，并将材料成本调整为实际成本。

（四）月末车间材料员负责将已领未用的材料办理"假退库"手续。

第十二条　动力费用的归集与分配

（一）动力包括水、电、蒸汽、冷、压缩空气等，分外购、自制两种。自制动力以及需经本单位辅助车间处理后使用的外购动力，均应作为辅助生产核算。

（二）动力费用根据计量仪表记录的实际耗用数量进行核算。没有计量仪表的，应由动力部门或有关部门确定的合理的分配标准，作为分配动力费用的依据。

（三）动力费用的核算要划清生产用和非生产用的界限、内供和外供的界限。

第十三条　工资及福利费用的归集与分配

（一）应当支付给员工的各项工资，应按国家有关规定列入工资总额。各项工资性支出都应按照手续完备的原始凭证进行核算和汇集。

（二）按照规定的工资制度、工资标准和工资等级，依据有关的原始凭证，正确计算应付工资和实发工资。

（三）依据国家有关规定计算、提取和支付员工福利费，不得擅自改变计提比例。每月应付员工的全部工资和提取的员工福利费，按部门、车间进行汇集与分配，分别记入有关科目中。

第十四条　固定资产的折旧费

（一）固定资产的折旧费根据确定的折旧年限和折旧率，按月提取，分类记入各有关科目。固定资产的折旧率应按集团公司的统一会计政策确定，报集团公司财务部门备案，不能随意变动。

（二）公司购置或竣工验收交付试生产的固定资产，都要按经审计确认的资产原值（或估计原值）入账并计提折旧；对长期不用或不需用的资产要及时办理封存手续；对已交付使用，但尚未办理竣工决算的工程要自交付使用之日起，按照工程预算、造价或工程成本等资料，估价转入固定资产，并据以计提折旧。竣工决算办理完毕以后，按决算数调整原固定资产估价和已提折旧，以保证成本水平的真实性与合理性。

第十五条 待摊和预提费用

(一)待摊费用是指本月发生,但应由本月及以后各月产品成本和期间费用共同负担的费用。待摊费用应按费用的受益期确定分摊期限,但应在1年内摊销完毕。摊销期限在1年以上的待摊费用应在"递延资产"科目核算。

(二)预提费用是反映预先分月计入成本费用,但由以后各月支付的费用,预提费用的期限也应按受益期确定。为了使各月成本费用水平均衡,应编制各项预提费用预算分月计入产品成本。实际发生的费用与预提的费用的差额应计入费用支付期的有关成本费用项目。

(三)根据公司的实际情况,待摊费用和预提费用应包含如下内容:

1. 新建、扩建企业或车间一次大量领用的低值易耗品。
2. 数额较大的固定资产修理费用。
3. 一次支付的固定资产的租金和租入固定资产的改良支出。
4. 企业发生的数额较大、应分期计入产品成本的用于新产品、新技术、新工艺的研究开发费。
5. 按规定应分期计入产品生产成本的技术转让费。
6. 一次支付的财产保险费。
7. 按季度(或延期)支付的流动资金借款利息支出。
8. 停产检修期间的费用,可以在当年内分月摊销。
9. 其他经营主管部门批准的待摊、预提费用。

第十六条 制造费用

(一)制造费用按照生产车间和规定的费用项目进行汇集。

(二)对于应由某一成本核算对象单独负担的制造费用,应直接计入。对于应由一个以上成本核算对象共同负担的制造费用,按各成本核算对象的定额工时比例分配计入。

(三)各月发生的制造费用应当全部由当期完工产品负担。

成本核算方法

第十七条 产品成本核算的基本程序

(一)对生产过程中发生的生产费用,按成本核算对象和成本项目分别归集,对直接构成产品成本的直接计入,间接费用按一定的分配标准在产品之间分配。

(二)计算在产品成本。

(三)计算产品的制造成本。

第十八条 辅助生产车间的生产费用按辅助生产车间提供的产品、劳务、作业的种类和成本项目进行汇集和分配。

(一)辅助生产车间的劳务、作业成本,按各车间提供的劳务作业量,以计划单位成本,分配给受益单位。

(二)辅助生产车间按水、电、气、冷及维修等为成本核算对象,并按成本项目归集生产费用。

(三)辅助生产车间为提供劳务而发生的费用,扣除车间自用的部分外,应当全部分配给生产车间和管理部门,不得截留。

(四)辅助生产为各单位提供的产品及劳务,应分别计算实际成本。实际总成本与转给各受益单位的实耗量和计划价格计算的总成本之间的差异,公司财务部门统一分配,计入当期产品成本及管理费用。

第十九条 成本计算方法

（一）根据产品的生产特点，对产品的直接材料按工序采用逐步结转法进行核算，燃料动力、工资及福利费、制造费用等采用按产品产量及一定的分配标准在各品种之间进行分摊核算。

（二）根据产品的生产特点，采用品种法核算，各生产线分别按配置工序、包装工序核算。直接材料按领用的品种直接计入该产品的生产成本，动力、直接人工、制造费用按品种类别及一定的分配标准分摊核算。

（三）月末在制品只结存原材料，动力、直接人工、制造费用等当月发生的其他费用全部由当期完工产品分摊，不留余额。

第二十条 按照生产产品的品种为成本核算对象并按成本对象设置成本计算表汇集生产费用，每月的生产费用就是该产品的总成本，再除以当月实际产量，就是该产品的单位成本。

第二十一条 在制品成本和产成品成本

（一）公司制造部门应设置台账，登记在制品的加工数量、完工数量、废品数量、转出数量和结存数量，并定期进行实地盘点。在制品的盘盈、盘亏按规定报批记入"管理费用"科目。

（二）根据在制品的实际结存数量和折合成本量正确计算在制品成本。在制品成本月末只留直接材料成本。

（三）制造部门对已完工的产品应及时办理验收交库手续。产成品的收发结存数量，必须在年度内定期与实物进行核对盘点，对产成品的盘盈、盘亏记入"管理费用"科目。

（四）产品月末按照在制品的完工程序折合为约当产量，再根据约当产量与完工产量的比例，计算在制品和完工产品的成本。

□ 附则

第二十二条 本办法由公司财务部门负责解释，经公司总经理审批后，从下发之日起执行。

八、销售费用表

销售费用表如表 22-1 所示：

表 22-1 销售费用表

科目明细		年实际发生数	年费用额	各月费用拟定数											
				一月	二月	三月	四月	五月	六月	七月	八月	九月	十月	十一月	十二月
变动费用	外销费用														
	内销费用														
	小计														

(续表)

科目明细		年实际发生数	年费用额	各月费用拟定数											
				一月	二月	三月	四月	五月	六月	七月	八月	九月	十月	十一月	十二月
内销费用	用人费用														
	间接人工														
	教育训练费														
	服装费														
	设备费用														
	折旧														
	修护费														
	保险费														
	税捐														
	租金支出														
	事务费用														
	交际费														
	邮电费														
	交通费														
	文具印刷														
	什项购置														
	旅费														
	伙食医药费														
	水电什项														
	其他费用														
	广告费														
	呆账损失														
	样品赠送														
	其他														
	小计														
合计															

九、管理费用表

管理费用表如表22-2所示：

表22-2　管理费用表

单位：元

科目明细	年实际发生数	年费用额	各月费用拟定数											
			一月	二月	三月	四月	五月	六月	七月	八月	九月	十月	十一月	十二月
用人费用														
间接人工														
训练及服装费														
设备费用														
折旧														
修护费														
保险费														
税捐														
租金支出														
事务费用														
交际费														
邮电费														
交通费														
书报杂志														
杂项购置														
差旅费														
伙食费														
医药费														
水电费														
运费														
杂费														
其他费用														
董监报酬														
劳务报酬														
自由捐赠														
各项摊提														
总管理处分摊费用														
合　计														

十、财务费用表

财务费用表如表22-3所示：

表22-3 财务费用表

单位：元

项 目		单位成本原料用量(kg)	单价(元/kg)	每日金额	周转日数	积数	利率	利息	计算说明
原料库存利息	（品名）	（例)5	80	400	60	800	0.000333	0.27	
制成品利息									
在制品利息									
应收账款利息									
设备利息		（例）		3.000	30	3.000	0.000333	1	
合 计									

十一、财务状况控制表

财务状况控制表如表22-4所示：

表22-4 财务状况控制表

年　月　日

应收账款		应付账款	
昨日余额		昨日余额	
本日销货	+	本日发票付账	+
本日退货折让	-	折让退回	+
现金销货	-	支付票据	-
货款收回	-	支付现金	-
本日余额		本日余额	
应收票据：		应付票据：	
昨日余额	张	昨日余额	张
本日收入	+张	本日支付票据	+张
本日兑现	-张	本日到期	-张
本日余额	张	本日余额	张

银行存款	昨日结存	本日存入	本日支出	本日结存	明日应付额
合　计					

核准：　　　　　　　　　复核：　　　　　　　　　制表：

十二、产品生产成本表

产品生产成本表如表 22-5 所示：

表 22-5 产品生产成本表

年　月

品名		规格		收率		每吨数量		目标批量	

类别	项次	成本项目	单位	单价	理论			现状			目标			成本差异						说明
														理论与现状			目标与现状			
					单位用量	金额	%	单位用量	金额	%	单位用量	金额	%	单位用量	金额	%	单位用量	金额	%	
原料成本	1																			
	2																			
	3																			
	4																			
	5																			
	6																			
	7																			
	8																			
	9																			
	10	小计																		
工缴成本	变动费用	11	电力费																	
		12																			
		13	小计																		
	固定费用	14	直接人工																	
		15	折旧																		
		16	修护费																		
		17	他部摊入																		
		18																			
		19	小计																		
	工缴成本合计																				
	制造成本合计																				

核准：　　　　　　　　复核：　　　　　　　　制表：

十三、生产成本核算表

生产成本核算表如表22-6所示：

表22-6　生产成本核算表

制造号码：

产品名称：　　　　　　　　　　　　　　　　　　制造完工日期

缴库通知编号：　　　　规格：　　　　出产数量：　　　　单位：

耗用原料直接原料	原料名称	规格	领料单号码	单位	数量	单价	金额	耗用材料直接物料	原料名称	规格	领料单号码	单位	数量	单价	金额
	合　计								合　计						

制造单位	直接人工				已分配制造费用			成本汇计		单位成本	
	日期	工时数	工资率	金额	工时数	分摊率	金额	项目	金额	金额	备注
								直接原料			
								直接物料			
								直接人工			
								已分配制造费用			
合　计								合　计			

缴库记录			出货记录			备注					
缴库日期	缴库单号	缴库数量	日期	厂商	发票号码	数量					

核准：　　　　　　　　复核：　　　　　　　　制表：

十四、制造成本及利润计划表

制造成本及利润计划表如表22-7所示：

表22-7 制造成本及利润计划表

项目		月		月		月		月		月		合计	
		金额	构成	金额	构成	金额	构成	金额	构成	金额	构成	金额	构成
××制品	生产额												
	原料额												
	人工费												
	物料费												
	折旧												
	造成成本												
	制造利润												
××制品	生产额												
	原料额												
	人工费												
	物料费												
	折旧												
	造成成本												
	制造利润												
××制品	生产额												
	原料额												
	人工费												
	物料费												
	折旧												
	造成成本												
	制造利润												
××制品	生产额												
	原料额												
	人工费												
	物料费												
	折旧												
	造成成本												
	制造利润												

十五、直接人工及制造费用比较表

直接人工及制造费用比较表如表22-8所示：

表22-8 直接人工及制造费用比较表

科　目	现状	目标	比较差异	单位成本	说　明
直接人工					
变动制造费用					
高压热水					
冷却水					
电力费					
折　旧					
机械修护费					
消耗费用					
业务费用					
摊销费用					
其他费用					
制造费用合计					
生产成本合计					
工作时间(分)					
每分钟成本					
每分钟分摊的固定成本					

第二十三章 私营企业税务筹划管理制度与规范

一、企业税务筹划基本方法

纳税人税收筹划的目的是在法定范围内最大限度地减少自身的纳税支出并获取最大经营净收益。换言之,就是最大限度地挖掘节税潜力、获取节税利益。为此,我们来分析一下获取节税利益的途径。

纳税人的节税利益一般是通过选择低税负的纳税方法和滞延纳税期这两条途径获取的。具体而言,选择低税负的纳税方案又包括税收负担的规避和税收负担由高向低的转换。这里将从三个方面介绍获取节税利益的途径。

(一)税收负担的规避

这是指纳税人把资本投向不负担税收或只负担轻税的地区、产业、行业或项目上。这样,纳税人就能在激烈的市场竞争中,占据税收上的优势,以增强竞争实力和获取更高的资本回报率。要做到规避税收负担,就要求投资者熟知接受投资国家的税制中关于各项减免税优惠的具体规定,并结合自身情况进行周密安排。

(二)税收负担从高向低的转换

这是指就同一经营行为存在多种纳税方案可供选择时,纳税人就低避高,选择低税负纳税方案,以获取节税利益。例如,在所得额的大小适用累进税率时,即计税所得额越大,适用的边际税率越高。这样,纳税人可在税法规定的范围内,通过调整和平衡各纳税期的计税所得,从而减少总的纳税支出。调整计税所得的渠道很多,具体包括:有关收入、费用项目的确认期的选择;资本和金融资产持有期的选择;投资方式的选择等。

(三)纳税期的滞延

这是指纳税人在遵守税法的前提下,将有关应税项目的纳税期向后递延。递延纳税人在滞延期内取得一笔同税款相等的政府无息贷款,有利于纳税人资金周转,节约了纳税人的利息支出;在通货膨胀的环境中,延期缴纳的税款的币值不降,从而减少了实际纳税支出。

一些国家的税法特别作出了可以延期纳税的规定,这一方面是为了平衡纳税人在不同纳税期的税收负担,比如纳税人在某一纳税期所得过高,有可能被允许将本期所得平均分散到以后若干期之内去计税和纳税,或者是对取得高所得年度应纳的税款采取分期缴纳的方式;另一方面,递延纳税的规定也是政府利用税收杠杆调节纳税人经济行为的一种手段。比如,政府为了促进投资,允许纳税人对其营业财产采用初期折旧或者自由折旧方法,这样就可以减少高折旧年度的应税所得,从而产生延期纳税。

另外,在《税法》未制定专门的支付条款的情况下,纳税人可利用《税法》本身未规定有关条款而实行延期纳税。假定有一跨国公司,母公司设在高税国,其子公司设在低税国,子公司取得的利润不是汇回母公司而是长期滞留下来。这样,母公司由于未取得股息收入,其税款也就相应地被滞延下来了。

二、企业节税能力影响因素

企业展开税务筹划获取节税利益的潜力的大小,主要取决于以下四个方面的因素。

(一)纳税人自身状况

影响节税潜力的纳税人自身包括纳税人的经营规模、业务范围、组织结构、涉及税种的多少、纳税金额的大小等等。一般来讲,企业的经营规模越大,组织结构越复杂、业务范围越广,缴纳的税种越多、纳税的金额越大,则税务筹划的空间也就越广阔,获取节税利益的潜力也就越大。例如,一家个体理发店,其税收事务仅涉及一种简单的营业税,用不着耗费精力去进行税务筹划。而对于一家大型的跨国公司,情况则大不一样。其子公司或母公司各自作为独立纳税人,可能要涉及增值税、所得税、财产税、消费税、资本税、印花税等多个税种,各国的具体税制及国际间复杂的税收协定网络贯穿于整个公司的投资、经营和财务决策的全过程,其税务筹划的内容是丰富多彩的,节税的潜力也是巨大的。

(二)税制因素

影响节税潜力的税制因素主要包括三个方面:具体税种的税负弹性、税收优惠条款和递延税条款。

所谓税负弹性,指某一具体税种的税负伸缩性大小。一般而言,某一税种税负弹性的大小取决于该税种的要素构成。这主要包括计税基数、扣除、税率等,即税基越宽,税率越高,税负就越重,或者税收扣除越大则税负就越轻。如果用数学函数表示税收负担(TB)与税基(b)、扣除(d)、税率(t)之间的关系,则 $TB = f(b;t;1/d)$。

从这一公式可以看出,企业所得税和个人所得税和税负弹性较大,因为不论税基宽窄、税率高低和扣除项目多少或数额大小,多少总有一定的弹性幅度。各税种内在各要素弹性的大小决定了该税种的税负弹性,或者说某一税种的税负弹性是构成该税种各要素的弹性的综合体现。下面以企业所得税为例来加以说明。

企业所得税(国外也称公司所得税)是世界大多数国家的一个重要税种。一般税制规定,纳税人是公司企业,征税对象为利润总额,计税依据一般为经过纳税调整后的利润。该税种无论税基、税率和扣除项目,其弹性都很大。

公司所得税的税基通常要受以下几个因素的影响:

境内投资、联营企业分回利润是否合并征税;

境内、境外所得是否合并征税;

资本利得如何对待;

汇兑损益如何计税;

存货计价、固定资产折旧方法如何选择和确定;

有哪些准备金制度;

间接投资所获的利息、股息和特许权使用费收入如何计税;

以前年度亏损如何结转抵税;

关联企业转让定价是否进行纳税调整等。

税率的弹性主要表现在：

国内企业是实行统一税率还是差别税率；

国内企业与涉外企业税率是否一致；

实行单一的比例税率还是多级的累进税率。

扣除项目的弹性主要表现在：

资本支出的计税规定；

无形资产受让、开发支出的计税规定；

利息支出如何处理；

工资及福利费支出如何计税；

损赠支出如何对待；

业务招待费如何扣除；

社会保障支出如何扣除；

会费和管理费支出如何计税。

（三）税收优惠

税收优惠是国家税制的一个组成部分，是政府为达到一定的政治、社会和经济目的，而对纳税人实行的税收鼓励。税收鼓励反映了政府行为，是通过政策导向影响人们生产与消费偏好来实现的，所以也是国家调控经济的重要杠杆。无论是经济发达国家还是发展中国家，无不把实施这样或那样的税收优惠政策作为引导投资方向、调整产业结构、扩大就业机会、刺激国民经济增长的重要手段加以利用。但是，处于经济发展不同阶段的国家和地区，税收鼓励的范围、重点和方式有所不同。

一般来说，发达国家对税收鼓励的范围选择较为慎重，覆盖面较小，针对性较强。而发展中国家的鼓励范围相对广泛得多。为了引进外资和技术，增加出口创汇，经常对某些地区或某些产业或行业给予普遍优惠。发达国家的优惠重点一般放在促进高新技术开发、能源节约、环境保护和充分就业等方面，而发展中国家则没有那么集中，甚至对那些技术相对落后的困难企业也给予优惠照顾。另外，发达国家的税收优惠多采取与收入相关的间接性鼓励方法，如加速折旧、投资抵免和投资免税等等，而很少使用直接性的税收减免办法。发展中国家则一般采用直接性的税收减免法，如对某些地区、产业和行业的投资规定一定的减税期和免税期等。

税收优惠对节税潜力的影响表现为：税收优惠的范围越广、差别越大、方法越多、内容越丰富，则纳税人税务筹划的活动空间越大。纳税人进行税务筹划必须考虑：

有没有地区性的税收优惠；

是否有行业性税收倾斜政策；

减免各期如何规定；

对纳税人在国外缴纳的税款是否采取避免双重征税的措施，采取什么样的方式给予抵免等等。

（四）递延纳税

关于递延纳税的概念及其给纳税人带来的好处在前面已经提到，其实质是对纳税人当期会计所得与计税所得之间的时间性差异（即纳税人会计所得大于计税所得的差额），税法一般不作强制性纳税调整规定，是否递延纳税由纳税人自由选择。这样，从税务筹划的角度看，对顺时间差异进行调整递延纳税的条款以及规定项目越多，纳税人税务筹划的内容也就越丰富，节税的潜力就越大。

三、企业经营形态节税

许多国家对公司和合伙企业实行差别税制。公司的营业利润在企业环节征收企业所得税，税后利润作为股息分配给投资者，投资者还要缴纳一道个人所得税，而合伙企业则一般不需缴纳企业所得税，国家仅就各个合伙人分得的收益征收个人所得税。投资者对企业组织形式的不同选择，其投资净收益也将产生差别。不同组织形态的企业在税收方面有不同的优缺点，所以在设立企业时，非常有必要在组织形态的选择上进行一番税收方面的筹划。

人手少，以独资、合资为宜

独资及合资大抵均属使用统一发票的小规模营利事业（营业额每月在20万元以下者），依照有关规定，可仅设置简易日记簿或进货簿，其对外发生营业行为时，未给予或取得凭证，可免按《税收征管法》第四十四条规定处百之分五罚款，营业税按查定方式课征，由于查定课征方式有偏低现象，从而营利事业所得税亦随之偏低，故在设账取证方面，独资及合资均比公司简便，但另一方面，依现行税制，独资及合资税后的余额，应直接归户作为独资或合资个人所得，予以课征个人所得税，其税负较公司为重，这是独资或合资的缺点，也是有人倡议两税合一的主要原因。所以，一般而言，规模小、人手少的企业，以独资或合资组织为宜。

公司组织享有多项优惠

至于公司组织，就缺点而言，由于政府对公司组织管理较严，不论规模大小均须设置账簿，使用统一发票，其账务处理成本较高，但公司组织除了依《公司法》规定责任为"有限"外，可享受下列几项优惠：

（1）盈亏互抵。公司组织的营利事业，会计账册簿据完备，依《所得税法》规定，前5年亏损，得准自本年纯益额扣除后再予课税，而独资及合资则无此优惠。

（2）利息的支付。公司向股东借款所支付的利息，可列支利息，而独资及合资所借的款项，则不列支利息。

（3）转投资收益免税。公司组织的营利事业，投资于国内其他非受免征营利事业所得待遇的股份有限公司者，其投资收益百分之十免课所得税，而独资及合资则无法享受这项优惠。

（4）保留盈余。在不超过已收资本的二分之一限度内，保留盈余不予分配，而独资及合资的盈余则不能保留，须归户作独资或合资人的个人所得，课征个人所得税。

此外，就对外形象及信用而言，公司组织仍较独资、合资为佳。所以，稍具规模的企业，以公司组织形态经营为上策。

股份有限公司有利税负

公司组织究竟以有限责任公司还是以股份有限公司为宜，就税收负担而言，应该以股份有限公司为佳，因为：

奖励投资条例所规定的各项税收减免，主要是以股份有限公司组织的生产事业为适用对象,企业以此组织形态经营,自可享受优惠待遇。

就股东而言,采取股份有限公司组织形态经营,因税负较其他种类为轻,故股东也能因而获得较多投资利益。如果未分配盈余增资符合奖励投资条例第十三条的规定者,股东所获配股票可享受税收上的好处。

下面让我们举几个实例来对不同组织形式的企业在税收上的差别待遇加以说明。

【案例】假设某投资者欲投资800万元开一百货商店,预计每年盈利100万元,如果按合伙形式其投资者个人所得税,设个人所得税适用税率为30%,则该投资年后净收益为70万元(100-100×30%)。如果该店设立为一家公司,则其盈利应先征企业所得税。设企业所得税税率为20%,税后利润80万元(100-100×20%)全部分给投资者,则该投资者还应缴纳个人所得税24万元(80×30%),税后投资净收益为56万元。合伙形式比公司形式每年节约纳税支出14万元。

公司内部组织结构不同,其总体税负水平也会产生差异,这主要因为子公司与分公司的税收待遇不一致。

从《税法》的角度看,子公司是独立纳税人,而分公司作为母公司的分支机构不具备独立纳税人资格。许多国家对外国公司的分支机构所实现的利润,在征收正常的公司所得税以外还要开征一种"分支机构税",即对分支机构扣除已征的公司所得税后的全部利润再征一道税,而不管其税后利润是否全部汇回给国外母公司的股息部分征收预提所得税,也有些国家只就分支机构未再投资于固定资产的利润部分征税,还有些国家只就利润的汇出部分征税。因此,对跨国投资者而言,一般在国外建立子公司较分公司有利。而对于国内投资者来说,情况就不一样。因为分公司不作为独立纳税人,其利润或亏损结转给总公司,由总公司统一集中纳税,而母公司与各子公司之间则不享有这一纳税优待。

【案例】假设某一总公司在国内拥有两家分公司A和B,某一纳税年度总公司本部实现利润1 000万元,其分公司A实现利润100万元,分公司B亏损150万元,设企业所得税税率为33%,则该公司年度应纳税额为:

$(1\,000+100-150)\times 33\% = 313.5$(万元)

如果把上述A、B分公司换成子公司,总体税负就不一样了。

公司本部应纳所得税 = $1\,000\times 33\% = 330$(万元)

A子公司应纳所得税 = $100\times 33\% = 33$(万元)

B子公司由于当年亏损150万元,该年度无须缴纳所得税。

公司整体税负 = $330+33 = 363$(万元),高出总分公司的整体税负49.5($363-313.5$)万元。

如果总机构与子公司或分支机构适用税率不同,则上述情况又将发生变化。

【案例】我国北京某外贸总公司在深圳和珠海两地各设一家子公司,北京地区企业所得税税率为33%,深圳和珠海都为15%。某纳税年度公司本部实现利润1 000万元,深圳和珠海两子公司各实现利润100万元。总公司规定,子公司税后利润50%汇回总公司,50%自己留用,则:

公司本部应纳所得税额 = $1000\times 33\% = 330$(万元)

深圳公司应纳所得税额 = $100\times 15\% = 15$(万元)

珠海公司应纳所得税额 = $100\times 15\% = 15$(万元)

总公司分回子公司利润额 = $2\times(100-15)\times 50\% = 85$(万元)

分回利润应补税 = $85\times(33\%-15\%) = 15.3$(万元)

公司整体税负 = 330 + 15 + 15 + 15.3 = 375.3（万元）

若将上述两家子公司变换成分公司，则

公司整体税负 =（1 000 + 100 + 100）× 33% = 396（万元）

这样，设立子公司比设立分公司减轻投资者总体税负20.7万元。如果子公司税后利润全部汇回总公司，则总体税负与设立分公司一致。

通过上面的分析可看出，设立子公司与设立分公司的节税利益孰低孰高并不是绝对的，要受到国家税制、纳税人经营状况及企业内部利润分配政策等多种因素的影响，这是经理人在进行企业内部组织结构选择时必须加以考虑的。

四、企业经营方式节税

因为国家税法本身规定的因素，企业在选择不同的经营方式时往往可以在税收方面获得不同的回报。

选择企业经营方式

现代企业经营方式多种多样，根据不同标准可以区分为不同类别。依经营活动的地域范围，可分为国内经营与跨国经营；依经营管理的不同方式，可分为自营、联营、代理经营等；依经营过程的供销关系，可分为内向经营与外向经营；依经营业务的种类多寡，可分为单一经营与多种经营；依经营期限长短，可分为短期经营与长期经营等。一般来说，企业的经营方式对投资方式存在较大的依存度，比如经营地点、经营行业、工业企业经营产品的品种等，一般都由投资行为决定，从而对该类项目的税务筹划，可以归结为相应的投资筹划。但是，并不是所有的经营行为都由投资行为决定。比如，在投资已定的情况下，企业采购、销售对象的选择、产量的控制等，都存在较大的活动余地。

无论是工业企业或商业企业，都需购进原材料或产品。有时，采购对象不同，企业负担的流转税额也存在差异。比如，我国现行增值税制依据企业经营规模和企业财务会计制度是否健全等标志分为一般纳税人和小规模纳税人。两者的税收待遇不同：一般纳税人销售货物可以开增值税专用发票，而小规模纳税人则一般不能开具增值税专用发票，只能开具普通发票。这样，当购买者为一般纳税人时，增值税进项税额可以得到抵扣，而当购买小规模纳税人的货物时，由于不能获取增值税专用发票，其进项税额在纳税时也得不到相应的抵扣，故增值税负较前者为重。

再如商品货物的销售，内销和出口流转税负不同。按照国际惯例，出口商品在国内产制、流转等环节征收的流转税实行出口退税制度，全部或部分退给出口商。例如，我国税法规定，对于某些出口商品的增值税实行零税率，也就是将出口商品在国内各环节已负担的增值税款在出口时全部退还给出口经销商，其目的是为了鼓励出口，增强本国产品在国际市场上的竞争力，而内销产品则要负担17%的价外税。尽管出口商品的国际市场价格有可能低于其国内市场价，只要其差幅达不到17%，对经理人来说出口较内销更有利可图。因此，对具备出口条件的商品，经营者应认真研究税收和汇率等各种因素，全面比较商品内销和出口的优劣，作出正确的销售决策。

另外，对于享受限期减免所得税优惠的新办企业，获利年度的确定也应作为企业税务筹划的一项内容。国家为鼓励在一些特定地区或行业举办新企业，一般规定新办企业获利初期享受限期减免所得税优惠。正常情况下，由于新企业产品初创，市场占有率相对较低，获利初期的利润水平也较低，因此，减免所得税给企业带来的利益也相对较小。为了充分享受所得税限期减免的优惠，企业可以通过适当控制投产初期产量及增大广告费用等方式，一方面推迟获利年度，另一方面提高产品知名度，提高潜在的市场占有率，以提高获利初期即减免税期的利润水平，从而获取更大的节税利益。

【案例】某高新技术产业开发试验区有一家生产生物制品的企业，国家规定其所得税税率为15%，且从获利年度开始第一年免税，第二、第三年减半征税。该企业现已投产7年，第一年利润为零，第二、第三、第四、第五、第六、第七年分别实现利润10万元、20万元、24万元、30万元、35万元、40万元。该企业累计已交所得税款19.05万元（即：20×15%÷2+24×15%÷2+30×15%+35×15%+40×15%）。如果该企业不享有减免税优惠，则其累计应纳税额为23.85万元（即10×15%+20×15%+24×15%+30×15%+35×15%+40×15%），该企业共获减免税优惠利益4.8万元（即23.85-19.05）。

【案例】承上例，其他条件不变，假设该企业通过适当控制第二、第三、第四年的产量并增大广告费投入，使投产后前4年利润数均为零，从第五年开始获利，并假定第五、第六、第七年分别实现利润60万元、70万元、80万元，则该企业7年累计应交所得税10.25万元（即70×15%÷2+80×15%÷2）。在没有减免税优惠条件下，累计应交所得税额为91.5万元（即60×15%+70×15%+80×15%）。该企业共获减免税利益81.25万元（即91.5-10.25）。这样，该企业通过推迟获利年度和提高减税期利润水平，共节约所得税款76.45万元(81.25-4.8)。

经营价格选择与转让定价

在市场经济条件下，商品价格由生产商品的成本水平和社会平均利润水平决定，并受市场供求关系的影响。也就是说，同类商业对其所经营商品价格的制定具有法定的自主权，只要买卖双方都愿意接受，某种商品交易价格可以高于或低于其市场标准价格。这样，一些大型集团公司，尤其是跨国集团，可利用关联企业之间的业务往来对货款利息、租金、服务费、货物等制定其特殊的内部交易价格，以实现公司经营的各种战略目标，比如，避免或递延公司所得税，减轻关税；减轻风险或在某些情况下有效地扼制对手的竞争；逃避外汇管制；应付有关国家的财政货币政策等。关联公司之间偏离市场标准价格的内部交易定价，一般被称为转让定价（Transfer Pricing）或内部划拨定价（Inter-pricing）。

以减轻集团公司整体税负为目标的转让定价的基本做法是：在关联公司之间进行的货物、劳务、技术和资金等交易中，当卖方处于高税区而买方处于低税区时，其交易就以低于市场价格的内部价格进行；而当卖方处于低税区买方处于高税区时，其交易就以高于市场价格的内部价格进行。

【案例】国内A公司年利润1 000万元，所得税适用税率33%，该公司用转让定价方法将其200万元利润转移给与之相关联的7个小企业，各小企业适用税率均为27%，则在利润不进行转移的情况下，A公司年应纳税额为：

1000×33%=330(万元)

通过转让定价之后，1000万元利润应纳税额为：

800×33%+200×27%=264+54=318(万元)

A公司通过转让定价方法少纳税款为：

330 − 318 = 12(万元)

如果对此例作进一步的分析,不难发现,如果各关联企业都用同一比例税率,且各企业均为盈利的情况下,则转让定价对集团公司整体税负将不产生任何影响。但如果各关联企业都实行累进税率,则转让定价大有可为。因为在累计税制下,所得额适用的边际税率随所得额的大小而呈同一方向变化,即所得额越大,适用的边际税率就越高。这样,如果集团几个关联公司的利润相差悬殊,就有可能利用转让定价的方法,均衡各关联公司的利润水平,以降低边际税率减轻集团整体税负水平。

【案例】某电子表厂有五家经销商各自都为所得税独立纳税人,适用下表列示的五级超额累进税率。该厂年产电子表10万只,每只成本32元,加工利润每只10元,商业利润每只6元。10万只电子表平均分给五家经销商出售,年内全部售出,则表厂利润为:

10 × 10 = 100(万元)

每家经销商平均利润为:6 × 10 ÷ 5 = 12(万元)

电子表厂应纳所得税额为:

(100 − 50) × 45% + (50 − 30) × 30% + (30 − 15) × 20% + (15 − 5) × 10% + 5 × 5%
　　= 22.5 + 6 + 3 + 1 + 0.25 = 32.75(万元)

五家经销商共应纳税额为:

5 × [(12 − 5) × 10% + 5 × 5%] = 4.75(万元)

该集团公司利润总额为:100 + 12 × 5 = 160(万元)

该集团公司总税额为:32.75 + 4.75 = 37.5(万元)

该集团公司总体税负为:(37.5 ÷ 160) × 100% = 23.4%

假设经过集团内部协商,电子表厂只收取加工利润每只4元,各经销商的商业利润增加为每只12元,即电子表厂向经销商出售各经销商的商业利润增加为每只12元,即电子表厂向经销商出售产品时,价格由原来的每只42元降为每只36元。这时,电子表厂利润为:4 × 10 = 40(万元)

各经销商利润为:(12 × 10) ÷ 5 = 24(万元)

电子表厂应纳所得税为:

(40 − 30) × 30% + (30 − 15) × 20% + (15 − 5) × 10% + 5 × 5% = 7.25(万元)

五家经销商共应税额为:40 + 5 × 24 = 160(万元)

该集团公司总税额为:7.25 + 15.25 = 22.5(万元)

该集团公司总体税负为:(22.5 ÷ 160) × 100% = 14.06%

转让定价使该集团公司所得税负减轻幅度为:

(23.44% − 14.06%) ÷ 23.44% = 40%

从项目来看,关联公司的转让定价一般可为以下几类:

货物的转让定价

集团公司利用其关联公司之间的原材料供应、产品销售等贸易往来,通过采用"高进低出"或"低进高出"等内部作价办法,将收入尽量转移到低税负公司,而把费用尽量转移到高税负公司,从而达到转移利润和减轻整体税负的目的。

劳务的转让定价

关联公司之间除了货物贸易往来外,还会经常相互提供劳务。同货物的转让定价相似,关联公司之间可以利用劳务的内部作价方式来实现利润的转移和减轻总体税负。

资金的转让定价

资金的价格表现为贷款或借款的利率。关联公司之间可以通过其内部银行发生借贷行为,这常常表现为母公司对子公司或总公司对分公司进行贷款。这样,母公司或总公司可通过对税率较高的(分)公司实行高利率贷款,而对税率较低的子(分)公司实行低利率贷款,使利润从高税率公司向低税率公司转移,以减轻整体税负。

有形资产的转让定价

关联公司之间经常发生机器、设备等有形资产的租赁转让行为。这样通过精心制定内部租赁价格(即租金率),也可以达到转移利润和减轻税负的目的。

【案例】在我国深圳经济特区有一家外商投资公司,以融资租赁方式向其国外母公司租用价值300万美元的资本设备,合同规定母公司按原值的135%收取本金、租金及管理费,租期为6年,期满后设备归子公司所有。这种租赁形式表面上看来比较优惠。子公司亦称该设备贷款是由母公司提供的,母公司收取的租金率低于贷款利率,因此按我国税法规定可以就其租金免征预提所得税。但经过继续调查发现,母公司向该公司收取租金采取逐年递减的方式,第一年为35%,第二年为16%等,租赁期年平均租金率为9.13%,超过了同期国际金融市场的一般利率水平。这种利用有形资产租赁业务规避税负的方法,在大型跨国企业中并不少见。

无形资产的转让定价

无形资产系指企业拥有的专利权、专用技术、商标、商誉等工业产权和知识产权。由于无形资产具有单一性的专有性的特点,故其转让价格没有统一的市场标准价格可供参照,并且其转让价格亦可寓于被转让的设备价款之中。因此,纳税人可以利用无形资产的这些特点,进行巧妙安排以减轻一部分税收负担。

管理费用的转让定价

企业集团的母公司一般为其下属公司提供各种管理服务,因此,相应的管理费用也应按一定标准分摊给下属公司负担。集团公司出于减轻总体税负的目的,往往撇开管理费用的合理分配标准,将该项费用在各下属公司之间进行灵活分配,比如加重高税国子公司费用分配权数,相应减轻低税国子公司费用分配权数,以此方法转移利润。

五、销项税额的避税与反避税

销项税额是销售收入乘适用税率。增值税税率为三档,即:17%、13%、零概率。其中,报关出口货物的税率为零;

下列货物的税率为13%:

粮食、食用植物油;

自来水、暖气、冷气、热气、煤气、石油液化气、天然气、沼气、居民用煤炭制品;

图书、报纸、杂志;

饲料、化肥、农药、农机、农膜;

国务院规定的其他货物。

除以上几项列举的以外,纳税人的货物、应税劳务的税率均为17%。

由于新增值税税法对适用税率做了较多的简化,并作出了上述划分标准,较好地解决了反避税问题,使混淆税率界线较为困难,利用税率避税已不大可能,纳税人只有从销售收入方面避税。这方面避税与反避税问题与消费税应税产品遇到的问题基本相同,因此这里主要谈谈实行增值税企业与实行消费税企业所不同的销售废品、下脚料收入的避税与反避税问题。

工业企业在生产过程中往往会出现废品和下脚料,并发生对其销售的业务。国家税务机关规定,企业发生的废品、下脚料销售收入,属其他业务收入范围,应依17%的税率缴纳增值税。因为对实行增加值的一部分,在材料购进时均已按发票载明的税额记入了进项税额科目,计算了扣除税额,所以废品、下脚料的销售收入若不作销售处理,就等于少计算了销项税额,少计算了应缴税金,而减少了税收负担。然而废品、下脚料的销售问题,易被人们看成是小问题不予重视。但对企业来说,当废品、下脚料销售业务量较大时,可以把废品、下脚料销售不作其他业务收入处理,用直接冲减生产成本或增加营业外收入的办法,逃避这部分收入应纳的增值税。

反避税的方面只能是加强税务检查。首先要了解纳税人有无废品、下脚料的销售业务,其次对下脚料、废品较多的企业要重点检查"营业外收入"账户的贷方发生额和"生产成本——基本生产成本"账户借方的红字冲销售情况。对数字可疑、摘要不详的业务,需调出记账凭证、原始凭证加以核实,将废品、下脚料收入调入其他业务收入,并补征增值税。

六、营业税的避税与反避税

营业税是对我国境内提供《中华人民共和国营业税暂行条例》规定的劳务,转让无形资产或者销售不动产的单位和个人,就其营业额、转让额、销售额征收的一种税。

营业税的计算公式为:

应纳税额 = 营业额(转让额) × 税率

1993年12月份颁布的《中华人民共和国营业税暂行条例》,在征税范围上可概括为提供营业税应税劳务和转让无形资产、销售不动产三种经营行为,取消了商品批发、商品零售、"公用事业"税目中的销售水、热、气、电业务,"服务业"税目中的加工和修理修配及"典当业"税目中的死当物品销售所征收的营业税,这些项目改征增值税。

营业税原有14个税目,1993年5月起,出版业征收增值税,不再征收营业税,出版业税目实际上已取消。1993年7月起又取消了"临时经营"税目。从而,还剩12个税目。税改后,所剩8个税目中,"娱乐业"税目分为"文化体育事业"、"娱乐业"两个税目。因此,改革后的营业税共有9个税目:交通运输业、建筑业、金融保险业、邮电通信业、文化体育业、娱乐业、服务业、转让无形资产、销售不动产。

改革后的营业税设置两档税率,大部分税率为5%,交通运输业、建筑业、邮电通信业、文化体育业为3%,基本保持了原税负和简便原则。"娱乐业"从"文化体育事业"分出后,税率调为5%~20%的弹性税率,由各省、市在规定的幅度内,根据当地情况确定。

新税法在征收方法上沿用了过去的办法,但对各地各部门的减免税权限一律取消。

因此目前营业税的避税问题主要集中在计税依据和纳税环节上。销售收入的一般避税方法请参看消费税一章，以免复述。本章仅就营业税一些特有的方法进行探讨。

有些从事服务业务的纳税人为了少纳营业税，将提供服务时实际取得的服务业务收入分解为服务收入附加费，或巧立名目另收材料费、供暖费、报刊费、基建费、保安费、保险费等，分别开票，将提供服务时耗用的材料、燃料及其他费用从服务业务收入中单独出来，以红字冲减材料及有关的费用账或记入往来账，然后就被缩小的服务收入计算缴纳营业税，来逃避部分税款的缴纳。

另外，由于旅游业务的计税依据为旅游费收入，而旅游部门为旅游者付给其他单位的食、宿和交通费用，按照现行税法规定可以从旅游费收入中扣除。纳税人容易利用这一点，将本单位经营中的一些费用开支混入为旅游者支付给其他单位的费用中，并抵减了旅游费收入，缩小计税收入，减少应纳的营业税。

对上述现象，税务部门应加强税务检查，注意检查材料及各种费用账户的红字冲减现象，对业务收入不正常的企业单位应特别加强对原始凭证的审核，堵住这方面逃税避税的漏洞。

七、工资方面的避税与反避税

利用工资问题来避税是很多企业惯常用的手法。

做假工资表，虚报冒领工资，多提福利费。个别企业为了加大成本，减少利润，减少所得税的缴纳，同时建立自己的小金库，多提福利费，弄虚作假，以假工资表的手段，用空额工资加大成本，并使提取出来的空额工资形成小金库用于一些不合理开支，同时加大了计提福利费的基数，多提福利费进一步增加了成本，截留了利润，逃避了这两部分应交所得税的缴纳。

针对这一问题，税务部门在对工资进行检查时，应将工资表上的职工人数与劳动人事部门掌握的职工人数、劳动调配手续、出勤考核记录进行核对，看是否有调出职工或虚列职工人数，加大成本的问题。一旦发现问题核实后，在调减工资的同时，调减应付福利费，补征所得税并给予处罚。

滥发加班津贴，加大成本费用开支。按照现行制度规定，节假日加班的人员可按实际加班人数、天数及国家规定的标准发给职工加班津贴。津贴标准是：计时工人节日加班发给日标准工资200%，假日加班发100%；计件工人节日加给标准工资100%，假日加班不发津贴。没有月标准工资的计件职工，按加班前12个月实际所得的平均日工资计算。一些企业在发放加班工资时，弄虚作假，不按实际加班人数、标准发放，扩大发放范围、发放标准。甚至无加班也虚发加班津贴。这样，加大了成本，减少了所得税的缴纳。

税务部门在检查企业的工资成本时，若工资成本上升幅度较大，应注意审查"应付工资"账户借方发生额的记账凭证及所附的原始凭证，了解加班津贴的发放是否正确。对工业企业要同时核对"产成品"、"自制半成品"明细账，看节假日期间是否有产成品、半成品入库，若只有节假日加班而没有节假日产品入库，很可能是虚列加班津贴，问题核实后,要求企业调账并补缴所得税。对商业企业则要深入了解加班是否属实,核实加班津贴是否虚列,是否按实际加班人数、规定标准发放,对多列的津贴从工资中剔除并补交所得税。

八、固定资产方面的避税与反避税

固定资产的安装费属于固定资产原值的组成部分,当企业购置需要安装的固定资产时,应将安置费计入固定资产原值,然后按国家规定选择一定的折旧计提办法,计提固定资产折旧,逐步收回固定资产的价值。但企业为了加速折旧,减少本期利润,少纳所得税,便将固定资产的安装费以修理费的名义直接记入"制造费用"账户,通过制造费用的分配,加大生产成本,减少本期应纳的所得税,达到避税目的。

故当企业发生需安装固定资产购进时,税务人员应认真核对固定资产明细账及有关凭证,看有无安装费这一内容。若没有,应重点审查这一时期的制造费用、管理费用等账户,核实企业是否以修理费等名义列支了固定资产的安装费。并且根据实际列支数额调整固定资产原值、固定资产折旧、本期利润等各有关账户,补征所得税。

九、营业税申报表

营业税申报表如表23-1所示:

表23-1　营业税申报表

税务计算机代码:　　　　　　　　　　　　　　　　　　　　　　　单位:元至角分

纳税人名称					所属时期	年　月
行次	项目		代码	营业额	税率	电报(缴纳)税额
一	交通运输业	1.陆路运输 ①公共交通	111		3%	
		②其他陆路交通	112		3%	
		2.管道运输	120		3%	
		3.水路运输	130		3%	
		4.航空运输	140		3%	
		5.装卸搬运	150		3%	
二	建筑业	1.建筑安装	210		3%	
		2.其　　他	220		3%	
三	金融保险业	1.金　　融	310		5%	
		2.保　　险	320		5%	
四	邮电通讯业		400		3%	
五	文化体育业		500		3%	
六	娱乐业		500		5%~20%	

(续表)

纳税人名称				所属时期	年 月
行次		项目	代码	营业额	税率	电报（缴纳）税额

行次		项目	代码	营业额	税率	电报（缴纳）税额
七	服务业	1. 仓储业	710		5%	
		2. 代理业	720		5%	
		3. 饮食业	730		5%	
		4. 旅店业	740		5%	
		5. 租赁业	750		5%	
		6. 旅游业	760		5%	
		7. 广告业	770		5%	
		8. 其他服务业	780		5%	
八	转让无形资产	1. 转让土地使用权	810		5%	
		2. 转让经济权益	820		5%	
九		销售不动产	900		5%	
十		总计			—	—

申报日期：　　　　　纳税人盖章：　　　　　税务机关盖章：

十、原材料冲退税分析表

原材料冲退税分析表如表23-2所示：

表23-2 原材料冲退税分析表

□关税
□货物税

月份

原料名称	未冲退金额	未冲退数量	本月截止数量	下月截止数量	本月进货量	本月冲退量	实际仓库存量	差额	原因及采取对策
合计									

十一、应交增值税明细表

应交增值税明细表如表23-3所示：

表23-3 应交增值税明细表

编制单位： ＿＿＿年＿＿月

单位：元

项　　目	行次	本月数	本年累计数
1.年初未交数	1	*	
（多交或未抵扣数用负号填列）			
2.销项税额	2		
出口退税	3		
进项税额转出数	4		
	5		
3.进项税额	6		
已交税额	7		
	8		
4.期末未交数	9	×	
（多交或未抵扣数用负号填列）			

第二十四章 私营企业生产计划管理制度与规范

一、生产计划制定目的

（一）生产计划是关于生产系统总体方面的计划。生产计划是在计划期内应达到的产品品种、质量、产量和产值等生产方面的指标，并在时间上对产品出产进度作出安排。它是指导计划期内生产活动的纲领性方案。

（二）生产计划是生产制造企业经营计划的重要组成部分，是对生产任务作出的统筹安排，是生产制造企业组织生产运作活动的基础。制定生产计划是生产与运作管理的一项基本任务，它是根据国家和市场的需求以及企业的技术、设备、人力、物资、动力等资源能力条件，合理地安排计划期内应当生产的品种、产量和出产进度，充分地满足社会和用户的需要。

（三）生产计划是生产管理工作的重要内容，是实现有效控制的前提。生产计划又是根据生产制造的利润目标和产品销售目标的要求，对生产要素进行有效配置的基本手段。科学地编制和有效地执行生产部门的生产计划，是提高计划工作效果的关键所在。

二、生产计划的分类

从系统的观点来看，生产计划是一个有机结合的系统，生产企业可以从时限上把生产计划分成长期计划、中期计划和短期计划三种类型。

（一）长期生产计划

长期生产计划是由决策部门制定的具有决定性意义的战略性规划。它是根据企业经营发展战略的要求，对有关产品发展方向、生产发展规模、技术发展水平、生产能力水平、新设施的建造和生产组织结构的改革等方面所作出的规划与决策。长期生产计划期一般为 3~5 年。

（二）中期生产计划

通常情况下的年度生产计划就是企业的中期生产计划，是生产企业中层管理部门制定的计划。它是根据企业的经营目标、利润计划、销售计划的要求，确定现有条件下在计划年度内实现的生产目标，如品种、产量、质量、产值、利润、交货期等。大致可分为生产计划、总体能力计划和产品出产进度计划几个部分进行管理。中期生产计划期一般为 1~3 年。

（三）短期生产计划

短期生产计划是年度生产计划的继续和具体化，是由执行部门制定的作业计划。它具体确定日常生产运作活动的内容,常以主生产计划、物料需求计划、能力需求计划和生产作业计划等来表示。短期生产计划期一般为1年以内。

三、生产计划标准模板

本部门坚持以市场为导向,加强生产与经营管理,做好计划管理和生产调度。在提高质量、增加品种、搞好节约、保证安全的前提下,努力开发适销对路的新产品。全部门总产值预计×~×月可达到××万元,为全年增产指标××万元的××%。

1. 指导思想

必须认真贯彻以经济建设为中心的指导思想,全面提高各技术经济指标,努力增产短线产品,厉行节约,实现增产增收,力争达到一个没有水分的增长速度。

贯彻五个原则:

(1)贯彻总公司关于今年生产实际比上年增长的原则,全年总产值一定要达到计划或超过××万元。

(2)继续贯彻以质量求生存,生产提前不靠后的原则。

(3)贯彻设备开足、劳动力用足、生产能力不放空的原则。

(4)贯彻编制计划的严肃性、先进性并留有一定余地(超产幅度××%~××%)。

(5)贯彻计划综合平衡的原则。

2. 要抓好四个方面的工作

(1)加强市场调查,狠抓产品质量和新产品开发,千方百计生产适销对路的产品。特别是玻璃管及青霉素瓶要根据市场以销定产,防止库存积压。

(2)通过企业整顿,建立健全各项生产管理制度,把工作转换到提高经济效益上去,要反骄破满,认真找差距,各项技术经济指标要努力达到本公司最高水平,要克服消极畏难情绪和本位主义、分散主义的倾向,加强车间之间、科室之间的协调,不断提高质量,降低成本,增加收入。

(3)切实抓好原材料和能源的供应与节约,确保生产稳定增长,根据目前部分原材料供应紧张的情况,必须千方百计、保质保量地供应原材料、辅助材料,搞好能源使用和节约等工作。

(4)搞好安全生产,做好防暑降温和防台防汛工作。安排好高温人员的宿舍,搞好清凉饮料供应和食堂卫生等工作。针对本季度高温季节多、台风多、暴雨多的实际情况,采取可行的方法,预防事故发生,确保安全生产。

3. 各车间生产安排(略)

××公司生产部

××××年×月×日

四、生产计划管理制度

第一条 计划部制定计划时,要考虑生产状态,以过去数年中的实绩作为标准,制定年度计划预定表,并把此表送交营业部。

第二条 计划部每月前要制定出月度计划表交送营业部。

第三条 营业部要通过各车间送来的计划预定表了解市场情况,制定出下月乃至下下月的生产进度表返交各车间。

第四条 车间要根据营业部下达的生产进度表,计算自己当月的生产预定量,并把此表上交营业部。

第五条 在车间的最后一道工序,要汇总每天的生产数量,然后入库,并在最后工序的入库账上进行登记,根据入库量计数,算出与进度计划相对照的超过或不足数量,再以此数据记入生产日报,送交营业部。

第六条 计划部要根据超过或不足数量,计算次日的机器使用情况。如要对原先的计划作出变更,需得到主管处长及生产总监的同意,并通知运输、工程及试验部门,采取恰当的措施。也就是说,根据制造进度表,决定制造预定计划后,制造部门要计算出各部门每天必须生产制造的数量,对各部门实施中出现的超过或不足计划数值的情况,要通知承担任务的部长采取恰当措施。此外,对各部门每天的在制品要进行试验性检查,以保证产品的质量。在最后一道工序,要进行产品质量的各项检查,确定产品的质量等级。

第七条 每月中旬要对当月的在制品进行盘存。在系统地调查当月生产状况的同时,要算出生产效率、实绩与计划的差异,而后制定作业方针。

第八条 如果发生事故而减少生产,造成预定产量的不足,此不足须填入营业部的有关图表中。同时,营业部要根据市场行情,把可以推到第二个月去的生产任务移至第二个月。

第九条 产品若可能延期,则要考虑其损失的大小以及其他替代产品的选择问题。

第十条 计划部在对要求试验的产品和部门进行调度时,要考虑营业部提出的有关数量、成本等方面的要求。

第十一条 营业部要考虑计划科的要求,在半月或一月前向计划部提交生产进度表。

第十二条 根据计划部长的指示,计划科要以工程主任及调查处联合会议上提出的希望条件为标准,根据实际情况,决定哪些机器开动,哪些机器暂停,然后算出这一时间段内预估的产量。

五、生产分配制度

第一条　确定材料零部件的数量

1. 仓库常备物资、零部件的数量。仓库常备物资、零部件，要根据下面的资料确定所需的数量。

（1）《每月制造实行计划表》。

（2）《库存余额表》。

（3）其他。

2. 半成品生产所需物资。

第二条　半成品生产所需物资按照以下资料确定所需数量

1.《半成品余额表》。

2.《每月制造实行计划表》。

3.《库存余额表》。

4. 其他。

第三条　管理零部件半成品

零部件半成品的管理按零部件半成品管理规定办理。对自制零部件的订货，需认真填制以下表单。

1.《订货分配表》

自己制造的半成品零部件，要以《每月制造实行计划表》、每月现货库存余额、半成品、订货余额的调查为基础，制定《订货分配表》，并以此确定每月的订货数量。

2.《订货基准表》

《订货基准表》是规定各种零部件的订货时间必须先于工程进行时间的一种标准。由于从订货到进货有一个间隔时间，不能临时订马上用；但如果订货时间太早，又会占用仓库面积、占用资金。《订货标准表》是为了解决这个矛盾而制定的。

3. 订货单

在生产半成品零部件时，要根据《订货分配表》及《订货时间基准表》，决定订货数量以及到货日期，并把需注明的事项记入所定的订货单中，做好订货安排。

第四条　发出传票

1. 轮班作业时，要根据各班的特点，发出相应的作业传票。

2. 对综合管理作业发出传票。

3. 综合管理作业要在《综合管理表》上记入每天作业的实绩，在截止时间发出不同级别、不同工程的作业传票。

六、工业产值与产量年度计划表

工业产值与产量年度计划表，如表 24-1 所示：

表 24-1　工业产值与产量年度计划表

序号	项目	单位	单价（元）	2007年预计	2008年计划	2008年各季分配				2008年计划为2007年预计的%
						一季	二季	三季	四季	
1	总产值（按不变价格计算）	万元								
2	商品产值（按现行价格计算）	万元								
3	主要产品产量 甲产品 乙产品 丙产品	台								
4	机床维修备件	件								
5	工业性作业	万元								
6	自制设备	台								
7	新产品试制	台								
8	工业净产值	万元								

七、生产计划安排表

生产计划安排表，如表 24-2 所示：

表 24-2　生产计划安排表

编　号：　　　　　　　　　　　　　　　　　　　　　　　　　　　月份：

生产单位	生产项目	生产数量	预计日程		人力	预计产值	原料成本	物料成本	人工成本	制造费用	制造成本	毛利
			起	止								

总经理：　　　　　　　厂　长：　　　　　　　审　核：　　　　　　　拟　定：

八、产销状况预测表

产销状况预测表,如表24-3所示:

表24-3 产销状况预测表

编　号:　　　　　　　　　　　　　　　　　　　　　　　　　　　　　　　日期:

客户名称	产品种类	月 预 计				月 预 计				月 预 计				月 预 计			
		期初	期末	生产量	交货量	期初	期末	生产量	交货量	期初	期末	生产量	交货量	期初	期末	生产量	交货量

九、产销计划表

产销计划表，如表24-4所示：

表24-4 产销计划表

	产品名称										
	规格及售价										
	说明	数量	金额	数量	金额	数量	金额	数量	金额	数量	金额
产销计划	每月										
	旺季每月										
	淡季每月										
	设计产量										
	每年										
	旺季每月										
	淡季每月										
	设计产量										

十、产销计划拟定表

产销计划拟定表，如表24-5所示：

表24-5 产销计划拟定表

编号：　　　　　　　　　　　　　　　　　　　　　　　　　　　月份：

产品名称	单价	销售数量	销售金额	生产数量	生产金额	存货数量	存货金额	本月材料成本	本月人工费用	生产费月预计	销售费用预计	毛利

总经理_____　副总经理_____　审　核_____　填　表_____

十一、每日生产计划表

每日生产计划表,如表24-6所示:

表24-6　每日生产计划表

部门:　　　　　　　　　　　　　　　　　　　　　　　　　　　　　　　　日期:

起止时间	产品编号	计　划	实　绩	差　异

十二、每周生产计划表

每周生产计划表,如表24-7所示：

表24-7　每周生产计划表

编号：

往来客户			星期一			星期二			星期三			星期四			星期五		
一车间	客户编号																
	产品编号																
	品　名																
	颜　色																
	数量	预定															
		实绩															
二车间	客户编号																
	产品编号																
	品　名																
	颜　色																
	数量	预定															
		实绩															
三车间	客户编号																
	产品编号																
	品　名																
	颜　色																
	数量	预定															
		实绩															

十三、月度生产计划表

月度生产计划表,如表24-8所示:

表24-8 月度生产计划表

编号:　　月份:

生产批号	产品名称	数量	金额	制造单位	制造日程		预交货日期	需要工时	估计成本			附加值	备注
					起	止			原料	物料	工资		

十四、季度生产计划表

季度生产计划表,如表 24-9 所示:

表 24-9　季度生产计划表

产品名称	全年生产量	第一季(1~3月)	第二季(4~6月)	第三季(7~9月)	第四季(10~12月)

十五、年度生产计划表

年度生产计划表,如表 24-10 所示:

表 24-10　年度生产计划表

工　　厂：　　　　　　　　　　　　　　　　　　　年正常工作小时：
机器名称：　　　　　　　　　　　　　　　　　　　年最大工作小时：

品　名	每小时产量	年预产量	周预产量	周生产小时	周生产小时×@
				（理想工作时间）	（预计工作时间） （@ = 宽限率）

第二十五章 私营企业生产作业管理制度与规范

一、生产作业控制管理工作内容

生产作业控制管理的基本任务有以下几点：
1. 按照规定的产品品种和质量完成生产任务；
2. 按照规定的产品目标成本完成生产任务；
3. 按照规定的产品交付期限和需要数量完成生产任务。

产品的质量（Quality）、成本（Cost）和交货期（Delivery）简称 QCD，是现代生产管理成败的三大要素，保证 QCD 三方面的要求，是车间生产作业管理的最主要的任务。

保证质量、成本、交货期要求，这三项任务是互相联系、互相制约的。提高质量、开发品种，可能引起成本增加；增加适销对路的品种数量，可能降低成本；为了保证交货期按时完工，可能引起成本的增加和质量的降低。为了取得满意的经济效益，需要在车间生产作业管理中加以合理的计划、组织、准备和控制。

生产作业管理的基本任务就是运用组织、计划、控制等各项职能，使投入产出过程的各种生产要素（人、财、物、信息等）有效地结合起来，形成有机的整体，以最经济的方式，生产出满足社会需要的产品，提高生产的经济效益。具体来说，有以下几点：

1. 全面完成生产经营计划中所规定的目标任务，包括产品品种、产量、产值、质量、交货期、资金、成本、利润、完全等重要指标。

2. 合理组织劳动力，充分利用人力资源，以不断提高劳动生产率。具体措施包括合理组织劳动的分工、协作；严格按照定员定额组织生产；加强经济责任制，有计划地组织员工培训等。

3. 加强对物资的管理，努力降低物资消耗，建立合理的物资储备，减少资金占用。

4. 加强对设备的管理，提高设备的完好率和利用率，及时更新改造设备，促进调查技术的进步。

二、生产作业控制管理工作方式

车间生产作业管理的基本内容包括计划、组织、准备、控制四个方方式。
1. 计划

做好车间生产作业管理，必须统筹安排计划期内车间生产的任务与作业的进度计划，把下达的生产任务以及临时性的生产工作有计划地分配到每一个工作地、每一个岗位和每一个车间成员，规定他们月、旬、周、日以致每小时应完成的作业任务，并按日历顺序安排生产进度。编制和执行生产作业计划,是生产计划和销售计划在车间的具体化。正确地编制和执行车间的生产作业计划,就可以把车间的生产活动引导到以销定产、以产促销和提高经济效益的轨道上来。

2. 组织

生产车间要合理组织生产过程与劳动过程,并使两者有机地结合和统一起来。对生产过程的组织,要使产品生产的各个阶段与各个工序在时间和空间上做到衔接与协调。对劳动过程的组织,则是正确处理生产车间成员在生产过程中的关系,以及车间与班组之间,劳动者与劳动手段、劳动对象之间的关系。

3. 准备

车间的生产准备工作,包括工艺技术准备、人员配备准备、物资能源准备、设备工具准备等。做好这些方面的充分准备,是保证车间生产正常进行的前提条件。

4. 控制

控制就是指在生产的全过程中,按计划要求,实行全面和事先的有效控制。控制的范围,包括生产组织、生产准备和生产过程的各个方面。控制的内容,包括生产进度、产品质量、物资消耗、生产费用、库存储备以及安全环境等。做好生产管理的有效控制,是生产车间完善生产组织,实现生产计划,提高产品质量,降低生产消耗,保证安全生产的重要手段。

三、生产作业管理制度模板

第一条 为了加强生产管理,有效地运用物资、人力、设备(机器、工具),并使它们在时间上、数量上、空间上能适当地配合,以便提高生产效率、质量,并降低成本,获得最大的收益,特制订该项生产管理制度。

第二条 业务部于下年度开始前3个月,提出年度销售计划,生产管理部要根据年度销售计划,制订出年度生产计划,并根据生产物资的需要,人力、设备的负荷等拟定计划。

第三条 根据年生产计划、业务部开出的制造通知单以及现有库存量(成品半成品)拟订月生产计划。

第四条 生产管理部门在接到业务部开出的制造通知单时,应配合有关生产资料作出以下准备:

(1)安排生产进度预定表。

(2)计算出所需的主副料(何时再需要),并及时通知存量管理单位,安排好原料。

(3)将外协计划通知给外协管理单位,以寻求适当的外协厂商。

第五条 根据月生产计划、制造通知单、制造变更通知单、实际的生产进度以及现有人力、设备资料于每周定期分配安排次日起10天内的生产进度表。

第六条 根据预定和实际的生产进度,发出工作命令(发出前要确知物资情况)和发料单。

（1）工作指令要及时传达给现场制造各科组（同时要附工程程序图、操作标准、检查标准等），一联通知质量管理单位。

（2）发料单一联给现场制造各科组，一联通知库管单位备料。

（3）要在开工3天之前发出工作命令和发料单，但特殊情况不在此限。

第七条　由生产现场各科每日报来报表，了解生产进度，且要实地追查、督促。

第八条　生产现场各科组，无法按照进度如期完成，或有任何困难时（机器模具损坏、停电等），应尽快将原因通知生产管理单位，进行调整工作。

第九条　制造完工后，将工作命令填写到有关栏处，送回生产管理单位销令。

第十条　在每批产品（订单）完工后，要将有关放入资料，如生产日报表、工作命令、发料单、外协加工等资料汇总，并将实际生产所发生的问题进行研讨，提出改善措施，防止再次发生，还需汇总成本分析、产销资料等，所有资料要建档备查，以利于作业的进行。

第十一条　生产管理部门要经常地与业务部、存量管理部门、外协管理部门、质量管理部门、技术部门以及现场制造各科组保持密切的联系，确实了解实际情况与预定进度是否超前或落后，并要能弹性地应变。

第十二条　外协管理，在管理外协加工以及外协制造的半成品或零件时，应适时合理地配合生产进度。

第十三条　外协管理部门在负责外协加工、外协制造的作业、选择外协厂商时依据下列资料：

（1）生产管理单位发出的外协计划（工程详细内容、质量要求、时限、数量）或外协申请，是否由本工厂供料及关于供料报废率的决定。

（2）协作厂商及厂商资料调查表，预估价格及付款条件。

第十四条　选择好适当的外协厂商，要督促，确实了解厂商的进度及质量。

第十五条　如果外协厂商为第一次承制此项外协，则必须要求其先试制，取回样品，判定是否符合要求，判定合格后，才能通知其正式承制或加工。

第十六条　对外协厂商交来货品的质量、交货期、价格，以及内部的管理状况要做审核。

第十七条　如果有模具（设备）存放于外协厂商处，要确实管理，检查模具（设备）使用保养的情况。

第十八条　本生产部于外协验收、生产装配或再加工时，对外协质量的抱怨，以及对外协厂商的审核结果，除了要存档外，应转告外协厂商。

第十九条　外协除了口头方式信用约定，最好能订立合同，或简明的外协书面式约定（内容包括工程详细内容，是否由本生产部供料，以及品名、规格、数量、质量要求、验收检验标准、罚则、付款条件、奖励条款等资料）。

第二十条　对于考核成绩好的优良外协厂商，建议生产部给予其较优惠的条件及分配较多的工作。

第二十一条　配合质量管理单位，做好外协质量管理稽核工作，管理外协厂商承制货品的质量，并协助辅导厂商做好质量管理工作。

第二十二条　外协完工后要作成本分析（工时、数量、质量、价格、交货期等），判定外协是否有利，及判定此外协厂商的能力。

第二十三条　所有的资料必须建档备查以方便进行作业。

第二十四条　有关外协如果有未尽事宜详见外协管理规定。

第二十五条　本制度由公司董事会监制，修改时亦同。

四、生产现场作业管理细则

□ 人体运动的原则

第一条 使用双手从事生产性工作。
第二条 双手同时开始并完成各种对称的工作。
第三条 使手和手臂的移动作连续曲线状的动作。
第四条 工作要有节奏,使工作自动而圆滑。
第五条 操作范围内,尽量使移动距离最短,并用最低类别的动作。

□ 关于工作场所的原则

第六条 手和手臂的运动途径应在正常工作区域内。
第七条 必须用眼睛注意的工作,应保证有正常视野。
第八条 工具和材料应置于固定位置。
第九条 工作场所的高度应设计能供站立或坐着使用。
第十条 工作区域应以少移动为原则。
第十一条 好的工作环境可以导致好的工作表现。

□ 关于工具和设备的原则

第十二条 工具和设备应预置于随手即可拿到或抓取之处。
第十三条 以足踏板和固定工具代替手的动作,使手能执行更有用的工作。
第十四条 使用将完成产品移去的自动弹出设施。
第十五条 在方便操作的情况下,将机器控制排列妥善。
第十六条 利用特别的工具和复合的工具(多种用途的工具)。
第十七条 考虑如何使用机器以便利操作。

□ 关于材料搬运的原则

第十八条 为方便提拿,应有良好的设计。
第十九条 安排重力输送的漏斗、分离器、堆放和输送带,将材料送至使用地点。
第二十条 预置和分类标明下一操作所需的材料和零件。
第二十一条 用落地输送法将产品挪开。
第二十二条 将所有较重物品举起使用搬运机械。

□ 关于节省时间的原则

第二十三条 改善人工和机械动作的迟疑或暂时停止的问题。
第二十四条 通常动作形式需要较少步骤或元素者,所用的时间最短。

第二十五条 当机器工作时,工作应是进行中;而工作进行时,机器就是工作中。应同时加工两个或两个以上零件。

□ 填写方式

第二十六条 操作步骤应该按照工作流程详细记录。

第二十七条 操作方法应于操作步骤手续中给予详细记录,操作方法尽量以浅显文字叙述,使员工易于了解。

第二十八条 操作方法若叙述不完整,需用图示辅助说明,能绘图者尽量用图示,使操作员易于了解。

第二十九条 其余应注意事项,需填写于表格中。

五、生产作业管理制度

第一条 生产是生产部各项工作的中心,生产管理是生产部管理的重要组成部分。为做好生产管理,就要合理地组织生产过程中的劳动力、劳动工具和劳动对象。只有有计划地均衡组织生产活动,加强在制品的管理,建立良好的生产秩序,才能取得良好的经济效益。

第二条 生产作业计划是根据生产部的全年生产任务及其安排,适应情况的变化,具体规定每个生产环节(车间、工段、班组及个人)在单位时间(月、旬、周、日)内的生产任务。生产科应根据企业生产能力水平及生产指标,合理计划、安排全年生产任务。逐月编制生产计划,督促、检查生产作业计划的执行情况,加强调度,确保各项计划的完成。现就生产作业计划管理做如下规定:

(1)每月25~30日向各车间下达下月生产作业计划(数量、品种、规格)方面的详细计划。

(2)各生产车间每月1~3日对班组下达生产作业计划,并做到认真督促、检查。

(3)分日、旬、月检查生产作业计划的实施情况,不断地平衡生产进度,以保持计划的严肃性。

(4)不断改进并完善生产部的生产总体计划。

(5)如发现品种的生产进度不合理,要及时填写计划调整通知单,以便保证各品能能按时完成。

(6)经常同同级部门及科室互通信息、共同努力、互相协作,保证年、季、月生产任务的按时完成。

(7)定期向有关领导汇报生产进度和生产中存在的问题,使问题能够得到及时解决。生产中抓好薄弱环节、排除不利因素,保证生产任务的完成。

第三条 生产部的生产管理部门,依据月生产计划、制造通知单、制造变更通知单、实际的生产作业进度以及现有人力、设备资料,于每周定期分配安排次日起10天内的生产进度表。

第四条　根据预定和实际的生产进度,发出工作命令(发出前要确知物料情况)和发料单。

(1)工作指令一联给现场制造各科组(同时要附工程程序图、操作标准、检查标准等),一联通知质量管理单位。

(2)发料单一联给现场制造各科组,一联通知库管单位备料。

(3)要在开工3天之前发出工作命令和发料单。

第五条　由生产作业现场各科每日递送报表,了解生产进度。

第六条　现场生产制造各科组如果无法按照进度如期完成任务,应尽快将原因通知生产管理单位,尽快加以调整解决。

第七条　生产完工后,将工作命令填写在有关栏处,送回生产管理单位销令。

第八条　在每批产品(订单)完工后,要将有关资料,如生产日报表、工作命令、发料单、外协加工等资料汇总,并将实际生产所发生的问题进行研讨,提出改善措施,防止再次发生。同时,还需汇总成本分析、产销资料等,所有资料要建档备查,以利作业的进行。

第九条　生产部生产管理部门要经常地与业务部门、存量管理部门、外协管理部门、质量管理部门、技术部门以及现场制造各科组保持密切的联系,确实了解实际情况与预定进度是否超前或落后。

第十条　生产部应定期召开一次各生产车间生产主任、调度员会议。

第十一条　各生产车间向生产科汇报本周的生产进度,各品种的完成情况及生产中存在的问题。能够自行解决的,要及时解决;解决不了的,要及时向有关领导和部门反映,力争尽快解决。

第十二条　建立调度会议记录,防止遗漏问题。

第十三条　不断总结调度会议的经验,克服不足,提高会议质量。严防议而不决,决而不行,以便稳、准、快地解决生产上的实际问题。

第十四条　对班组或个人的生产作业进行安排。

第十五条　合理组织日、月、旬的生产进度并做到及时检查。

第十六条　具体安排品种进度,保证按时完成任务。

第十七条　经常深入生产班组,合理组织劳力,严防背工和窝工。

第十八条　对下达的计划要经常平衡总结,发现问题要及时调整,对于生产车间解决不了的问题要及时向上级反映。

第十九条　建立进度台账,做好历史资料的存放与管理工作。

第二十条　流转要有计划。

第二十一条　存放要有标记。

第二十二条　收入付出要有账簿。

第二十三条　产品入库、领取要有相关手续。

第二十四条　定期清查仓库,防止出现物资的积压。

第二十五条　在制品堆放要整齐。

第二十六条　在制品流转要有明显的标记,并且要分品种进行货位管理。

第二十七条　在制品必须按需求定额进行储存,定期对仓库进行盘点,不经生产科同意不得擅自加大库存量,保持最低限度的存货量。

第二十八条　员工应提前10分钟进厂,并开好班前碰头会。

第二十九条　下班后要召开下班碰头会,及时处理生产中的遗留问题(重大问题另行解决)。

第三十条　员工要做好上班前的准备工作,穿戴好劳保用品,女工不准披散着头发。

第三十一条　员工要做好交接班工作,做到工艺交接清楚、准确,机器运转情况清楚,工卡器具齐全,生产情况明了。

第三十二条　在做工作手续交接时,对于一般的工种进行口头交接即可,重要的工种则必须建立详细的交接班记录。

第三十三条　建立安全卫生责任制,在生产车间主任的领导下,把卫生责任制作为一项日常工作来抓。

第三十四条　划定卫生区域,分片包干,责任到人,定期检查。

第三十五条　在规定的范围内,要做到每日清理,每班检查。

第三十六条　要对员工进行防火、防盗、防安全事故、讲卫生等方面的宣传教育,以维护生产部的正常生产秩序。

第三十七条　对于生产过程中产生的边角下料、废纱头、废染化料、废旧零配件等,要分门别类按指定地点存放。

第三十八条　严禁违章操作。

六、生产作业控制管理制度

第一条　生产部生产作业的控制。是指为使生产达到预定目标,依据有关的计划和标准,对实际生产活动进行的监督、检查、发现偏差并进行调节和校正等一系列活动的总称。生产作业控制是实现生产部生产作业计划的一种必要手段,并能推动管理工作的改善和计划工作水平的提高。

第二条　生产作业计划的复审和作业的安排。在正式组织生产作业计划实施之前,首先应对生产作业计划进行复审,使作业计划尽可能地符合实际。根据当前和现场有关情况,将作业计划做必要和适当的调整。一切就绪后,按计划要求下达生产指令,并开始生产。

第三条　发现偏差,及时处理。在生产作业过程中要经常检查计划执行的结果,发现实际脱离计划应立即采取措施,如组织加班、外协、动用保险储备或调整计划进度等尽力缩小或消除这些偏差。

第四条　提供计划执行结果的报告。对于完成计划的数量和时间,提出准确的报告,进行信息反馈,为作业管理、质量管理、成本管理等职能部门提供必要的信息资料。

第五条　生产调度。

(1)生产调度是生产部生产作业控制工作的中心。它根据生产作业计划及时对生产过程进行控制和调节,解决日常生产中出现的矛盾和不平衡现象,保证生产连续、均衡地进行。

(2)生产调度工作的内容:

检查生产作业计划的执行情况,发现问题及时采取措施解决。

检查、监督和帮助有关部门做好产前准备工作。

根据生产需要,合理调配劳力和调整劳动组织。

检查和调节生产过程的物资供应和设备运行情况。

掌握厂内运输及动力的保证情况等。

第六条 在制品管理。

(1)在制品管理是指对生产作业过程各环节上的在制品实物和账务进行管理,分为车间在制品管理与库存半成品管理两种情形。

(2)生产部生产车间在制品管理工作一般采用台账、工票、加工路线单等形式来控制在制品的流转,掌握在制品的情况。

(3)库存半成品管理的要点:

做好入库验收工作,做到账、卡、物数量相符。

严格做好在制品发放工作,建立健全领用制度。

合理存放和保管在制品,做好定期清点和盘存工作。

第七条 生产作业核算。

(1)生产作业核算是指对生产部产品生产过程中的材料投入,在制品和产成品所进行的记录、整理和分析工作,是生产作业控制的一项重要内容。

(2)生产部生产作业核算内容:

产品及其零部件投入量和产出量、完工进度的核算。

在制品转移情况及库存配套等情况的核算。

生产作业计划完成情况的核算等。

七、生产作业工作单

生产作业工作单,如表 25-1 所示:

表 25-1 生产作业工作单

发单日期				工作编号	
工作单位	□生产一线		□生产二线	□生产三线	
产品名称		数 量		预计完工日期	
制造说明					
备 注					

八、生产作业日报表

生产作业日报表,如表25-2所示:

表25-2　生产作业日报表

编　号：　　　　　　　　　　　　　　　　　　　　　　　　　　　部　门：

制造号码	产品名称	预定产量	本日产量		累计产量		耗费工时		半成品	
			预计	实际	预计	实际	本日	累计	本日	昨日
合　计										

人事记录	应到人数		停工记录		异常状况报告	
	请假人数					
	调出人数					
	调入人数					
	新进人数		加班人数		新进离职人员	
	离职人数		新加工时			
	实到人数		应有工时			

九、班组生产日报表

班组生产日报表,如表 25 - 3 所示:

表 25 - 3　班组生产日报表

编　号:　　　　　　　　　　　　　　　　　　　　　　　　　　　　班　组:

产品品种	计划产量	生产数		返工合格	回收数	废品数			生产工时	停工工时					辅助工时			其他工时
		毛	净			主	客	总		动力	设备	材料	制品	无任务				

待加工在制品转移				已加工在制品转移			实有人数　　工作人数　　缺勤人数								
产品品种	上班结存	本班领料	本班结存	上班结存	交下工序	本班结存	假别＼姓名	病	事	产	丧	婚	公	探亲	工伤	迟到

十、个人作业日报表

个人作业日报表,如表 25-4 所示:

表 25-4 个人作业日报表

姓　名:　　　　　　　　　　　　　　　　　　　　　　　　　日　期:

时刻表	作业时间	作业内容(尽可能详细填注)	自我评鉴	检查及改进之处
上午:8 9 10 11 12				
下午:1 2 3 4 5				
加班时间			上级评语:	
加班作业的内容				
加班的理由			年　月　日	

第二十六章 私营企业技术与工艺管理制度与规范

一、技术与工艺管理工作内容

为了实现技术管理的基本任务,生产车间要在有关部门的指挥和指导下,做好以下几项技术管理工作:

(一)生产车间工艺管理与生产工艺改革。

(二)产品质量的管理。

(三)设备与工具的管理。

(四)生产车间工艺图纸的管理。

(五)生产原材料、能源的节约与综合利用。

(六)技术改进与合理化建议方面的工作。

(七)生产车间安全技术的教育与组织工作。

(八)生产车间员工技术培训的组织管理工作。

(九)新产品的设计与试制管理。

(十)工艺施工与施工现场的管理。

(十一)生产设备与工具的管理。

(十二)生产车间现场的质量管理。

(十三)生产的技术准备。

(十四)文明生产与环境卫生的关系管理。

(十五)安全生产与环境保护的问题。

二、技术与工艺管理工作任务

技术管理是对生产车间中所有工程技术活动进行科学管理与改革创新的活动。生产技术管理的基本任务包括以下几个方面:

(一)建立良好的生产技术工作秩序,健全生产车间日常技术管理的各项制度,确保生产正常进行。

(二)培训员工严格按照设计图纸、工艺规程、技术标准进行生产;积极开展技术比赛与员工的技术培训,努力提高技术人员与工人的专业化素质。

(三)积极开展技术革新和合理化建议活动,充分开发生产车间的技术潜力,以提高效益。

(四)不断推广应用新技术、新材料、新工艺、新设备,研发新产品,不断提高生产车间的技术水平,以确保产品的质量。

(五)做好生产技术的各项准备工作,合理组织好生产车间的各项技术工作。

(六)在车间内建立良好的生产技术工作秩序,以保证生产的顺利进行。为生产车间提供各种有效的技术文件,保持设备处于良好的技术状态,严格规范工艺纪律,及时解决现场的技术问题,保证安全生产、文明生产,为车间生产的顺利进行提供一切可靠的技术保证。

(七)做好生产车间的技术改造与更新工作,不断提高车间的技术水平。充分利用现有设备,努力学习并积极采用新技术、新工艺,开展工艺革新活动,认真消化、吸收、改进、引进技术,不断提高产品的质量,降低物资的消耗。

(八)加强对员工的岗位培训,打造一支高素质的员工队伍。因为,各种新设备的运用,高技术的掌握,都需要具有一定科学技术知识和技能的人,才能充分发挥设备与技术的生产潜力。

(九)对员工进行安全教育,做到从技术上采取保证安全生产的有效措施,制定具体的安全技术操作规程。

三、生产技术管理制度模板

□ 总则

第一条 为合理地组织一切技术工作,建立良好的生产技术活动秩序,保证生产正常进行,开展科学实验和技术革新,学习国内外先进技术,不断采用新技术、发展新品种,提高产品质量,降低产品成本,提高劳动生产率,特制定本制度。

□ 生产技术的改进、引进与转让

第二条 技术改进。生产主管向厂长(总经理)提出改进生产技术的方案,由厂长(总经理)对此研究并作出决定。

第三条 技术引进。当从外面引进技术时,生产科主管要研究引进合同的原文,并要求承担这项工作的部门说明引进外来技术后成本与成果之间的关系。

第四条 技术转让。当向外部转让技术时,生产科主管要研究检查转让的内容,并与承担这项工作的部门讨论这一转让的结果。

第五条 生产技术的公开。

(1)当需要向社会公开本厂的生产技术时,必须把要公开的原稿交生产部主管审阅,经生产部主管批准后方可对外公开。

(2)外来人员来参观学习时,必须征得生产部主管或厂长(总经理)的同意。

□ 工艺管理

第六条 新产品的投产或旧产品的复制,必须遵守先制定完整工艺、贯彻工艺,然后再投产的原则。

第七条 技术部门应该根据原料的性质、新品种的试验、工艺设计和产量平衡的情况,提出各项工艺规程的初步意见,送交技术主管批准。

第八条 工艺规程必须在投产前送交生产车间、车间主任,工艺规程必须详细复核,发现与实际不符或由于某些条件限制暂且不能执行的项目,应及时向技术科提出并协商解决。

第九条 车间主任及车间工艺员复核工艺规程后,应在工艺通知单上签字承认,并且严格执行该项规程,并及时下达给有关生产人员。

第十条 各生产车间、工序必须严格施行工艺,按工艺要求对产品进行检查,如不符合工艺要求,应及时向生产车间、工艺员反映,并检查分析原因,找出解决问题的办法,并立案记录。

第十一条 在生产过程中,发生工艺与实物不符,必须进行工艺调整时,应及时向技术科反映,而不准随意更改和调整工艺。技术科调整好的工艺需经技术主管签字后,才能作为正式生产的依据。

第十二条 下达生产车间的已经确定的工艺,所有员工必须遵守执行。如有损坏和丢失,查明原因后由技术科补发,各部门必须有专人对工艺资料进行妥善保管,不准随意涂改。

第十三条 对违反工艺生产或随意变更工艺造成责任事故的人员,应赔偿 5~10% 的经济损失,对严重者应给予必要的纪律处分。工艺员将工艺下达后,必须经常检查工艺的执行情况,发现问题,及时解决。因工艺不妥而造成大批严重事故者,工艺员应承担事故责任。

第十四条 进行工艺试验的备案手续。

(1)由提出部门填写工艺规程,一份送交技术科备案以便配合工作,其余部分送交与试验有关的部门或生产车间。

(2)对产品的质量影响较大,以及影响上下工序质量的工艺项目的变更,须填写申请书,提交技术科审核,经主管批准后,才可以进行变更。

第十五条 工艺规程变更的审批。

(1)在技术主管的领导下,负责工艺文件的编制与管理,并负责下达工艺要求。

(2)生产车间工艺员在车间主任领导下,负责贯彻工艺和技术服务,业务上受技术部指导。

(3)未经工艺性审查的产品设计图样,不予编制工艺文件,不能投入生产。

(4)在生产过程中,如果产品的设计修改涉及工艺、材料变动时,都应该由有关工艺员会签。

(5)生产车间的工艺路线(工艺流程)是产品从投料到产出成品的生产过程所经过的路线。工艺路线由技术科提出。

(6)产品工艺文件由技术科提出,并包含工艺卡、工艺守则和材料工艺定额资料。工艺文件要保证先进合理、正确无误、齐全成套、符合标准。

(7)产品的工艺文件由工艺员编制,技术主管审核,成套工艺由技术部主管会同有关部门批准。

第十六条 违犯工艺规程事故的登记。

(1)严格工艺纪律,发动员工对违犯工艺规程事故的原因进行分析追查,并提出防范措施,防止再次违犯。

(2)对于不遵守工艺规程,并造成差错事故的工作人员,无论是否造成了实际的损失,一经发现,主管部门负责人应该及时到生产现场进行检查分析,并找出事故产生的原因,提出改进的措施,以减少下道工序的损失,并对相关责任人作出处理,最后还要填写工艺规程事故报告单,送交技术科。

(3)对于影响车间生产质量的事故,应由技术科、生产科、质量科及有关部门、生产车间协商解决。

(4)下列情况应该作为违犯工艺规程的事故来对待:

◎不按规定的工艺规程进行生产,生产车间或科室擅自变更。

◎技术科抄错工艺单、开错通知单。

◎工艺未经审定、制定不合理、造成批量损失。

◎原料、涂染料、浆料的成分搭配错误。

◎化验室化验结果不准确,配料单开错。

对上述各项事故,应该由技术科及时向个人、车间、部门提出,应追究责任并采取措施,按情节轻重记事故一次。如果本人及部门隐瞒,经其他部门提出时,应按情节轻重记违犯工艺规程一次,并取消本人或部门当月奖金。

样品管理

第十七条 领取样品。

(1)需要取样品的人员,必须持有生产科的通知单,才能到生产车间领取。

(2)对于送往省市、内外贸、商业部门的样品,应该到技术部门办理领取单,由技术科负责发放。

第十八条 样品管理。

(1)应设立样品室,设专(兼)职人员负责,并建立样品专账,每月盘点一次,应做到账物相符。

(2)对于本厂生产的新花色、新品种、新工艺,必须留存两套存档。

(3)本厂样品和外来样品应分别保管。

(4)每件样品必须有:来源、生产日期、类型名称、厂号、品名及新花色、新工艺等简单情况。

(5)本厂各部门需要样品时,必须履行相应的借用手续,并定出归还日期。发生丢失、污染的情况应照价赔偿,不允许自行处理。

(6)保证样品室干燥、卫生、防霉、防鼠、遮光。

(7)除技术科的样品室外,任何部门和个人都无权保管样品或向车间索取样品。

技术资料的管理

第十九条 内部所有中外文技术图书、期刊、杂志、工艺资料、设计底样都要及时登记、编号、分类整理和保管。在未登记前,不得借出使用。

第二十条 所有读者都应爱护技术图书,不准有污损、涂改、剪裁、损毁、卷折等情况。还书时,应当面检查,如有损坏应照价赔偿或加倍罚款。

第二十一条 当外单位索取技术工艺资料时,应经技术主管同意,并报请厂长(总经理)批准。

第二十二条 产品的工艺资料,除保留样品外,应把经鉴定合格的工艺处方及技术工艺文件一起归档整理,登记造册。

第二十三条　存档资料应建账,保持账物相符、完整准确。如发现破损,应及时修补复制。

技术管理组织

第二十四条　职责。生产技术研究会的工作职责是对下列工作进行研究、协调:
(1)不断提高、改进生产技术;
(2)研究新产品与新的生产技术;
(3)工程、质量、试验、管理上的各种问题;
(4)生产技术的引进、技术研究成果的对外公布。

第二十五条　技术管理组织的构成。生产技术研究会的成员有生产部经理、副经理、生产主任、总经理、有关部门的经理。

第二十六条　组织的运行。对于定期的技术研究会,由生产部经理组织;临时的技术研究会,由提出议题的部门负责人组织;事务性检查,由生产主任担任负责人。

第二十七条　会议时间。对于定期的技术研究会议,每月一次;凡临时性的会议,可随时召开。会议的召集人为生产部经理。

第二十八条　会议议题的决定。
(1)每月开会十天之前,生产主管要把会议的议题和开会目的具体记录下来,并向厂长(总经理)报告。
(2)生产科主管要在开会前三天决定议题,并通知各委员,且附上相关的资料。

第二十九条　会议记录。本研究会的会议记录由总经理办公室负责。

附则

第三十条　本制度的制定、修改和废止。本制度的制定、修改和废止须经公司经营常务会议讨论,并由主管生产技术的副总经理决定。

第三十一条　本制度自颁布之日起实施。

四、工艺管理规程

第一条　正确的工艺规程,是根据先进的工艺技术和长期的生产实践经验,结合具体生产条件制订的,并通过生产实践进行不断的改进与完善。

第二条　在制订工艺规程时,一定要吸收具有一线操作经验的员工参加,并充分听取员工的意见。

第三条　工艺规程一经批准,即具有法规的效力,就要坚决贯彻执行,这是员工必须履行的职责。

第四条　熟悉相关的工艺规程,员工必须熟悉和掌握本产品工艺文件中的具体要求,做到人人明确本岗位的应知应会。新员工要进行岗前培训,经考试合格后才能上岗参加实际操作。

第五条 掌握质量标准与工艺要求,员工要熟悉本工序所使用的原材料、半成品的质量标准,同时还要熟悉上、下道工序的工艺要求,保证衔接正常。

第六条 按照工艺纪律的要求,保证工艺的正确实施,所有产品图纸、工艺文件、技术标准等不经有关部门的同意,任何人都不得违反工艺规程或擅自更改工艺规程所规定的内容,否则就会影响产品质量,打乱生产秩序。当原工艺出现重大问题时,应及时上报有关管理部门,申请调整和修改原来确定的工艺,但必须经过有关部门的批准后方可投入生产。在其意见未被采纳之前,应继续按原工艺执行。

第七条 掌握成品的质量检验方法,能够正确使用专用量具,通过量具或测量仪器,认真贯彻自检、互检、专检及首件检验制度。

第八条 检查生产工艺的执行情况,对各环节上的工艺要求和执行情况,要认真地进行全面的复查核对,发现问题及时解决。

第九条 做好工艺文件的管理,工艺文件不丢失,不损坏,发现丢失,应及时汇报工艺技术部门。

第十条 认识到工艺规程的重要性,工艺规程是内部一切生产管理和操作人员都必须严格执行、认真贯彻的纪律性文件,要像遵守法律一样严格遵守工艺规程。如果工艺纪律松弛,员工爱怎么干就怎么干,就会使工艺规程完全丧失作用,使现代化大生产回到手工作坊的落后状态中去。

五、工艺规程管理制度

□ 总则

第一条 各级管理人员必须带头遵守执行本制度,对外应严格保密,并在工艺规程文件上加盖"保密"字样。

□ 内容的编制

第二条 产品的特征、质量标准。
第三条 原材料、辅助原料特征及应符合的质量标准。
第四条 生产工艺的基本流程。
第五条 主要工艺技术条件、半成品的质量标准。
第六条 生产工艺的工作要点。
第七条 主要技术经济指标和成品质量指标的检查项目及次数。
第八条 工艺技术指标的检查项目与次数。
第九条 专用器材的特征及其质量标准。

□ 制定与修改的依据

第十条 工艺规程必须以国家标准和满足用户的要求为依据,新产品的试制要根据用户的技术要求,结合原材料、技术设备的实际情况制定产品的协议标准。

第十一条　以本理论研究与同行业技术成果为依据。

□　制定与修订的程序

第十二条　在生产总监的领导下,由技术部门负责执行。技术部门通过工艺资料或试验,结合原材料、辅助原料设备等具体情况提出工艺规程草案。对草案进行讨论,并提出修改意见,由技术部门汇总修正,制定工艺规程初稿。然后由有关生产车间的主任组织生产工人进行讨论补充,并将讲座意见通知技术部门,再由技术部门修订定稿。分管工艺的副总经理报厂长(总经理)审定后,由厂长(总经理)批准颁布执行,技术部负责督促检查修订情况。

第十三条　工艺规程的修订程序与制定程序基本相同。需要修订时,应向技术部门提出书面报告,技术部门综合各方面意见将修订方案报分管工艺的副总经理审核后,书面下达正式变更通知。一般性工艺规程的变更由技术部直接书面通知生产部。

六、技术设计管理制度

第一条　技术设计的任务,就是在已批准的技术任务书的基础上,完成产品的主要性能和主要零部件的设计。

第二条　在技术设计过程中必须进行试验研究,并编制试验研究大纲和报告。试验研究的内容包括:

(1)新原理的结构试验。

(2)材料试验。

(3)元件试验。

(4)工艺试验。

(5)模具试验。

(6)系统试验。

(7)综合试验。

第三条　作出新产品设计计算书,对所设计产品的运动、刚度、强度、平衡、热稳定、电路、液路、气路、能量转换、能源效率等方面进行计算、核对。

第四条　绘制产品的总体尺寸图、产品主要零部件图,并经过核准。

第五条　运用价值工程理论,对产品中造价高、结构复杂、体积笨重、数量多的主要零部件的结构、材质、精度等进行成本与功能关系的分析,并编制相应的技术经济分析报告。

第六条　绘出各种系统原理图,如传动、电气、液路、气路、连锁保护等系统。

第七条　提出特殊的元件、外购件、物资清单。

第八条　对产品技术任务书的某些内容进行审查和修正。

第九条　对产品进行可靠性、可维修性分析。

七、图纸管理表

图纸管理表,如表 26-1 所示:

表 26-1 图 纸 管 理 表

编 号： 日 期：

序号	图纸编号	发行日期	发 行 部 门							修 订 情 况			
			技术	生产	物料	一车间	二车间	三车间	主管	①	②	③	④

八、产品设计登记表

产品设计登记表,如表26-2所示:

表26-2 产品设计登记表

编 号:　　　　　　　　　　　　　　　　　　　　　　　　　　　日 期:

品　名		型　号		客　户		
设计者		图　号		完成日期		
模具设计者		完成日期		模具制作者		日期
产品设计变更情况						
符　号						
变更日期						
变更者						
变更内容						

产品生产情况									
序号	日期	生产数	生产部门	使用工时	不良率(%)	异常品质状况	处理对策	决策者	记录

九、车间样品制作登记表

车间样品制作登记表,如表 26-3 所示:

表 26-3 车间样品制作登记表

编　号：　　　　　　　　　　　　　　　　　　　　　　　　　　　日　期：

样品名称		数　量		需要日期		
客　户		目　的		□确认	□开发	□试作
制作方法		参考资料				
		审核		填单		

十、年度生产工艺管理计划表

年度生产工艺管理计划表,如表 26-4 所示:

表 26-4 年度生产工艺管理计划表

编　号：　　　　　　　　　　　　　　　　　　　　　　　　　　　日　期：

产品名称	工作项目	执行单位	月 工 作 进 度											
			1	2	3	4	5	6	7	8	9	10	11	12
产品一														
产品二														
产品三														

十一、产品生产技术管理计划表

产品生产技术管理计划表,如表 26-5 所示:

表 26-5 产品生产技术管理计划表

编 号: 　　　　　　　　　　　　　　　　　　　　　　　　日 期:

序号	工作项目		执行部门	工作量	工作进度(月)												
					1			2			3			…			12
					上	中	下	上	中	下	上	中	下	上	中	下	上	中	下
1	产品设计																		
2																			
3																			
4																			
5	样品试制	工艺管理																	
6																			
7																			
8																			
9		生产装备																	
10																			
11																			
12																			
13	小批试制	工艺管理																	
14																			
15																			
16																			
17		生产装备																	
18																			
19																			
20																			
备注																			

第二十七章 私营企业设备管理制度与规范

一、设备管理工作内容

（一）设备的选型

本着技术上先进，经济上合理，生产上可靠的原则，对设备进行评价和选择。

（二）合理地使用设备

搞好设备的检查、维护保养和修理，使设备始终处于最佳的技术状态。

（三）设备的改造、更新、还贷

（四）切实做好设备验收、建档、建卡、使用、转让、事故处理及报废等日常管理工作。

（五）建立健全设备管理制度和责任制度。

（六）对设备进行综合管理

设备管理，本质上是对设备运动过程的管理。对设备物质形态的管理形成设备的技术管理，对设备资金流形态的管理形成设备的经济管理，它们分别受技术规律和经济规律支配。设备管理的目的，是要达到最佳的技术状态和经济效果。因此，需要同时加强技术管理与经济管理。就是说"设备管理"应是运用现代管理理论和方法对设备全寿命过程进行的组织管理，是把与设备有关的人员组织起来对设备实行的全员管理。

（七）全员设备管理

现代中，设备数量众多，型号规格复杂，并分散在企业生产、科研、管理等各个领域，如果单靠专业管理的机构与人员是难以管好的。因此，要根据设备的生产效率，设备的投资效果、产品质量的保证程度、能源和原材料的消耗、生产的安全性、设备的成套性、灵活性，对环境的影响和维修的难易程度等，合理使用设备制定并执行合理的设备预防修理制度以及时、经常地做好设备的维修保养工作，延长设备的技术、经济寿命。

（八）全过程设备管理

就是将设备的整个生命周期作为一个整体进行综合管理，从总体上保证和提高设备的可靠性、维修性、经济性，做到安全、节能、保护环境，避免设备积压和浪费以求得设备整个生命周期的最佳效益，从而提高企业技术装备水平，实现技术装备现代化。

二、设备管理工作任务

设备管理的主要任务是为企业的生产提供先进适用的技术装备，使企业生产经营活动建立在技术先进，经济合理的物质技术基础之上，提高企业的经济效益，保证生产企业经营目标的实现。其具体任务有以下几点：

（一）提高设备管理的经济效益

按照经济规律的客观要求，加强对设备的经济、组织管理，降低设备管理各环节的费用支出，以期设备的整个生命周期费用最经济。

（二）做好设备的更新换代工作

要走集约型经济发展道路，设备更新与改造是企业扩大再生产的重要途径。有关部门必须协同工作，组织厂内外加工制造力量，挖掘企业潜力，依靠技术进步，及时地做好设备的更新与改造，保证生产现代化水平不断提高。

（三）为提供优良的技术装备

有关部门应根据技术上先进、经济上合理的原则，紧密配合，掌握国内外有关技术的现状和发展动向，包括设备的规格、性能、用途、效率、价格等，从而正确地选购设备。

（四）保证设备时刻处于最佳技术状态

设备管理部门要认真研究设备寿命和设备故障规律，如磨损规律，故障规律等，运用先进的检测、维修手段和方法，灵活采取相应的修理方法和手段，在节约费用的前提下，维修保养现有设备，使之处于最佳状态。

三、生产设备管理制度模板

□ 总则

第一条 生产制造企业的机器设备与工具，是进行生产的物质条件。其数量和性能，决定着生产面貌，因此，生产制造企业管好用好机器设备和工具，使机器设备和工具经常处于完好状态，延长其使用寿命，是生产企业管理工作的一项重要内容。设备管理好坏，对于产品的质量、品种、产量；对于减轻劳动强度，提高劳动效率以及减少原材料消耗，降低产品成本等具有极其重要的作用。

第二条 生产设备管理工作的内容包括从设备进厂验收、安装、使用、维护保养、检查修理到配件的生产、设备的改造、更新，以及日常的登记、保管、调拨、报废等一系列工作。设备管理的任务，是要保证设备在物质运动的全过程中，自始至终保持良好的技术状态。

第三条 为了保证有效地实现生产设备的管理目标，必须坚持以预防为主，维护保养与计划检修并重和先维修后生产的原则，正确使用，精心保养，合理润滑，安全生产。设备管理部门和生产部门共同负责，做好包括使用、保养、检查、修理等工作，正确处理好生产与维修的关系。

□ 生产设备技术状况

第四条 设备技术经济指标。

评价生产设备管理的技术经济指标有：

1. 设备完好率。表示设备技术状态的完好程度，是检查企业设备管理和维修工作水平的重要指标。其计算公式为：

设备完好率＝完好的设备台数/设备总台数×100%

设备总台数是指本企业已安装的全部生产设备，包括在用、停用、封存、停机待修和正在检查的所有设备，不包括尚未安装和由基本建设部门管理、物资部门代管的设备。完好设备台数是指设备总台数中完全符合设备完好标准的台数。

2. 设备故障率。它是指因设备发生故障而停机的时间占设备运转时间的百分比，计算公式为：

故障率＝设备故障停机时间/设备运转时间×100%

3. 维修费用效率。它是指单位维修费用所能生产的产品产量，计算公式为：

维修费用效率＝产品产量（件或吨）/维修费用

4. 单位产品（或万元产值）维修费用。计算公式为：

单位产品（或万元产值）的维修费用＝维修费用/产品产量（或总产值）

5. 平均单台设备年维修费用。计算公式为：

平均单台设备年维修费用＝年维修总费用/年投入使用设备总台数

第五条　对所有生产设备按技术、维护、管理状况分为两类：一类是完好设备，另一类是非完好设备。并按分类分别制定参合标准。

第六条　各部门的生产设备必须完成上级下达的技术状况指标，即考核设备的综合完好率。

第七条　生产设备管理部门要分别制订年、季、月度设备综合完好率指标，并层层分解落实到岗。

生产设备运行动态管理

第八条　对生产设备运行动态管理，是为了使各级维护与管理人员能准确掌握其运行状况，并相应制定的管理措施。

第九条　建立健全系统的生产设备巡检措施。

各作业部门要对每台生产设备，依据其结构和运行方式，定出巡检点、内容、正常运行的参数标准，并针对设备的具体运行特点，对设备的每一个巡检点，确定出明确的检查周期，一般可分为时、班、日、周、旬、月检查点。

第十条　巡检保证体系。

车间操作人员负责对本岗位使用设备的所有巡检点进行检查，专业维修人员要承包对重点设备的巡检任务。

第十一条　信息传递与反馈。

1. 车间操作人员巡检时，发现生产设备不能继续运转需紧急处理的问题，要立即通知当班调度，由值班负责人组织处理。一般隐患或缺陷，检查后登入检查表，并按时传递给专职巡检工。

2. 专职维修人员进行的设备点检，要做好记录，除安排本组处理外，要将信息向专职巡检工传递，以便统一汇总。

3. 专职巡检人员除完成承包的巡检点任务外，还要负责将各方面的巡检结果，按日汇总整理，列出当日重点问题并向有关部门反映。

4. 有关部门列出主要问题，除登记台账之外，还应及时输入电脑，便于上级有关部门的综合管理。

第十二条　动态资料的应用。

1. 巡检人员针对巡检中发现的设备缺陷、隐患,提出应安排检修的项目,纳入检修计划。

2. 巡检中发现的设备缺陷,如情况紧急,为了不影响生产,能由修理班组立即处理则由班组立即处理,如不能及时处理,应由多作业部门立即确定解决方案,并着手解决。

3. 重要设备的重大缺陷,各作业部门主要领导组织研究,确定控制方案和处理方案。

第十三条　薄弱环节的管理。

下列情况均属生产设备管理的薄弱环节:

1. 运行中经常发生故障停机而反复处理无效的部位。

2. 运行中影响产品质量和产量的设备、部位。

3. 运行达不到小修周期要求,经常要进行计划外检修的部位(或设备)。

4. 存在安全隐患,且日常维护和简单修理无法解决的部位或设备。

第十四条　薄弱环节的特殊处理。

1. 有关部门要依据动态资料,列出设备薄弱环节,按时组织审理,确定当前应解决的项目,提出改进方案。

2. 各作业部门要组织有关人员对改进方案进行审议,审定后列入检修计划。

3. 设备管理的薄弱环节改进实施后,要进行效果考察,作出评价意见,经有关领导审阅后,存入设备档案。

生产使用设备管理

第十五条　生产设备使用前操作人员应在人事部门的安排下,接受培训,由工程部门安排技术人员现场操作讲解。

第十六条　使用人员达到会操作,清楚日常保养知识和安全操作知识,熟悉生产设备性能的程度,工程部签发设备操作证,上岗操作。

第十七条　当机器开动和停车时,必须事先口头通知本工区所有人员,停车后不准乱开马达,在生产过程中,发现机器有异常现象,应立即停车,并通知有关人员检修。

第十八条　机器设备发生故障应报告班组长及有关负责人员及时解决处理。

第十九条　车间内所有的动力设备,不经车间、设备科、电工或机修工人允许,不准乱修、乱拆,不准在电气设备上搭湿物和放置金属类、棉纱类物品。

第二十条　使用人员要严格按操作规程工作,认真遵守交接班制度,准确填写规定的各项运行记录。

第二十一条　不经领导批准,不准拆卸或配用其他人员的机器零件和工具。

第二十二条　对不遵守操作规程或玩忽职守,使工具、机器设备、原材料、产品受到损失者,应给予适当的经济处罚和行政处分。

第二十三条　对于不遵守操作规程或玩忽职守,使机器设备、工具、原料或产品受到损失者,应酌情予以经济处罚和行政处分。

新增生产设备管理

第二十四条　各部门需增置的设备经批准购买后,须报设备管理部门备案。

第二十五条　经设备管理部门进行可行性方面的技术咨询,方可确定装修项目或增置电器及机械设备。

第二十六条　保证设备安全、合理的使用,各部门应设一名兼职设备管理员,协助设备管理部门人员对设备进行管理,指导本部门设备使用者正确使用操作规程。

第二十七条　设备项目确定或设备购进后,设备管理部门负责组织施工安装,并负责施工安装的质量。

第二十八条　施工安装,由设备管理部门及使用部门负责人验收合格后填写"设备验收登记单"方可使用。

第二十九条　对新置设备的随机配件要按图纸进行验收,未经验收不得入库。

□　转让和报废生产设备的管理

第三十条　当生产设备陈旧老化不适应工作需要或无再使用价值,使用部门申请报损、报废之前,要进行技术鉴定与咨询。

第三十一条　有关部门指派专人对设备使用年限、损坏情况、影响工作情况及残值情况等进行鉴定与评估,填写意见书交使用部门。

第三十二条　使用部门将"报损、报废申请单"附意见书一并上报,按程序审批。

第三十三条　申请批准后,将旧设备报损、报废。

第三十四条　报损、报废旧设备由工程部负责按有关规定处置。

第三十五条　本制度的最终解释权归于生产部。

四、生产设备供应管理制度模板

□　总则

第一条　为了做好生产设备供应计划管理、标准和非标准订货管理,特制定本规定。

□　生产设备供应计划管理

第二条　生产设备供应计划实行统一归口管理,由设备科负责编制、平衡、下达和执行。

第三条　基建设备供应的依据,必须是经过上级和事业部批准的基建计划项目和设计设备清单。

第四条　技改、安全、环保、科研、零固以及维修需用的设备计划,必须要有各单位的领导签字、盖章,由归口部门审核后,报设备科汇总,上报事业部审批。

第五条　需要试制或引进的设备,必须预先报事业部批准才能编入设备供应计划。

第六条　对于列入设备供应计划的每项设备的名称、型号、规格、技术数据,必须齐全、准确并满足订货要求。

第七条　对于编制的设备供应计划,必须预先核对库存和外订的设备台账,应做到充分利用库存和合理储备。

第八条　设备部应于每年×月×日前布置下年度设备供应计划。各车间、部门必须于×月×日前报设备科归口汇总、审核,×月×日上报事业部审批。

第九条　生产设备供应以年度事业部审批的计划为主,平时不予受理。但事故性的临时急需设备,必须单项报请主管经理批准,并落实资金后交设备科办理,其购置金额一般不得超过×万元。

第十条　各部门在编制生产维护设备计划时,要充分利用库存进行修、配、改、代,防止造成积压。

第十一条　生产设备到厂后,要尽快安装,并投入使用,发挥效益,存库时间最长不得超过×个月。逾期未安装、使用,仓库加收××%的管理费,同时部门和个人必须承担经济责任。

□　标准生产设备订货管理

第十二条　外协人员必须严格按照下达的设备订购计划执行。

第十三条　在订货时,要做到不重、不漏、不错订,不订购过时、淘汰的产品。根据批准的计划和安装使用需要,做到保质、保量、保时供应。

第十四条　订货要比质比价、择优订货,认真选点、定点,建立稳定可靠的供应渠道。

第十五条　订货合同规定的名称、规格、型号、数量、单价、交货时间、质量标准、特殊要求、到站和结算方式等栏目,必须仔细填写清楚,做到准确无误。

第十六条　生产设备到厂后,经检验发现质量问题,订货员必须及时负责联系、处理,以免造成经济损失。

□　非标准生产设备订货管理

第十七条　需要按设计图纸由制造厂专门进行制造的生产设备,统称非标准设备。

第十八条　对于基建、技改、环保、维修需用的非标准设备订货的图纸、资料,必须经过审核签字无误后,方可允许安排计划订货。

第十九条　负责审核和清理的图纸应达到以下几个标准与要求:
1. 图面清晰,零部件制造图齐全,编写明确不乱。
2. 重量、材质牌号、工艺尺寸、加工符号、技术要求齐备。
3. 装配图和零部件数量准确,不重、不漏。

第二十条　生产设备的订货合同必须标明合同号、名称、图号、数量、重量、交货时间、结算方式、运输要求、提供图纸份数以及双方承担的责任和义务。

第二十一条　订货应严格按计划执行,保质、保量、保证工程需要的时间。

五、生产设备使用、检修保养规定

□　设备使用规定

第一条　设备使用前,生产设备使用人员要接受操作培训,技术部负责安排技术人员进行详细讲解工作。

第二条 生产设备使用人员达到会操作、清楚日常保养知识和安全操作知识、熟悉设备性能的程度，由工程技术部签发设备操作证，上岗操作。

第三条 生产设备使用人员要严格按操作规程工作，认真遵守交接班制度，准确填写规定的各项运行记录。

第四条 工程技术部要指派人员会同各部门负责人，经常性地检查设备情况，把其列入员工工作考核内容。

◇ 设备检修保养规定

第五条 工程技术部设备主管人员编制设备检查保养半年计划，填写《半年设备检修计划表》报部门经理审批。

第六条 工程技术部经理审批计划后，呈报总经理批准执行工程技术部半年设备检修保养计划。

第七条 设备管理人员编制《检修保养单》、《月设备检修保养计划表》，并按月计划表的内容，逐项填写《保养申请单》，检修保养时需某部位停电、水、气时，还要填写《停____通知单》。

第八条 值班人员填写的《月设备检修保养计划表》、《保养申请单》和《停____通知单》一并报部门经理。再由工程部经理与总经理和各部门沟通后，签署意见，下达执行。

第九条 值班人员根据批准的月检修保养计划，签发《设备____级保养任务单》，填写任务单中"内容及要求"栏目，安排具体人员负责实施。

第十条 在《检修保养工作记录簿》中登记派工项目及时间。

六、生产设备使用管理制度

第一条 生产设备的技术性能要求和允许的极限参数，如最大负荷、压力、温度、电压、电流等。

第二条 生产设备交接使用规定。两班或三班连续运转的设备，岗位人员交接班时必须对设备运行状况进行交代。其内容包括设备运转的异常情况、原有缺陷变化、运行参数的变化、故障及处理情况等。

第三条 操作生产设备的基本步骤，包括操作前的准备工作和操作顺序。

第四条 对设备管理中出现的紧急情况的处理。

第五条 生产设备使用中的安全注意事项。非本岗位操作人员未经批准不得操作本机，任何人不得随意拆掉或放宽安全保护装置等。

第六条 对生产设备运行中故障的排除。

七、生产设备维护管理制度

第一条　生产设备传动示意图和电气原理图。
第二条　生产设备润滑"五定"图表和要求。
第三条　定时清扫的规定。
第四条　生产设备使用过程中的各项检查要求,包括路线、部位、内容、标准状况参数、周期、检查人等。
第五条　运行中常见故障的排除方法。
第六条　生产设备主要易损坏零部件的报废标准。
第七条　生产设备维护过程中的安全注意事项。

八、设备日常管理表

设备日常管理表,如表27－1所示:

表27－1　设备日常管理表

设备类别＼项目	日常检点	定期检点	日常保养	一级保养	凭证操作	操作规程	故障率（%）	故障分析	备注
A									
B									
C									
D									
E									

九、设备登记表

设备登记表,如表27－2所示:

表27－2　设备登记表

（正面）

设备状况		取得及使用情况		备注（质押及保险情况）
编　号		取得时间		
类　别		厂牌编号		

(续表)

设备状况		取得及使用情况		备注(质押及保险情况)
英文名称		原 值		
中文名称		使用年限		
规格与型号		修 理		
技术特征		改 造		
附属物		转 让		
使用单位		报 废		
存放地				
转 移 情 况				
时 间	使用部门	用 途	保管员	时 间	使用部门	用 途	保管员

(反面)

	时 间	原 因	维修单位	详细记录
维 修 记 录				

十、设 备 评 分 表

设备评分表,如表27-3所示:

表27-3 设 备 评 分 表

序 号	项 目	评分标准	评价等级	备 注
1	发生故障时对其他设备的影响程度			
2	发生故障时有无代用设备			
3	开动形态			
4	加工对象的工艺阶段			
5	加工对象的质量要求			
6	故障修理的难易程度			
7	发生故障时对人和环境的影响			
8	设备原值			

十一、设备登记明细表

设备登记明细表,如表 27-4 所示:

表 27-4 设备登记明细表

设备编号:　　　　　　　　　　　　　　　　　　　　　　　　　　日　期:

年		摘　要	单　位	借　方	贷　方	结　存	使用及保管部门
月	日						

十二、设备编号标准表

设备编号标准表,如表 27-5 所示:

表 27-5 设备编号标准表

类　别	类　号	序　号								
		序　别								
		序　号	01	02	03	04	05	06	07	08

第二十八章 私营企业物资管理制度与规范

一、物资管理工作内容

物资管理就是针对生产活动所需的物资，进行有计划性的准备，并进行协调和管制，用于达到最经济、最迅速的生产。

（一）物资管理活动在本质上就是对人的管理。无论是从采购、品质检验到入库、生产，还是到最终出货及销售，其整个活动都是由人在进行操作。不良的管理活动会对物资管理造成不良影响，例如仓储管理员对仓库物资数据进行统计时，如果由于疏忽造成了漏记，就很可能造成物资的呆滞或生产缺料。

（二）物资管理的优劣最终取决于对成本的控制。成本控制在管理中主要有以下因素：采购成本（包括市场价格不确定，价格之间的差异）、生产成本（包括生产直接材料使用状况、物资投料标准、机器维修、折旧费用、人工制造费用）、产品质量成本（产品的合格率、损耗数量、返工人工费用）、产品物料运输费用、物资管理成本、库存成本等。只有加强对这些环节的控制，才能达到降低产品成本的目的。

（三）物资管理要求。好的物资管理要求做到以下几点：不产生断料，也就是不让生产单位领不到需要的物资，产生生产待料的现象；呆料降到最低，也就是除了特殊的市场行情、不可抗力以外，仓库内不会有没有用的物资；没有囤料，囤料代表着浪费，因此物资管理要求与生产无缝地结合，适时、适量地进料。

二、物资管理工作程序

物资管理的程序可以简单理解为：采购物资经过点料后，物资管理部门收料，将这些物资送往待检区待检。物资检验后被送往存储仓库，经过库房空间规划，找到相应存放位置。在日常管理中，进行库存盘点和环境改善。当生产需要出现时，按照先进先出的原则，快速并准确地发料。

三、物资需求计划管理制度

□ 总则

第一条　目的

规范生产物资的分析作业,制定计算物资的需求数量、交期的作业流程,使之有章可循。

第二条　适用范围

用于产品主产使用的物资的分析,并提出需求计划的作业。

第三条　权责单位

1. 生管部负责本规章制定、修改、废止之起草工作。
2. 生产总监负责本规章制定、修改、废止之核准。

□ 各部门工作职责

第四条　合作部门

1. 物资管理部提供需求计划、订单信息。
2. 生产部提供成品、半成品、物资库存状况报表。
3. 生产管理部提供生产计划。
4. 技术部提供产品用料明细表。
5. 采购部提供采购前置期、经济订购量、最小订购量。

第五条　责任部门

生产管理部物资管理人员为用料分析的责任人员,负责制定物资需求计划。

□ 物资需求计划的制定步骤

第六条　确定物资的总需求量

物资管理部决定产品总需求量。总需求量一般包括三个部分。

1. 某期间(如一个月或一季度)的实际订单量。
2. 该期间的预测订单量。
3. 管理者决策改变前述数量(如为平衡淡旺季或调整产品结构需要)。

第七条　决定物资的实际需求量

根据获得的总需求量,再依据该物资的存量状况予以调整,计算公式如下:

实际需求量 = 总需求量 − 库存数量

一般由业务部或生管部确认。

第八条　确定生产计划

生产管理部依实际需求量确定生产计划,一般需做下述工作:

1. 产能负荷分析。

2. 产销平衡。

3. 中间层生产计划与细部生产计划。

第九条 物资清单

生产管理部物资控制人员负责对物资清单的分析。

物资需求量＝某期间之产品实际需求量×每一产品使用该物资数量

第十条 区分物料ABC项目

1. 物资控制人员根据物资状况区分ABC项目，一般作如下区分：

（1）占总金额60%～70%的物资为A类。

（2）占总金额余下之30%～40%的物资为B类及C类物资。

2. A类物资作物资需求计划，B类、C类物资使用订货点方法采购。

第十一条 确定物资的实际需求量

根据物资在制造过程的损耗率，计算实际需求量。

物资实际需求量＝物资需求量×（1＋损耗率）

第十二条 决定物资净需求量

A类物资净需求量，必须参酌库存数量、已订货数量予以调整。

物资净需求量＝物资实际需求量－库存数量－已订未进数量

第十三条 确定订购数量及交期

根据经济订购量、库存状况及生产计划，确定物资的每次订购数量及交货期。

1. 订购数量一般以经济订购量或经济订购量之倍数确定。

2. 交期以使预计库存数量少为原则来确定。

第十四条 填写并发出物资计划性订货通知

1. 物资管理人员根据上述步骤获得数据，整理出计划性订货通知。

2. 订货日期根据采购前置期（即发出订单到物资入库之间的时间）而确定，即：订货日期为预计物资交货期减去采购前置期。

第十五条 本制度由生产部起草制定，由生产总监核定并报总裁批示后启用。

四、物资需求计划编制管理规定

□ 物资需求计划的编订

第一条 营业部于每年年度开始时，提供生产销量的每种产品的销售预测，销售预测须经营会议通过，并配合实际库存量、生产需要量、市场状况，由生产单位编制每月的生产计划。

第二条 生产部门编制的生产计划副本送至采购中心，并以此为依据来编制采购计划，经经营会议审核通过，将副本送交管理部财务单位编制每月的资金预算。

第三条 营业部门变更销售计划或有临时的销售决策，应与生产单位、采购中心协商，以排定生产日程，并据以修改采购计划及采购预算。

采购预算的编制

第四条 物资预算分为：
1. 用料预算。
2. 采购预算。

第五条 前项用料预算再接用途分为：
1. 营业支出用料预算。
2. 资本支出用料预算。

第六条 物资预算按编制期间分为：
1. 年度预算。
2. 分期预算。

第七条 年度用料预算的编制程序如下：

1. 由用料部门依据营业预算及生产成本计划编制年度用料预算表经主管部长核定后，送企划部材料管理汇编年度用料总预算转财务部。
2. 物资预算经最后审定后，由总务部加以严格执行，如经核减，应由一级主管召集部长、组长、领班研究分配后核定，由企划部分别通知各用料部门重新编列预算。
3. 用料部门用料超出核定预算时，由企划部通知运输部门。超出数在10%以上时，应由用料部门提出书面理由呈转一级主管核定后办理。
4. 用料总预算超出10%时，由企划部通知储运部说明超出原因呈请核示，并办理追加手续。

第八条 分期用料预算由用料部门编制，凡属委托修缮工作，采购部按用料部门计划分别代为编列用料预算表，经一级主管核定进行采购。

第九条 资本支出用料预算，由一级主管根据工程计划，通知企划部按前条规定办理。

第十条 物资采购预算编制程序如下：

1. 年度物资采购预算由企划部汇编并送呈审核。
2. 分期物资采购预算，由仓储部门视库存量、已购未到数量及财务状况，编制物资采购预算表，并会同企划部送呈审核转公司财务会议审议。

第十一条 经核定的分期物资采购预算，在当期未动用者，不得保留。其确有需要者，下期补列。

第十二条 资本支出预算，年度有一部分未动用或全部未动用者，其未动用部分则不能保留，视情况得在次一年度补列。

第十三条 未列预算的紧急用料，由用料部门领料后，补办追加预算。

第十四条 用料预算除由用料部门严格执行外，并由企划部加以配合控制。

第十五条 本制度由生产部起草制定，由生产总监核定并报总裁批示后启用。

五、物料需求计划设计规范

□ 总则

第一条 物料需求计划简称 MRP，它根据主产品生产计划、主产品物资清单和库存文件，利用生产日程表、物资清单、库存报表、已订购未交货订单等相关资料，经过科学计算分别求出主产品的所有零部件的需求时间、需求数量、各种物资和零件需求与库存之间的差别。

□ 相关结构

第二条 物料需求计划要根据主产品生产计划、物资清单、库存文件、生产时间和采购时间，把主产品的所有零部件的需要数量、需要时间、先后关系等准确地计算出来，其计算量非常庞大。

第三条 正确的需求分析。

1. 传统的物料需求分析是让各个部门分别上报物料采购计划表和采购申请单。采购部门把所有需要采购的物资分类整理并统计出来，确定采购项目、采购数量、采购时间等问题。这种方法存在耗费大以及采购计划表不准确、影响采购工作效果等诸多弊端。因此，正确的物资需求分析便成为当务之急。

2. 物资需求分析是根据客户的历史或者生产计划找出需求规律，然后根据需求规律预测客户下一个月的需求品种和需求量。从根本上解决客户需求什么、需求多少、什么时候需要等问题。

第四条 必要物资的构成：进行正确需求分析的前提是，需要拥有分析的物资。进行需求分析时，要用到如下必备资料。

1. 生产日程表：根据客户订单、生产能力、物料状况而安排的生产产品的计划。通常以周或天为单位。

2. 物资档案：储存一切有关成品、半成品与材料的各种必要资料，如物资名称、ABC物料分类表、产品结构层级表、采购前置时间、物料基准存量表。它有利于物料需求计划的制定与实施。

3. 物资清单：它表示产品零件各层级和结构，是物资系统内最原始的材料依据。建立方法是将产品的原材料、零配件、组合件予以拆解，并将各单项材料依材料编号、名称、规格、基本单位、供应厂商、单位用量等按照制造流程的顺序记录下来，排列为一个清单。它是物资组成和加工过程的反映，不仅可以说明物资的组成部分，而且可以说明物资加工需要耗用的人力资源、加工工艺、图纸、工模、设备和车间用量等，最终这些将用于成本核算。可从物料需求计划计算出产品所需要的物资零件和数量。

4. 库存量：它是物资、半成品、完成品、生产备件等有关生产所需物资的现在的自有数量。它是物料需求计划运作的基础材料，因为生产总需求减去库存量便是物资需求量。可进一步计算出是否发出新订购单、外协加工单；或已发的订购单、生产命令单、外协加工单是否必须进一步提前或延后。

□ 需求计划设计步骤

第五条 需求计划以一句最简单的话解释就是：产品需求计划减去库存量。制定需求计划时需遵循一定步骤。

第六条 产品需求计划。制定物料需求计划，首先要确定产品需求计划。根据市场预测、销售情况等确定生产计划。它确定的是生产什么的问题，就是确定每一具体的最终产品，在每一具体时间段（以周为基本单位，以日、旬、月为辅助单位）内生产数量的计划。要具体到产品的品种、型号。

第七条 确定产品物资清单。它确定需要什么物料的问题。就是要确定需要哪些零部件和原材料、需要多少、哪些要自制、哪些要外购、自制或外购需要多长时间等，如此逐层分解，一直到最低层的原材料。

第八条 确定库存文件。库存文件确定的是有什么物资的问题。它应该显示产品、产品所属所有零部件、原材料现有库存清单文件，也就是"产品零部件库存表"。即确定的是现有库存量。因为，与其他客户有着物资采购关系，每到一定时期就会相应的送入物资，因此就有了采购合同到期物资。

第九条 确定物资的需求量。根据上述文件以及产品维修所需物资的估计，就可以推算出物资的需求量。

物资需求量＝生产需求总量－（库存量－已分配量）－采购合同到期物资量

第十条 确定物资需求量后，就应该开出采购申请单，在主管物资工作的主管副生产总监审核批准后，交给采购部门采购。

六、物料领用办法

第一条 凡属公司自办工程或代办工程的材料领用，一律使用材料管理表，分为进口材料、国产材料，一式五份单式填写。表内应清楚地填写工程名称、成本中心、工程编号、施工单位，经成本中心授权人签名批准，并盖有工程部工程材料专用章，交由物资部计划组办理计划审核，盖计划审核章。

第二条 各部、分公司部门领用正常的维护材料时，只需填写货仓取货申请单一式三份，清楚填写部门名称，成本中心编号并经成本中心授权人签名批准后，由物资部计划组办理计划审核，盖计划审核章。

第三条 在填写工程材料管理表或货仓取货申请单时，领取数量一栏必须要用规定字体填写领取的数量。如果需将原数量修改，应由授权人确认签名，否则物资部有权不予办理审核发料。

第四条 坚持工程材料、维护材料专项专用的原则，不允许将工程材料、维护材料转为他用。各分公司承接的代办工程，经工程部门审批后，物资部方可办理审核领料手续。代办工程需自购材料,要有工程部开具工程材料预算表,经物资部领导审批后方可购买。

第五条　各部、分公司需要的劳动保护用品,开单经本部门成本中心授权人签名后,再由人事部主管劳动保护用品的有关人员审批签名,方可办理审核领料手续。

第六条　各部门要严格按本部门拟定的年度材料计划进行领料。对无计划和超计划领料,物资部有权不予审核发料。不允许材料多领多占,影响工程材料的正常使用。

七、发料管理办法

第一条　领料

1. 使用部门领用材料时,由领用经办人员开立"领料单",经主管核签后,向仓库办理领料。

2. 领用工具类材料(明细由公司自行制定)时,领用保管人应凭"工具保管记录卡"到仓库办理领用保管手续。

3. 进厂材料检验中,因急用而需领料时,其"领料单"应经主管核签,方可领用。

第二条　发料

由生产管理部门开立的发料单经主管核签后,转送仓库依工令及发料日期备料,并送至现场点交签收。

第三条　移转

凡经常使用或体积较大须存于使用单位内的,由使用单位填制"材料移转单"向资料库办理移转,并在每日下班前依实际用量填制"领料单",经主管核签后送材料库冲转出账。

第四条　退料

1. 使用单位对于领用的材料,在使用时遇有材料质量异常、用料变更或节余时,使用单位应以"退料单"(办理移转的退料以"材料移转单"代之)连同材料缴回仓库。

2. 材料质量异常欲退料时,应先将退料品及"退料单"送质量管理单位检验,并将检验结果注记于"退料单"内,再连同料品缴回仓库。

3. 对于使用单位退回的料品,仓库人员应依照检验退回的原因,研判处理对策,如原因系由供应商所造成,应立即与采购人员协调供应商处理。

八、物资需求分析表

物资需求分析表,如表28-1所示:

表28-1 物资需求分析表

编 号:　　　　　　　　　　　　　　　　　　　　　　　　　　　　日 期:

材料名称	规格	单位	供应状况				基本存量					供需措施					备注
			库存	已订	未订	合计	月份	月份	月份	月份	合计	增购数量	催交数量	缓交数量	减购数量	紧急采购	

九、产品材料用量分析表

产品材料用量分析表,如表28-2所示:

表28-2 产品材料用量分析表

编 号:　　　　　　　　　　　　　　　　　　　　　　　　　　　　　　日　期:

产品名称			生产数量			制造日期	月　日至　月　日			
序号	材料名称	材料编号	单位用量	标准用量	实际用量	材料成本		超用金额	备注
						标准	实际		

十、物资供应计划表

物资供应计划表,如表28-3所示:

表28-3 物资供应计划表

编号: 日 期:

材料名称	规格	材料编号	各月份需要量													基本存量	进料计划							交货期(天)
			1	2	3	4	5	6	7	8	9	10	11	12	合计		月份	数量	月份	数量	月份	数量	
合计																							

十一、物资存量计划表

物资存量计划表,如表28-4所示:

表28-4 物资存量计划表

编 号: 日 期:

材料名称	每月用量	平均每日用量	每日最高用量	订货点数量	交货日期	订货数量	最高存量	平均存量	可用日数	备注

十二、物资用量计划表

物资用量计划表,如表28-5所示:

表28-5 物资用量计划表

编 号： 日 期：

产品批号																
生产数量																
材料名称	规格	材料编号	单位用量	估计用量	规格	材料编号	单位用量	估计用量	规格	材料编号	单位用量	估计用量	规格	材料编号	单位用量	估计用量

第二十九章 私营企业采购管理制度与规范

一、采购管理工作原则

物资采购的基本原则,就是人们常提到的5R理论:合适的价格(Right Price)、合适的品质(Right Quality)、合适的时间(Right Time)、合适的数量(Right Quandty)、合适的地点(Right Place)。在这一理论中,最需要采购部门注意的就是合适的品质。品质不是最优最好,而是最合适最好,它需跟随产品定位进行测定。

(一)合适的价格

合适的价格是指采购所需的物资,在满足数量、质量、时机的前提条件下,支付最合理的价格。适当价格这一目标的提出,在于付出的原材料采购成本,能确保产品立于有利的竞争地位,并在维持物料买卖双方共赢的前提下,使原料供应源源不断。

(二)合适的品质

采购的基本要求就是采购人员要以最便宜的价格购买到生产所需要的最佳品质的物料,另外,采购人员要不断地去推动那些长期合作的供应商们去完善其品质管理体系,来提供质量更加稳定的物料。

如果采购的物资出现品质方面的问题,将会对生产活动带来极大的危害。

1. 致使生产计划延误

由于耽误了交货时间,会降低生产企业的信誉度,会失去更多的客户。

2. 返工率会增加

不良物资的采购,会使生产线上的产品质量受到极大的影响,误工、窝工、待修现象增多,影响了生产效率。

3. 检验成本将增加

物资品质不良,物资的甄选、分类耗费更多的时间和精力,使得检验费用增加,产品成本据高不下。

4. 管理费用会剧增

客户投诉、产品返工、生产效率低下,这些问题都使得管理人员疲于应付,徒增更大的管理成本。

品质合格的物资,要具有以下特性。

1. 合适性

即适当的品质,要根据产品生产的实际需要,考虑其经济与实用两方面的成本和价值。

2. 可用性

可用性是指在合理的时间内,可随时以合理价格获得充分的数量。

3. 经济性

经济性是指使采购费用继续维持在最低水平,以期达到最佳经济利益。

(三)合适的时间

在生产制造企业,较为流行的采购理论,是基于零库存和及时供给理论,也就是在不对生产和客户造成任何影响的前提下,尽量减少库存的持有量。这就需要在最恰当的时候,购回生产所需要的原物资。

(四)合适的数量

物资采购,究竟是一次性采购还是分批量采购?需要采购人员要对生产需求、物料损耗、搬运和仓储费用等进行仔细地计算,来制定周密的采购计划,最终确定究竟采用哪一种采购方式。

不论采用何种方法,都要以适量库存为基本要求,因为任何理由或任何形式的超购,都将导致呆滞废料的发生,并且会占用企业的流动资金。

(五)合适的地点

采购地点的选择要以实现采购成本最低为基本出发点,不同地区的采购成本是不同的,在同等条件下,成本最低的地方就是最合适的采购地点。

二、物资采购管理工作内容

现代化的物资采购管理理论,把采购管理、供应管理及运储管理作为企业生产过程的三大管理,其与销售管理占同等地位。物料采购管理的基本职能包括以下几个方面。

(一)拟订物资采购政策

采购政策是完成采购目标的保障。因此,采购政策的拟订,必须根据产业特性,并且综合权衡企业的内外部环境,来制定正确的采购政策。采购政策确定以后,才能制定具体的采购执行计划。

(二)制定物资采购计划

一般应该根据产销计划及存料、耗用等资料,编制采购计划与销售计划,进而制定出生产计划,然后由各用料部门汇编用料总预算,再参考物料存量编制购料及预算,并参考生产计划进度、可用存量及资金状况,编制分期采购计划及预算。

(三)进行市场调查

进行市场调查的目的,是为了掌握有利的供应来源,研究拟订采购计划,为新产品寻求新材料来源,以及为改良产品寻找代用品。基于这个目标,必须有计划有目的,用系统、科学的方法,去调查有关供应商的全部信息与资料,作为日后供应商评价、制定价格和谈判策略的基础。

(四)对供应商进行评估

对供应商的选择,是确保物资供应品质和服务最重要的措施之一。找到合适的供应商,才能在最适当的价格下,得到适当品质的数量及优质的服务。在选择供应商时,还要考虑采购的方式。

(五)进行价值分析

生产所需物资的品质确定,虽然是技术人员的事,但是,采购人员仍必须要充分了解所购物资的特性、品质与用途,并依物资产品本身的需要以及市场供应情形,提出使用新的产品原料或代用品的建议。要研究采购价格管理方法,提出减低成本的方案。另外就

是参与对所购物资进行的价值分析。所谓价值,是由物资的品质、价格与效用所构成,即:

进行物料价值分析,一方面,是通过合适的采购步骤,获得满足生产需要、适当品质的物资,另一方面,就是要尽量降低物资采购的成本。

(六)确定采购数量

采购数量的确定,关系到存货管理策略,零库存理论,如经济批量问题、物资的管理等问题。至于采购物资的时机,则应该考虑物资的品质、价格、需要量、采购折让、季节折让、运输折让及流动资金等因素综合决定。

(七)选择采购方法

进行物资采购的方法有很多,如公开采购、比价采购、议价采购、订货采购、拍卖采购等,这完全视企业对于生产物资的采购政策及市场供需情况而定。

(八)做好交货管理

采购的最终目的,在于最适当的时间内获得交货,所以必须改进交货管理。这种管理,必须考虑交货日期、采购标准时间、缩短物资储运时间、分析延误交货的原因,以及必要的应对之策。

(九)内部协调管理

采购部门还要注重在生产企业内部各部门之间的职责划分与协调配合工作,研究出合适的管理方式来进行管理,以保证物资采购作业的有效进行。

(十)进行绩效评估

对于整个采购作业进行评估,并确定采购工作的效率,找出存在的问题与解决之道,这也是采购部门的基本管理职责之一。物资采购绩效评估办法,要看是采取集中采购还是分散采购而定。采购绩效优异的,一般都具备以下几个共性:

1. 有统一的采购策略。
2. 有标准的测评机制。
3. 科学的组织架构。
4. 全企业范围内的整合,建立优秀的采购团队。

三、标准采购作业管理制度

☐ 请购

第一条 请购部门的划分。
1. 常备物资由生产管理部门负责。
2. 预备物资由物资管理部门负责。
3. 非常备物资。
(1)订货生产用料由生产管理部门负责。
(2)其他用料由使用部门或物资管理部门负责。

第二条 请购部门应按照存量管制基准、用料预算,并参考库存情况填写请购单,逐项注明材料名称、规格、数量、需求日期及注意事项,经部门主管审核后按规定逐级呈核并编号,最后送采购部门。

第三条 来源与需用日期相同的物资,可用一单多品方式提出请购。

第四条 特殊情况需按紧急请购办理时,可在请购单的备注一栏写明原因,以急件递送。

第五条 总务用品由物资管理部门按每月实际耗用状况,并考虑库存条件,填写请购单办理请购。

第六条 以下总务性物资可免开清单,而通过总务用品申请单委托总务部门办理,如招待用品、书报、名片、文具、报表以及小额采购的物资等。

第七条 请购权限。

1. 内购。

(1) 原料:请购金额预估在 1 万元以下的,由主管核决。请购金额预估在 1 万~5 万元的,由经理核决。请购金额预估在 5 万元以上的,由生产总监核决。

(2) 财产支出:请购金额预估在 2 000 元以下的,由主管核决。请购金额预估在 2 000 元至 2 万元的,由经理核决。请购金额预估在 2 万元以上的,由生产总监核决。

(3) 总务性用品:请购金额预估在 1 000 元以下的,由主管核决。请购金额预估在 1 000 元至 1 万元的,由经理核决。请购金额预估在 1 万元以上的,由生产总监核决。

2. 外购。

(1) 请购金额预估在 10 万元(含)以下的,由经理核决。

(2) 请购金额预估在 10 万元以上的,由生产总监核决。

第八条 请购案件的撤销。

1. 撤销请购时应由原请购部门通知采购部门停止采购,同时在请购单(内购)或请购单(外购)第一、第二联上加盖红色"撤销"戳记并注明撤销原因。

2. 采购部门依下列规定办理撤销:

(1) 采购部门在原请购单上加盖"撤销"章后,送回原请购部门。

(2) 当原请购单已送物资管理部门待办收料、采购部门通知撤销时,由物资管理部门将原请购单退回原请购部门。

(3) 原请购单未能撤销时,采购部门应通知原请购部门。

采购

第九条 采购部门的划分。

1. 内购。由国内采购部门负责办理。

2. 外购。由国外采购部门负责办理,其进口业务由相应的业务部门办理。

3. 生产总监对于重要物资的采购,可直接与供应商或代理商议价。专用物资,必要时由生产总监指派专人或指定部门协助办理采购作业。

第十条 采购部门应按物资使用及采购特性,选择最有利的方式进行采购。

1. 集中计划采购:对具有共同性的物资,应集中办理采购。先核定物资的项目,通知各请购部门提出请购计划,再报采购部门定期集中办理。

2. 长期报价采购:凡经常使用且使用量较大的物资,采购部门应事先选定厂商,议定长期供应价格,报批后通知各请购部门按需提出请购。

第十一条 采购作业处理期限。采购部门应依采购地区、物资的特性及市场供需,分类制定物资采购作业的处理期限,通知各有关部门以供参考。遇有变更时,应立即进行修正。

☐ 国内采购

第十二条 价格。

1. 采购人员按照请购单(内购)后记录的请购事项的缓急,并参考市场行情、过去采购记录或厂方提供的报价,精选三家以上供应商进行价格对比。

2. 如果报价规格与请购部门的要求略有不同或属代用品,采购人员应检附有关资料并于请购单上予以注明,报经主管核发,并转使用部门或请购部门签注意见。

3. 属于惯例超交者,采购人员应在议价后,在请购单的"询价记录栏"中注明,报主管核签。

4. 对于厂商报价资料,经办人员应深入整理分析,并以电话等方式向厂方议价。

5. 采购部门接到请购部门紧急采购的口头要求时,主管应立即指定经办人员先询价、议价,待接到请购单后,按一般采购程序优先办理。

第十三条 呈批手续。

1. 采购人员询价完成后,在请购单上详填询价或议价结果并拟订"订购厂商"、"交货期限"与"报价有效期限",经主管审核,并依请购核决权限呈核。

2. 采购核决权限。

第十四条 订购程序。

1. 采购经办人员接到已经审批的请购单后应向厂方寄发订购单,并以电话等方式确定交货日期,要求供应方在送货单上注明"请购单编号"及"包装方式"。

2. 分批交货时,采购人员应在请购单上加盖"分批交货"章以利识别。

3. 采购人员使用暂借款采购时,应在请购单上加盖"暂借款采购"章,以利识别。

第十五条 进度控制。

1. 国内采购部门可分询价、订购、交货三个阶段,依靠采购进度控制表控制采购作业进度。

2. 采购人员未能按既定进度完成采购时,应填制采购交货延迟情况表,并注明"异常原因"及"预定完成日期",经主管批示后转送请购部门,与请购部门共同拟定处理对策。

第十六条 采购单据整理及付款。

1. 来货收到以后,物管部门应将请购单连同"材料检验报告表"送采购部门与发票核对。确认无误后,送会计部门。会计部门应于结账前,办妥付款手续。如为分批收料,"请购单(内购)"中的会计联须于收到第一批物资后送会计部门。

2. 内购物资须待试车检验者,其订有合约部分,按合约规定办理付款;未订合约部分,按采购部门报批的付款条件整理付款。

3. 短交代补足者,请购部门应依照实收数量,进行整理付款。

4. 超交应经主管批示方可按照实收数量进行付款,否则仍按原订货数付款。

☐ 国外采购

第十七条 价格。

1. 外购部门按照请购单(外购)急缓加以整理后,依据供应商报价,并参考市场行情及过去询价记录,以电话(传真)方式向三家以上供应商询价。特殊情形下除外,但应于请购单(外购)上注明。在此基础上进行比价、分析、议价。

2. 请购物资的规范较复杂时,外购部门应附上各供应商所报的物资主要规范并签注意见,再转请购部门确认。

第十八条　呈批手续。

1. 比价、议价完成后,由外购部门填具请购单,拟定"订购厂商"、"预定装运日期"等,连同厂方报价,送请购部门按采购审批程序报批。

2. 核决权限。采购金额在8 000元以下者由经理核决。采购金额超过8 000元者由生产总监核决。

3. 采购项目经审批后又发生采购数量、金额等变更,请购部门须按新的情况所要求程序重新报批。但若更改后的审批权限低于原审批权限时仍按原程序报批。

第十九条　订购程序。

1. 请购单经报批转回外购部门后,即向供应商订购并办理各项手续。

2. 如需与供应商签订长期合约,外购部门应将签呈和代拟的长期合约书,按采购审批程序报批后办理。

第二十条　进度控制。

1. 外购部门依照请购单(外购)及采购控制表控制外购作业进度。

2. 外购部门在作业进度延迟时,应主动开具进度异常反应单,来记明异常原因及处理对策,凭此修订进度并通知请购部门。

3. 外购部门一旦发现外购"装货日期"有延误时,应立即主动与供应商联系催交,并开立进度异常反应单,来记明异常原因及处理对策,通知请购部门,并按请购部门意见办理。

第二十一条　进口签证前、请购单(外购)核准后的专案申请。

1. 专案进口机器设备的申请。专案进口机器设备时,外购部门应准备全部文件申请核发"输入许可证",申请函中并应请求"国贸局"在"输入许可证"上加盖"国内尚无产制"的戳记及核准章,以便进口单位凭以向海关申请专案进口及分期缴税。

2. 进口度量衡器具及管理物资时,外购部门应于申请"输入许可证"之前准备"报价单"及其他有关资料送进口单位向政府机关申请核准进口。

第二十二条　进口签证外购物资订购后,外购部门应立即检具请购单(外购)及有关申请文件,与申请外汇处理单一道送进口单位办理签证。进口单位应依预定日期向国家贸易局办理签证,并在"输入许可证"核准后通知外购部门。

第二十三条　进口保险。

1. 具有FOB、FAS、CIF条件的进口项目,进口单位应依请购单(外购)上外购部门指示的保险范围办理进口保险。

2. 进口单位应将承保公司指定的公证行在请购单(外购)上标示,以便货品进口必须公证时,进口单位凭此联络该指定的公证行办理公证。

第二十四条　进口船务。

1. FOB、FAS的进口项目,进口单位(船务经办人员)于接到请购单(外购)时,应视其"装运口岸"及"装船期限"并参照航运资料,原则上选定三家以上船运公司或承揽商,以便进口货品可机动选择船只装运。

2. 进口单位(船务经办人员)应将所选定的船运公司或承揽商名称,提供给进口结汇经办人员,并在信用证开发申请书上列明,作为信用证条款,向发货人指示装船。

3. 如因输出口岸偏僻或因使用部门急需,为避免到货延误,外购部门应于请购单(外购)上注明,避免在信用证上指定船运公司后又委由发货人代为安排装船。

第二十五条　进口结汇。

进口单位应依请购单（外购）标示的"开发信用证日期"办理结汇，并于信用证（L/C）开出后以"开发L/C快报"通知外购部门联络供应厂商。

第二十六条　税务。

1. 免货物税及"工业用证明"的申请进口的货品可申请免货物税者，外购部门应于输入许可证核准后，检具必须文件，向税捐处申请，经取得核准函后向海关申请免货物税。

2. 税则预估、分期缴税的申请及办理外购部门应于进口前检具有关文件，凭此向海关申请税则预估，经核准后办理分期缴税及保证手续。

第二十七条　输入许可证、信用证的修改。

供应商要求修改输入许可证或信用证时，外购部门应开立信用证、输入许可证修改申请书，经呈核后，检具修改申请文件送进口事务科办理。

第二十八条　装船通知及提货文件的提供。

1. 外购部门接到供应商通知有关船名及装船日期时，应立即填制装船通知单，分别通知请购部门、物资管理部门及有关部门。

2. 外购部门收到供应商的装船及提货文件时，应出具输入许可证及有关文件，将装运文件外购单送进口单位办理提货背书。

3. 提货背书办妥后，外购部门应检具输入许可证及其他有关文件，以装运文件处理单办理报关提货。

4. 进口管理物资时，外购部门应在收到装运文件后，检具必须文件送政府主管机关申请进口放行证或进口护照，以便据此报关提货。

第二十九条　进口报关。

1. 关务部门收到请购单（外购）及报关文件时，应视买卖、保险及税率等条件填制进口报关处理单连同报关文件，委托报关行办理报关手续，同时开立外购到货通知单（含外购收料单），送仓库办理收料。

2. 对于不结汇进口物品，进口单位（邮寄包裹则为总务部门）应于接获到货通知时，查明品名、数量等资料，并会同外购部门确认需要提货时再行办理报关提货。如系无价进口的材料、补运赔偿及退货换来等，报关时关务部门应开立外购到货通知单（含外购收料单）通知收货部门办理收料，而属其他物资的则应该由收件部门于联络单签后，送处理部门处理。

3. 缴纳关税前进口单位应核对税则、税率，然后申请暂借款缴纳。

4. 海关估税的税率如与进口单位估列者不符时，进口单位应立即通知外购部门提供有关资料，于海关核税后14天内以书面形式向海关提出异议，申请复查，并申请暂借款办理押款提货。押款提货的项目，进口单位应在进口报关追踪表记录，以便督促销案。

5. 税捐记账的进口案件，进口单位应依请购单（外购），于报关时检具必须文件办理具结记账，并将记账情况记入税捐记账额度记录表及税捐记账额度控制表。

6. 船边提货的进口物资，进口单位应于货物抵港前办妥缴税或记账手续，以便船只抵港时，即时办理提货。

第三十条　报关进度控制分报关、验关、估税、缴税、放行五阶段，关务部门以进口报关追踪表控制通关进度。

第三十一条　公证。

1. 各公司事务部应依物资进口索赔记录及材料特性等因素，研判材料项目，通知进口单位在物资进港时,会同公证行前往公证。

2. 外购物资于验关或到厂后发现短损且符合索赔条件者,进口单位应于接到报关行或物资仓库的通知时,联络公证行办理公证。

3. 进口物资在办理公证时,进口单位应于公证后根据索赔经办时效,索取公证报告分送有关部门。

第三十二条　退汇。外购部门依进口物资的装运情况,判断信用证剩余金额已无装船的可能时,应在提供报关文件时提示进口单位,并于进口物资放行及输入许可证收回后,开立信用证退汇通知单连同输入许可证送进口事务科办理退汇。

第三十三条　索赔。

1. 外购部门接到收货异常报告后,应立即填制索赔记录单连同索赔资料交索赔经办部门办理。

2. 以船运公司或保险公司为索赔对象时,由进口单位办理索赔;以供应厂商为索赔对象时,由外购部门办理索赔。

3. 索赔案件办妥后,索赔记录单应依原采购核决权限呈核后归档。

第三十四条　退货。

1. 外购物资须予退货或退换时,外购部门应适时通知进口单位依政府规定期限向海关申请。

2. 外购部门应负责办理复运出口、进口的有关事务,其出口进口签证、船务、保险报关等事务则委托出口单位及进口单位配合办理。

□　价格品质复核

第三十五条　价格复核。

1. 采购部门应经常调查主要物资的市场行情,建立供应商资料,作为采购及价格审核的参考。

2. 采购部门应对内各部门所列重要物资以及提供的市场行情资料,作为物资存量管制及核决价格的参考。

第三十六条　品质复核。采购部门应对内所使用的材料品质予以复核,并形成完整资料。

第三十七条　异常处理。审查作业中如果发现异常情形,采购部门、审查部门应立即填写采购事务意见反映处理表,通知有关部门处理。

四、采购作业实施制度

□　总　则

第一条　为使采购作业有章可循,规范采购作业事务,提高采购成效,特制定本制度。

第二条　要求。

1. 采购对象。采购前对物资质量、性能、供应商报价水平、交货期限、售后服务等作出评价，以供选择时参考。

2. 价格质量。以合理价格购取较高品质物资。

3. 时限。配合使用部门需要日期及需要量，联络供应商及时供应。

第三条　采购方式。

采购部门应视物资的使用状况、用量、采购频率、市场供需状况、交易习惯及价格稳定性等因素，选择最有利的采购作业方式来办理采购作业。

1. 定期合同采购。对于经常使用且生产过程中不可或缺的或经常使用且市场价格稳定的生产物资，可选用本方式办理。

2. 特约厂商采购。对于用量、费用不太高的单项物资，可简化采购作业，由采购部门择定特约厂商，介绍使用部门直接向该厂商洽购。但在付款前应送采购部门审核，不高于市价时予以付款。

3. 一般采购。不适用于前述采购方式者，采购部门按请购部门提出的请购单，逐笔询价、议价，在确定交易条件后订购。

第四条　采购期限。

1. 采购部门应按照请购部门提出的需要日办理采购。为达到这一要求，掌握适当的采购时机，采购部门应召集有关部门按物资的特性、采购地区及市场供需状况等拟订各项物资采购作业处理期限，呈总经理核准后公布实施。原则上应以供货合约拟明的交货期限为准，加计请购呈批及验收所需时间。

2. 原定采购作业处理期限变更时，采购部门应专函报告具体原因，呈总经理核准后，通知各有关部门，以利于存量管制及适时提出请购。

第五条　核批权限。特约厂家采购项目由经理核批，涉及资金超过××元时呈总经理核批。

二　供应厂商

第六条　各项生产物资的供应商至少应有三家，各家背景及交易资料应记载于供应厂商资料卡存档备用。对于未达标准的生产物资，采购部门应开发新供应商，或报送主管部门拟定开发计划。

第七条　新供应商的开发，由生产管理部门会同采购人员实地考察生产设备、工艺流程、生产能力、产品质量等以后填制供应厂商资料卡。呈总经理核准后，列为备选厂商。

第八条　对于交货质量不良、无法按期交货或停止营业的供应商应予撤销设定。届时应该由采购部门以签呈方式说明原因，送生产管理部门复查，并呈总经理核准后，通知对方。

三　采购作业

第九条　询价作业。

1. 采购部门收件人员收到请购单或外购单时，即加盖收件章，转采购经办人员办理询价作业。

2. 各采购人员收到请购单或外购单时，应先判断请购物资的品名、规格、需求日期、数量等是否填写明确，有无供应厂商报价。对于资料填写不全或规格不详者，注明"填单异常，说明欠详"等字样后退回请购部门修订。

3. 询价程序

（1）由采购人员参考过去采购记录或供应厂商资料至少拟定三家询价对象（独家代理、原厂牌零配件无法替代等并报经主管核准者除外），并填记在请购单上。

（2）对于加工合同采购项目，采购部门应要求厂商填具成本分析表连同报价单一并送来，作为议价参考。

（3）采购人员询价时，应将询价截止日期填注于请购单内，以便通知供应厂商。

（4）采购人员在通知厂商报价后，应紧跟催促进度。

4. 询价完成后，采购助理人员应将询价、报价的全部资料整理报送采购人员据以议价。

5. 我国报价物资的规格较复杂或与请购规格不尽相同，采购助理人员可将全部资料填制采购事务征询单，连同有关报价资料送请购部门签注意见。签注完成后，送交采购人员按请购部门意见处理，必要时重新询价。

第十条 议价作业。

1. 采购人员收到不需会签或已会签完成的询价、报价资料时，应结合会签结果、各厂商报价，查阅前购记录及供应商资料卡、市场行情，经成本分析后，拟定议价对象、议价策略及拟购底价（并报告有关主管），以供议价之用。

2. 议价。

（1）议价时除注意质量、价格外，还应注意交货期有无保证，能否向厂商争取分期付款等。

（2）议价可采用多种形式进行。议价完成后，由采购人员拟定合作对象，呈请有关主管核批。

第十一条 订购作业。

1. 由采购人员于请购单上填记订购日及约定日，再交由采购助理人员填制采购联络函，寄送厂商。将请购单第二联送仓库以待收料。

2. 预付订金或采购金额较大，或有附带条件的采购项目，采购人员应先与厂商签订供销合同书。合同书正本两份，一份存采购部门，一份存供应厂商；副本若干份，分存请购部门、收料部门、会计部门及供应厂商。

采购异常处理

第十二条 请购项目的撤销。各采购人员收到原请购部门送来的撤销请购单后按下列方式办理：

1. 如果原请购项目尚未办理，由采购人员在原请购单据上加盖"撤销"章，再交由采购助理人员将原请购单与撤销请购单第二联退原请购部门，第一联自存，按一般请购单据存档方式处理。

2. 如果原请购项目已向厂商订购，由采购人员与供应厂商接洽撤销订购，经供应厂商同意撤销后，向供应厂商取回采购联络函，依第 1 项方式处理。如果供应厂商坚持不能撤销，采购人员应于撤销请购单上注明原因，呈总经理核签后，由采购助理人员将撤销请购单寄回原请购部门。

第十三条 紧急请购。采购人员接到紧急请购通知时，应立即查明请购物资的名称、规格、数量、请购单号及交货地点等资料，并以电话询议价格，待收到正式请购单时，补入询议价结果，按急件方式处理。

第十四条 交货质量异常。各采购人员收到物资管理部门验收不合格的物资检验报告表时,应尽快与供应厂商交涉扣款、退货、换货等事宜,并将交涉结果记录于物资检验报告表的采购处理结果栏内,呈总经理核签后,送回仓库。

1. 对于需退料、换料或补交者,采购人员应于物资检验报告表的采购处理结果栏内注明厂商电话及预定的处理日期。

2. 因质量不合格而退货换料,可按逾期交货处理。而逾期日数应从采购经办人员通知厂商换料之次日起计算。

3. 采购人员如未能按请购部门意见处理时,应将与厂商交涉结果记入采购处理结果一栏,送原请购部门签注意见,或会同原请购部门共同处理。

4. 交期延误罚扣处理。采购人员收到交货延误或统一发票逾7天未送资料科整理付款事务时,应按下列方式处理:

(1)计算逾期罚扣金额并通知厂商罚扣原因与金额。

(2)在厂方同意扣款或补足发票时,由采购人员在收料单及发票上填记实付金额或发票号码,呈生产总监核签后,连同原请购单第二联、收料单、物资检验报告表等资料,送会计部门整理付款。

(3)如厂方不同意按第(1)项方式扣款,采购人员应继续与厂商交涉并呈董事长核决后按第(2)项方式处理。

第十五条 属销售惯例或厂商需超交的,采购人员应于请购单采购记录栏内注明,以作为仓库收料的依据。

第十六条 以暂借款采购,采购人员应在请购单采购记录栏内加盖"采购部门整理付款章",以免会计部门重复付款。

第十七条 价格变动处理。

1. 外销产品原材料价格变动时,采购部门应立即通知外销部门重新审理产品报价水平,避免不当损失。

2. 采购部门应于奇数月5日前,核算各种材料价格变动情形,填写主要原材料价格波动月报表,呈生产总监核批处理。

第十八条 采购作业进度控制。

1. 采购人员对于每一采购项目均应根据需要确定作业进度管制点,预定作业进度。

2. 预定作业进度应能配合请购项目缓急,且各作业进度须在预定日期前完成。

3. 对于未能在预定日期前完成的采购项目,采购人员会同请购部门研究处理对策。

五、采购物资检验管理制度

第一条 确保采购物资的质量合乎标准。

第二条 范围。原料、外协加工品的检验。

第三条 实施单位。质量管理部进料科、加工品科及其他有关单位。

第四条 检验员收到验收单后,要依检验标准对采购物资进行检验,并将供应厂商、品名、规格、数量、验收单号码等,填入检验记录表内。

第五条 判定合格后,即将进料加以标示"合格",填妥检验记录表及验收单内的检验情况,并通知仓储人员办理入仓手续。

第六条 判定为不合格的物资,即将进料加以标示"不合格",填妥检验记录表及验收单内的检验情况。并将检验情况通知采购部门、请购部门。

第七条 采购物资应于收到验收单后 3 日内验毕,但紧急需用的进料优先办理。

第八条 检验时如无法判定物资的合格与否,则即请工程部(设计工程科)、请购单位派人会同验收,判定合格与否。会同验收者,也必须在检验记录表内签章。

第九条 检验员执行检验时,抽样应随机化,并不得参进个人的喜好等感情色彩。

第十条 对进料检验情况进行反馈,将供应商交货质量情况及检验处理情况登记于厂商交货质量履历卡内及厂商交货质量月报表内。

第十一条 依检验情况对检验规格(物资、零件)提出改善意见或建议。

第十二条 检验仪器、量规的管理与校正。

第十三条 本规定经质量管理委员会核定后实施,修正时相同。

六、采购物资验收管理制度

□ 内购收料

第一条 物资进厂后,收料人员必须依采购单的内容核对供应商送来的物资的名称、规格、数量和送货单及发票。清点数量无误后,将到货日期及实收数量填记于请购单,办理收料。

第二条 如发现所送来的物资与采购单上所核准的内容不符时,应即时通知采购部门进行处理。原则上非采购单上所核准的物资不予接受,如采购部门要求收下所送物资时,收料人员应告知主管,并于单据上注明实际收料状况,并会签采购部门。

□ 外购收料

第三条 物资进厂后,物资管理人员即会同检验单位依装箱单及采购单开箱核对物资的名称、规格并清点数量,并将到货日期及实收数量填于采购单。

第四条 开箱后,如发现所装载的物资与装箱单或采购单所记载的内容不同时,通知经办人员及采购部门进行处理。

第五条 如果发现所装载的物资有倾覆、破损、变质、受潮等异常时,经初步计算损失将超过 5 000 元以上者,收料人员应即时通知采购人员联络公证处前来公证或通知代理商前来处理,并尽可能维持异常状态以利公证作业。如未超过 5 000 元者,则依实际的数量办理收料,并于采购单上注明损失数量及情况。

第六条 损失超过 5 000 元以上者由公证处或代理商确认后,物资管理人员开立索赔处理单呈主管核示,核示后送会计部门及采购部门督促办理。

□ 物资待验

第七条 进厂待验的物资，必须于物资的外包装上贴材料标签并详细注明料号、品名、规格、数量及入厂日期，且与已检验者分开储存，并规划待验区以示区分。

第八条 收料后，收料人员应将每日所收物资汇总填入进货日报表作为入账销单的依据。

□ 数量超出的处理

第九条 交货数量超过订购量部分应予退回。属买卖惯例、以重量或长度计算的物资，其超交量在3%以下，由物资管理部门收料时，在备注栏注明超交数量，经请购部门主管同意后，始得收料，并通知采购人员。

□ 数量短缺的处理

第十条 交货数量未达订购数量时，以补足为原则，但经请购部门主管同意，可免补交。短交如需补足时，物资管理部门应通知采购部门联络供应商处理。

□ 急用物资的收料

第十一条 紧急物资于厂商交货时，如果物资管理部门尚未收到请购单，收料人员应先洽询采购部门，确认无误后，始得依收料作业办理。

□ 物资的验收规范

第十二条 为利于物资检验收料的作业，质量管理部门应就材料重要性及特性等，适时召集使用部门及其他有关部门，依所需的物资质量研定物资验收规范，呈总经理核准后公布实施，作为采购及验收的依据。

□ 物资检验结果的处理

第十三条 检验合格的物资，检验人员在外包装上贴合格标签，以示区别，物资管理人员再将合格品入库定位。

第十四条 不符合验收标准的物资，检验人员在物资包装上贴不合格的标签，并在物资检验报告表上注明不良原因，经主管核示处理对策并转采购部门处理及通知请购部门后，再送回物资管理部门凭此办理退货，如特采时则办理收料。

□ 附则

第十五条 本制度由生产部起草制定，由生产总监核定并报总裁批示后启用。

七、一般物资采购合同

订立合同双方：

供方：_____

需方：_____

供需双方本着平等互利、协商一致的原则,签订本合同,以资双方信守执行。

第一条 商品名称、种类、规格、单位、数量

品名	种类	规格	单位	数量	备注

第二条 商品质量标准可选择下列第_____项作标准：

1. 附商品样本,作为合同附件。
2. 商品质量,按照_____标准执行。(副品不得超过_____%)。
3. 商品质量由双方议定。

第三条 商品单价及合同总金额

1. 商品定价,供需双方同意按_____定价执行。如因原料、材料、生产条件发生变化,需变动价格时,应经供需双方协商。否则,造成损失由违约方承担经济责任。
2. 单价和合同总金额：_____。

第四条 包装方式及包装品处理_____。

(按照各种商品的不同,规定各种包装方式、包装材料及规格。包装品以随货出售为原则；凡须退还对方的包装品,应按铁路规定,订明回空方法及时间,或另作规定。)

第五条 交货方式

1. 交货时间：_____。
2. 交货地点：_____。
3. 运输方式：_____。

第六条 验收方法_____。

(按照交货地点与时间,根据不同商品种类,规定验收的处理方法。)

第七条 预付货款(根据不同商品,决定是否预付货款及金额。)

第八条 付款日期及结算方式_____。

第九条 运输及保险_____。

(根据实际情况,需委托对方代办运输手续者,应于合同中订明。为保证货物途中的安全,代办运输单位应根据具体情况代为投保运输险。)

第十条 运输费用负担_____。

第十一条 违约责任

1. 需方延付货款或付款后供方无货，使对方造成损失，应偿付对方此批货款总价____%的违约金。

2. 供方如提前或延期交货或交货不足数量者，供方应偿付需方此批货款总值____%的违约金。需方如不按交货期限收货或拒收合格商品，亦应按偿付供方此批货款总值____%的违约金。任意一方如提出增减合同数量，变动交货时间，应提前通知对方，征得同意，否则应承担经济责任。

3. 供方所发货品有不合规格、质量或霉烂等情况，需方有权拒绝付款（如已付款，应订明退款退货办法），但须先行办理收货手续，并代为保管和立即通知供方，因此所发生的一切费用损失，由供方负责，如经供方要求代为处理，并须负责迅速处理，以免造成更大损失，其处理方法由双方协商决定。

4. 约定的违约金，视为违约的损失赔偿。双方没有约定违约金或者预先赔偿额的计算方法的，损失赔偿额应当相当于违约所造成的损失，包括合同履行后可以获得的利益，但不得超过违反合同一方订立合同时应当预见到的因违反合同可能造成的损失。

第十二条 当事人一方因不可抗力不能履行合同时，应当及时通知对方，并在合理期限内提供有关机构出具的证明，可以全部或部分免除该方当事人的责任。

第十三条 本合同在执行中发生纠纷，签订合同双方不能协商解决时，可向人民法院提出诉讼。（或申请_____仲裁机构仲裁的解决）

第十四条 合同执行期间，如因故不能履行或需要修改，必须经双方同意，并互相换文或另订合同，方为有效。

需方：_____（盖章）　　供方：_____（盖章）

法定代表人：_____（盖章）　　法定代表人：_____（盖章）

开户银行及账号：_____　　开户银行及账号：_____

　　　　　　　　　　　　　　　　　　　　　　_____年_____月_____日

八、物资采购计划表

物资采购计划表，如表29-1所示：

表29-1　物资采购计划表

编　号：　　　　　　　　　　　　　　　　　　　　　　　　　　　日　期：

材料名称	规格	部门	全年采购量	单价	分月采购计划											
					月		月		月		月		月		月	
					数量	金额	数量	金额	数量	金额	数量	金额	数量	金额	数量	金额

九、物资定期采购计划表

物资定期采购计划表,如表29-2所示:

表29-2 物资定期采购计划表

编 号: 日 期:

材料名称	规格	每月估计用量	订购交货日期	每日用量	每日最高用量	基本存量	最高存量	基本存量比率	每次订购数量

十、请 购 单

请购单,如表 29-3 所示：

表 29-3 请 购 单

编号：　　　　　　　　　　　　　　　　　　　　　　　　　　　　日　期：

材料编号	品名规格	单位	请购量	用途	分 批 交 货			
					日期			
					数量			

月 日 库存		在　途		库存合计		进货期间	安全存量	请购点		请购量可用天数	前3个月平均用量	后3个月预算用量
数量	可用天数	数量	可用天数	数量	可用天数			天数	日期			

备注

十一、物资采购申请表

物资采购申请表,如表29-4所示:

表29-4 物资采购申请表

编号:　　　　　　　　　　　　　　　　　　　　　　　　　　　　　　　　　　日　期:

序号	料号	品名规格	单位	单价	金额	备注

十二、物资订购单

物资订购单,如表29-5所示:

表29-5 物资订购单

厂 商:				日 期:		
地 址:		电 话:			编 号:	

项 次	材料编号	品名规格	单 位	数 量	单 价	合 计
交货日期						
交货地点						
注意事项				交易条款		

第三十章 私营企业质量管理制度与规范

一、生产质量管理工作内容

(一)确定质量管理的目标与计划

在生产经营活动中,提高产品的质量是一个最基本的问题。提高产品质量,会对产品性能、效率、耐用性等诸方面提出新的具体要求。质量管理工作必须针对新的情况和新的问题,确定产品质量目标和编制质量指标计划,使一定时期的质量管理工作有明确的方向,以利于全体员工共同努力实现目标,保证产品质量。

质量管理的指标包括两个方面的内容:

1. 反映产品质量的等级品率、平均等级系数等。
2. 反映工作质量的合格品率、废品率等。

(二)严格推行标准化作业方式

1. 标准化作业主要是指操作工人作业方法的标准化、一班作业标准化、岗位一日工作标准化。推行标准化作业可以减少因个人情绪波动对质量的影响,有利于保证和提高产品质量。

2. 标准化作业的内容,同工种有关,如机械加工车间的标准化作业包括:工人作业时操作程序与要领;机床的切削用量;设备定期、定点润滑;刀具定时更换;刀具更换时的作业要领;量具、模具使用的程序与要领等。

3. 生产车间应严格按图样、按工艺、按标准进行组织生产。现场操作人员的基本职责就是严格按照作业标准完成生产任务。标准化作业要求彻底消除浪费,使操作工人的生产作业活动规律化、规范化。标准化作业的重点是要使物品的流量细小化,流速要快,仅在必要的时刻作出必要数量的必要产品,为达到此目的,使人、机器及物品实现最佳效率组合,也就是标准化的生产方式。

(三)开展日常管理检查制度

1. 日常管理的对象包括五个方面的内容,即工艺纪律、计量使用、三检制、主项检查、管理点。这些都是为保证日常生产正常进行所不可缺少的现场质量管理活动,生产车间领导应组织检查五项管理的执行情况,作为质量管理工作考核的依据。

2. 在质量管理过程中,要做到:使每个生产班次都处于受控状态;坚持每小时进行一次产量、质量和工艺数据监视和测量;要对影响工序质量的因素进行预防性管理和控制,设置质量管理点;通过信息反馈系统、分析系统,及时纠正故障或质量问题,保证产品质量。

(四)对统计过程的控制

统计过程控制是应用统计技术分析过程或其输出,进而采取适当措施以达到并保持统计控制状态,提高过程的能力。

确保产品实现每个过程并在出现异常时及时有效地纠正,这是生产现场质量管理的基本目标,也是保证产品质量的基本途径。

(五)生产工序能力的控制

生产工序能力是指当工序处于稳定状态下能够加工出合格品的能力。生产工序能力满足质量要求的程度,具体可以根据工序能力指数的大小来进行表示。生产工序能力过高或不足都不合适,工序能力不足将会影响产品质量,工序能力过高,产品加工精度提高,会造成不必要的浪费。因此,必须要对产品生产的工序能力进行控制,在保证达到产品质量标准的同时还要注意经济性。

（六）加强对生产现场不合格产品的管理

当生产现场出现不合格品后,生产车间应及时进行确认、标识、隔离,并通知有关部门与人员,严格按照要求进行评审、处置,应分析不合格品的严重性,分析产生不合格品的原因,研究应采取的措施。

如果现场发生质量事故,生产车间应及时对事故原因进行详细的调查与取证,注意从中吸取教训,以避免同类事故的再次发生,同时要对相关的责任人作出处理,并加强对员工的安全教育。

（七）进行生产质量检验工作

1. 生产质量检验工作是质量管理的传统工作方法,在生产质量管理工作中仍然具有重要作用。

2. 生产质量检验工作包括事前检验、事中检验和事后检验三方面,事前检验是对投入的原材料等材料物资的检验,防止由于材质问题造成不合格品的产生;事中检验是对生产过程在制品检验,不断取得产品加工质量信息,以利对生产过程进行动态控制,也能防止不合格的在产品继续加工造成不必要的浪费;事后检验是对产成品的检验,防止不合格品流入下道工序和市场。

（八）培养车间员工的质量意识

产品质量是全体员工全部工作质量的综合反映,只有通过全体员工的共同努力才能生产出符合质量标准的产品。因此,车间主任必须经常对全体员工进行质量思想教育,帮助员工提高质量意识,树立质量第一的思想。

（九）开展全面检查活动

全面质量检查是指操作人员的自检、互检与专检。

实行全面质量检查应合理地确定专检、自检、互检的范围,通常原材料、半成品、成品的检验以专职人员检验为主,生产过程各工序的检验以现场工人自检、互检为主,专职人员巡逻抽检为辅。

（十）防错技术的运用

生产现场影响产品质量因素多、变化快,操作者因干扰或工作复杂容易出错,这是难以避免的,如何在违章作业、操作失误或设备故障时,能自动发现、停止或排除,这就需要在操作程序、工艺、设备工装等设计时适当引入防错技术。

二、生产质量管理工作任务

产品要经过设计、制造、销售和使用过程,从范围看,产品质量也有个产生、形成和实现过程。质量管理工作应贯彻于产品从生产到使用的全过程,即所谓全过程的质量管理,它是全面质量管理的重要特征之一。

车间是产品生产部门,车间质量管理主要是对产品制造过程实行质量管理和质量控制。具体来讲要解决以下问题:

(一)组建一个稳定的生产系统,为生产符合质量标准的产品提供硬件保证。

(二)对生产过程进行质量控制和监督,提高加工质量,生产出合格产品。

(三)加强对成品或半成品的检验,防止生产中出现的不合格品流入下一道工序或进入市场。

(四)对质量问题的预防。重点预防产品质量问题和防止质量问题的重复出现。

(五)产品质量的保持。利用科学的管理方法和技术措施,及时发现并消除合格率下降或不稳定的趋势,保证制造质量。

(六)产品质量的改进。不断提高制造质量,把合格品率和一次交验合格率提高到新的水平。

(七)产品质量的评定。通过检验手段,正确、及时、经济地评定产品质量,包括产品质量的合格与否或质量等级并提供质量信息。

(八)建立稳定有效的生产系统,建立质量保证体系。抓好每台生产设备和每个生产环节的质量管理,严格执行技术标准,保证产品质量达到或超过技术标准的要求,努力生产优质品,尽量减少不合格品,并做好为用户服务的技术服务工作。

三、生产质量管理工作程序

生产质量管理是一项系统的工程管理,对于方方面面的问题,都要进行改进。从生产管理的实际出发,可以将质量管理的过程分为产品设计过程、生产制造过程、辅助过程和使用过程四个过程的质量控制。

(一)产品设计过程中的质量管理

产品设计包括市场调查、产品设计、工艺准备、试制和鉴定等过程。这一阶段质量管理工作的主要内容包括以下几方面。

1. 制定产品质量目标

通过市场调查研究,并根据客户要求、各类经过收集与分析整理的信息、经营目标等问题,综合制定产品质量目标。质量目标要符合目标市场内所有客户的需求,包括已经使用和尚未使用产品的客户。质量目标要比客户需要的标准适当高一些,但也不能太高。如果定位太高的话,就应该采用客户等级战略,针对市场价值较大的客户。如果针对所有目标市场,那么过高的质量目标将会是一种资源浪费。

2. 确定合适的产品设计方案

设计部门在进行产品设计的过程中,应联合各部门,如销售、研发设计、工艺、制造和品质管理、采购、物资、企划等部门,进行审查和验证,并经过小范围的客户试用,最终确定合适的设计方案。

不同的设计方案,反映着同一产品的不同质量水平或称设计等级。不同质量水平的产品,必将引起成本和价格上的不同。而任何产品的价格,通常总是有限度的,当价格超过一定限度,用户就会减少。为了提高产品质量水平,成本的上升趋势几乎是无限的。因此,选定一个合适的设计方案,从经济角度看,就有一个产品质量最佳水平的问题。

3. 保证技术文件的质量

技术文件主要包括设计图纸、产品配方、工艺规程和技术资料等内容,它们是产品设计过程的最后成果,是进行生产制造活动的技术依据,也是进行质量管理的依据。因此,要保证产品的质量就要求技术文件本身有品质保证。对于技术文件的质量要求是正确、完整、统一、清晰。

对于产品设计的相关技术文件,要进行登记、保管、复制、发放、收回、修改、注销等工作,都应按规定的程序和制度办理;必须把技术文件的修改权集中起来,建立严格的修改审批和会签制度;应当建立技术的科学分类和保管制度;对交付使用的技术文件实行借用制与以旧换新的制度。

4. 对产品的标准化进行审查

产品在设计的过程中如果能够做到标准化、通用化、系列化,则不仅有利于减少零部件的种类,扩大生产批量,提高制造过程质量,保证产品的质量,而且有利于提高设计工作质量,简化生产技术准备工作。因此,做好对产品标准化的审查,是设计过程质量管理的一项工作内容。

5. 严格遵守设计、试制的工作程序

新产品的设计试制,应当按照科学的设计试制程序进行。一般这种工作程序是研究、试验、产品设计、样品试制试验和有关工艺准备、样品鉴定、定型、小批试制和有关工艺准备、小批鉴定的工艺。应当在确保前一段工作完成和确认的情况下,再进行下一阶段。

(二)生产过程中的质量管理

生产过程是对产品直接进行加工的过程。它是产品质量形成的基础,也是质量管理的基本环节。生产过程质量管理的基本任务是保证产品的制造质量,建立一个能够稳定生产合格品和优质品的生产系统。其主要工作内容有如下。

1. 对生产工序的质量控制

生产工序质量控制是保证生产过程中产品品质稳定性的一种重要手段。它要求在不合格品产生之前,就能够进行预防,并能及时地加以处理和控制,有效地减少和防止不合格品的产生。

组织工序质量控制应当建立管理重点。管理重点是在生产过程中对各工序进行全面分析的基础上,把一定时期内,一定条件下,需要特别加强和控制的重点工序或重点部位,明确为质量管理的重点对象。对它应使用各种必要的手段和方法,加强管理。建立管理重点的目的,是为了明确制造过程中质量控制工作的重点,有的放矢,使生产处于一定作业标准的管理状态中,以保证工序质量的良好。

2. 进行质量分析,掌握质量动态

质量分析应包括废品(或不合格品)分析和成品分析。废品分析,是为了找出造成的原因和责任,发现和掌握产生废品的规律性,以便采取措施,加以防止和消除。分析成品,是为了全面掌握产品达到质量标准的动态,以便改进和提高产品质量。质量分析一般可以从规定的某些质量指标入手,逐步深入。质量指标有两类:一类是产品质量指标,如产品等级率、产品寿命等;另一类是工作质量指标,如废品率、不合格品率等。

3.做好质量检验工作

要严格管理各生产工序的质量问题,保证按质量标准进行生产,防止不合格产品转入下一道工序和出产。质量检验工作一般包括原材料进厂检验、工序间检验和产品出厂检验。

4.进行文明生产

要进行文明生产,必须做到以下标准:

(1)应按生产过程组织的客观规律,提高生产的节奏性,实现均衡生产。

(2)应有严明的工艺纪律,养成自觉遵守的习惯。

(3)制品码放整齐,储运安全;设备整洁完好。

(4)工具存放井然有序。

(5)工作场地布置合理。

(6)空气清新,照明良好。

(7)四周颜色明快、和谐,严格控制噪声。

(三)辅助生产过程中的质量管理

辅助生产过程,是为保证生产过程正常进行而提供各种物资技术条件的过程。它包括生产物资的采购供应、动力生产、设备维修、工具制造、仓库保管、运输服务等过程。辅助生产过程管理的基本任务是提供优质服务和良好的物质技术条件,以保证和提高产品质量。辅助生产过程管理的主要内容有:

1.做好生产物资采购供应的质量管理,保证采购质量,严格入库物资的检查验收,按质、按量、按期地提供生产所需要的各种物资(包括原材料、辅助材料、燃料等)。

2.组织好生产设备的维修工作,保持生产设备处于良好的技术状态。

3.做好工具制造与供应的质量管理工作。

(四)产品使用过程中的质量管理

产品使用过程是最终由顾客来考察产品实际质量的过程,产品使用过程质量管理的基本任务是提高产品服务的质量(包括售前服务和售后服务),保证产品的实际使用效果,不断促使研究、改进产品品质。

产品使用阶段质量管理的工作内容主要是开展服务工作,处理出厂产品质量问题;调查产品使用效果和用户要求等。要做好这些工作内容,需要准备好以下资料:

1.生产的产品在实际使用中是否真正达到规定的品质标准。

2.产品在使用中是否实现了设计所预期的质量目标。

3.除了预期达到的质量目标外,使用中还有哪些要求是原先没有考虑到的。

4.预计用户可能出现的新的需求。

四、质量管理制度模板

1.为保证本质量管理工作的顺利开展,及时发现问题,并且迅速处理问题,以确保提高产品的质量,使其符合市场的需要,特制定本制度。

2. 质量标准及检验标准的范围

（1）原材料质量标准与检验标准

（2）半成品质量标准与检验标准

（3）产品质量标准与检验标准

3. 质量标准与检验标准的制定

（1）质量标准。生产管理部会同质量管理部、生产部、营销部、研发部及有关人员根据内部的操作规范，并参考国家标准、行业标准、国际标准、客户需求、本身制造能力以及原料供应商水准，分原材料、半成品、产品填制《质量标准及检验标准制（修）订表》（一式二份），报生产总监批准后，质量管理部一份，研发部一份，并交有关部门负责具体执行。

（2）质量检验标准。生产管理部会同质量管理部、生产部、营销部、研发部及有关人员，分原料、半成品、产品将检查项目规格、质量标准、检验频率、检验方法及使用仪器设备等填注于《质量标准及检验标准制（修）订表》内，交有关部门主管核签并经生产总监核准后分发给有关执行部门。

4. 质量标准与检验标准的修改

（1）内部的各项质量标准、检验规范，如果遇到设备的更新、技术的改进、生产过程的改善、市场的需要以及加工条件的变更等情况时，可进行适当的修改。

（2）生产管理部每年年底前至少重新校正一次，并参照以往质量实绩会同有关部门检查各规格的标准及规范的合理性，并进行修改。

（3）质量标准与检验标准在进行修改时，生产管理部应填写《质量标准及检验标准制（修）订表》，并说明修改的原因，交有关部门主管核签。最后报生产总监批示后，方可凭此执行。

5. 生产仪器的校正、维护计划

（1）维护周期的设定。仪器使用部门应依仪器购入时的设备资料、操作说明书等资料，填制《仪器校正、维护基准表》，设定校正、维护周期，作为仪器年度校正、维护计划的拟订及执行的依据。

（2）年度校正计划与维护计划。仪器使用部门应于每年年底依据所设定的校正、维护周期，填制《仪器校正计划实施表》、《仪器维护计划实施表》，作为年度校正及维护计划实施的依据。

6. 生产仪器校正计划的实施

（1）仪器校正人员应依据《年度校正计划》来执行日常的校正、精度校正作业，并将校正结果记录于《仪器校正卡》内，一式一份，存于使用部门。

（2）生产仪器的外协校正。有关精密仪器每年应定期由使用部门通过质量管理部或研发部申请委托校正，并填立《外协请修单》，以确保仪器的精确度。

7. 生产仪器的使用与保养

（1）生产仪器的使用。

◎生产仪器使用人在进行各项检验时，应根据相关规范所规定的操作步骤操作，使用后要妥善进行保管与保养。

◎对于特殊精密仪器，使用部门主管应指定专人操作与负责管理，非指定操作人员不得随意使用。

◎生产仪器使用部门的主管应负责检核各使用者操作的正确性以及日常保养与维护，如有不当的使用与操作应予以纠正教导，并进行适当的处罚。

◎各生产部门使用的仪器设备由使用部门自行校正与保养，由质量管理部不定期抽检。

(2)生产仪器的保养。

◎仪器保养人员应依据内部的年度维护计划来执行保养作业,并将结果记录于《仪器维护卡》内。

◎生产仪器的外协修造。当仪器发生故障且设备、技术能力不足时,保养人员应填写《外协请修申请单》并呈主管核准后送采购部门办理外协修造。

8. 原材料质量的检验

(1)购入原材料时,仓库管理部门应依据有关规定办理收料手续,对需要用仪器检验的原料,开立《物资验收单》,通知质量管理工程人员进行检验,质量管理工程人员应于接到单据3天内,根据原材料质量标准与检验规范的规定完成检验工作。

(2)《物资验收单》一式四联。检验工作完成后,第一联送采购部门,核对无误后送会计部门整理付款;第二联会计部门留存;第三联仓库留存;第四联送质量管理部门。每次的检验结果应记录于《供应厂商质量记录卡》上,并送采购部门,作为选择供应厂商的参考资料。

9. 生产通知单的审核

质量管理部主管收到《生产通知单》后,应于1日内完成审核。

(1)生产通知单的审核。

◎订制品的特殊要求是否符合生产标准。

◎类别

◎各项质量要求是否明确、是否符合本质量规范。如有特殊质量要求是否可接受,是否需要先确认质量然后再确定产量。

◎包装方式是否符合本包装规定,客户要求的特殊包装方式可否接受,外销订单的唛头是否明确表示。

◎是否使用特殊的原材料。

(2)生产通知单审核后的处理。

◎新开发产品《试制通知单》及特殊物理、化学性质或尺寸外观要求的通知单应转交研发部提示有关生产条件等并签认。如果确认其质量要求超出生产能力时应述明原因,将《生产通知单》送回生产部办理退单,由营业部向客户进行说明。

◎新开发产品如果质量标准还没有制定,应将《生产通知单》交研发部拟订加工条件及暂定质量标准,由研发部记录于生产规范上作为生产部门生产及质量管理的依据。

10. 生产前生产与质量标准复核

(1)生产部门接到研发部送来的生产规范后,应该由科长或组长先查核确认的事项。

◎检查该产品是否订有成品质量标准及检验规范,以作为质量标准判定的依据。

◎查看是否订有标准操作规范及加工方法。

(2)生产部门确认无误后于生产规范上签认,以作为生产的依据。

11. 生产质量检验

(1)质检部门对各生产过程中的半成品应该根据"半成品质量标准及检验规范"的规定实施质量检验,以尽早发现异常,迅速处理,确保半成品的质量。

(2)对半成品质量的检验应根据制程进行区分,由质量管理部负责具体的检验。

(3)质量管理部门于制程中配合半成品的加工程序,负责加工条件的测试。

(4)各部门在生产过程中发现异常时,生产组长应立即追查原因,并要立即进行,随后应该在处理后将异常原因、处理过程及改善对策等开立《异常处理单》呈主管指示后送质量管理部,责任判定后送有关部门会签再送生产总监室进行复核。

(5)质检人员于抽验中发现异常时,应上报主管处理并开立《异常处理单》,呈主管核签后送有关部门处理。

（6）各生产部门自主检查及顺次点检发现质量异常时，如属其他部门所发生者以《异常处理单》进行处理。

（7）生产车间的半成品移转如发现异常时，应根据《异常处理单》进行处理。

12. 生产过程的自动检查

（1）生产过程中每一位生产作业人员均应对所生产的制品实施自动检查，遇质量异常时应即予挑出，如果是重大或特殊异常应立即报告主管，并开立《异常处理单》一式四联，填列异常说明、原因分析及处理对策。送质量管理部门判定异常原因及责任发生部门后，根据实际需要交有关部门会签，再送主管领导拟订责任归属及奖惩。如果有跨部门或责任不明确时送生产总监批示。第一联生产总监室存，第二联质量管理部门存，第三联会签部门存，第四联经办部门存。

（2）生产现场各级主管均有督促下属实施自主检查的责任，随时抽验所属各制程质量。一旦发现质量异常时应立即处理，并追究相关人员责任，以确保产品质量水准，并减少异常情况的发生。

13. 产品质量的检验

产品检验人员应实施质量检验，以尽早发现异常，迅速处理，确保产品的质量。

14. 产品出货检验

每批产品出货前，质检部门应依出货检验标示的规定进行检验，并将质量与包装检验结果填报《出货检验记录表》报主管批示是否出货。

15. 原材料质量异常情况的应对措施

（1）原材料进厂检验时，在各项检验项目中，只要有一项以上出现异常，无论其检验结果被判定为"合格"或"不合格"，检验部门主管都应该在说明栏内加以说明，并进行上报处理。

（2）对于检验异常的原材料经主管核决使用时，质量管理部应依异常项目开立《异常处理单》送交主管领导，安排生产时通知现场注意使用，并由生产现场主管填报使用状况、成本影响及意见，经送交主管领导核签并呈生产总监批示后再送采购单位与提供厂商交涉。

16. 半成品与成品质量异常情况的应对措施

（1）生产的半成品与成品在各项质量检验的执行过程中或生产过程中有异常时，应填报《异常处理单》，并立即向有关人员反映质量异常情况，使其能迅速采取措施处理解决，以确保质量。

（2）生产部门在制程中发现不良品时，除应依正常程序追踪原因外，应当即予以剔除，以杜绝不良品流入下一道生产工序。

17. 生产车间质量异常情况的应对措施

收料部门主管在制程自主检查中发现供料部门供应的在制品质量不合格时，应填写《异常处理单》详述异常原因，经报告主管后送经理室绩效组进行登记。然后由部门经理室品保组人员召集收料部门及供料部门人员共同检查料品异常项目、数量并拟处理对策及追查责任归属部门，呈部门经理批示后，第一联送生产总监室催办及督促料品处理及异常改善结果，第二联送生产管理组做生产安排及调度，第三联送收料部门依批示办理，第四联送回供料部门。生产部召集当班人员检查改善并依批示办理后，重新核算生产成绩并督查异常改善结果。

18. 成品的缴库管理

（1）质量管理部主管对预定缴库的批号，应逐项依《制造流程卡》及有关资料审核确认后进行缴库工作。

（2）质量管理部人员对于缴库前的产成品应进行抽检。如果有质量不合格的批号且超过管理范围时，应填立《异常处理单》详述异常情况并附拟定处理方式，报部门经理批示后，交有关部门处理及改善。

（3）《异常处理单》报总经理批示。

19. 检验报告的申请工作

（1）如果客户要求提供产品检验报告，业务人员应填报《检验报告申请单》一式联，说明理由、检验项目及质量要求后送生产总监室产销组。

（2）产销管理人员在收到《检验报告申请单》时，应该交由生产管理人员研究判断是否出具"检验报告"，呈部门经理核签后将《检验报告申请单》送生产总监办公室产销组，转送质量管理部。

（3）质量管理部收到《检验报告申请单》后，取样进行产成品物理性质实验，并依检验项目要求检验后将检验结果填入《检验报告表》，经主管核签后，第一联连同《检验报告申请单》送生产总监室产销组，第二联自存。

（4）在对产品进行特殊物理、化学性质的检验时，质量管理部在得到《检验报告申请单》后，应会同研发部于制造后取样检验，质量管理部人员将检验结果转填于《检验报告表》，一式二联，经主管核签后，第一联连同《检验报告申请表》送产销组，第二联自存。

（5）产销组人员在收到质量管理部人员送来的《检验报告表》第一联及《检验报告申请单》后，应根据《检验报告表》资料并参考《检验报告申请单》中的客户要求，复印一份呈主管核签，盖上产品检验专用章后送营业部门转交给客户。

20. 产品质量的确认

生产管理人员在安排《生产进度表》或"生产规范"生产中遇有下列情况时，应将"生产规范"或经理批示送质量管理部门，由质量管理部人员取样确认并将供确认项目及内容填于《质量确认表》中。

21. 样品生产、取样与制作的确认

（1）确认样品的生产。

（2）确认样品的取样。

质量管理部人员应取样两份，一份存质量管理部，另一份连同《质量确认表》交由业务部送客户确认。

22. 产品质量确认书

（1）产品质量确认书的开立。质量管理部人员在取样后应立即填写《质量确认表》一式两份，编号后连同样品呈经理核签并于《质量确认表》上加盖"质量确认专用章"转交研发部及生产管理人员，且在《生产进度表》上注明确认日期，然后转交业务部门。

（2）客户进厂确认的作业方式。客户进厂确认时需开立《质量确认表》，质量管理部人员应要求客户于确认书上签认，并呈经理核签后通知生产管理人员安排生产。客户确认不合格拒收时，由质量管理部人员填报《异常处理单》呈经理批示，并依批示进行办理。

23. 质量确认处理期限及其追踪

（1）处理期限。业务部门收到质量管理部或研发部送来确认的样品，应于2天内转送客户。质量确认时间为国内客户5天，国外客户10天。但客户如需装配试验始可确认者，其确认日数为5～10天。设立时间以出厂日期为基准。

（2）质量确认的追案。质量管理部人员对于未如期完成确认、且已超过2天以上的，应以便函反映到业务部门，以确认动态及订单生产。

（3）质量确认的结案。质量管理部人员收到业务部门送回经客户确认的《质量确认表》后,应立即会同经理室生产管理人员于《生产进度表》上注明确认并安排生产。

24. 生产过程中质量异常情况的改善

《异常处理单》经主管批示列入改善者,由质保管理人员登记交改善执行部门依《异常处理单》所拟的改善对策切实执行,并定期提出报告,并会同有关部门检查改善实施的结果。

25. 质量异常统计分析

(1)质量管理部每日编制《不良分析日报表》,经经理核准后,送生产部以使其了解每日质量异常情况,拟定改善措施。

(2)质量管理部每周依据每日抽检编制的《不良分析日报表》将异常项目汇总、编制《抽检异常周报》送生产总监室、质保管理人员并由生产部召集各班组针对主要异常项目进行检查,查明发生原因,拟订改善措施。

(3)生产中发生拟报废异常产品的,应填报《产成品报废单》,会同质量管理部确认后始可报废。每月5日前由质量管理部汇总填报《制程报废原因统计表》送有关部门检查改善。

26. 质量管理小组的活动

为培养基层管理人员的领导能力,提高员工的工作士气及质量意识,各部门应组成质量管理小组。

27. 实施与修改

本制度报生产总监核准后实施,修改时也要执行同样的程序。

五、质量管理细则

1. 质量管理部工作细则
(1)参与产品的研究开发与试制。
(2)对产品、原材料、加工品等规格与作业标准,提出改善意见或建议。
(3)制定进料、加工品、成品检验标准并确实执行。
(4)制定生产过程的检查标准,并稽核检查站检查人员是否确实实施。
(5)质量异常的妥善处理及鉴定报废品。
(6)检验仪器与量规的管理与校正及库存品的抽验。
(7)原料供应商、外协加工商等交货质量实绩的整理与评价。
(8)督促指导并协助协作厂商改善质量,建立质量管理制度。
(9)对生产过程进行巡回检验。
(10)生产过程的管理与分析,专案研究并做相关的改善、预防等。
(11)客户抱怨案件及销货退回的分析、检查与改善措施。
(12)将相关资料反馈给有关单位。
(13)做好质量管理的日常检查工作。
(14)做好质量管理过程中的保证作业。
(15)研究制定并执行质量管理中的教育培训计划。
(16)制定质量管理质的,在内部推行全面质量管理。

（17）负责其他有关质量管理的。

2. 进料科工作细则

（1）制定进料检验标准，并按照制定的标准对进料进行检验。

（2）进料质量如果出现异常，要进行妥善的处理。

（3）原材料供应商、协作厂商交货质量实绩的整理与评价。

（4）对原材料规格提出改善意见或建议。

（5）检验仪器、量规的管理与校正。

（6）进料库存品的抽验及鉴定报废品。

（7）将相关资料反馈给有关单位。

（8）完成上级交办的其他事项。

3. 生产科工作细则

（1）制定产品的检验标准，确实执行进料检验。

（2）产品质量异常的妥善处理。

（3）外协加工商、协作厂商交货质量实绩的整理与评价。

（4）对产品规格提出改善意见或建议。

（5）检验仪器、量规的管理与校正。

（6）将资料反馈给有关单位。

（7）完成上级交办的其他任务。

4. 制程科工作细则

（1）制定检查的标准，并稽核检查站检查人员是否确实实施。

（2）协助生产单位做好质量管理。

（3）制程巡回检验及质量异常原因的追查与处理。

（4）半成品库存的抽验及鉴定报废品。

（5）制程管理与分析。

（6）选定造成成本较高或发生频率较多的不良项目或可能有问题的制程进行研究、分析及改善、预防，防止再次发生。

（7）对作业标准提出改善意见或建议。

（8）检验仪器、量规的管理与校正。

（9）将资料反馈给有关单位。

（10）完成上级交办的其他任务。

5. 成品科工作细则

（1）参与产品的研究开发及试制。

（2）对产品规格，提出改善意见或建议。

（3）成品库存的抽验及鉴定报废品。

（4）制定成品检验标准，确实执行成品检验。

（5）成品质量异常的妥善处理。

（6）检验仪器、量规的管理与校正。

（7）客户抱怨案件及销货退回的分析、检查与改善措施。

（8）督导并协助协作厂商改善质量，建立质量管理制度。

（9）执行质量管理日常检查工作。

（10）将资料反馈给有关单位。

（11）完成上级交办的其他任务。

六、日常质量检查制度

1. 目的

为避免因员工疏忽而导致不良的影响,使全体员工重视质量管理,特制定本制度。

2. 检查的频率

依检查范围的类别,以及对产品质量影响的程度而定。

3. 检查的项目

依检查范围的类别而定,详见实施要点。

4. 检查资料的回馈

要转发有关单位研讨改进,并作为下次检查的依据。

5. 实施单位

质量管理部成品室及有关部门。

6. 工作检查

(1)必须由各单位主管配合执行。

(2)频率。

◎正常时每周一次,每次2~3人;但至少每月一次。

◎新进人员开始每天一次,至其熟练后,与其他人员一样,依正常时的频率进行。

◎特殊重大的工作则视情况而定。

(3)填写《工作检查表》。

(4)生产操作检查频率。

填写《生产操作检查表》,每周三次,每周两人。

7. 自我质量控制检查频率

填写《自我质量控制检查表》,对每个检查站2~3天检查一次,并视情况加以调整。

8. 外部协作厂商质量管理检查

(1)质量管理部成品室会同有关单位人员,不定期巡回检查各协作厂商、原料供应商、加工商。

(2)检查人员及时填写《外部协作厂商质量管理检查表》。

9. 质量保管检查

(1)原料、加工品、半成品、成品等。

(2)频率为每周一次。

填写《质量保管检查表》。

10. 设备维护检查频率

填写《设备维护检查频率表》,每周两次,每次2~3个设备。

七、质量管理培训制度

1. 目的

为提高本企业员工的质量意识及质量管理技能,使员工充分了解质量管理作业的内容及方法,保证产品的质量,并使质量管理人员对质量管理理论与实施技巧有良好认识,以发挥质量管理的最大成效,协助协作厂商建立质量管理制度。

2. 适用范围

所有的员工及协作厂商。

3. 实施部门

由质量管理部负责策划与执行,并由管理部负责协办。

4. 实施重点

(1)实施要点内容。

◎质量管理基本培训:参加对象为所有员工。

◎质量管理专门培训:参加对象为质量管理人员、检查站人员、生产部及技术部的各级工程师与单位主管。

◎协作厂商质量管理培训:参加对象为协作厂商。

(2)实施要点方式。

◎厂内培训:为本内部自行训练,由厂内有关人员讲授或外聘讲师至厂内讲授。

◎厂外培训:选派员工参加外界举办的质量管理讲座。

(3)由质量管理部先拟订"质量管理教育训练长期计划",列出各类人员应接受的培训。经核准后,依据长期计划,拟订"质量管理教育训练年度计划",列出各部门应接受培训的人数,经核准后实施并将计划送管理部转各单位。

(4)质量管理部应建立每位员工的《质量管理教育训练记录卡》,记录该员工已受训的课程名称、时数、日期等。

5. 实施与修订

本制度经质量管理委员会核定后实施,修正时也要执行同样的程序。

八、不合格产品的审查办法

1. 目的

随时处理生产过程中出现的不合格产品,检查不合格产品是否可修、是否能转用或必须报废,以使物资能物尽其用,并节省不合格品的管理费用及储存空间。

2. 适用范围

生产过程中出现的质量不符合规格的进料、半成品及成品。但不包括下列两项:

(1) 在进料检验时就已经被判定为不合格的材料。

(2) 在进料检验后经发现为不合格的进料,且责任属进料供应商的,应该进行退货或调换。

3. 实施部门

由质量管理单位负责召集技术、生产、物资等有关部门组成监审小组负责监审。

4. 实施重点

(1) 如果发现不合格产品且不能进行修复的,应该由发现问题的部门填具《不合格品监审单》,并送请上级进行审查。

(2) 监审时需审慎,并要考虑以下几个方面的因素:

◎不合格产品是否可修。

◎对不合格产品进行检修,是否符合经济原则。

◎是否为所生产的急需品。

◎是否能转用于另一等级的产品。

◎该产品的有些部分是否可继续使用。

(3) 监审小组将监审情况及判定填入《不合格品监审单》内,并经主管领导核准后,即由有关部门执行。

(4) 监审小组应于3日内完成相应的监审工作。

5. 附则

本办法经质量管理部核定后实施,修正时也要执行同样的程序。

九、质量管理工作计划表

质量管理工作计划表,如表30-1所示:

表30-1 质量管理工作计划表

编　号:　　　　　　　　　　　　　　　　　　　　　　　　日　期:

部　门	隶属单位	负责人	人　数
负责工作			
目前质量概况:			
不良原因分析:			

十、质量管理培训年度计划表

质量管理培训年度计划表,如表30-2所示:

表30-2 质量管理培训年度计划表

编 号: 日 期:

培训对象	课程名称	目的	各部门应受训人数							备注
			生产	技术	质管	物料	管理	业务	其他	

十一、产品质量管理表

产品质量管理表,如表 30 - 3 所示:

表 30 - 3 产品质量管理表

编 号: 日 期:

管理类别	管理材料成品、设备	管理项目	管理种类	质量管理报表	抽样方法

十二、产品质量管理标准表

产品质量管理标准表,如表30-4所示:

表30-4 产品质量管理标准表

产品名称									
规 格							编 号:		
类别	检验项目	抽验方法	检验方法	管 制 标 准					
				日期	标准	日期	标准	日期	标准
成品									
生产过程									
专用材料									

十三、产品质量管理日报表

产品质量管理日报表,如表30-5所示:

表30-5 产品质量管理日报表

编 号:　　　　　　　　　　　　　　　　　　　　　　　　　日 期:

制造批号	产品名称	目标数量	产量	抽样	不良率	产量	抽样	不良率	产量	抽样	不良率

十四、产品质量检验表

产品质量检验表,如表30-6所示:

表30-6　产品质量检验表

编　号:　　　　　　　　　　　　　　　　　　　　　　　　　　　　　　　　　日　期:

制造号码		产品名称			生产数量						生产日程					
工程名称	检验项目	上限	下限	抽　查　记　录												
				次	时间	1	2	3	4	5	次	时间	1	2	3	4	5

十五、内部质量审核计划表

内部质量审核计划表,如表30-7所示:

表30-7 内部质量审核计划表

部门:							编 号:			
年度:		审核依据:□ISO 9002.1994　□质量手册　□程序文件　□工作文件　□其他								
被 审 核 对 象					审 核 小 组		备　注			
序号	审核日期	部门/范围	主管/代表	审核时间	小组组长	组员	1	2	3	4
1										
2										
3										
4										
5										

第三十一章 私营企业库存管理制度与规范

一、仓库管理的基本要求

（一）仓库所处位置是否方便生产

仓库处在什么位置，是仓库管理首先要面对的问题。好的位置，可以更容易地进行物资验收、更容易办理进仓、更容易储存物资、更容易发料、更容易搬运、更容易盘点。

（二）仓库规划是否方便库存作业

（1）在对仓库进行规划时，要正确地划分存储区域，并将专门的物资摆放在相应的位置上，以便利于物资的识别。

（2）仓库区与工作现场之间的通道要顺畅，有利于物资的运输。

（3）每个仓库要有相应的进仓门和出仓门，并做明确的标牌，方便物资的进出。

（4）测定安全存量或定额存量，并有标示牌，有利于对物资进行控制。

（5）仓区设计应该考虑安全措施。

（6）应该有仓库平面图，用来反映该仓库所在的地理位置、周边环境、仓区仓位、仓门各类通道、门窗、电梯等内容，有利于仓库工作的统筹。

（三）仓库的大小要合适

仓库的大小决定着物资储存数量的多少。仓库大小要适当，既不能按物资的最高存量来设计仓库的大小，也不能按仓库的最低存量来设计。仓库大小如果取决于最低存量，则会因为仓位太小而导致仓位之间的距离较大，空间使用效率不够；仓位大小如果取决于最高存量，常会造成仓位过大的现象。空间过于拥挤，导致工作难以进行。因此，仓库大小应该用正常存量决定。仓库间的间距也应适中，既能最大限度地利用有限的空间存储物资，又不影响工作的便捷、安全。

（四）进行区域分类

仓库的区域分类包括未入库和已经入库两大类型。

1. 未入库物资的分类

未入库的物资暂时放置在收料区。收料区一般区分为以下几个区域。

（1）进料待验区。仓库收料人员收到物资后，将物料放在这个区域，等待检验。

（2）进料合格区。经检验合格后，放到这个区域等待入库。

（3）进料验退区。经检验不合格的物资，放置在此区域，等待供应厂商处理。

2. 已入库物资的分类

在将合格的物资入库时，可以采取以下几种方式来划分存储物资的区域。

（1）按物资的类别与性质划分存储区域。

（2）按生产部门对物资的管理来进行分类：例如原材料、辅助材料、零部件等。

（3）按物资的自然属性进行分类：例如怕光、易碎等。

（4）按物资发送地区分类：例如生产部门的半成品、检验部门的成品等。

在对物资进行分类时，应该注意分析总结物资的进出规律，有计划地调整货区、货位；做好季节性的调整，对于怕热、怕冷的生产物资，应该依据室内温度的变化及时调整储存场所；做好日常的货位区域调整与货位间距调整，使物资的进出与货位得到平衡；预留机动货区，保证日后进料工作。

（五）物资存储过程中的注意事项

1. 保证存储物资的安全

对于危险的生产物资，应依照国家的相关规定进行处理，利用特备的危险货品仓库隔离保存；采用安全的堆积方法且应确认可耐某种限度的冲击与打击；堆放物资要考虑物资的耐压程度，不能因放置过高而将物资压坏；易破损物资应置于稳定的场所，并贴"易破"或"不能倒放"等识别标签，以引起注意；贵金属或高价品应放置于可以锁的柜棚或保险箱，并确保数量随时检查。

2. 注意防潮、防水、防火

避免使用潮湿的地方作仓库，尽量用卡板垫底；应采取防火、防水、防盗等防护措施，对灰尘、公害、虫害等问题要考虑周到；保持适当的温度、光线、湿度及通风条件；应采取除锈措施，注意对酸、碱、盐的防范。

二、仓库管理制度

总则

第一条 为保管好库存的生产物资，并做到物资管理的数量准确、质量完好、确保安全、收发迅速、面向生产、降低费用、加速资金周转，特制定本制度。

第二条 仓库设置要根据生产需要与设备条件来进行规划，合理布局；仓库内部要加强经济责任制，进行科学分工，以形成物资归口管理的保证体系；业务上要实行物资管理工作质量的标准化，应用现代管理技术和ABC分类法，不断提高仓库管理的水平。

生产物资验收入库

第三条 在进行生产物资入库作业时，仓库管理人员要亲自同交货人办理交接手续，核对清点物资的名称、数量是否一致，并按物资交接本上的要求签字。

第四条 生产物资入库，应先入待验区，未经检验合格不得进入货位。

第五条 物资验收合格后，管理人员凭发票所开列的名称、规格、型号、数量、计量验收到位，入库单各栏应填写清楚，并随同托收单交财务科记账。

第六条 对验收不合格的物资应隔离堆放。

第七条 对于验收中发现的问题，要及时通知主管和经办人进行处理。托收单到而货未到，或货已到而无发票，均应向经办人反映查询，直至消除悬念挂账。

生产物资的储存保管

第八条 生产物资的储存保管，应该根据物资的属性、特点和用途规划设置仓库，并结合仓库的条件来考虑划区分工。

第九条　生产物资在堆放合理安全可靠的前提下,根据货物特点,必须做到查点方便、成行成列、排列整齐。

第十条　仓库管理人员对库存、代保管、待验物资以及设备、容器和工具等负有经济责任和法律责任。因此,必须做到人各有责,物各有主,事事有人管。仓库物资如有损失、贬值、报废、盘盈、盘亏等,仓库管理人员应及时报告上级主管,分析原因,查明责任,按规定办理报批手续。

第十一条　在物资的存储过程中,要根据保管物资的自然属性,并考虑储存的场所和保管常识处理,加强保管措施,达到规定的要求与标准,使财产不发生损失。同类物资的堆放,要考虑先进先出,发货方便,留有回旋余地。

第十二条　对于仓库内的物资,未经主管同意,一律不准擅自借出。总成物资,一律不准折件零发,特殊情况应经主管批准。

第十三条　仓库要严格执行保卫制度,禁止非本库人员擅自入库。仓库严禁烟火,明火作业需经保卫科批准。保管员要懂得使用消防器材的方法和必要的防火知识。

生产物资发放

第十四条　按"规定供应,节约用料"的原则发放物资。发料坚持一盘底、二核对、三发料、四减数的原则。

第十五条　领料单应填明物资的名称、规格、型号、领料数量、图号、零件名称或物料用途,并经核算员和领料人签字。属计划内的物资应有物资计划,属限额供料的物资应符合限额供料制度,属规定审批的物资应有审批人签字。同时,超费用领料人未办手续,不得发料。

第十六条　调拨物资时,保管员要审查单价、货款总金额并盖有财务科收款章后方可发料。发现价格不符或货款少收等,应立即通知开票人更正后发货。

第十七条　对于专项申请的用料,除计划采购员留作备用的数量外,均应该由申请单位领用。常备用料,凡属可以分割折零的,本着节约的原则,都应折零供应,不准一次性发料。

第十八条　发料必须与领料人和接料车间办理交接,当面点交清楚,防止发生差错。
第十九条　所有发料的相关凭证,保管员应妥善保管,不可丢失。

其他事项

第二十条　记账要字迹清楚,并做到日清月结不积压,托收、月报应及时。

第二十一条　允许范围内的磅差、合理的自然损耗所引起的盘盈盘亏,每月都要上报,以便做到账、卡、物、资金一致。

第二十二条　仓库保管员调动工作,一定要办理交接手续。移交中的未了事宜及有关凭证,要列出清单三份,写明情况,双方签字。双方各执一份,报科存档一份。事后发生纠葛,仍由原移交人负责赔偿。对因工作人员失职而造成的物资损毁,除照价赔偿外,还要给予当事人相应的纪律处分。

三、仓库存货管理制度

第一条　仓库工作人员对进仓物资必须严格检查物资的规格、质量和数量。发现与发票数量不符,以及规格、质量不符合使用部门的要求,应拒绝进仓,并立即向采购部递交物资验收质量报告进行处理。

第二条　经办理验收手续进仓的物资,必须填制《商品、物资进仓验收单》,仓库据以记账,并送采购部一份用于办理付款手续。物资经验收合格,办理进仓手续后,所发生的物资短缺、变质、变形和霉烂等问题,均由仓库负责处理。

第三条　各部门领用物料,必须填制《仓库领料单》或《内部调拨凭单》,经使用部门经理签名,再交仓库主管批准,方能领料。

第四条　为提高各部门领料工作的计划性及有利于加强仓库物资的管理,采用隔天发料办法办理领料事宜。

第五条　各部门领用物资的下月补给计划,应在月终前报送仓管部。对临时补给物资必须提前日报送仓管部。

第六条　物资出库,必须办理出库手续,填制《仓库领料单》或《内部调拨单》,并验明物资的规格、数量,经仓库主管签署、审批发货。仓库应及时记账并送财务部一份。

第七条　仓管人员对任何部门均应严格按先办出库手续,后发货的程序发货,严禁先出货后补手续的错误做法,严禁白条发货。

第八条　仓库应对各项物资设立《物资购、领、存货卡》,凡购入、领用物资,应立即做相应的记载,及时反映物资的增减变化情况,做到账、物、卡三相符。

第九条　仓库人员应定期盘点库存物资,发现升溢或损缺,应办理物资盘盈、盘亏报告手续,填制《商品、物资盘盈、盘亏报告表》,经领导批准,据以列账,并报财务部一份。

第十条　为及时反映库存物资数额,配合供应部门编好采购计划,以节约使用资金,仓管人员应每月编制《库存物资余额表》,送交财务部、采购部各一份。

第十一条　仓库内的各项物资、材料均应制定最高储备量和最低储备量的定额,由仓管部根据库存情况及时向采购部提出请购计划,供应部根据请购数量进行订货,借以控制库存数量,以避免因物资积压或供应短缺,而影响经营管理的正常进行。

第十二条　仓管部未能及时提出请购而造成供应短缺,责任由仓管部负责。如仓库按最低存量提出请购,而采购部不能按时到货,责任则由采购部负责。

第十三条　物资管理制度,经总经理批准后,各部门均应遵照执行。

四、库存量管理工作制度

□ 设定预估月用量

第一条　用量稳定的物资由主管人员依上一年度的平均月用量,并参酌本年度营业的销售目标与生产计划,设定预估月用量。如果产销计划有重大变化应修订月用量。

第二条　季节性与特殊性物资应该由生产管理人员于每年3月、6月、9月、12月的25日以前,并按照前3个月及去年同期各月份的预计销售量,再乘以各产品的单位用量,设定预估月用量。

□ 确定请购点

第三条　物资请购点。采购作业期间的需求量加上安全存量。

第四条　采购作业期间的物资需求量。采购作业期限乘以预估月用量。

第五条　物资安全存量。采购作业期间的物资需求量乘以25%。

□ 设定物资采购作业期限

第六条　由采购人员依采购作业的各阶段所需日数设定,其作业流程及作业日数经主管核准,送相关部门作为请购需求日及采购数量的参考。

□ 确定请购量

第七条　考虑事项。采购作业期间的长短、最小包装量、最小交通量及仓储容量。

第八条　设定数量。对于外购物资,欧美地区每次请购3个月用量,亚洲地区为两个月用量;内购物资则每次请购25天用量。

□ 建立物资存量基准

第九条　生产管理人员将以上存量管理基准分别填入《存量基准设定表》呈总经理核准,送物资管理部门建档。

□ 物资请购作业

第十条　请购单提出时,由物资管理部门查询在途量、库存量及安全存量并填入《请购单》以利审核,核定无误后送采购单位办理采购。

□ 用料差异管理基准

第十一条　上旬实际物资用量超出该旬设定量×　%以上者(由自定)。

第十二条　中旬实际物资用量超出该旬设定量×　%以上者(由自定)。

第十三条　下旬实际物资用量超出全月设定量×　%以上者(由自定)。

□ 修订物资月用量

第十四条 生产管理人员于每月5日前针对前月开立《用料差异反应表》，查明差异原因及拟定处理措施，研究是否修正"预估月用量"。如需修订，应于反应表"拟修订月用量"栏内修订，并经总经理核准后，送物资管理部门以便修改存量基准。

□ 库存物资查询

第十五条 物资管理人员接获核准修订月用量的《用料差异反应表》后应立即查询"库存管理表"，查询该等物资的在途量与进度，研究是否需要修改交货期。

□ 修改物资交货期

第十六条 物资管理人员经研究需修改交货期时，应填具《交货期变更联络单》送请采购部门采取措施，采购部门应将处理结果于"采购部门答复"栏内填妥，送回物控人员列入管理档案。

□ 存量管理作业部门及其职责

第十七条 物资管理控制人员。属于物资存量管理作业中心，负责月使用量基准设(修)定，用料差异分析及采取措施。

第十八条 采购部门。负责各项材料内购、外购的设(修)定，采购作业期限设(修)定及采购进度管理与异常处理。

五、采购物资提货单

采购物资提货单，如表31-1所示：

表31-1　采购物资提货单

编　号：　　　　　　　　　　　　　　　　　　　　　　　　　　　日　期：

项　目	产　品	料　号	品名规格	单　位	数　量	说　明
						□销货 □样品 □检验 □其他
厂　长　批　示			生产科长	物　资	质　管	提(送)货人

六、库存物资日报表

库存物资日报表,如表31-2所示:

表31-2 库存物资日报表

编号:　　　　　　　　　　　　　　　　　　　　　　　　　　　　日　期:

批号	等级	规格	昨日结存	缴库		发送		退回		本日结存
				本日	本月累计	本日	本月累计	本日	本月累计	

七、物资收支情况登记表

物资收支情况登记表,如表31-3所示:

表31-3 物资收支情况登记表

编　号:　　　　　　　　　　　　　　　　　　　　　　　　　　　　　　　　日　期:

名　称	材料编号	单　位	数　量	上期库存量	本期收入	本期发出	本期结存	供应厂商

八、物资库存计划表

物资库存计划表,如表31-4所示:

表31-4 物资库存计划表

编号:　　　　　　　　　　　　　　　　　　　　　　　　　　　　　日　期:

日次	品名及规格	材料编号	生产量		单位用量	用量小计	损耗率%	总用量	库存量		计划用量	单价	金额	需要日期	请购单号码	需要日期						备注
			数量	单位					库存	数量						5	10	15	20	25	30	

九、物资用量计划表

物资用量计划表,如表31-5所示:

表31-5 物资用量计划表

编 号: 日 期:

产品批号																
生产数量																
材料名称	规格	材料编号	单位用量	估计用量	规格	材料编号	单位用量	估计用量	规格	材料编号	单位用量	估计用量	规格	材料编号	单位用量	估计用量

第三十二章 私营企业市场管理制度与规范

一、市场调查的内容

市场调查的内容主要包括如下七个方面：

1. 市场需求调查，包括需求结构、需求量、消费者分布与消费者特性调查。
2. 产品调查，包括产品构思、设计、开发与试验性调查；消费者对产品形状、包装、品味的偏好调查；现有产品的改进意见及竞争产品分析研究；产品新市场、新用途调查等。
3. 购买行为调查，包括消费者购买动机、购买行为和购买决策过程调查以及消费者购买特性研究。
4. 广告与促销调查，包括测量与评估商品广告与促销活动的效果，寻求最合适的促销方式与方法。
5. 销售调查，包括测量与评价现有营销方式、方法的效果，如渠道、价格、包装、商标等方面的效果和对企业营销战略的研究与评价。
6. 环境调查，包括对人口、社会、经济、政治、科技等环境因素进行调查，研究各种因素的未来变化以及对企业营销战略的影响。
7. 需求调查，对未来竞争格局及市场结构的前景作出预测，在竞争与市场需求的相互作用下，对企业产品的长期与短期需求趋势作出预测。

二、市场分析与预测工作内容

（一）根据市场调查报告结合本企业实际情况作出市场分析。
（二）预测市场潜力和销售潜力。
（三）基于市场分析和预测作出销售决策。

三、市场定位与细分工作内容

（一）通过市场调查与预测，确定市场细分的基础。

(二)勾勒市场细分的大致轮廓。
(三)分析并确定细分市场吸引力的衡量标准。
(四)对目标细分市场进行选择。
(五)将产品开发定位落实到每个目标细分市场中。
(六)将营销组合落实到每个目标细分市场中。

四、市场调查管理制度模板

□ 目的

第一条 为了搞好市场调查工作,对广泛的市场信息进行有效的管理,从而作出近乎实际的市场预测,特制定本制度。

□ 组织与管理

第二条 市场调查工作由市场部会同有关科室参与,共同完成此项工作,直接向营销总监负责。

□ 市场调查的主要内容

第三条 调查国内各厂家同类产品在国内外全年的销售总量和同行业年生产总量,用于分析同类产品供需饱和程度和本企业产品在市场上的竞争能力。

第四条 调查同行业同类产品在全国各地区市场占有率以及本企业产品所占比重。

第五条 了解各地区用户对产品质量的反映,技术要求和主机配套意见,以提高产品质量,开发新品种,满足用户需求。

第六条 了解同行业产品更新及改进方面的进展情况,用于分析产品发展新动向。

第七条 预测主要产品在全国各地区及外贸销售量,平衡分配关系。此项工作由销售部在当年6月份前予以整理并作出书面汇报。

第八条 收集国外同行业同类产品更新技术发展情报,外贸对本企业产品销售意向,国外用户对本企业产品的反映及信赖程度,用于确定对外市场开拓方针。

□ 市场调查方式

第九条 抽样调查。即对各类型用户进行抽样书面调查,征询对本企业产品质量及销售服务方面的意见,根据反馈资料写出分析报告。

第十条 组织企业领导、设计人员、销售人员进行用户访问,每年进行一次,每次一个月左右,访问结束,填好用户访问登记表并写出书面调查汇报。

第十一条 销售人员应利用各种订货会等与用户接触的机会,征询用户意见,收集市场信息,写出书面汇报。

第十二条 收集日常用户来函来电,进行分类整理,需要处理的问题应及时反馈。

第十三条 不定期召开重点用户座谈会,交流市场信息。反映质量意见以及用户需求,巩固供求关系,发展互利协作,增加本企业产品竞争能力。

第十四条 建立并逐步完善重点用户档案,掌握重点用户需求的重大变化及各种意见与要求。

资料处理

第十五条 市场调查用户预测所提供的各方面资料,市场部应有专人负责管理、综合、传递并与公司信息中心密切配合,做好该项工作。

市场调查操作流程

第十六条 在实施调查以前,必须根据调查目的和调查内容,组织对调查人员的教育与培训。

第十七条 制定市场调查计划包括:

(一)调查问题的准备。

(二)调查用表的种类与形式确定。

(三)调查项目的确定。

(四)调查方法的选择,包括面谈、访问或邮寄调查。

(五)调查对象与调查样本确定。

第十八条 市场调查实施程序包括:

(一)市场调查由市场部主管负责,由市场调查室实施。

(二)年度调查方针,由市场调查室起草,董事会讨论,总裁决策。

(三)市场调查以年度调查方针为基础,把各项调查工作,分清轻重缓急,制订公司半年市场调查计划草案,上报市场部主管。

(四)市场调查对象有如下几种:

1. 一般消费者。

2. 批发商与批发机构。

3. 零售店与特约门市部。

(五)市场部主管根据年度经营方针,对半年市场调查计划草案进行检查和修正,如有必要可以召开有关会议进行讨论,完善调查计划草案,再上报董事会。一旦总裁批准计划草案,由市场调查室全权负责市场调查工作。

(六)市场调查室主任可根据具体实施程序和计划方案,决定具体的调查计划和调查方法,推进市场调查。

第十九条 在对调查结果进行分析时,应注意下列问题:

(一)避免作出主观的判断,必须实事求是,以事实为依据。

(二)必须反复验证判断的正确性。

(三)必须注意有无例外情况,对可能存在的主要例外事件作出分析,避免判断失误。

(四)检查调查结果与事先假设是否一致。

(五)调查结果,包括调查资料,是否能对现实作出合理解释,与事实是否相符。

(六)不得以偏概全,随意推断,各结论都必须有可靠的事实证实。

第二十条 市场调查室可按以下程序,对市场调查结果进行分析与整理:

(一)对调查资料、调查结果或调查用表进行整理和初步分析,然后将其汇总或编辑成册。

(二)对所收集的调查资料进行分类、分项目分析研究,并结合原始记录或历史等数据资料,进行对比研究。

(三)对所收集的材料或调查资料的真伪、可行性和误差进行计算和分析。

第二十一条　市场调查室在征得市场部主管认可的前提下,撰写调查报告。调查报告一式多份,分送各部门,包括生产、销售、客户部等。

第二十二条　在必要的情况下召开调查报告发布会。发布会出席人员为总裁、总裁助理、市场部主管、研究开发部主管、销售部各级负责人。发布会由市场部主管主持并作报告,倾听各方意见。

市场调查的注意事项

第二十三条　不管调查的目的和规模如何,实施的方法一定要有细密的计划。

第二十四条　尽量以最少的费用、时间、人数来完成调查。

第二十五条　在预备调查或正式调查期间,如发觉没有继续调查下去的必要时,应即停止调查,不要碍于面子而拖延。

第二十六条　尽量利用既有资料和实地调查的资料。

第二十七条　必须确实地整理调查的内容与严格提出报告的日期。

第二十八条　负责调查者应使调查的结果能够有效地运用。

第二十九条　调查结果应尽量予以运用,不可随便否定或忽视。

第三十条　不要轻易地完全相信对方所说的话,必须先调查该机构的能力、实绩、信用等问题;负责市场调查的销售经理,应亲自去调查。

第三十一条　调查前的商讨要能充分协调。本身的要求及希望应据实提出,调查结论如不完整时,应重新调查。

附则

第三十二条　本制度由市场部制定,经批准后执行。

五、市场调查报告编制细则

(一)市场调查报告概述

1. 市场调查报告的概念

市场调查报告是将由市场搜集到的市场营销方面的情报信息,以科学的方法进行整理分析,并作出较为公允的结论,以便为市场营销提供切实可行的决策依据。

2. 市场调查报告的适用范围

市场调查报告的目的在于:准确确定市场对产品的需求,把握产品的竞争形势;提出产品的设想报告,为新产品的开发设计提供必要的信息;收集分析产品在用户或消费者中的反映,为进一步改进设计、制造和管理提供线索。

(二)撰写市场调查报告的流程

1. 步骤

市场调查报告的写作,必须采取适当的形式,运用多种写作方法,提高市场调查的质量。其具体做法如下。

(1)设计调查提纲

提纲包括调查的目的、对象、范围,调查的参与人员,调查的起止时间以及所采用的调查方法。设计调查提纲是很严谨的工作,提纲设计得好,为后面的调查就打好了基础。

(2)确定参与调查的人员

参与调查的人员要有代表性,有一定的工作经验,并在特定的领域中有专业知识和业务能力,最好也能适当聘请一些权威人士,以便对市场调查的项目作高屋建瓴的指导。

(3)收集整理资料

收集资料包括在调查工作中得到的原始材料,开会、座谈的记录,参观访问的记录,有关方面提供的或有关人士撰写的材料等。一份资料可以做一份提要,提要的内容既可以是典型突出的事例,又可以是对这份材料的评价,提要须简洁概括明晰,便于选择。

整理资料是对资料做去粗取精、去伪存真的选择,根据调查的目的及实际情况对资料进行归纳分类,筛选剔除,为撰写市场调查报告准备和提供充足的第一手资料。

(4)选择市场调查的方法

市场调查的方法有多种,通常比较多见的有普遍调查、抽样调查、典型调查和重点调查。在市场调查的具体实践中,运用比较普遍的具体方法有观察法、询问法、实验法和资料收集法四种。

2. 方法

市场调查报告一般包括标题、前言、正文、结尾四个部分。

(1)标题

市场调查报告的标题,应根据市场调查的目的、内容、范围等项目来拟定。通常情况下,标题直接揭示市场调查的内容。还有的标题包括写作市场调查报告的单位、时间和范围。无论采用什么样的标题,都要揭示市场调查报告的信息内容,做到用词精确,醒目简练。

(2)前言

前言,是对市场调查的简单说明,前言是否得体,对整个市场调查报告起着重要的作用。前言主要说明调查的目的、对象、范围,有时还要说明调查了多长时间,采取了哪些方法,抽样统计有多少,抽样是怎样选择的。

(3)正文

市场调查报告既要反映市场调查的基本情况,又要表明调查者的观点和建议,写作时应根据材料来安排层次,依序而言。其结构要根据调查的目的、内容、范围以及事情的繁简来决定。

(4)结尾

市场调查报告一般都要用简要说明来结束全文。所谓简要说明,即是说明那些在正文里没有谈到而应该附带一说的问题,或是一些在正文里没有涉及,但又对市场调查报告有一定影响的重要情况,或是本报告之外的一些其他材料和典型事例,或是一些统计数据和附件等,均可视需要置于结尾中一并交代。结尾之后签注上作者的单位和姓名及写作时间。

3. 注意事项

（1）要如实反映情况

市场调查报告要从客观实际出发，如实反映调查情况，内容应具体详细，真实可靠，结论必须建立在大量的第一手资料和辩证地分析研究的基础之上，表述准确严密，富于逻辑性，力避掺杂调查者的主观色彩。

（2）要详略得当

描述调查情况应选取最能说明问题的典型事例和有代表性的数据，既注意面上的情况，又突出点上的问题。

（3）要讲求时效

市场调查报告具有很强的时效性。

六、市场环境分析报告模板

（一）市场分析

1. 市场状况

随着电脑的日益普及，磁盘的用量也与日俱增，未来对于磁盘的需求存在着一个巨大的潜在市场。我们在对磁盘市场分析后得知：磁盘质量的好坏是消费者购买磁盘时优先考虑的因素，而价格因素也是影响消费者购买何种品牌磁盘的重要因素之一。因此，对于××公司的磁盘而言，如果把两者有机地结合起来，找到一个最佳的结合点，就会发现一个很大的市场机会。

2. 品牌状况

目前市场上磁盘的品牌很多，其中有国产和合资两种主要类型，如索尼、柯尼卡、万胜、金龟子等。虽然各品牌都有属于自己的消费群体，但是却存在高质量磁盘价位高，低质量磁盘价位低这样一个问题。这就为××公司磁盘以"高质量、低价位"进入市场提供了空缺机会，为争取一定的市场占有率提供了可能。

（二）消费者分析

1. 零散消费者

此类消费者往往借助朋友的介绍或商家的推荐选购产品。因此，消费者需经过一段时间的反复使用和比较，认定性价比最好的磁盘，从而趋向于选购自己认定的品牌磁盘。

2. 银行等金融系统

大多数消费者使用的是 DOS 操作系统，金融系统则大多使用 Unix 操作系统，而大多数磁盘生产厂家并没有生产出适合于金融系统使用的磁盘，针对这一市场空白，××公司首次推出了适合于金融系统使用的银行专用盘，从而满足了不同消费者的多种需求。

（三）目标市场的确定

经过仔细的市场调研，拟选择以追求"高质量、低价位"的零散消费者和金融系统作为××公司磁盘的市场目标。

作为主要目标市场的顾客有以下特征：在产品的所有属性中，最为重视产品的质量，其次是价格因素;品牌忠诚度不高,认为凡是产品使用效果好,价位又适中的,皆属购买对象。对这部分消费者来说,各种信息来源中朋友介绍影响最大。

(四)产品定位

××公司磁盘定位在大众化消费,尽量满足各类消费者需求的中高档磁盘,以高质量、低价位的形象进入市场。这样既有利于树立××公司磁盘的美誉度和品牌知名度,又能针对消费者重视产品使用效果及价格的特点。

(五)营销组合策略

1. 产品

针对消费者重视产品质量而忽视产品包装的特点,对产品应严格把好质量关,在尽量减少产品包装费用的同时,还应追求包装的多样化,如有单片装、5片装、10片装等,以满足不同消费者的需求。

2. 价格

采用差异化定价,使产品的价格略低于市场上同档次产品的价格,使价格具有竞争力。

3. 广告及促销

针对磁盘这一特殊商品,应大量制作POP广告,同时粘贴印刷精美的宣传品,使产品能迅速被消费者了解并激发消费者的购买兴趣。广告的宣传重点是树立产品形象,扩大知名度。

4. 销售渠道

走直销和分销相结合的道路。零散购盘的消费者大多通过零售商购买,因此对于零售商应该走分销的道路,并且应维护好同零售商的关系,因为一部分新用户是通过零售商对产品的推荐而进行购买的;对于金融系统,应该走直销的道路,让业务员直接面对终端客户,并且应该保持两者价格的统一。

七、市场预测报告模板

据国家信息中心提供的信息,国内有关人士认为,××××年下半年至××××年,钢材市场供给将保持相对平衡价格有小幅攀升的态势。但由于各地经济发展不平衡,以及运输等因素影响,少数钢材价格在局部地区有可能发生较为明显的波动。

现对××××年下半年和××××年的市场情况分析如下:

国际钢材市场仍将看好。在××××年上半年西方工业国家经济复苏带动下,出现了世界范围的钢铁热,各国对钢铁需求普遍增长,导致出口锐减;世界上许多钢厂都在寻找钢坯,提高产品附加值。按这种趋势可以预计,××××年下半年乃至××××年,国际钢材市场形势看好,这将对国内钢材出口和价格产生很大影响。

国内钢材需求增幅不大。据预测,××××年全年钢材消费总量将超过1亿吨,与上年相比,增幅不大。××××年经济增长率可能控制在8%～10%,对钢材的需求增长不会太大,供求会达到大体平衡。由于国家将对出口产品最低价格加以限制,估计国内各钢铁企业将增加高附加值产品的生产和出口,而钢坯、生铁等初级产品出口量将减少。

资源供给较为宽松。××××年上半年,全国各钢铁企业都在贯彻"限平、停滞、增畅"和"限产压库"的举措,估计下半年供求形势转向平衡,各钢厂都会增加"高质量、多品种"的产品,占领市场,力争出口。××××年仍然是这种趋势。××××年钢材的供求总体将逐渐平衡,但线材等品种有过剩的可能。因为××××年年底前国内新投产的线材生产能力将有200多万吨,这样可能会导致某些地区线材供大于求,从而在品种、质量、价格上展开激烈的竞争,加大钢铁企业销售难度。而在短时期内"三板一片"的产量难以大幅度提高,供不应求的局面难以改观,价格仍将居高不下。

据有关部门预测,××××年钢材资源量约比××××年有所下降。虽然当年资源供给少于需求,但由于有上半年结转的大量库存,因而能实现供求平稳。明年钢材的资源增幅不会大,但由于需求也不会太旺,可以达到供求平衡,有的地区还会比较宽松。

市场价格将有小幅上升。××××年下半年钢材价格总体平衡,××××年可能会再现小幅上升的波动。这种波动往往局限在一个地区,货紧时价格上扬,货足了又会下跌,但总的趋势是价格会在成本上升、出口价上升的推动下小幅上升,一般不会再次出现"暴涨"。

八、市场分析报告编写细则

市场分析报告是建立在市场调查的基础上,对调查材料进行分析研究后,作出的科学的、事实的市场环境分析。市场分析报告包括以下内容和步骤。

1. 市场分析

①市场状况

分析当前市场的状况以及未来市场的潜在能力,市场的发展趋势,营销消费者购买的因素等。因此,对于××公司的产品而言,是否能找到一个最佳的结合点,发现一个巨大的市场机会。

②品牌状况

目前市场上同类产品的品牌状况,各品牌属于自己的消费群体分布状况。分析市场存在的问题,为产品进入市场提供机会。

2. 消费者分析

①零散消费者

分析此类消费者选购产品时的特点和消费倾向。

②大宗消费团体

大宗消费团体目前使用同类产品的状况以及选购产品的特点和消费倾向,试图能够满足不同消费者的多种需求。

3. 目标市场的确定

经过仔细的市场调研,确定选择公司目标市场。

4. 产品定位

本公司产品是定位在大众化消费还是中高档商品,必须作出准确定位。

5. 确定营销组合策略

①产品

针对消费者的消费特点,从产品质量到产品外包装都要作出符合消费者消费特点的营销策略。

②价格

采取何种价格策略,要根据市场需求以及产品自身特点作出合理定价。

③广告及促销策略

针对商品的特点,选择合适的广告媒体及宣传策略,树立产品形象,扩大产品知名度。

④确定销售渠道

是走直销渠道还是分销渠道,必须根据产品的特点以及消费者的购买特点作出选择。

九、市场调查报告表

表32-1　市场调查报告表

调查日期:	
调查内容:	
调查对象:	
调查方法:	
状况:	
动向:	
统计说明:	图解:
竞争厂商趋势:	
调查意见:	

十、市场调查计划表

表 32-2　市场调查计划表

调查目标	
考虑因素	
方法设计	
预定进度	
使用人力	
预　算	

十一、市场总需求量调查估计表

表32-3 市场总需求量调查估计表

调查单位：　　　　　　　　　　　　　　　　　　　　　　　　　　　年　月　日

摘要	品名区分		业绩					备注
			年	年	年	年	年	
统计资料		销售						
		指数						
		销售						
		指数						
		销售						
		指数						
资料关系		销售						
		指数						
		销售						
		指数						
		销售						
		指数						
		销售						
		指数						
		销售						
		指数						
		销售						
		指数						
景气动向								
竞争关系动向								
本公司销售政策重点								

十二、产品市场性分析表

表32-4　产品市场性分析表

产品名称	推出日期	销售年数	获利率	市场占有率	价格	质量	外观	竞争产品	差异性	产品改良状况	其他

十三、企业信息来源分析表

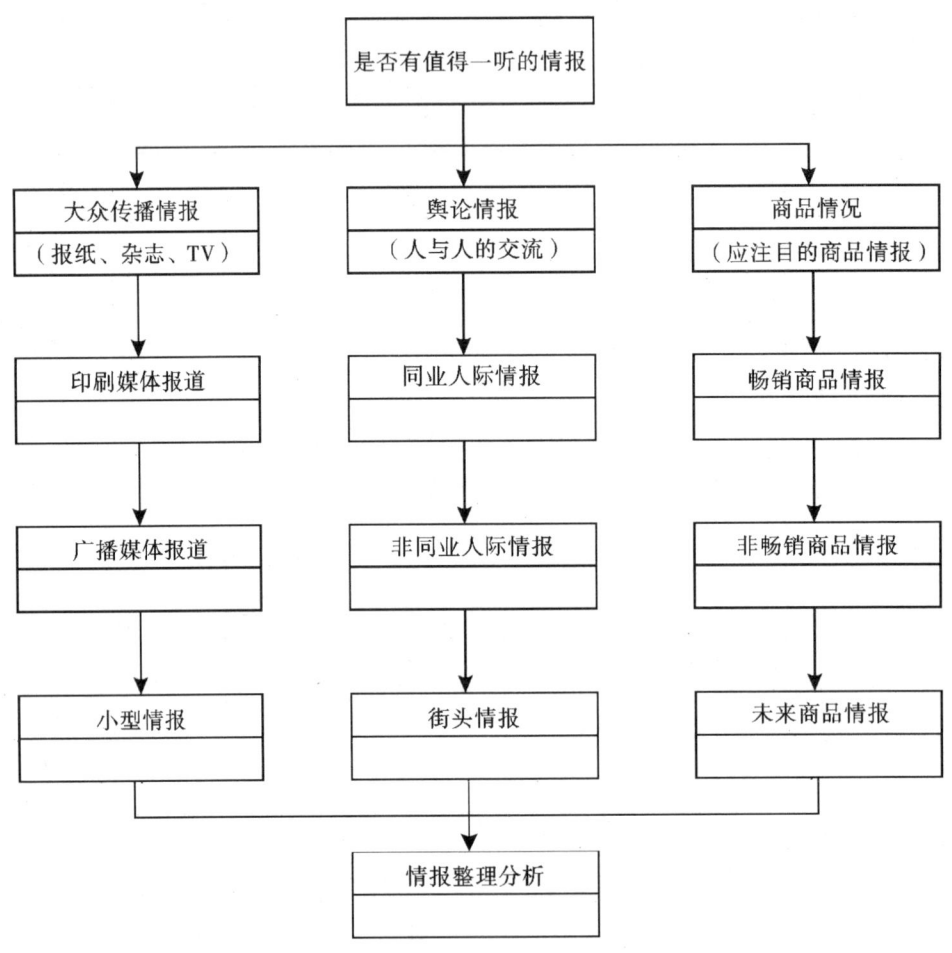

图 32-1　企业信息来源分析表

十四、市场细分依据表

表32-5 市场细分依据表

市　场　细　分		依　　据
消费者市场细分的依据	按地理变量细分市场	国家、地区、城市规模、气候、人口密度、地形地貌等
	按人口变量细分市场	年龄、性别、家庭规模、家庭生命周期、收入、职业、教育、程度、宗教、种族、国籍等
	按心理变量细分市场　心理细分	社会阶层、生活方式、个性特点等
	按心理变量细分市场　行为细分	购买时机、追求利益、使用者状况、使用数量等
生产者市场细分的依据		用户规模、产品的最终用途、工业者购买状况等

十五、市场细分作业表

表32-6 市场细分作业表

按产品或服务划分的市场区段	最佳客户	最差客户	进一步行动
1.			
2.			
3.			
4.			

第三十三章 私营企业价格管理制度与规范

一、定价管理工作内容

（一）对定价目标进行描述。
（二）对定价目标进行市场可行性分析。
（三）对市场现有价格体系进行分析。
（四）建立合理的价格体系。
（五）对定价策略作出分析并持续改进。

二、产品定价管理制度模板

第一条　本公司各子公司及控股企业产品的市场定价要遵循市场规律，以集团的整体营销目标为转移，重视定价策略。

第二条　与定价直接有关的各子公司及部门营销目标有维持子公司的生存、争取当期利润最大化、争取最大限度的市场占有率和确立产品质量领先地位。

第三条　产品成本是产品价格的最低限度，产品价格必须能够补偿产品生产、促销和分销的所有支出，并补偿总公司为产品承担风险所付出的代价。

第四条　定价策略必须与产品的整体设计、促销和分销策略相匹配，形成一个协调的营销组合。

第五条　各子公司产品价格中应包含较大的贸易折扣，以使中间商有利可图，愿意经营本公司的产品。

第六条　各子公司需首先制定价格策略，然后再根据价格策略制定其他营销组合策略。

第七条　如产品是在非价格因素的基础上定位的，则定价要以有关产品质量、分销、促销等其他营销组合因素策略为依据。

第八条　在进行定价决策时，必须充分了解产品价格与市场需求之间的关系。

第九条　定价策略必须以消费者为中心来制定，子公司在定价时必须考虑消费者对价格的理解及这种理解对购买决策的影响。

第十条　各子公司必须了解消费者购买产品的理由，并按照消费者对该产品价值的认识来定价。

第十一条　针对不同特色的产品，各子公司应采取不同的定价策略，确定不同的价格。

第十二条　各子公司必须决定制定价格的责权归属。
第十三条　各子公司的高层管理人员应负责确定定价目标,并听取基层管理人员和推销人员的意见。
第十四条　生产经理、销售经理、财务经理和会计师等,对定价有发言权。
第十五条　各子公司及控股企业应建立专门的定价机构,该机构与子公司的最高管理者和营销部门直接联系,专门负责定价工作。
第十六条　子公司要认真听取顾客对品牌质量和价格的意见,以此作为定价参考。
第十七条　子公司要了解每个竞争者所提供产品的质量与价格,以巩固自己的竞争地位。
第十八条　定价时应参照竞争者的产品和价格,如果公司的产品与主要竞争者的产品相似,则必须使价格也近似。
第十九条　子公司以价格为自己的产品定位时,必须估计到竞争者将改变价格作为回应。
第二十条　子公司定价必须考虑产品成本和市场需求两方面因素,并根据不同情况采取适当的定价方法。
第二十一条　依据买方对产品价值的理解和需求程度,企业可采取需求导向定价。
第二十二条　运用各种营销手段和策略影响买方对产品的认识,使之形成对卖方有利的价值观念,根据产品在买方心目中的价值定价。
第二十三条　采用目标利润定价时,应明确目标利润数额,根据产品的需求弹性来考虑各种价格的影响。
第二十四条　控股公司在保障市场供求和适当收益的情况下可采用随行就市定价。
第二十五条　采用投标定价时,子公司与控股公司要计算期望利润,以期望利润最高者作为定价依据。

三、定价管理办法

□　定价方式的决定

第一条　不管定价内容的粗浅繁杂,都要决定固定的方式。
第二条　新产品、提供的新服务应由各部门累计成本后,再予以值重定价。
第三条　定价的方式,必须请教有关人员,以求彻底地了解。
第四条　销售经理一定要仔细看定价单。

□　充分了解有关的情报

第五条　定价单提出以前,必须尽量正确地收集客户的情报。
第六条　要积极地使用各种手段来收集情报。
第七条　必须慎重考虑有无洽谈的必要及洽谈的方式。

☐ 定价单提出后的追踪

第八条 定价单提出后,必须收到迅速而正确的回馈。

第九条 根据定价单的存根,作定期或重点式的研讨。

第十条 当交易成功,经理必须出面时,要即刻行动。

☐ 定价策略

第十一条 采取分段订价法。

抢先引进某种新产品,刚开始采取高价政策,以获取抢先上市利润(同时,借以支付庞大的市场开发费用)。等到许多对手跟进时,则降价以打击竞争对手,防止市场被抢。如此,该种产品对本公司而言,总利润是划算的。

采取分段定价法,必须不断开发新产品,抢先上市。

第十二条 采取副品牌策略。

☐ 加强非价格竞争策略

第十三条 售前服务:推荐适用产品,提供试用。

第十四条 售后服务:修护零配件齐全,修护迅速确实,服务阵容强大。

第十五条 准时进货。

第十六条 邀请国外权威学者举办学术演讲会。

第十七条 举办产品经营管理研讨会。

四、产品价格管理制度

1. 定价策略

(1) 企业和物流中心的定价权限

①对实行国家指导价的商品和收费项目,按照有关规定制定商品价格和收费标准。

②制定实行市场调节的商品价格的收费标准。

③对经济部门鉴定确认,物价部门批准实行优质加价的商品,在规定的加价幅度内制定商品价格,按照规定权限确定残、损、废、次商品的处理价格。

④在国家规定期限内制定新产品的试销价格。

在定价过程中,要考虑下列因素:

A. 国家的方针政策。

B. 商品价值大小。

C. 市场供求变化。

D. 货币价值变化等。

(2) 商品价格管理

根据国家规定,企业和物流中心在价格方面应当履行下列义务:

①遵照执行国家的价格方针、政策和法规,执行国家定价、国家指导价。

②如实上报实行国家定价、国家指导价的商品和收费项目的有关定价资料。

③服从物价部门的价格管理,接受价格监督检查,如实提供价格检查所必需的成本、账簿等有关资料。

④执行物价部门规定的商品价格和收费标准的申报、备案制度。

⑤零售商业、饮食行业、服务行业等,必须按照规定明码标价。

(3)物价管理的基本制度。

①明码标价制度。实行明码标价制度,便于顾客挑选商品。明码标价,要做到有货有价,有价有签,标签美观,字迹清楚,一目了然。标签的内容要完整,标签的颜色要醒目有别。实行一物一签制,货签对位。对标签要加强管理,标签的填写、更换、销毁都应由专职或兼职物价员负责,标签上没有物价员名章无效。对于失落、错放、看不清的标签要及时纠正、更换。

②价格通知制度。价格通知制度就是将主管部门批准的价格用通知单的形式,通知各个执行价格的单位,包括新经营商品的价格通知、价格调整通知和错价更正通知。价格通知单是传达各种商品价格信息的工具,直接关系到价格的准确性,也关系到价格的机密性。

③物价工作联系制度。物价工作联系制度就是制定和调整商品价格时,同有关单位和地区互通情况、交流经验、加强协作、及时交换价格资料的制度。

④价格登记制度。价格登记就是把物流中心经营的全部商品的价格进行系统的记录,建立价格登记簿和物价卡片。价格登记,是检查物价的依据,所以要及时、准确、完整,便于长期保存。在登记簿和卡片上应写明下列内容:商品编号、商品名称、产地、规格、牌号、计价单位、进货价格、批发价格、批零差率、地区差率、定价和调价日期、批准单位等。

⑤物价监督和检查制度。物价监督包括国家监督、社会监督和单位监督三种基本形式。

国家监督就是通过各级物价机构、银行、财政、工商行政和税务部门从各个侧面对物价进行监督。社会监督就是群众团体、人民代表、消费者以社会舆论对物价进行监督。单位内部监督就是企业和物流中心内部在价格联系中互相监督。

物价检查,一般是指物价检查部门或物价专业人员定期或不定期地开展审价和调价工作。

2.物价管理权限

(1)认真贯彻执行党和国家有关物价的方针、政策,负责组织学习培训、加强物价纪律教育,不断提高企业员工的政策观念、业务水平和依法经商的自觉性。

(2)正确执行商品价格,按照物价管理权限,制定审批商品或服务收费的价格,检查、监督基层物价管理工作的执行情况,发现价格差错及时纠正,情节严重的予以经济处罚。

(3)认真做好物价统计工作,搞好重点商品价格信息的积累,建立商品价格信息资料,分析市场价格变化情况,开展调查研究,为企业经营服务。

(4)对重点商品和招商商品的价格实行宏观控制,限定综合差率,审批价格。

(5)凡新上岗的物价员,审批价格由中心经营部负责。半年后视工作情况,下放审批价格权。

(6)按照权限审批处理价格,凡处理残损商品,损失金额不超过500元的(一种商品),由各专业部门主管经理审批,交市场经营部备案。

凡处理残损商品,损失金额在500元~3 000元之间的(一种商品),由中心经营部主管部长审批。

凡处理残损商品,损失金额超过3 000元的(一种商品),由物流中心主管副总经理审批。

处理超利商品。对超过保本期、保利期确属需要削价处理的商品每月月底,由物价员会同有关人员提出处理价格,处理价格不低于商品进价的,由物流中心主管业务经理负责审批,交公司经营部备案;处理价格低于商品进价的,上报公司经营部,由公司经营部主管部长视全公司经营情况酌情审批;对一种商品损失金额超过5 000元的必须上报公司总经理审批。

3. 物价管理的基本要求

(1)物流中心所经营的商品(包括代销、展销商品)都要使用商品编号,按物流中心计算机管理要求,根据商品种类进行统一编号,并逐步实施商品条形码。物流中心所有业务环节凡涉及商品编号的(商品购进、定价、调价、削价处理、标价签、出入库、盘点等)所用票据,均使用统一编号。

(2)凡商品定价要按有关规定执行。商品定价原则:根据市场行情、价格信息、企业经营情况,坚持勤进快销的原则,合理制定商品价格。

凡特殊商品定价(化妆品、家用电器、食品、黄金、皮鞋等)需要待有质量检测证件的,物价员必须验证定价,证件不全不予定价。

(3)制作物价台账。物价台账是企业审查价格,实行经济核算的重要依据,其范围包括:经营、兼营、批发、展销、试销、加工。必须做到有货有账,以账审价。

根据专业公司新价通知单,采购商品定价单,进货票和进货合同,物价台账登载内容:包括产地、编号、品名、规格、等级、单位、进价、单价税额。物流中心专职物价员要全面、完整、连贯、准确登记,同时存入计算机对应管理。

(4)商品的价格调整,必须以上级供货单位下达的调价通知单为依据。严格按照规定的编号、品名、规格、等级、价格和调整时间执行。商品需要调整价格时,由各专业物流中心物价员会同有关业务人员根据市场行情、调价依据、库存情况、资金周转率等,提出调价意见,填制《商品价格调整计划表》,由市场经营部审批。调整价格前,专职物价员按调价内容更改物价台账,须在执行前一天,通知营业部兼职物价员,填制新价签,并盖章。调价商品在执行前一天业务终了后盘点,填制《商品变价报告单》,报物价员审核盖章,部门做进销存日报表转财会做账。调价通知单建立存档制度,由物价员统一保管。

(5)凡柜台出售的商品和服务收费标准都必须实行明码标价制度,并使用统一商品标价签。在商品同部位设置商品标价签,要做到"一货一签"、"货签对位"。商品标价签应注明商品编号、品名、规格、单位、产地、等级、零售价,标价签由物价员审核盖章后方能使用。属于试销商品和处理商品应注明"试销"或"处理"字样。填写商品标价签应做到整齐、美观、准确、清楚,所用文字一律采用国家颁布的简化汉字,零售价格要盖阿拉伯数字戳。

(6)价格检查:商品的零售价格,以及服务收费标准(包括生产配件、加工费率、毛利率、产品质量等)是否正确。有无违反有关规定越权定价、调价和处理商品现象。是否正确执行明码标价和使用统一商品标价签。商品质价是否相符,有无以次充好、以假充真、掺杂使假、改头换面、变相涨价的问题。

(7)价格信息:为使价格触角更加灵敏,为企业经营决策服务,必须加强价格信息工作,价格信息来源于各方经营信息和国家有关行业信息反馈,其基础工作是采价。

物流经营部每周要组织各部门专职物价员进行一次半日采价,主要对某类商品或一段时间内价格波动大的商品、季节性商品、销售畅旺的商品等,进行类比分析,并做较详细的记录。记录内容包括:采价商品的名称、零售价、所到单位名称。采价后物价员需对价格动态进行分析,计算出与本中心的价格差,提出参考变价意见,报各部门经理室和中心经营部(专职物价员留存一份),建立价格信息数据库。

(8)物价纪律:

①企业员工必须遵守物价纪律,不准泄露物价机密,不准越权擅自定价、调价,不准早调、迟调、漏调商品价格。由物价员按照分工管理权限定价,其他人员无权定价。

②切实执行明码标价制度,杜绝以次顶好、掺杂使假、少斤短尺等变相涨价的做法。

③削价处理商品,一律公开出售,不准私留私分。

五、成 本 估 价 单

表33-1　成 本 估 价 单

年　月　日　　　　　　　　　　　　　　　　　　　　　　　NO.

制品编号或型式		品　名		规　格		估价单编号		
						客户		
原料及物料			每打用量及单价					备　注
品　名	规　格	单位用量	单　价		单　位	金　额		
日期区分		第一次	第二次		第三次	第四次		成 品 略 图
原料								
物料								
损耗(%)								
工资								
制造费用								
小　　计								
利　　润								
合　　计								
折合外币								
估　　计								

　经理:　　　　　　　厂长:　　　　　　　填表:

六、产品售价分析表

表33-2　产品售价分析表

编号　　　　　　　　　　　　　　　　　　　　　　　　　　　　　年　　月　　日

产品名称														
	成本项目	用量	售货类别											
			外销A价		外销B价		外销C价		内销		中盘		内销零售	
			单价	成本	单价	成本	单价	成本	单价	金额	单价	金额	单价	金额
材料成本														
	合计													
	损耗													
	材料成品													
其他成本	项目	单位成本	用量	成本	用量	成本	用量	成本	用量	成本	用量	成本	用量	成本
	人工成本													
	制造费用													
	销管费用													
	利润													
	售价													
备注														

总经理：　　　　　　经理：　　　　　　分析员：

七、产品价格分析表

表33-3 产品价格分析表

□ 外销价
□ 内销价

产品编号				产品名称规格			
说　　明	1	2	3	4	5	6	7
产品售价							
估计月销售量							
月 销 售 额							
单位材料成本								
	合　计							
总材料成本							
单位人工成本							
制造费用%							
销售费用%							
单位利润							
估计利润							
利润率							
裁决							

总经理：　　　　审核：　　　　拟订：

八、产品售价表

表33-4 产品售价表

编号　　　　　　　　　　　　　　　　　　　　　　　　　　年　月　日订

产名名称规格：				
产品说明及图样				
规定售价	销售条件说明	售价范围	决定者	备注

总经理：　　　　　　　　审核：　　　　　　　　拟订：

九、产品售价调整表

表33-5 产品售价调整表

产品名称规格：				
产品说明及图样				
售价调整	销售条件说明	售价范围	决定者	备注

十、产品报价单

表33-6 产品报价单

___公司___先生：

　　蒙贵公司　　月　　日 ☐电话 ☐来函，不胜感激，现将本公司部分产品之报价提供如下，以备贵公司选择参考。

一、报价有效日期___年___月___日以前

二、报　　价

项目	说明	数量	单价	金额	参考资料

三、交货日期，订货后___日内交货

四、付款条件：

　　　　　　　　　　　　　　　　　　经手人（签字）_____
　　　　　　　　　　　　　　　　　　经　理（签字）_____
　　　　　　　　　　　　　　　　　　　　　　年　　月　　日

第三十四章 私营企业订货、发货与退货管理制度与规范

一、订货管理工作内容

由于产品的日趋多样化、差异化,销售部门对客户指定的订单,在研究分析、产销协调后,必须妥善估价、报价,订货处置不当,轻者引起客户抱怨,丧失销售机会,重点导致内部产销秩序混乱,甚至报价不当,引致企业损失。

销售部门接到客户的订货,必须对所承接之订单,加以估价、报价,甚至可能要先与厂内的生产单位协调后,方能决定报价、承接订单。

二、订单管理制度模板

第一条　业务部门在同意客户订单之前,必须获得生产计划部门的确认(注:此点基本准则是"订货生产方式"承接订单,与"存货生产方式"的营运方式大不相同)。

第二条　业务部接获客户的订单样品及询价单价,将样品交由研究设计部门设计打样。

第三条　营业部根据制作完成的产品样品,与生产部门讨论制造流程及可能需要的生产日程后,拟出样品成本分析报告,呈报总经理核准。

第四条　业务部将制作完成的产品样品及设计图样交与客户,由其认可并商议交期(此为产品特性获得客户同意的确认行动)。

第五条　客户同意交期,并同意接受所制成的样品,则由业务单位准确报价工作。

第六条　客户若不同意样品,则由研究设计部门依据客户意见,再予修改。

第七条　若客户不同意交期,则由业务部与生产部及实际生产作业单位研究后,再与客户洽商(交期之订立,必须协调客户需求与工厂生产能力)。

第八条　客户同意样品及交期后,业务部根据样品成本分析报告,再加计运费、保险费、各项费用及预期利润,订出售价,并列表呈总经理核准。

第九条　总经理同意并签字后,由业务部负责承办人员向客户报价。

第十条　若客户接受报价,业务部接到客户正式订单后,首先检查订单的各项条件齐全与否,订购内容是否清楚,若有涂改应盖章注记。

三、退货管理制度模板

第一条 客户退回货品后,送至验收部门。验收部门于验收完毕后,填制验收单两联,第一联送交信用部门核准销货退回,第二联依验收单号码顺序存档。

第二条 信用部门于收到验收单后,依验收部门之报告核准销货退回,并在验收单上签名核准,以示负责;同时将核准后验收单送至开单部门。

第三条 开单部门接到信用部门转来之验收单后,编制贷项通知单一式三份,第一联连同核后验收单,送至应收账款明细账,贷记应收账款。第二联通知客户销货退回已核准并入账。第三联依贷项通知单号码顺序存档。

第四条 会计部门收到开单部转来的贷项通知单第一联,验收单核准后,核对其正确无误后,于"应收账款明细账"贷入客户明细账,并将贷项通知单及核准后验收单存档。

第五条 每月月底总账人员由开单部门取出存档的贷项通知单,核对其编号顺序无误后,加总,一笔过入总分类账。

四、限制退货实施细则

□ 瑕疵货品之处理

第一条 经销商收到货品后,有瑕疵品应于 15 日内通知本公司订货部门给予无条件换货。若因长期放置且储存未依公司规定或人为因素等,影响商品品质或超过保存期限者,公司恕不接受退货(瑕疵品范围包括包装污损、商品严重变色、封口或瓶口密封不良、受潮、有效使用期低于两个月等)。

□ 解除契约之退货

第二条 解除契约生效日起 30 日内申请退货,其退还之商品经验查外观完整,商品品质状况良好,仍可出售,公司将全额退还该货款。

第三条 若退回之货品价值有减损时,得扣除减损之价款。

第四条 该经销商进货部分,若奖金已发放,则得扣除已因该进货而对参加人给付之奖金。

第五条 退货之余款于 30 日内退还解约之经销商。

☐ **终止契约之退货**

第六条 经销商以书面终止契约,得于契约终止后 30 日内申请退货。

第七条 终止契约退还之商品公司以经销商原购价格×%买回所持有之商品,并得扣除已因该项交易而对该经销商给付之奖金。如退还商品之价值减损时,得扣除其减损之价款。

第八条 退货之余款于 30 日内退还经销商。

五、订货合同模板

1. 请于_____年_____月_____日前_____批(分批)交清,交货地点_____,卖方必须严守交货日期,逾期交货每逾_____天罚订货总额_____%或由本企业将订货部分或全部取消。

2. 所供货品实万需提供_____%备品,不良品必须予以调换。

3. 如果因交货误期、规格不符、品质不良而造成本企业损失,卖方应负赔偿责任,货品虽经本企业验收,如因品质不良而致使本企业产品遭客户退货或索赔时,厂商应负责赔偿。

4. 所订货品其所用原料若为国外进口,则卖方需提供退税同意书,以供本企业申请外销品冲退税款,否则卖方应负责赔偿。

5. 厂商在签收后存本企业采购部一联,交货时请在送货单上注明订单号码及材料编号名称,送仓库验收。

6. 请照订购数量交货,数量不可超过订购总数的 10%,否则拒收。

7. 货品检验应根据本企业所制定的检验标准。

厂商签章:_____ 总经理:_____ 采购部长:_____ 采购员:_____

六、交货检验配送管理办法

1. 制定目的

为了及时交货,减少差错的出现,维护公司信誉,特制定本办法。

2. 适用范围

公司客户订货后的交货、检验、配送流程,均依照本办法处理。

3. 权责单位

(1)业务部负责本办法制定、修改、废止之起草工作。

(2)总经理负责本办法制定、修改、废止之核准。

4.交货检验配送办法

(1)业务部对于客户订货的商品及委托生产的商品的交货期,依协商的生产计划,须经常与制造部保持联络,以掌握其进度。

(2)业务部若已于指定交货日期前确定可以交货,应主动与客户联系确切的交货时间。

(3)如果确定订货商品的交货日可能延迟时,应事前通知订货的客户以取得其谅解。

(4)业务部在交货或配送商品时,应对照订货单,以确定品名、质量、规格、单价、数量包装及其他事项是否符合。

(5)商品的交货与配送业务由业务部负责。

(6)在交货或配送商品时应发出送货通知单。送货通知单的内容记载要项包括:

①送货单据。

②客户名称。

③品名、规格、数量、单价、金额。

④明细、其他事项。

(7)关于商品交货、配送后,客户拒绝收货、要求退货及其他抱怨问题,应妥善协商处理或通知公司业务部处理。

七、销售订单统计表

表34-1 销售订单统计表

企业名称											
地址						电话					
产品	日期	数量	备注	产品	日期	数量	备注	产品	日期	数量	备注

八、销售发货日报表

表34-2 销售发货日报表

客户	规格	卷	重量	备注	客户	规格	卷	重量	备注

九、销售发货通知单

表34-3 销售发货通知单

发货方:	客户名称及地址:
收货人名称及地址:	

十、销售发货明细表

表34-4 销售发货明细表

客户：　　　　　发货单号：　　　　　日　　期：

序号	批号	编号	数量	重量(KG)	质量	备注	序号	批号	编号	数量	重量(KG)	质量	备注
1							51						
2							52						
3							53						
4							54						
5							55						
6							56						
7							57						
8							58						
9							59						
10							60						
11							61						
12							62						
13							63						
14							64						
15							65						
16							66						
17							67						
18							68						
19							69						
20							70						
21							71						
22							72						
23							73						
24							74						
25							75						
26							76						
27							77						
28							78						
29							79						
30							80						
31							81						
32							82						
33							83						
34							84						
35							85						
36							86						
37							87						
38							88						
39							89						
40							90						
41							91						
42							92						
43							93						
44							94						
45							95						
46							96						
47							97						
48							98						
49							99						
50							100						
		合计							合计				

十一、销售交货单

表34-5 销 售 交 货 单

材料编号		材料名称			
规格		单位		申购单号	
订购单号		订购数量		交货累计	
交货厂商					

十二、发货月报汇总表

表34-6 发货月报汇总表

提货单编号	上月结欠		本月订货		本月发货		本月结欠		备注
	数量	金额	数量	金额	数量	金额	数量	金额	
总计									

第三十五章 私营企业账款回收管理制度与规范

一、账款回收管理工作内容

（一）极力避免让他人持有赔偿请求权，如若不然，须尽早加以处理。
（二）减价或退货等，须在结算账目之前处理完结。
（三）付款通知单不可出错。
（四）付款通知单，不可迟至对方已截止收件时乃未送达。
（五）不要为了虚有的销售量，或强迫销售而让对方有退货赔偿的机会。
（六）收款日要准时去收款。
（七）双方买卖的条件要明确（如付款方式、付款日期）。

二、账款回收管理制度

第一条　当月货款未能于次月5日以前回收者，自即日起至月底止，列为"未收款"。
第二条　未收款又未能于前项期限内回收者，即转列为"催收款"。
第三条　经销店有下列所述的情形者，其货款列为"准呆账"。
1. 经销店已宣告倒闭或虽未正式宣告倒闭，但其征候已渐明显者。
2. 经销店因他案受法院查封，货款已无清偿的可能者。
3. 支付货款的票据一再退票，而无令人可相信的理由者，并已停止出货一个月以上者。
4. 催收款迄今未能解决，并已停止出货一个月以上者。
5. 其他货款的回收明显有重大困难的情形，经签准依法处理者。
第四条　对于未收款应做如下处理：
1. 当月货款未能于次月5日以前回收者，财务部应于每月10日以前将其明细列交营业部核之。
2. 前项情形该辖区经理级主管，应于未收款期限内，监督所属解决。
第五条　对于催收款应做如下处理：
1. 未收款未能依第四条第二款解决，以致转为催收款者，该经理级主管应于未收款转为催收款后5日内将其未能回收的原因及对策，以书面提交副总经理，呈总经理核示。
2. 货款经列为催收款后，副总经理应于30日内监督所属解决。
第六条　对于准呆账应做如下处理：
1. 准呆账的处理乃以营业单位为主办，至于所配合的法律程序，由法律部另以专案研究处理。

2. 移送法律部配合处理的时机：对于经销店未正式宣告倒闭，但其征候已渐明显的和经销因他案受法院查封，货款已无清偿可能的情形，应于知悉后，即日遣送法律部配合处理。对于支付货款的票据一再退票，而无令人可相信的理由，并已停止出货一个月以上的和催收款迄今未能解决，营业单位应依（催收款的处理）规定先行处理解决。处理后未能有结果，认为有依法处理的必要者，再签移法律部依法处理。

3. 正式采取法律途径以前的和解，由法律部会同营业部前往处理。

4. 法律程序的进行，由法律部另以专案签准办理。

第七条 准呆账移送法律部后，由法律部移请董事会定期召集营业、企划、财务等单位，召开检查会，检查案件的前因后果，以之为前车之鉴，并评述有关人员是否失职。

三、账款回收实施细则

□ 处理方式

在回收货款时，如果客户要求暂付部分款项，在不伤害对方感情的前提下，尽量说服对方付款。

□ 应对用语范例

1. 一般场合。

对于客户，首先应先做好计划，平常就要勤于拜访对方，为收款工作做准备。另外，须与主管仔细商量，考虑利用信函等方法来督促对方。如客户地处较远的区域，每有货车送货至附近时，就应前往拜访。平时也可利用电话、信函等来加强联络。

2. 对目前付款情况良好之店。

如对方要求暂付部分货款时，销售人员可以如此应对："因为以往我总是如期收齐全部货款，以为本月份也绝对可以百分之百收齐全额，贵公司若不能全部交付货款，我恐怕要头痛了，无论如何请看在我的面子上想想办法。请务必想办法帮忙……"总之，要设法让对方多付一些货款。

3. 对付款情况总是不佳的商店。

当我们向对方表示："实在很抱歉，这个月份的货款我们完全没收到，今天希望您能一次缴清。您一再地拖延部分余款，会计部一再地催我们，实在是很困难。所以，无论如何请看在我们的面子上，结清余款……"如果对方仍然无法缴付金额时，必须再强调："什么时候我会再来，届时请务必拜托"或"送货时我们会附上发票过来，到时麻烦您了"等等。

4. 都市以外区域的情况。

（1）"上个月收款时因只收到部分货款，回到公司后，会计部责怪这种做法将使作业混乱。我们对会计部保证这个月一定设法收齐全额，所以，今天无论如何请多多帮忙、合作……"诚心地恳求对方。

（2）"我们这次应该收您××货款，这已列入我们的账款，但因为你们也有你们的计划，所以取其折中，今天希望你们至少能付××元。"

（3）"非常感谢你们这次的付款。不过，老实说，因为是你们，我们特别在单价方面打了折扣给您了，所以，能否请您再多付一些？当然你们也有你们的不方便，但因为本公司每月都制订收款计划，根据此计划来进行对外付款等等，如果计划乱掉了，不仅会计部会非常困难，我们也会受到责备。而且对于未付余额较多的客户，我们还须把他们的名字报告上去，对于我们来说，这实在不是我们愿意做的事。很抱歉，讲了这么多，总之希望本月能多收部分货款，无论如何希望您合作，配合我们。"

（4）"谢谢您的这部分付款。本月的货款原为××元，现在还有余款××元，实在很抱歉，能否请您再多付××元，因为本公司财务部对外采购原料都是用现金，因此预定的收款对我们非常重要。在此是否能提一要求，可否把您部分的客户收款拨给本公司代行，请您务必协助。"

（5）收到货款（订金）后应客气言谢。

5. 客户不愿付款，却又不明确说明理由时，应表示："这几个月以来，我们都只收到部分货款，无法结清全账，不知阁下是否对我有不满之处？如有任何不满敬请不吝指教，我将迅速改正。"

（1）对方表示没有不满之处时，应说："还是送货时，司机有什么不周到之处，或是您来电时，我们有疏忽、怠慢之处？"

（2）对方仍表示无上列情况时，应说："还是您对我们商品的质量或价格感到不满？"

（3）对方仍然是没有答案时，接着就请教对方感到满意的原因。

"就您所知道的，我们的商品不像其他建材店一样标上单价，而且我们是以现金交易，所以都由你们自行结算。如果你们不能如期付款，不但上面的会计部会抱怨，主管也会怪我们做事不力。不但如此，主管每月要我们提出未缴齐全款的客户名单，每一千家当中约有二十家左右会被向上报告。这时如果光是我们受到责备倒也没关系，目前客户需要量大，产品供不应求，遇到配货忙时，这些向上报告的客户恐怕会被挪到最后处理，这样我们对客户就说不过去了，凭我一个人的努力也难把货品尽快送达给客户。我明白你们也有不方便的地方，不过还是请您配合付款。另外，如果您有什么特别情况，也请不必客气告知我们，我会设法将情况报告给公司上级。无论如何，请多见谅，谢谢。"

6. 客户抱怨"其他的店并没有涨价"时应回答："这次的涨价是因为工资、运费、材料费都提高了的关系。这种涨价是全国性的，有的厂商或批发商也许会因为其他因素，延迟一两天才采取行动，但涨价是势在必行的。诚如您所知道的，最近最令人头痛的问题是，人力招募十分困难，这是一个很现实的问题，我们也面对待遇的改善、现场的机械化等等问题，而要克服这些问题就只有靠提高商品价格这个对策了。对经营者而言这是一个攸关生死的问题，所以在价格方面都是审慎地做过检查才决定的。而我刚才也说过的，在日期上虽有两三天的差距，但涨价是绝对的趋势，请您务必谅解。"

7. 客户虽知涨价为行业界的一致行动，但仍有不满时应表示：

（1）"关于涨价问题，在今年年初其他厂商及批发商曾强烈反映，希望执行，一度经本公司控制下来，不过基于工资与运费的双双上涨，逼得实在不得不上涨，关于这一点，请您多体谅。"

（2）"如您所说不错，确实在本地区有数家同业者尚未采取行动，不过只有我们是完全依照工会的规定在行动的，其他的业界同行看到我们的行动后，相信不久也会随后跟着采取涨价行动的。"

（3）"事实上这次的涨价是迫于工资的上涨和为确保从业人员的劳务费而采取的行动，这是全国性的趋势，绝不是我们一家公司自行决定就贸然实施的，关于这一点盼您多谅解。其他可能还有几家店还没有跟着行动，不过，相信近日之内，他们一定会采取行动的。"

（4）"就像您说的，没错，有的厂商还没涨价行动，不过这只是迟早的问题，像××公司最近就准备行动。因为不管怎么说各厂商的库存都不多，再加上人事费等等各项经费跟着行动涨价，但事实上他们的业绩有的并不好，也很想涨价，只是还在观望别人的动作罢了。总之，他们都在一旁静观我们公司的动作，这点请您务必理解我们的立场。但若从另一方面来看，等有降价的机会，同样的，我们的行动也是会比其他厂商快的。"

（5）"其他公司我想大概都还在观望别人的动作吧！如果我们公司没有率先行动，恐怕其他的××店也不敢放心贸然行动。总而言之，工资等不断提高已影响到批发商，涨价实在是大势所趋，您不必这么在意。"

（6）"这次的涨价，实际是因为劳务费的提高所致，各厂商目前的人力费都大幅提高，而本公司目前仓库的存货已有限，生产又赶不上需求，正处于困境之中。所以，其他公司最迟在近日内必有涨价动作，这点请您体谅并多合作。"

（7）"现在只要是商品，几乎每样都要涨价，实在是很令人头痛。这次连某产品也不得不面临涨价。一方面是由于石油上涨，另一方面人力费也上涨，所以这次的涨价趋势可以说是全国性的，请您多体谅。"

（8）"您说别的厂商尚未涨价，好像只有我们公司自己在涨价。其实，我们只是尽可能提早将消息公布，但实施的时机是和别家公司同步的，关于这一点请您放心，同时请务必配合。"

四、业务员收款实施细则

（一）业务员不可向客户讲出自己的高待遇。

（二）查出客户最适当的收款时间。

例：1. 凡不忌讳"一天早上尚未开市不愿被收款者"，可排在早上第一家收款。

2. 若"客户"不睡午觉，可排在"中午"收款。

（三）每一家客户都要养成"定期收款"的习惯。

（四）要表现紧张感，不可笑，不可摆出低姿态，例如，不可说："对不起，我来收款。"否则，有些客户会认为你好欺负，而拖延付款。

（五）不能心软，要义正词严，表现出非收不可的态度。

（六）不可与其他公司相提并论，要有信心照本公司规定执行。

（七）不可欠客户人情，以免收款时拉不下脸。

（八）收款要诀——六心：

1. 习惯心
2. 模仿心

3. 同情心

4. 自负心

5. 良心

6. 恐吓心

（九）尽可能避免在大庭广众之下催讨。

（十）先小人后君子，售前明告付款条件。

（十一）临走前切勿说出："还要到别家收款"这类的话，以显示专程收款的姿态。

（十二）反复走访付款成绩不佳的客户。

（十三）若客户说："今天不方便"，对策如下：问客户："何时方便？"客户回答："三天后"。则当着客户的面说："今天是某月某日，三天后是某月某日，我就在那天再来收款。"同时当着客户的面前在账单的空白处写"某月某日再来"。

届时一定准时来收款。

（十四）避免票期被拖长。

（十五）避免被客户要求"折让"。

五、倒账处理办法

（一）目前部分分公司常有倒账情形发生，由于未能充分掌握时效及处理要领，以致使本公司蒙受不必要的损失。

（二）今后各分公司发生倒账时，或判断即将发生倒账时，必须迅速口头通知总公司法律部处理，禁止"知情不报"或"蒙骗"的情况，若再有类似过失，损失由当事人（业务员及直属主管）负责。

（三）各业务员若有离职或调职，移交清册必须办妥，一份送总公司，且移交的结账清单要共同会签，直属主管亦负起实地监交的责任，若移交不清，接交人可拒绝承受"呆账"（须于接交日起三天内提出书面报告），否则须负移交后的责任，不得推卸责任。

六、应收账款的评估与改善细则

□ 评估

1. 制定目的

为了使公司销售所得的账款收入，能如期如数收回，以确保利润，避免周转不灵，特制定此办法。
2.适用范围
本办法适用于应收账款绩效的评估与改善以及呆账的避免。
3.权责单位
(1)业务部负责本办法制定、修改、废止之起草工作。
(2)总经理负责本办法制定、修改、废止之核准。
4.账款回收绩效评估
(1)收款率:
收款率的管理目的在于促进收款,使客户结清款项后,早日将购入的产品再销售或使用,增进公司再销售的机会。
(2)应收账款周转率:
应收账款周转率的管理目的,在于收回现金或票据,提高企业资金周转速度。周转次数愈高愈佳。
(3)逾期率:
逾期率的管理目的,在于了解逾期应收账款占当期应收账款总额的比率,并及早收回应收账款,以免形成呆账。
(4)退货率:
退货率的管理目的,是使业务人员在推销时提高警觉,能够根据客户的实际状况销售,减少强制销货的发生。
(5)折让率:
目的是加强业务人员收款坚持度,当客户要求超出交易条件以外的不当折让时,业务人员须婉言拒绝。

□ 改善应收账款绩效

1.分析造成应收账款绩效不佳的原因
(1)货款回收率太低的原因:
①主管督导不够积极。
②没有分析应收账款的账龄。
③没有做好货款回收计划。
④业务员在货款回收方面的训练不足。
⑤业务员没有提高货款回收率的观念,主管也没有采取激励办法促使业务员积极回收货款。
⑥不了解客户付款习性。
⑦业务员强迫推销商品给顾客。
⑧对客户的销售潜力判断错误。
(2)票期太长的原因:
①货款的票期没有原则性的规定。
②竞争厂商采取延长票期的战略,使业务员让步。
③客户拖延付款战术奏效,业务员的说服力不足,以及缩短票期的政策执行不够彻底。
④强迫销货,使进货量大于客户本身的实际销货量。
⑤业务员为了替自己做好关系,对客户施予小惠而损及公司。

⑥业务员对客户的信用调查不足,客户因资金周转不灵而开立过期支票。

(3)货款回收的折让金额太多:

①没有明文规定折让规定,以致滥用。

②在涨价或跌价前后公司没有明确指示,以致客户事后要求折让。

③定价与销售数量不当,许多账款都有尾数,以致客户有可乘的机会。

④业务员在与客户交易时,没有坚持"买卖算分,相请不论"的态度。

⑤业务主管处理折让时,态度不够坚定、明确。

(4)退货太多的原因:

①对客户潜力认识不足,强行塞货,以致没有实销。

②未协助客户做好商品消化的工作。

③客户的库存管理太差,货品存货太久,使商品价值受损。

④业务员为争取业绩,采取寄库手段,届时客户退货抵账。

⑤在推销某些产品时,采取的推销手段不适当,以致客户要求退换其他的产品。

2. 应收账款完全回收的策略

(1)制定既具挑战性又有达成可能性的销售目标。

(2)收款目标合理化且制定奖惩办法,以明确责任归属。

(3)加强票期账务管理,积极催收货款。

(4)做好账龄分析,制定账款管理办法,有效执行信用调查与信用限额制度。

(5)对未收账款制定奖惩办法,加强催收,以利区别"有效应收账款"与"呆账"。

(6)做好商品促销工作,协助客户商品销售事宜,出清库存品。

(7)加强业务员的教育训练,提升收款意识与收款技巧。

3. 应收账款的改善

(1)提高付现折扣:

企业在决定付现折扣率时,通常会根据同业销售竞争压力增大及企业本身资金不足而提高付现折扣。一般均以略低于目前银行贷款的利率作为标准。

(2)缩短信用期间:

缩短信用期间也可以减少企业积压在应收账款上的资金数额。

(3)及早收回货款:

所谓及早收回货款,包括两种含义:一为迅速收回应收账款;另一为收回票据必须符合企业所定的信用期间。

(4)加强对业务员、收款员的教育训练。

(5)建立公司内部收款的奖惩办法,并有效执行。

4. 呆账的原因与预防

(1)造成呆账之原因,除前述外,尚有下列几种:

①忽视付款条件的沟通。

②客户本身周转资金不足。

③客户经营不善。

④客户故意或恶意拖延付款。

⑤客户内部作业不健全,办事效率低下,以积压发票或账单作为迟延付款之借口。

(2)有关呆账的预防策略如下:

①加深客户调查面。

②利用电脑建档。

③加强对增长率的管理与业务员的训练计划。
④采取有利的债权确保措施。
⑤收集外部经营环境资料。
⑥设定和调整信用限额。
⑦制定呆账奖惩办法。

七、销售收款计划表

表35-1　销售收款计划表

编号	客户	销售预计		前月赊销余额	本月收款预定额	预计收款日期		实际收款日期			付款方式
		数量	金额			月	日	月	日	收款额	
1											
2											
3											
4											
5											
6											
7											
8											
9											
10											
	合计										

八、销售收款状况分析表

表35-2　销售收款状况分析表

客户名称	月份				月份				月份			
	销售额	累计	本月收款	尚欠货款	销售额	累计	本月收款	尚欠货款	销售额	累计	本月收款	尚欠货款
合计												

九、销售收款状况报告表

表35-3　销售收款状况报告表

	第一季度	第二季度	第三季度	第四季度
销售件数				
收款额				
现金收款额				
现金所占收款额比例(%)				
支票收款额				
支票所占收款额比例(%)				
其他方式(%)				
欠款数额				

十、呆账统计表

表35-4　呆账统计表

客户名称：									
地址：				电话：					
负责人：									
未收账款总额：	拾	万	仟	佰	拾	圆	角	分	
未收账款									
未兑现票据									
备注									

十一、呆账追踪补偿表

表35-5 呆账追踪补偿表

客户名称	地址	经办人	发货日期	欠款金额	欠款类型	收回部分	未收金额	补偿

呆账总额：××万××仟××佰××拾××元××角××分
呆账原因分析：
呆账补偿措施：

第三十六章 私营企业客户管理制度与规范

一、客户关系管理工作内容

（一）基础资料：即客户的最基本的原始资料，主要包括客户的名称、地址、电话，所有者、经营管理者、法人代表及他们个人的性格、兴趣、爱好、家庭、学历、年龄、能力、创业时间、与本公司交易时间、企业组织形式、业种、资产等。

这些资料是客户管理的起点和基础，主要是通过推销员进行的客户访问搜集来的。

（二）客户特征：主要包括服务区域、销售能力、发展潜力、经营观念、经营方向、经营政策、企业规模、经营特点等。

（三）业务状况：主要包括销售实绩、经营管理者和业务人员的素质、与其他竞争者的关系、与本公司的业务关系及合作态度等。

（四）交易现状：主要包括客户的销售活动现状、存在的问题、保持的优势、未来的对策、企业形象、声誉、信用状况、交易条件以及出现的信用问题等方面。

二、客户关系管理工作原则

第一，动态管理。客户资料卡建立后置之不顾，就会失去它的意义。因为客户的情况是会不断地发生变化的，所以客户的资料也要不断地加以调整。剔除过去旧的或已经变化了的资料，及时补充新的资料，对客户的变化进行跟踪，使客户管理保持动态性。

第二，突出重点。有关不同类型的客户资料很多，我们要通过这些资料找出重点客户。重点客户不仅要包括现有客户，而且还应包括未来客户或潜在客户。这样为企业选择新客户、开拓新市场提供资料，为企业进一步发展创造前提条件。

第三，灵活运用。客户资料的收集管理目的是在销售过程中加以运用。所以，在建立客户资料卡或客户管理卡后不能束之高阁，应以灵活的方式及时全面地提供给推销人员及其他有关人员，使他们能进行更详细的分析，使死资料变成活材料，提高客户管理的效率。

第四，专人负责。由于许多客户资料是不宜流出企业的，只能供内部使用，所以客户管理应确定具体的规定和办法，应由专人负责管理，严格规范客户情报资料的利用和借阅。

三、客户资料管理制度模板

第一条　客户资料收集

依据客户的规模、需求的及时性及需求大小状况,将其分为三个等级。

A等级:需求规模较大,且迫切需求。

B等级:一般需求状态,有需求的想法。

C等级:潜在需求状态。

等级的认定由销售经理根据市场调查资料综合认定。

第二条　建立客户名簿

(一)客户资源登记表是公司对于往来客户在交易上的参考资料的整理,将客户背景情况及物流需求状况记录下来。

(二)客户原始资料的保管和阅览,设专人对资料进行整理与保管,避免污损、破损、遗失等。

(三)各负责人的联络,各负责人对于担当交易的状况要经常注意,如果有变化的时候,要向上级及相关部门传达,经常保持交易往来客户原始资料及交易往来客户一览表的正确性。

为充分了解本部业务进展情况,分析业务绩效,增强各信息纵向联系,以此保持内部信息交流的顺畅。

(四)在公司的日常营销工作中,收集客户资料是一项非常重要的工作,它直接关系到公司的营销计划能否实现。因此,业务员作为市场营销的前端,应随时通过各种渠道收集本地区的客户资料,认真填写《客户信息档案》,关注这些客户的发展动态。

(五)市场部收集的客户资料,应根据客户经营属地分别提供给相关业务员。

(六)在收集客户资料时,可以采用多种途径和渠道获得客户资料和信息,常用的方法有:

1.参加行业展览会收集资料。

2.行业报刊收集企业信息。

3.通过互联网收集。

4.通过行业协会介绍龙头企业。

5.商场品牌摘抄。

6.合作伙伴介绍。

第三条　客户资料整理

(一)日常销售中,业务员根据获得的客户资料和信息,整理归纳后填写《客户信息档案》,经经理审核后,在收集到客户资料后的2个工作日内,输入公司内部客户关系管理系统,并于次日由公司指定专人发送市场营销部。

(二)市场营销部在收到《客户信息档案》后,市场营销部经理指定专人整理客户资料,并进行归档处理。

第四条 客户资料处理

（一）业务员原则上负责自己收集的客户资料管理和业务操作。当处理客户业务发生冲突时，原则上以记录先后顺序为准确定客户负责人。业务经理对于客户业务有最终决定权。

（二）通过公司营销活动收集到的客户信息资料，由业务经理按照负责客户数量均衡、兼顾业务能力的原则，分配给相关业务员。

（三）业务员负责的新客户，应在一周内与客户进行沟通。否则经理有权将客户转至其他人员负责。无直接负责人的原有客户记录，由经理决定在现有业务员中进行分配。

第五条 客户联络和拜访

（一）初次联络客户方式。

1. 在收集和整理客户资料的基础上，针对目标客户开展营销工作，与客户建立初步联系。首先可以选择传真、电子邮件、邮寄、介绍网址等方式向客户传递公司简介类宣传资料信息，明确本公司业务性质，以引起客户兴趣，获得面谈的机会。尽量减少通过电话方式与陌生客户直接进行推销活动，这与我公司业务定位不符。

2. 可以通过电话联系，确认对方是否收到我方的宣传资料，约定见面时间。电话谈话时间不宜过长。

3. 可以通过电话方式邀请客户参加研讨会、巡展等活动。

（二）公司宣传资料准备。

1.《公司形象手册》

2.《公司产品手册》

3.《第一直觉现场》

（三）出访客户。

1. 在出访客户时，需要了解客户的基本情况，包括：

（1）了解接待者职务、姓名，接待者对今后的项目合作是否有决策权。

（2）了解对象客户自己认为企业目前的需求和存在的问题。

2. 对于规模较大或开发难度较大的客户，预计由管理咨询顾问独立销售有困难的，可以通过地方服装协会、纺工局或服装公司等引荐，与客户重要领导人见面。

（四）出访要求。

1. 出访客户前要制订出访计划和目标，出访前填写《客户走访单》，经分公司经理批准后将《客户走访单》交考勤管理员后，方可离办公室进行出访。

2. 出访时衣着整齐，见客户后主动递交名片，做自我介绍，少许寒暄后即进入正题。

3. 与客户面谈时多谈客户，少谈自己。开始交谈时一定要制造轻松的谈话氛围，以产业共性问题和行业通病切入主题，要表现出对行业专业性的理解，并以此取得客户的信任。设法引发客户介绍企业当前的营销情况，尤其是客户当前所面临的问题。希望把问题转移到我们有能力操作的方向，并优先地提出一些有把握的方案。

4. 与客户面谈时，指定专人认真地作会谈记录。

与客户进行当面沟通后的2个工作日内，业务员编写《会谈纪要》，经部门经理审阅后提交客户并确认是否收到。业务员将与客户沟通的详细情况记录在客户关系管理系统中。与客户电话联络的详细情况也记录在客户关系管理系统中。

四、客户开发管理制度模板

第一条　新客户的选择原则
(一)客户必须具备满足本企业质量要求的设备和技术要求。
(二)新客户必须具备按时供货的管理能力。
(三)新客户必须达到较高的经营水平,具有较强的财务能力和较好的信用。
(四)新客户必须具有积极的合作态度。
(五)新客户必须遵守双方在商业上和技术上的保密原则。
(六)新客户的成本管理和成本水平必须符合本公司要求。

第二条　新客户选择程序
(一)一般调查
1. 候选客户向本公司提交企业沿革、企业概况、最新年度决算表、产品指南、产品目录等文件。
2. 与新客户的负责人交谈,进一步了解其生产经营情况、经营方针和对本公司的基本看法。
3. 新客户技术负责人与本公司技术和质量管理部门负责人进一步商洽合作事宜。
(二)实地调查
根据一般调查的总体印象作出总体判断,衡量新客户是否符合上述基本原则。在此基础上,资材部会同技术、设计、质量管理等部门对新客户进行实地调查。调查结束后,要提出新客户认定申请。

第三条　开发选择认定
(一)提出认定申请报告
根据一般调查和实地调查结果,向市场主管正式提出新客户选择申请报告。该报告主要包括以下项目:
1. 新客户交易的理由及今后交易的基本方针。
2. 交易商品目录与金额。
3. 调查资料与调查结果。
(二)签订商品供应合同
与所选定的新客户正式签订供货合同,签订合同者原则上应是本公司的资料部长和新客户的法人代表。
(三)签订质量保证合同
与供应合同同时签订的还有质量保证合同,其签订者与以上相同。
(四)设定新客户代码
为新客户设定代码,进行有关登记准备。
(五)其他事项
将选定的新客户基本资料通知本企业相关部门,确定购货款的支付方式,新客户有关资料的存档。

五、客户服务管理制度模板

(一)管理方法

接待客人的方法:

1. 对待客人,不可因客人的身份、服装等特征而有不同态度,应以和蔼、机敏的态度来对待。

2. 当客人进店时,应立刻与其打招呼。打招呼可用点头示意,亦可用简单的"您好"、"欢迎光临"等礼貌用语。

3. 要尽可能记住客人的特征、个性,尤其是耐性不佳、不易应付的客人特别要用心对待,设法与之谈成交易。

4. 在接待客人的过程中,有必须起身接电话或办理其他重要事,须以眼神向客人示意,并示歉意。特别留心注意,在将物品交给对方时,应适时推荐合于该店的商品部协议,以决定交易的对策及处理态度。

(二)对客服人员进行教育培训

1. 针对"新进业务员"。

2. 由经理安排"新进业务员"受训。

3. 讲师:营销经理。

4. 受训的最后一节课由总经理讲话。

5. 全体业务员每年集训两次,每次两天。总公司将设计课程,安排讲师(含:内聘、外聘)。

(三)培训内容

1. 电话礼仪。

2. 着装礼仪。

3. 处理问题的技巧。

4. 客户服务的十大注意事项。

5. 客户满意度。

6. 业务服务标准。

(四)客户意见处理

1. 为加强对客户的服务,并培养服务人员"顾客第一"的观念,特举办客户意见调查,将所得结果,作为改进服务措施的依据。

2. 客户意见分为客户的建议或抱怨及对技术员的品评,除将品评资料作为技术员每月绩效考核之一外,对客户的建议或抱怨,服务部应特别加以重视,认真处理,以精益求精,建立本公司售后服务的良好信誉。

3. 对客户的建议或抱怨,其情节重大者,本部门应即提呈总经理核阅或核转,提前加以处理,并将处理情况函告该客户;其属一般性质者,服务部可自行酌情处理,并应将处理结果,以书面或电话通知该客户。

4. 凡属加强服务及处理客户的建议或抱怨的有关事项,业务部门应经常与客服中心密切联系,随时予以催办,并协助其解决所有困难,对抱怨的客户,无论其情节大小,均应由业务主管亲自或专门派员前往处理,以示重视。

(五)客户索赔问题的处理规定

1. 对于索赔,无论大小,应慎重处理。
2. 防止索赔问题的发生才是根本的解决问题之道,不可等索赔问题发生时,才图谋对策。
3. 要迅速、正确地获得有关索赔的情报。
4. 索赔问题发生时,要尽快订定对策。
5. 销售经理对于所有的资料均应过目,以防部下忽略了重要问题。
6. 每一种索赔问题,均应订定标准的处理方法(处理规定、手续、形式等)。

(六)处理客户关系的注意事项

1. 根据一定的格式,作成客户总账(或卡片)。
2. 客户很多时,只要作重要的或大客户的总账即可。
3. 客户的卡片往往容易被忽略,因此,关于如何有效地活用,经理应充分加以指示和指导。
4. 应随着客户情况的变化,加以记录。
5. 通过广告宣传、销售计划的综合对策及推销员的个别接触,与客户保持良好关系。
6. 销售经理不要只去访问特定的客户,而应普遍地作巡回访问。
7. 无论如何,与客户沟通意见与保持良好的人际关系最为重要。
8. 销售经理必须充分了解每一位客户的销售、回收和经营的内容。
9. 积极地将有利的情报提供给客户。
10. 对于改善销售及经营等问题,要经常地指导客户。
11. 客户提出意见时,要坦诚、热心地接受。

六、客户开发选择实施细则

第一条 新客户的条件

1. 新客户必须具备满足本公司质量要求的设备和技术要求。
2. 新客户必须达到较高的经营水平,具有较强的财务能力和较好的信用。
3. 新客户必须具有积极的合作态度。
4. 新客户必须遵守双方在商业上和技术上的保密原则。
5. 新客户的成本管理和成本水平必须符合本公司要求。

第二条 新客户选择程序

1. 一般调查

(1)候选客户向本公司提交公司沿革、公司概况、最新年度决算表、产品指南、产品目录等文件。

(2)与新客户的负责人交谈,进一步了解其生产经营情况、经营方针和对本公司的基本看法。

(3)新客户技术负责人与本公司技术和质量管理部门负责人进一步商洽合作事宜。

2.实地调查

根据一般调查的总体印象作出总体判断,看新客户是否符合上述条件,在此基础上,资材部会同技术、设计、质量管理等部门,对新客户进行实地调查。调查结束后,要提出新客户认定申请。

第三条 开发选择认定

1.提出认定申请报告。根据一般调查和实地调查结果,向市场部主管正式提出新客户选择申请报告。该报告主要包括以下项目:

(1)与新客户交易的理由及今后交易的基本方针。

(2)交易商品目录与金额。

(3)调查资料与调查结果。

2.签订商品供应合同。与所选定的新客户正式签订供货合同,签订合同者原则上应是本公司的资材部长和新客户的法人代表。

3.签订质量保证合同。与供应合同同时签订的还有质量保证合同,其签订者同上。

4.设定新客户代码。为新客户设定代码,进行有关登记准备。

5.其他事项。将选定的新客户基本资料通知本公司相关部门;确定购货款的支付方式;新客户有关资料的存档。

七、客户档案管理实施细则

第一条 建档目的

本制度立足于建立完善的市场客户档案管理系统和客户档案管理规程,以提高营销效率,扩大市场占有率,与本公司交易伙伴建立长期稳定的业务联系。

第二条 适用范围

公司的过去、现在和未来的市场直接客户与间接客户都属本制度的适用范围。

第三条 客户档案管理内容

1.客户基础资料。客户资料主要是通过营销人员对客户进行的电话访问和电子邮件访问搜集来的。在档案管理系统中,大多数以建立客户数据库的形式出现。

客户基础资料主要包括客户的基本情况、所有者、管理者、创立时间、与本公司交易时间、公司规模、资产等方面。

2.客户特征。服务区域、销售能力、发展潜力、公司文化、经营方针与政策、经营管理特点等。

3.业务状况。主要包括目前及以往的销售实绩、经营管理者和业务人员的素质、与其他竞争公司的关系、与本公司的业务联系及合作态度等。

4.交易活动现状。主要包括客户的销售活动状况、存在的问题、保持的优势、未来的对策、信誉与形象、信用状况、交易条件和以往出现的信用问题等。

第四条 客户档案管理方法

1. 建立客户档案系统。本制度规定客户基础资料的取得形式如下,并采用数据库的形式进行:

（1）由销售代表在进行市场调查和客户访问时进行整理汇总。

（2）向客户邮寄客户资料表,请客户填写。

（3）委托专业调查机构进行专项调查。

2. 客户分类。利用上述资料,将公司拥有的客户进行科学的分类,目的在于提高销售效率,增加公司在市场上所占的份额。

客户分类的主要内容包括:

（1）客户性质分类。分类的标识有多种,主要原则是便于销售业务的开展。可按客户所在行业、客户性质、客户地域、顾客类型划分。

（2）客户等级分类。本公司根据实际情况,确定客户等级标准将现有客户分为不同的等级,以便于对客户进行渠道管理、销售管理和货款回收管理。

本制度规定客户等级分类标准如下:一是按客户与本公司的月平均销售额或年平均销售额分类;二是按客户的信用状况,将客户分为不同的信用等级。

（3）客户路序分类。为便于销售代表巡回访问、外出推销和组织发货,首先将客户划分为不同的区域,然后再将各区域内的客户按照经济合理原则划分出不同的路序。

3. 客户构成分析。利用各种客户资料,按照不同的标准将客户分类,分析其构成情况,以从客户角度全面把握本公司的营销状况,找出不足,确定营销重点,采取对策,提高营销效率。

客户构成分析的主要内容包括:

（1）销售构成分析。根据销售额等级分类,分析在本公司总销售额中,各类等级的客户所占比重,并据此确定未来的营销重点。

（2）商品构成分析。通过分析本公司商品总销售量中各类商品所占比重,以确定对不同客户的商品销售重点和对策。

（3）地区构成分析。通过分析本公司总销售额中不同地区所占的比重,借以发现问题,提出对策,解决问题。

4. 客户信用分析。在客户信用等级分类的基础上,确定对不同客户的交易条件、信用限度额和交易业务信用处理办法。

第五条 客户档案管理应注意的问题

1. 客户档案管理应保持动态性,不断地补充新资料。

2. 客户档案管理应重点为公司选择新客户、开拓新市场提供资料。

3. 客户档案管理应"用重于管",提高档案系统的质量和效率。

4. 客户档案系统应由专人负责管理,并确定严格的查阅和利用的管理办法。

八、标准客户开发步骤表

表36-1 标准客户开发步骤表

顾客名称＼步骤	编号 1 自我介绍	2 打听资讯	3 提示来意	4 当场演示	5 预估达成率	6 预约

九、开发对象判定表

表36-2 开发对象判定表

公 司 名 称	
住　　址	
注意事项	
1. 成长率	A B C D E
2. 信用度	A B C
3. 总利润率	A B C
4. 综合判定	点
5. 顺序评核	位

十、强化客户关系计划表

表36-3　强化客户关系计划表

顾客名称＿＿＿＿＿＿＿＿＿＿

顾客	推动的影响力	和竞争同业间的关系	和竞争同业间的关系	本公司负责人员	强化对策	时间表	检查对策
总经理	小	无特别关系	保龄球同好	总经理	决定每月拜记及电话次数	本月开始	
副经理	大		无特别关系	经理	决定一年的交易金额和付款条件	到下个月底	
科长姓名	大	同学	无特别关系	营业代表	接洽	每月大约一次 本月开始	
负责人员姓名	中	朋友	无特别关系	技术部	技术情报提供	每日一次 本月一次	
其他姓名	中	回扣传闻	高尔夫球友	质量管理科	新制品讲习会	下个月到年底为止	
备注							

十一、重要客户对策一览表

表36-4　重要客户对策一览表

公司名称	销售顺位	问题点	对策
扩大重要客户人数的基本方针			

十二、固定客户交易对策表

表36-5　固定客户交易对策表

公司名称	移动方向	问题点	对　策

第三十七章 私营企业促销管理制度与规范

一、人员促销管理流程

人员促销管理流程如图 37-1 所示：

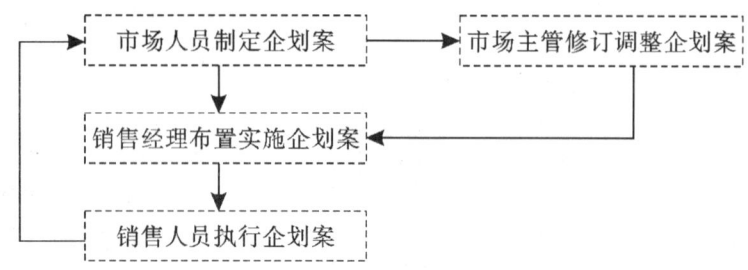

图 37-1 人员促销管理流程

二、广告促销管理流程

广告促销管理流程如图 37-2 所示：

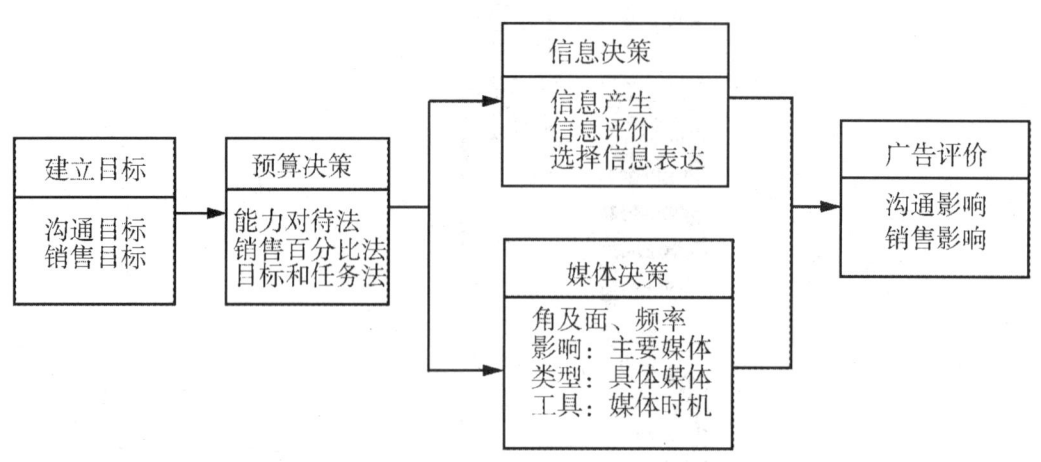

图 37-2 广告促销管理流程

三、公司促销管理制度模板

第一条　为稳定本公司原有客户群,同时不断开发新客户,公司特制定如下销售促进管理制度。

第二条　常务董事及经理须拟订日程,拜访、问候主要客户,并借机了解市场情况及客户反馈的问题,加强彼此的联络与友好关系。

1. 了解顾客的不满情绪,听取意见,以设法改善现状。
2. 访问之前,应先与负责人员做事前的讨论,研究如何与对方对应。

第三条　集合主要客户及购买能力可能增加的预定客户,举行恳谈会,恳请赐予交易。

1. 本会以董事长或常务董事为主体。
2. 问候方式须巧妙得当,掌握销售计划的根本主题。
3. 本会应依地区、产品种类分别举行。

第四条　开拓新交易或提高现有的交易额,除要积极地实行计划外,尤其要致力于设置底子厚实的代理店。

1. 从工商名录、世贸中心、专业厂商名录、电话簿、名单公司及其他地方取得批发商、销售店、加工业者等的名簿资料后,应立即制订开拓计划。
2. 有效地与协会、工会、有关银行、相关公司往来,借助它们的支援来拓展交易。
3. 对于新客户,应事前做好充分的信用调查。
4. 确立代理店的交易规划,完善代理店体制。代理店体制应以商品类别为基准建立。

第五条　销售另设有特卖制,采取自主诱导购买的方式。这种方式在交易的困难时期及产品推出太慢时进行。

1. 特卖的对象区分为零售商与代理店,并设定特卖期间。
2. 对于特卖地区,特卖的品目、数量及奖励内容须仔细研究。

第六条　对交易客户设立交易奖励制度,以此促进购买。

1. 实施时,先以一特定地点为主,接着再依顺序逐渐对外扩大。
2. 交易方式另采用所谓的预约制度,利用预约方式进行交易者,届时可依比例退还部分优待额。不依规定时间缴交货品时,本公司则另订有效方法负责处理。
3. 将每个客户的平均购买额分等级,再依等级发给奖金或按比例退还部分金额。奖励期间以 3 个月左右为主,每段期间再各自制订截止日期。
4. 对于特别致力于销售的交易客户,公司将为其负担半额的广告费,或另外赠送其他商品,以示奖励。

第七条　对于新生产的产品,公司将举行单独或联合展示会、样品展示会,以扩大宣传,原则上按下列 4 点实施:

1. 展示会由公司单独举行,或借助其他单位的支援,或协同批发商共同举行。有时则由业务部负责举办。

2. 会展应展示本公司的新产品。

3. 举行展示会时，除要选择会场场地之外，对于展示内容以及综合方式等，也须加以考虑。

4. 样品展示会及展示会中，可直接接受订单或预约。

第八条 对于销售人员应开拓新市场，提高销售额，并对其绩效加以区分，发给奖金，以示激励。

1. 本奖励以一定期间为限。

2. 对于开发新客户一项，必须令其事前提出有关对方的调查资料。奖金于交易开拓成功的第 3 个月，依等级的平均额作为激励奖金。

3. 过去 3 个月的平均额超过上年度同月份 1 个月平均额的 3 成，视为对提高销售有贡献，并依据一定的比率（或一定的金额）发给奖金。

第九条 业务部门应根据客户或商品类别，将销售额、收款、销路不佳商品与畅销商品等，做成当月的合计、累计、增减等统计资料，再将此统计数字与过去实绩做一比较后，以掌握销售额及入款的预估。预估确定后，指示给各负责人并进行督促（在每月例行销售会议上，也应督促要求）。

第十条 业务部门需就各地区、客户及业界的需求动向等状况进行调查，以便改正自己的销售计划，并督促、指示销售员拓展销售。

第十一条 业务部门应针对各销售员的活动及实绩，制作有关其能力与实际绩效的比较统计表，同时提出批评与检查，借此提高销售员的效率及业绩。

1. 根据业务人员所进行的访问、业务开拓、接受的订货、交货、折扣及退货等销售活动，比较其预定与实际的差距及个人效率。

2. 将上述资料于营业部会议时提出，以便就此提供批评及指示。

第十二条 营业部应针对销售活动制订纲领，使相关人员以此为依据来进行其活动。

第十三条 每月月底举行整体的销售会议，利用此会检查上个月的计划与实际情况，由业务部门根据相关人员所提出的、品项别和客户的统计表来检查当月的实绩；另外，由各销售员彼此根据自己的情况及市场情报，进行交换，借此来修正本月应进行的预定活动计划与销售方法。

四、产品宣传管理细则

☐ 通则

第一条 在新产品投放市场之际，产品宣传必不可少，为此，公司特制定本办法，以规范宣传工作，保证新产品顺利进入市场。

第二条 本制度规定以外的事项，按有关广告管理的规定办理。

第三条 按产品的宣传计划由新产品推广部负责制订,并向全体成员讲解,使每一位工作人员都能够确实把握基本方针的要点。

第四条 新产品推广都必须以本月及长期销售计划为基础,制订新产品宣传计划方案,并落实到每一位下属。宣传计划内容包括以下几方面:

1. 选择与确定宣传对象。
2. 确定宣传媒体。
3. 新产品样品的选择、确定与分配。

实施宣传的办法

第五条 新产品推广部所负责的新产品宣传工作涉及面广,需各部门与各机构的通力合作。

第六条 新产品推广部在宣传实施期中,需要提醒销售经理,通过各营业分店向新产品推广部提供宣传活动必要的文献、样品等。

第七条 提醒销售经理,通过各营业分店帮助宣传工作顺利进行,如张贴宣传画、印发传单、布置展示厅等。

第八条 特别要求各分支机构在指定的时间和地点,配合展开广告宣传活动。

第九条 广告宣传要把握节奏与攻势,事先确定步骤,逐渐加强攻势,加大广告宣传的渗透力,以达到预期目的。

第十条 对企业尚未控制地区,应展开大力宣传,以谋求在该区域内的影响力。

第十一条 综合运用各种宣传媒介,包括报刊杂志的广告、商店销售现场的宣传、电台电视广告,甚至可以利用批发商的宣传能力,强化新产品的普及宣传工作。

第十二条 产品进入成本期后,其广告宣传工作可转让给销售部门及推销人员。但是,对那些竞争激烈的产品,依然需要新产品推广部负责监制,一旦销售收入下降,立即进行广告宣传攻势,以保持一定的销售水平。

第十三条 对大宗交易以及大宗交易伙伴,新产品推广部仍有义务作出努力,予以维持。

第十四条 为了提高广告宣传工作的综合效益,新产品推广部应该经常开展以下活动:

1. 以出行方式,巡回各地,与当地老关系户或主顾保持联系。
2. 不间断地以小组名义和个人名义,诸如寄挂历、发贺年卡、发信等,与客户保持广泛而经常性的联系。
3. 定期或不定期开展或参与各种宣传活动,如展示会、博览会、交易会、展销会等。
4. 办好橱窗展示,包括对负责橱窗展示人员的教育,选好宣传对象商品,对宣传费用进行预算,对每天的展示成果进行总结,观察顾客在店堂中行走路线,观察顾客在店堂中的停留时间,把握本公司商品被询问或打听的频率,顾客对广告宣传的反响等。

宣传物品和产品样品处理

第十五条 新产品推广部经理在每月月末,经内勤组向总公司销售经理提出下月度进行新产品宣传所需的宣传物品及数量。

第十六条 新产品推广部经理每月1次,向销售经理报告本部月末各类宣传物品的库存情况。

第十七条 制作的宣传物品办理所规定的手续之后,可以从各营业分支机构的仓库,转存入本公司的仓库,并由内勤组保管。

第十八条　宣传物品如何在各地区、各组员之间进行分配,由新产品推广部经理决定。

第十九条　在紧急状态下,新产品推广部经理如果认为必要的话,可与营业分支机构负责人商量,由分支机构来制作宣传所需要的物品。

第二十条　其他扩大宣传所必须的用品,也由新产品推广部经理决定。

第二十一条　每月所需要的试销品、试用品及数量,也必须事先向销售经理请示。

□　内勤业务

第二十二条　内勤工作应全力协助新产品推广部进行新产品宣传活动的顺利开展。内勤工作包括文书工作、保管品工作、保管产品样本工作、报告书的处理和保管工作,以及花名册的管理等等。

第二十三条　文书工作。内勤组长按新产品组长的指示,整体新产品组员的业务日报、询问记录卡,并把整理结果反馈给各位组员,提醒他们在工作中反省有无疏漏之处。

第二十四条　宣传物品的保管工作:

1. 内勤组长对保管与领取各种与新产品宣传有关的物品负有责任。

2. 内勤组长必须保证宣传物品的库存供应量,并于每月月末向新产品推广部经理报告。

3. 内勤组长必须根据库存报表以及月度或季度宣传品需求量预测,向新产品推广部经理积极进言。

4. 内勤组长有责任负责保管和整理台账,包括库存明细账,收发领用台账,分配记录簿,以及宣传品报废台账等。

第二十五条　产品样品的出纳保管工作:

1. 内勤组长对产品样品的出纳保管工作负有责任。

2. 内勤组长每月月末向新产品推广部经理报告新的样品库存情况。

3. 内勤组长根据库存情况及月、季度预测用量,向新产品推广部经理提出新的样品进货建议。

4. 内勤组长必须对新样品明细账、收发领用台账和分配记录簿做好整理与保管工作。

第二十六条　报告书的整理与保管工作:

1. 内勤组长应及时安排和督促部下,做好组员在报告书中记载的新产品相关事项。

2. 内勤组长应及时从组员报告书中摘录各重要事项,以及应该作出报告的事项,整理为规范文书,向新产品推广部经理及有关部、组长作出报告。

3. 内勤组长有责任把各报告书汇编成册,加以妥善保管。

第二十七条　花名册编制工作。内勤组长应根据各种文件和新产品推广部成员的报告书,整理汇编顾客或可能顾客的花名册。

第二十八条　其他业务工作。内勤组长除了以上规定的业务工作外,还有与新产品推广部进行联络的业务,如顾客电话、信件、传真等事宜,作出妥善处理。

第二十九条　本制度的修改与废除由总裁办公室负责,总裁决定。

第三十条　本制度于×××年×月×日开始实施。

五、广告宣传管理制度模板

☐ 年度市场推广计划

第一条　战略目标

全力发展代理商,构架基本网络,完成一期、二期工程,即60家代理商。

第二条　工作重点

招商同时进行产品形象广告。

第三条　推广战略

1. 通过全国性媒体,传播代理政策,宣传产品形象,征集代理商。
2. 运用公关传播等手段,为产品上市做铺垫,形成一轮猛烈的宣传攻势。

第四条　传播理念

1. 优质产品。
2. 良好的代理政策。
3. 规范的市场管理。
4. 广阔的市场前景。

第五条　工作重点

重点地方市场的进入及系列促销。

第六条　推广战略

1. 加强对重点代理商的支持。
2. 重点地区开展促销活动,推动地方市场的发展和深化。
3. 以促销手段为主,展开一轮向最终用户的宣传攻势,形成一个销售高潮。

第七条　战略目标

完成网络三期工程,代理商达到120家。

第八条　工作重点

向下一级城市推广,重点推广成功经验。推广防御性攻势,造就更多成功的代理商。

第九条　推广战略

1. 广告以更加深入地阐述四大特点、独特卖点以及可能出现的新产品为主;招商不再依靠广告,而是依靠员工的工作和自己上门的代理商。
2. 重点推广地方市场成功经验,造就更多的成功市场。

第十条　战略目标

网络及规模化经营。

第十一条　工作重点

网络的维护,第四季度攻势,面向全国各地方市场的大规模促销。

第十二条　推广战略

全国的轰炸性促销攻势,地方市场应与此主题相配合,大量出货。

□ 广告补贴

第十三条 广告补贴
广告补贴是指公司为代理商提供的,作为×××广告宣传的费用。

第十四条 补贴的使用
公司对其核准的代理商广告计划报销广告费的60%,但总额不超过代理商广告投放期进货量×%。

1. 代理商的广告计划每月必须报公司品牌推广部核准,否则不予报销。
2. 广告补贴专款专用,必须全部用来宣传推广×××。
3. 广告补贴在使用时,必须按公司规定的版面要素规则刊发广告,否则不予报销。
4. 广告补贴只是代理商宣传×××费用的一部分,其余费用自理。

公司提供的需要代理商交付费用的广告宣传用品(如展架等),代理商如果需要,则按实际成本记为广告补贴的一部分。

第十五条 补贴的获得
1. 经过公司审核批准的广告计划,才能作为申请广告补贴的依据。
2. 代理商广告补贴可每月申请一次。
3. 代理商申请广告补贴需详细填写《广告补贴申请表》,并符合本公司有关规定。
4. 公司品牌推广部经审核批准后书面通知代理商。
5. 广告补贴的给付办法见《费用的报销》。

□ 广告计划的审批

第十六条 批准审批
代理商在当地刊登的广告计划,必须经过公司品牌推广部核准审批,未经审批的广告计划将不给予广告补贴。

代理商每月1日前呈报下月《月广告宣传计划》。

第十七条 计划内容
月广告宣传计划应包括媒体选择、广告版式、版面安排、广告价格、刊登时间及次数、广告预算等。

第十八条 申报表
按《广告计划申报表》的标准格式申报月广告宣传计划。

第十九条 核准日期
品牌推广部在5个工作日内将《月广告宣传计划》的核准意见书面(传真)通知代理商。

第二十条 平面广告
代理商必须按公司品牌推广部给出的标准版式(指要素)设计广告。

第二十一条 电视广告
可使用公司提供的广告片。

第二十二条 印刷品广告
可以成本价购买公司的印刷品广告,也可以根据公司制定的版式要素自己设计广告。

□ 费用的报销

第二十三条 报销依据

经过公司审核的广告计划,才能作为申请广告补贴的依据。

第二十四条　每月申请

代理商广告补贴可每月申请一次,报销费用的金额以公司最后审批的确定额为准。

第二十五条　补贴申请表

代理商申请广告补贴需详细填写《广告补贴申请表》。

第二十六条　提供资料

申请广告补贴时需提供:

1. 平面广告提供完整的广告原件两份(报纸原样不得裁剪)。

2. 电视广告提供样带及播出时间。

3. 印刷品广告提供印刷品原件两份。

4. 各种广告的广告费发票复印件。

5. 相关媒体的报价单。

第二十七条　审核批准

公司品牌推广部经审核批准后,书面通知代理商补贴的支付。

1. 代理商可选择现金或货物的方式取得广告补贴。以现金的方式向代理商提供广告补贴时,代理商应提供等额增值税发票;以货物方式提供广告补贴时,双方互不出具发票。

2. 广告补贴在审核通过后5个工作日内付出,或在下次进货时抵付。

3. 公司提供的需要代理商支付费用广告的宣传用品(如展架等),从广告补贴中直接扣除。

六、公关促销管理制度模板

第一条　目标原则

公关促销策划活动以本公司市场营销的总目标为基础,以解决市场销售中的问题,促进产品或劳务的销售为最终目的。目标性原则是公关促销策划的一项根本性原则,它包括如下内容和基本要求:

1. 检验目标的方向性。

2. 检验目标的主体性。

3. 检验方案的目标性。审查公关促销策划方案是否符合公关促销策划目标,必须把目标性原则作为衡量公关促销方案与公关促销策划目标符合程度的准则。

第二条　整体原则

公关促销策划要从塑造本公司整体形象和全面经营角度出发,充分考虑市场营销组合,形成整体最优化,实现整体促销效应。

第三条　顾客原则

促销策划要以消费者利益为出发点和归宿点。

1. 树立顾客观念。

2. 寻找本公司与顾客利益的一致点，以此作为策划的主题。

3. 坚持互利互惠，保证公司和顾客的利益。

第四条　适应原则

公关促销策划必须有准确、及时的市场变化信息，以顾客发展的研究与预测为依据，使方案具有一定弹性，适应市场环境。

1. 进行市场调查预测，广泛收集信息，并且要求分析和验证所获取的信息质量。

2. 要使公关促销方案具有较大的包容性，以适应顾客及其发展变化的各种情况，这样的策划才具有相对稳定性。

3. 要有备用方案。

第五条　行动原则

公关促销策划方案能够指导行动，具有可操作性和可实施性。

第六条　公关促销目标策划

公关促销的目标是指策划方案实施后要达到的要求，它是针对所要解决的问题，在公司总目标的指导下，将公关与市场营销目标有机地结合后形成的。

第七条　公关促销对象策划

1. 现实顾客与潜在顾客的研究与策划。

2. 市场潜力研究与策划。

3. 顾客分布研究与策划。

4. 顾客心理和行为规律研究与策划。

第八条　公关促销主题策划

围绕实现公关目标，针对特定的促销对象，对整个公关促销策划与操作起指导、规范作用的中心思想来进行策划。

第九条　公关策略策划

这是对公关促销的形式、创意、思路及模式等进行的策划。策略策划是公关促销策划的关键。

第十条　时机、进度策划

公关促销的时机，有的是日常性的，有的是固定性的，还有的则具有偶然性。

1. 由于政府政策、方针变化带来的机会。

2. 具有新闻价值的重大活动和运动。

3. 新闻人物（重要人物、知名人士）的特殊活动。

4. 重要节日、纪念日、节假日等。

5. 消费季节、气候变化等。

6. 企业自身的重要事件，如周年纪念日、组建集团等。

第十一条　公关促销评估策划

1. 评估标准。评估公关促销方案实施效果的标准就是既定的公关促销目标。

2. 评估方法。主要采用问卷调查的方法，调查公众及消费者。评估的主体可以是方案实施者、专家和领导。

3. 评估程序。确定评估标准、方法和人员——实施评估调查——整理、分析评估调查结果——将结果与评估标准对比，分析存在的差距和原因——撰写评估报告并上报。

第十二条　编制预算

为保证公关促销策略顺利实施，必须对所需要的人力、财力、物力进行估算与安排。

七、市场促销申请单

表37-1 市场促销申请单

部门：_____ 填表日期： 月 日

促销目的	
促销时间	
促销对象	
促销商品	
促销办法	
预计销量效果达成	
企划意见	
企划经理	
部门经理	
汇报人	主管

主管：_____ 制表人：_____

八、营销活动促销计划表

表37-2 营销活动促销计划

促销编号	针对产品	促销方式	促销期间		主管	配合事项	预计经营	预期效果	备注
			起	止					

主管：_____ 制表人：_____

九、市场促销活动成效汇总表

表37-3 市场促销活动成效汇总表

客户名称				本年度计划促销次数			
促销名称		编号		主管		促销时间	
促销品项		预计销量		预算费用		预算用比	
客户形态		实际销量		实际费用		实际费用比	
申办单位		原零售价		现零售价		达成比率	
费用/成品领用记录							
差异说明							
活动情况反馈							
活动改进建议							
品牌人建议							
总经理		企划经理		营业经理		主管	

制表人：_____　　　　　　　　　　填表日期：____年____月____日

十、广告预算书

表37-4 广告预算书

委托单位			负责人	
预算单位			负责人	
广告预算项目			期限	
广告预算总额(元)			预算员	
项目		开支内容	费用(元)	执行时间
市场调研费	文献调查			
	实地调查			
	研究分析			
广告设计费	报纸			
	杂志			
	电视			
	电台			
	其他			
广告制作费	印刷费			
	摄制费			
	工程费			
	其他			
广告媒介租金	报纸			
	电视			
	电台			
	杂志			
	其他			
服务费				
促销与公关费	促销	市场A		
		市场B		
		市场C		
	公关			
机动费用				
其他杂费开支				
管理费用				
总计				

第三十八章 私营企业销售团队管理制度与规范

一、销售团队管理工作内容

（一）清晰的销售团队远景、价值和目标；
（二）销售经理为销售团队提供推动力；
（三）具有行之有效的增加价值系统；
（四）销售团队存在肯定的气氛；
（五）有效发挥销售能力的销售组织结构；
（六）销售团队具有适合目前和未来发展需要的能力；
（七）良好的销售人员的个人发展。

二、销售人员聘用制度

第一条　为加强公司员工队伍建设，提高员工的基本素质，特制定本规定。

第二条　公司系统所有员工分为两类：正式员工和短期聘用员工。

正式员工是公司系统员工队伍的主体，享受公司制度中所规定的各种福利待遇。短期聘用员工指具有明确聘用期的临时工、离退休人员以及少数特聘人员，其享受待遇由聘用合同书中规定。短期聘用员工聘期满后，若愿意继续受聘，经公司同意后可与本公司续签聘用合同，正式员工和短期聘用员工均应与本公司签订合同。

第三条　公司系统各级管理人员不许将自己亲属介绍、安排到本人所分管的公司里工作，属特殊情况的，需由董事长批准，且介绍人必须立下担保书。

第四条　公司各部门和各下属企业必须制定人员编制，编制的制定和修改权限见人事责权划分表，各部门各企业用人应控制在编制范围内。

第五条　公司需增聘员工时，提倡公开从社会上求职人员中择优录用，也可由内部员工引荐，内部引荐人员获准聘用后，引荐人必须立下担保书。

第六条　从事管理和业务工作的正式员工一般必须满足下述条件：
・大专以上学历；
・两年以上相关工作经历；
・年龄一般在35岁以下，特殊情况不超过45岁；
・外贸人员还必须至少精通一门外语；
・无不良行为记录。

第七条　特殊情况人员，经董事长批准后可适当放宽有关条件，应届毕业生及复员转业军人需经董事长批准后方可考虑聘用。

第八条 所有应聘人员除董事长特批可免予试用或缩短试用期外,一般都必须经过3至6个月的试用期后才可考虑聘为正式员工。

第九条 试用人员必须呈交下述材料:
· 填好的由公司统一发给的招聘表格;
· 学历、职称证明;
· 个人简历;
· 近期相片2张;
· 身份证复印件;
· 体检表;
· 结婚证、计划生育证或未婚证明;
· 面试或笔试记录;
· 员工引荐担保书(由公司视需要而定)。

第十条 试用人员一般不宜担任经济要害部门的工作,也不宜安排具有重要经济责任的工作。

第十一条 试用人员在试用期内待遇规定如下:
基本工资待遇分为:
· 高中以下毕业:一等;
· 中专毕业:二等;
· 大专毕业:三等;
· 本科毕业:四等;
· 硕士研究生毕业:五等;
· 博士研究生毕业:六等。

同时,试用人员享受一半浮动工资和劳保用品待遇。

第十二条 试用人员经试用考核合格后,可转为正式员工,并根据其工作能力和岗位重新确定职称,享受正式员工的各种待遇;员工转正后,试用期计入工龄,试用不合格者,可延长其试用期或决定不予聘用,对于不予聘用者,不发任何补偿费,试用人员不得提出任何异议。

第十三条 总公司和各下属企业的各类人员的正式聘用合同和短期聘用合同以及担保书等全部材料汇总保存于总公司人事监察部和劳资部,由上述两个单位负责监督聘用合同和担保书的执行。

三、销售人员奖惩办法

□ 奖惩分类:

第一条 奖励:

1. 小功
2. 大功

第二条 惩罚：

1. 小过
2. 大过
3. 解职
4. 解雇

第三条 考核：

1. 全年度累计三小功：一大功
2. 全年度累计三小过：一大过
3. 功过相抵
4. 全年度累计三大过者解雇
5. 记小功一次加当月考核3分
6. 记大功一次加当月考核9分
7. 记小过一次扣当月考核3分
8. 记大过一次扣当月考核9分

□ 奖励办法

第四条 提供公司"行销新构想"，而为公司采用，即记小功一次。

第五条 该"行销新构想"一年内使公司获利50万元以上者，再记大功一次，年终表扬。

第六条 业务员主动反映可开发的"新产品"而为公司采用，即记小功一次。

第七条 该"新产品"一年内使公司获利50万元以上者，再记大功一次，年终表扬。

第八条 提供竞争厂牌动态，被公司采用为政策者，记小功一次。

第九条 客户信用调查属实，事先防范得宜，使公司避免蒙受损失者（即：呆账），记小功一次。

第十条 开拓"新地区"、"新产品"或"新客户"，成效卓著者，记小功一次。

第十一条 达成上半年业绩目标者，记小功一次。

第十二条 达成全年度业绩目标者，记小功一次。

第十三条 超越年度目标20％(含)以上者，记小功一次。

第十四条 凡公司列为"滞销品"，业务员于规定期限内出清者，记小功一次。

第十五条 其他表现优异者，得视贡献程度予以奖励。

□ 惩罚办法

第十六条 挪用公款者，一律解雇。本公司并循法律途径向保证人追踪。

第十七条 与客主串通勾结者，一经查证属实，一律解雇。

第十八条 做私生意者，一经查证属实，一律解雇。直属主管若有呈报，免受连带惩罚。若未呈报，不论是否知情，记小过两次。

第十九条 凡利用公务外出时，无故不执行任务者（含：上班时间不许喝酒），一经查证属实，以旷工处理（按日不发给薪资），并记大过一次。若是干部协同部属者，该干部解职。

第二十条 挑拨公司与员工的感情，或泄露职务机密者，一经查证属实，记大过一次,情节严重者解雇。

第二十一条　涉足职业赌场或与客户赌博者,记大过一次。

第二十二条　上半年销售未达销售目标的70%者,记小过一次。

第二十三条　全年度销售未达销售目标的80%者,记小过一次。

第二十四条　未按规定建立客户资料经上司查获者,记小过一次。

第二十五条　不服从上司指挥者:

1. 言语顶撞上司者,记小过一次。

2. 不遵照上司使命行事者,记大过一次。

第二十六条　私自使用营业车辆者,记小过一次。

第二十七条　公司规定填写的报表,未缴交者每次记小过一次。

四、销售人员管理制度

第一条　对本公司销售人员的管理,除按照人事管理规程办理外,悉依本规定条款进行管理。

第二条　原则上,销售人员每日按时上班后,由公司出发从事销售工作,公事结束后返回公司,处理当日业务,但长期出差或深夜返回者除外。

第三条　销售人员凡因工作关系误餐时,依照公司有关规定发给误餐费×元。

第四条　部门主管按月视实际业务量核定销售人员的业务费用,其金额不得超出下列界限:经理××元,副经理××元,一般人员××元。

第五条　销售人员业务所必需的费用,以实报实销为原则,但事先须提交费用预算,经批准后方可实施。

第六条　销售人员对特殊客户实行优惠销售时,须填写"优惠销售申请表",并呈报主管批准。

第七条　在销售过程中,销售人员须遵守下列规定:

(一)注意仪态仪表,态度谦恭,以礼待人,热情周到;

(二)严守公司经营政策、产品售价折扣、销售优惠办法与奖励规定等商业秘密;

(三)不得接受客户礼品和招待;

(四)执行公务过程中,不能饮酒;

(五)不能诱劝客户透支或以不正当渠道支付货款;

(六)工作时间不得办理私事,不能私用公司交通工具。

第八条　除一般销售工作外,销售人员的工作范围包括:

(一)向客户讲明产品使用用途、设计使用注意事项;

(二)向客户说明产品性能、规格的特征;

(三)处理有关产品质量问题;

(四)会同经销商搜集下列信息,经整理后呈报上级主管;

1. 客户对产品质量的反映;

2. 客户对价格的反映；

3. 用户用量及市场需求量；

4. 对其他品牌的反映和销量；

5. 同行竞争对手的动态信用；

6. 新产品调查。

（五）定期调查经销商的库存、货款回收及其他经营情况；

（六）督促客户订货的进展；

（七）提出改进质量、营销方法和价格等方面的建议；

（八）退货处理；

（九）整理经销商和客户的销售资料。

第九条　公司营销或企划部门应备有"客户管理卡"和"新老客户状况调查表"，供销售人员做客户管理之用。

第十条　销售人员应将一定时期内（每周或每月）的工作安排以"工作计划表"的形式提交主管核准，同时还需提交"一周销售计划表"、"销售计划表"和"月销售计划表"，呈报上级主管。

第十一条　销售人员应将固定客户的情况填入"客户管理卡"和"客户名册"，以便更全面地了解客户。

第十二条　对于有希望的客户，应填写"希望客户访问卡"，以作为开拓新客户的依据。

第十三条　销售人员对所拥有的客户，应按每月销售情况自行划分为若干等级，或依营业部统一标准设定客户的销售等级。

第十四条　销售人员应填具"客户目录表"、"客户等级分类表"、"客户路序分类表"和"客户路序状况明细卡"，以保障推销工作的顺利进行。

第十五条　各营业部门应填报"年度客户统计分析表"，以供销售人员参考。

第十六条　销售人员原则上每周至少访问客户1次，其访问次数的多少，据客户等级确定。

第十七条　销售人员每日出发时，须携带当日预定访问的客户卡，以免遗漏差错。

第十八条　销售人员每日出发时，须携带样品、产品说明书、名片、产品名录等。

第十九条　销售人员在巡回访问经销商时，应检查其库存情况，若库存不足，应查明原因，及时予以补救处理。

第二十条　销售人员对指定经销商，应予以援助指导，帮助其解决困难。

第二十一条　销售人员有责任协助解决各经销商之间的摩擦和纠纷，以促使经销商精诚合作。如销售人员无法解决，应请公司主管出面解决。

第二十二条　若遇客户退货，销售人员须将有关票据收回，否则须填具"销售退货证明单"。

第二十三条　财会部门应将销售人员每日所售货物记入分户账目，并填制"应收账款日记表"送各分部，填报"应收账款催收单"，送各分部主管及相关负责人，以加强货款回收管理。

第二十四条　财会部门向销售人员交付催款单时，应附收款单据，为避免混淆，还应填制"各类连号传票收发记录备忘表"，转送营业部门主要催款人。

第二十五条　各分部接到应收账款单据后，即按账户分发给经办销售人员，但须填制"传票签收簿"。

第二十六条 外勤销售员收到"应收款催收单"及有关单据后,应装入专用"收款袋"中,以免丢失。

第二十七条 销售人员须将每日收款情况,填入"收款日报表"和"日差日报表",并呈报财会部门。

第二十八条 销售人员应定期(周和旬)填报"未收款项报告表",交财会部门核对。

第二十九条 销售人员须将每日业务填入"工作日报表",逐日呈报单位主管。日报内容须简明扼要。

第三十条 对于新开拓客户,应填制"新开拓客户报表",以呈报主管部门设立客户管理卡。

第三十一条 销售人员外出执行公务时,所需交通工具由公司代办申请,但须填具有关申请和使用保证书。

第三十二条 销售人员用车耗油费用凭发票报销,同时应填报"行车记录表"。

五、销售人员作业记录表

表38-1 销售人员作业记录表

营业员姓名:_____

项目 日期	准备与计划	准备耗费时间	交通时间	接洽时间	洽谈时间	休息时间	整理记录时间	合计
合计								
平均								

使用说明:
1. 营销人员所耗用的总计时间,由本人或营销主任填写。
2. 如以月为记录区间时,须在上、中、下旬各3日内填妥资料。
取纵轴为各营销人员时,可求得该部门作业时间的平均值。

主管:_____ 制表人:_____ 制表日期:____年____月____日

六、销售人员销售统计表

表38-2　销售人员销售统计表

制表日期：＿＿＿＿年＿＿＿月＿＿＿日

产品名 \ 业务员	A区		B区		C区		合计
	金额	百分率（%）	金额	百分率（%）	金额	百分率（%）	

主管：＿＿＿＿　制表人：＿＿＿＿　　　　　　制表日期：＿＿＿＿年＿＿＿月＿＿＿日

七、销售人员业绩报告表

表38-3　销售人员业绩报告表

姓名	客户数					销售金额					备注
	原有客户	新增客户	删减	现有	增加率	原有客户	新增客户	本期销售	上期销售	增加率	

总经理：＿＿＿＿　主管人：＿＿＿＿　填表人：＿＿＿＿　　制表日期：＿＿＿＿年＿＿＿月＿＿＿日

八、销售人员工作记录表

表38-4　销售人员工作记录表

姓名						
销售额						
销货退回						
销货折让						
销货报损						
销货净额						
成本						
毛利						
个人费用	薪津					
	旅费					
	其他					
	合计					
净利益						
收款记录	应收					
	实收					
	未收					
绩效						

填表人：_____　　　　　　　　　　　　制表日期：_____年____月____日

九、销售人员业绩考核报告表

表38-5　销售人员业绩考核报告表

日　期		1	2	3	4	5	6	7	8	9	10	11	12	13	14	15	16
天气	晴																
	阴																
	雨																
	台风																
访问家数																	
电话访问数																	

(续表)

日期		1	2	3	4	5	6	7	8	9	10	11	12	13	14	15	16
天气	晴																
	阴																
	雨																
	台风																
合计																	
访问接单																	
来店来单																	
合计																	
访问收款																	
来店缴款																	
合计																	
经办人																	
销售部部长																	
经理																	
备注																	

十、销售部门业绩考核表

表38-6 销售部门业绩考核表

考核项目	权数	计算	初核得分	核定得分
收款率	60	当月收款/当月计划目标收款额×100%		
销售额目标达成率	20	当月产际销售额/计划销售额×100%		
未收款率	20	1-(当月销售额-当月收款额)/当月销售额×100%		
等级		合计得分		

读者反馈卡

尊敬的读者：

  十分感谢您购买本书以及对本公司的大力支持。为能继续提供更符合您要求的优质图书，烦请您抽出点滴时间填写以下调查表并寄回，您的建议与意见将是我们不断前进的动力。我们会定期从有效回执中抽取幸运读者，寄送公司最新出版图书或其它精美礼品。

北京兴盛乐书刊发行有限责任公司

通讯地址：北京市朝阳区小营路 10 号阳明广场南楼 14A
邮政编码：100101
读者 QQ 群：292306095（兴盛乐书友会）
电子邮件：xslzbs@163.com
公司微博：@兴盛乐文化
公司网址：www.xslbook.net

1. 您了解本书是通过：
   □书店　□网络　□报刊宣传　□朋友推荐
2. 您购得本书的渠道是：
   □新华书店　□网上书城　□民营书店　□超市　□报刊亭
   □其他_____
3. 您决定购买本书是因为：
   □书名吸引　□内容吸引　□喜欢作者　□偶然购买
   □朋友推荐　□其他_____

4. 您觉得本书的优点有：
   □文笔好　□内容好　□封面漂亮　□排版舒服　□价格合理
   □手感好　□其他_____

5. 您会向他人推荐或者谈论这本书吗？
   □会　□不会　□偶尔会　□看看再决定　□其他_____

6. 了解本书之后，您会关注或购买公司其他图书吗？
   □会　□不会　□偶尔会　□看看再决定　□其他_____

7. 您决定购买一本书的因素包括：
   □内容　□封面　□书名　□朋友推荐　□媒体推荐　□作者
   □其他_____

8. 您比较喜欢的阅读类型有：
   □人文历史类　□财经类　□管理类　□励志类　□小说类
   □纪实文学类　□传记类　□散文、随笔类　□女性、生活类
   □亲子、育儿类　□科普类　□其他_____

9. 您觉得本书有何不足之处，您有何修改意见或建议？
   _____
   _____

10. 有没有您想读但市面上却没有的书？
    _____
    _____

您的姓名_____　性别_____　年龄_____　职业_____
邮政地址_____
邮政编码_____　手机_____
E-MAIL _____
QQ_____　微博_____